亚欧丛书　EurAsia Series

——————— 5 ———————

著　何恩之　魏正中
译　王　倩

Archaeological and Visual Sources of Meditation
in the Ancient Monasteries of Kuča

A. F. HOWARD

G. VIGNATO

龟兹寻幽
考古重建与视觉再现

修订本

上海古籍出版社
SHANGHAI CLASSICS PUBLISHING HOUSE

图书在版编目(CIP)数据

龟兹寻幽:考古重建与视觉再现/(美)何恩之,(意)魏正中著;王倩译. -- 修订本. -- 上海:上海古籍出版社, 2025.5. --(亚欧丛书).
-- ISBN 978-7-5732-1605-2

Ⅰ. K879.294

中国国家版本馆CIP数据核字第2025RD8062号

责任编辑　缪　丹
封面设计　严克勤
技术编辑　耿莹祎

亚欧丛书
龟兹寻幽
考古重建与视觉再现
(美)何恩之　(意)魏正中　著
王　倩　译

上海古籍出版社出版发行

(上海市闵行区号景路159弄1-5号A座5F　邮政编码201101)

(1) 网址:www.guji.com.cn
(2) E-mail:guji1@guji.com.cn
(3) 易文网网址:www.ewen.co

上海丽佳制版印刷有限公司印刷

开本787×1092　1/16　印张18.75　插页3　字数366,000
2025年5月第1版　2025年5月第1次印刷
ISBN 978-7-5732-1605-2
K·3859　定价:168.00元

如有质量问题,请与承印公司联系

序　言

　　欣闻我与魏正中合著的 *Archaeological and Visual Sources of Meditation in the Ancient Monasteries of Kuča* 中文版《龟兹寻幽——考古重建与视觉再现》翻译出版，感谢在这一过程中付出辛劳的所有人。魏正中深受中国考古学熏陶，将考古学的理论方法恰当地运用到佛教石窟的考察中，而我的佛教和艺术史知识背景则受惠于美国学术传统的训练。本书所采用的新方法和视角，正是我们二人教育传统的结合与创新。通过将各自所长结合起来，我们对公元之初至650年左右的龟兹地区佛教僧团生活和修行礼拜方式产生了新的认识。然而，如果没有获得许可多次亲赴新疆调查龟兹地区的石窟寺院遗址，这些认识也就无从谈起。中国和西方学者进行合作研究具有重要的学术意义，我真诚地希望鼓励和促进中西合作研究项目的开展。我和魏正中合作完成的这本书，正是利用各自所学的知识在擅长的领域得到了新的见解。合作中最为重要的是双方可以就同一课题进行多角度思考。中国艺术——无论是世俗的还是宗教的——都丰富而精深，西方学者翘首以待能够更广泛深入地探索中国艺术的精髓，我热切地盼望中西学者能够共同致力于在中国艺术领域取得更多有价值的研究成果，使中国艺术在国际范围内得到最广泛的认可。

何恩之

美国罗格斯大学名誉教授

凡 例

1. 在讨论洞窟建筑和装饰时，将中心柱窟中的主尊视为核心点，用该佛像的左或右来指代其他图像。

2. 引用的佛经典籍依据1922～1934年的大正新修大藏经版本。

3. 本书洞窟编号采用新疆龟兹研究院最近出版的报告和简报中使用的编号。研究院除系统使用已有编号外，对未编号洞窟进行编号的原则是在其邻近洞窟的编号后增加字母，如克孜尔第20A窟或第194B窟；对1989、1990年发掘清理的克孜尔洞窟单独统一编号并于编号前增加发掘年份，如第89-1、89-2、89-3窟或90-14、90-15、90-16窟等。对于窟内壁画或塑像已不在原址的洞窟，本书补充以德国学者的命名；此外，洞窟编号后增加的方括号内的编号表明该窟的不同发展阶段，如第80[1]窟表示第80窟的第一阶段，为僧房窟；第80[2]窟是之后的发展，为中心柱窟。两个洞窟编号之间的+号表示一座洞窟，如第51+52窟实为一座僧房窟。

4. 书中所附遗址、洞窟、洞窟组合、区段平面图由魏正中根据自己实地踏查时使用传统测量工具所测的数据绘制，其中绝大部分较之前出版的资料更可靠，并且在未来可能会不断得到完善。本书特别关注曾受到忽视的洞窟组合和区段。

5. 正文中的大量插图和照片有助于更清楚地理解文字论述，同时简化的线图（粗线表示洞窟主要结构，细线表示次要结构或壁画；双曲线表示坍塌的崖壁，虚线表示复原推测）便于加强读者的直观认识。

6. 由于龟兹地区的石窟寺院遗址大多数在20世纪遭受严重破坏，因此书中大量选用德国学者调查时所拍摄的更接近遗址原状的照片。

7. 龟兹中心柱窟内通常有供僧侣绕行礼拜使用的低矮且狭窄的两侧甬道和后甬道（或后室）。此部分空间（中文尚无专门术语，英文称之为rear areas）的功能，其内举行的仪式以及壁画题材与主室不同。为强调此空间的特殊性，本书暂时将之命名为内室。因此龟兹典型的中心柱窟由前室、主室和内室三部分组成。大像窟空间的定名与之相同。

8. 除非特别标明，图中的比例尺单位皆为米。

前　言

位于丝路北道的龟兹在西汉武帝时期（公元前141～前87年）首次受到汉朝史家的关注，当时汉武帝为抗击匈奴、控制北部商路和贸易，数次出兵西域。商业繁盛的龟兹是吐鲁番和喀什之间的咽喉要地，北倚巍峨雄伟的天山山脉，南临荒渺空阔的塔克拉玛干沙漠。龟兹由白姓贵族统治，其世系可追溯至公元1世纪中叶。与东部强邻汉地王朝不同，在公元648年受辖于唐帝国之前，龟兹一直培养并发展着独具特色的文化和宗教认同。龟兹土著是吐火罗人，有自己独特的口头与书面语言。现存壁画生动地描绘出高贵华丽的宫廷以及龟兹人对音乐的钟爱，苏巴什的残垣断壁上似乎还依稀透露出曾经宏伟严丽的宗教景观。

百余年前的1902年，德国探险家拉开了龟兹探险活动的序幕。格伦威德尔（A. Grünwedel）、勒柯克（A. von Le Coq）和瓦尔德施密特（E. Waldschmidt）相继发表了对丝路北道多处遗址进行的数次考察活动的成果，奠定了此领域的研究基石。新中国成立以后，中国学者着手调查残存的文物古迹。直到80年代，中国考古学者和艺术史学者才开展系统的调查研究，他们的论著成为龟兹研究的新起点，引起了西方学者的关注。本书的写作意图便是继承这一传统，推进未完成的龟兹石窟寺院考察和研究工作。

在西域诸多佛教王国中，龟兹是复原公元3～7世纪中叶西域佛教发展状况的最佳案例，因其地保存了数量繁多、大小不等、破损程度各异的石窟寺院遗址。广阔的年代跨度并不会影响我们的研究，因为我们的目标不是通过遗址内壁画风格和建筑形制的数世纪演变得出确切年代。本研究亦不包括地面寺院，如都城内曾遍布的佛寺塔庙，或者苏巴什和夏哈吐尔、乌什吐尔宏伟的建筑遗存以及散布在龟兹境内的窣堵波遗迹。

本书将石窟及壁画视作当地僧团独特修行方式的再现，目标是复原龟兹境内数处石窟寺院中僧团的生活。克孜尔和库木吐喇因规模庞大而广为人知，但同样重要的还有克孜尔尕哈、森木塞姆、玛扎伯哈、托乎拉克艾肯、台台尔和温巴什。本书关注的并非某一问题，而是试图获取对龟兹佛教更全面综合的理解。

前两章魏正中（G. Vignato）对龟兹八处主要石窟寺院遗址进行了复原研究，特别关注其布局和演变。他检视了单座洞窟的相关问题，尤其重视此前较少受到关注的讲堂窟、大像窟和禅定窟；探索了洞窟组合与组合类型以及组合构成区段的模式，认为每处石窟寺院是构筑龟兹佛教有机体的一块基石。龟兹佛教无疑具有内在的一致性，然而石窟寺院之间仍然存在着细微差别，这可能是教义的发展演变所致，也可能是担负的功能有别。教义和功能对石窟寺院最终格局的影响远超过其所处的地理形貌。这些差别也显示出龟兹佛教内在的丰富性，有助于形成完善的有机体，从而为佛教的进驻、发展和繁荣提供良好环境。

从考古、宗教和图像的视角发掘信息，我们对龟兹石窟和壁画提出一种全新解读，揭示出教义与修行的密切关系。本书认为石窟整体，包括建筑、壁画及现已不存的塑像，是僧侣们精神生活的创造，是他们特定修行实践的有形展示。何恩之（A. F. Howard）在第三、四章主要探寻串联龟兹中心柱窟内所有装饰的统一线索，她的研究重点在于特殊图像。风格的年代早晚不影响图像的教义内涵，原因在于所研究的问题并非是审美风格（壁画的精美绝伦当然无可否认）的演变，而是龟兹僧侣根深蒂固的佛教信仰的连续性。因此对所有遗址中沿用数个世纪的特殊图像的研究无需精确的年代框架。

图像题材和形象的长期存在与紧密交织并非是简单的审美选择，而是嵌入龟兹佛教视野和范畴内的信仰的表达。特别是何恩之在第三章中对中心柱上所绘壁画场景内涵的复原颇为可信，这主要在于三方面因素的结合：其一，魏正中的考古学研究，对龟兹石窟寺院遗址进行了全面复原；其二，禅修文献研究成果的不断积累，这项研究始于20世纪60年代晚期施林洛甫（D. Schlingloff）对瑜伽实践的研究，后来被哈特曼（J.-U. Hartmann）和山部能宜深入；其三，犍陀罗艺术及其教义发展的最新研究。

魏正中的研究不仅凸显出大量禅定窟的存在，而且表明它们是龟兹石窟寺院中必不可少的组成部分。大多数石窟寺院中，禅定窟占据着特定区段，此类区段作为构成单元，如同礼拜区和居住区般补充完善着石窟寺院的功能。简而言之，禅定窟不是后来的增建，而是石窟寺院遗址的必要构成。禅修是龟兹僧团每日修习的重要方面，亦是中心柱窟和大像窟装饰的主要动因。总之，禅修在何恩之看来是串联龟兹中心柱窟装饰中特殊图像的关键线索。

本书对龟兹佛教特质的解读不仅依靠可以获取的考古资料，而且包括遗址中发现的文书残卷。第四章何恩之将这些残卷与特定的部派思想联系起来，以阐明龟兹流行的佛教部派。除采用龟兹地区出土的残卷外，作者还主要参考了梵文文献，必要时也引用了汉译梵文原典。施林洛甫整理出版的《梵文禅定修习法要》（*Yogalehrbuch*）是激发学界研究的重要因素，亦给予了我们启示，将我们的注意力引向了禅修文献产生的沃土中亚，并提醒我们禅修曾是龟兹僧侣团体首要修习实践的史实。这是作者集中探索一系列特殊图像的决定因素之一,特殊图像皆产生自禅定状态,主要见于中心柱窟以及少数方形窟。

最近研究表明龟兹和犍陀罗佛教艺术中偏爱表现相同的题材,即释迦牟尼佛的神通、禅定产生的神奇景象及其修行成佛的经历。这些共同的兴趣很可能是因为说一切有部在两地皆占有突出地位。然而龟兹的艺术表现有别于犍陀罗,这不仅是因为前者将三维立体转变成二维平面,而且还在于表现本身,龟兹根据本土诉求对犍陀罗原型进行了改造。

本书对龟兹佛教的研究几乎全部基于当地资料——洞窟、壁画、文书。然而也不忽略周邻佛教地区的可能影响,以印度为主,中原次之,我们尝试从龟兹作为接受者和转化者的角度来解读,进而指明龟兹佛教及其艺术在中亚的发展自成体系。

目　录

序言 i
凡例 iii
前言 v

龟兹的石窟寺院

　　克孜尔尕哈 6
　　森木塞姆 18
　　玛扎伯哈 28
　　克孜尔 35
　　托乎拉克艾肯 53
　　温巴什 59
　　台台尔 61
　　库木吐喇 65
　　库木吐喇沟口区 66
　　库木吐喇窟群区 71

龟兹石窟寺院的构成单元

　　洞窟命名 83
　　前室与连通结构 84
　　僧房窟 92
　　中心柱窟 95
　　讲堂窟 99
　　大像窟 108
　　禅定窟 123
　　洞窟组合 138

ix

区段 ... 142
　　石窟寺院之间的关系 ... 145

禅修的视觉语言
　　不净观：龟兹壁画中与僧侣持戒有关的禅修 ... 154
　　中心柱窟装饰的新程序：禅修的无声之语 ... 157
　　舍卫城双神变的图像变化：从叙事到符号 ... 177
　　舍卫城大神变的"特殊图像"：其在洞窟中的表现、布局及从佛 ... 182
　　大像窟中化佛是否为舍卫城大神变的另一种解释 ... 199
　　从施演神通到视觉力量：宇宙佛 ... 202
　　克孜尔第175窟的佛陀是宇宙佛的另一种表现还是同源的另一形象 ... 213
　　禅修产生的神奇地景 ... 219

视觉语言的起源
　　奥秘文本与图像表现 ... 229
　　龟兹艺术是否为犍陀罗文本与图像的再现 ... 242

结束语 ... 253

附录 ... 258
附图说明 ... 260
附表说明 ... 272
参考文献 ... 273
再版后记 ... 286

龟兹的石窟寺院

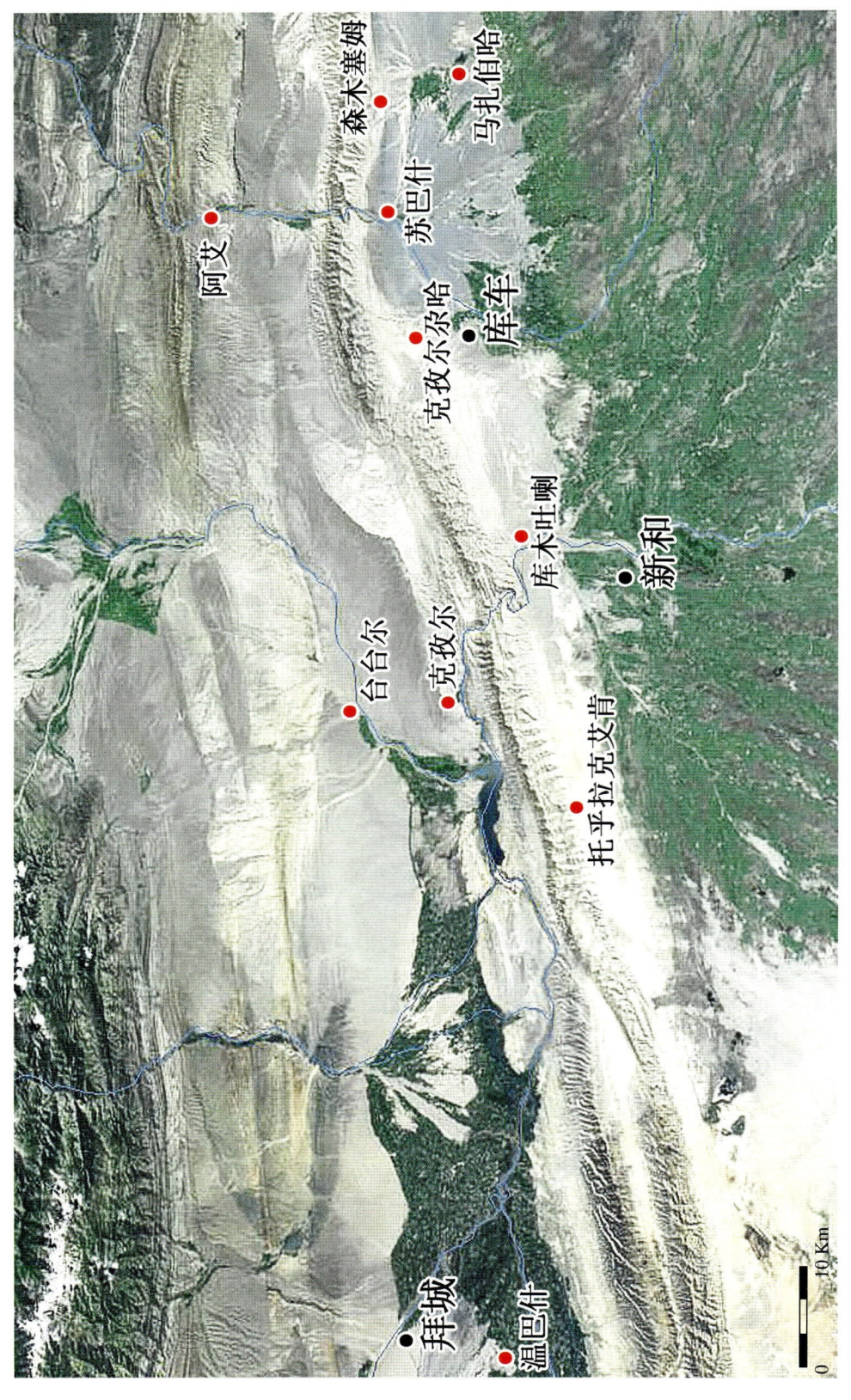

图1 古龟兹境内主要石窟寺院遗址分布图。根据"天地图"(www.tianditu.cn)绘制。

龟兹的石窟寺院

龟兹最重要的佛寺想必位于都城之内。汉文史料中对宏伟的宗教建筑以及装饰佛像、皇家宫殿的描述仅有只言片语[1]。王室贵族和普通民众参与的佛教节日与庆典相当繁多，至于隆重的五年一次大集会，则在耸立着近30米高的大佛像的都城西门外布置专门场地。龟兹北20公里处的苏巴什遗址即是见载于史册的著名的昭怙厘寺；现存的大型建筑、窣堵波和禅定窟等壮观遗迹，见证了此处曾存在庞大且高度分层的佛教团体。王国的其他城市中心和村落中无疑也建有伽蓝塔刹，但相关信息甚为缺乏。换言之，我们对龟兹境内最重要的佛寺所知极少，不仅因为都城和其他城市中心尚未经过考古发掘，而且苏巴什和夏哈吐尔、乌什吐尔等地面寺院遗址也有待全面、科学的研究[2]。因此，本书的研究对象集中于可获取的资料：即八处散布在龟兹境内的大型石窟寺院遗址，包含650余座洞窟（图1）。但值得注意的是，无论对石窟寺院的研究如何具体系统，考察的也仅是龟兹佛教建筑群落中的某一类别。

1902～1914年间德国探险队在龟兹的考察活动，标志着龟兹石窟寺院现代科学研究的开端，他们的工作对龟兹学研究具有无可比拟的影响力。德国探险家收集的资料已然成为海外研究的第一手材料，包括田野笔记、绘图、照片、文书残卷、大量壁画及其他文物在内的材料及其性质，塑造了西方学者以艺术史方法分析单座壁画窟或特定题材，以及以语言学为主的研究特色。在中国，20世纪前半叶开展的田野工作极少，关于这些遗址的出版物更是寥寥无几而且视野受限，不成体系。50年代以后，针对西北地区的调查旨在收集现存遗址及遗物的信息，参与这些活动的学者仅发表了数篇学术文章。

1979年北京大学考古学系开始在克孜尔展开长期的田野考察工作，包括小规模发掘清理部分洞窟窟前遗存，考古学方法首次用于克孜尔石窟的研究。1997年克孜尔

---

[1]《出三藏记集》："拘夷国，寺甚多，修饰至丽。王宫雕镂立佛形象，与寺无异。"《大藏经》第55卷，第2145册，第79页。

[2] 伯希和对夏哈吐尔和乌什吐尔（Douldour-Âqour）的调查资料已发表，参见 Hambis, *Douldour-Aqour et Soubachi: Planches* (*Mission Paul Pelliot III*) (Paris: Librairie A. Maissonneuve, 1967); Hallade, Gaulier and Courtois, *Douldour-Aqour et Soubachi: Texte* (*Mission Paul Pelliot IV*) (Paris: Éditions Recherche sur les Civilisations, 1982)。苏巴什遗址的发掘和保护正在进行，期待更准确的遗址测绘图和更加系统的研究，这将有助于深化理解苏巴什佛寺。

谷西区15座洞窟的考古报告付梓出版,北京大学考古学系的工作也随之结束[1]。此部报告原计划作为囊括克孜尔所有洞窟的多卷本报告中的首卷,但三十余年来仍仅此一部。考古调查和报告编写(全面记录每处遗址及之间的关系)的中断是制约当下研究的主要因素,这亦是难以克服的问题,大量一手材料的获取需要数十年的高强度田野调查和系统的出版计划,遗憾的是,本应为此领域研究导夫先路的考古调查如今却严重滞后。

理论与实际上存在的障碍使学者无法进行系统的田野工作。石窟寺院遗址散布于广阔的范围内,即便是短时考察亦需耗费大量时间和资源。因此不难理解过去十几年中,新疆龟兹研究院(旧称新疆龟兹石窟研究所)只编写了四处大型遗址的报告和三处中型遗址的简报。这些出版物推动了单座洞窟的研究,但却无法为以石窟寺院为整体的研究提供全面信息[2]。

以往研究基本集中于洞窟壁画的风格和图像,由此导致对龟兹石窟寺院的普遍误解。事实上,在为满足僧侣团体多元需求而凿建的石窟寺院中,只有礼拜窟内才装饰具有说教意义的场景,而僧房窟、禅定窟、讲堂窟和储藏窟等绝大多数洞窟简素无饰。因此,仅强调壁画的研究无疑会对石窟寺院和龟兹佛教产生片面理解。若想推动研究的深入,则必须转变研究重点,本书即是这样一种尝试。笔者根据所做的田野调查笔记和测绘图描述分析龟兹主要石窟寺院遗址,重点关注它们的布局及洞窟类型,并探索能反映遗址发展规律的线索。第一章以考古学视角概述龟兹主要石窟寺院,注意力将会集中于它们的战略位置;复原它们的原初布局,某些情况下寺院布局会因后续扩建而变得模糊不清,因此需要先追溯其建成时的布局,然后再分析布局在后世的变化。此外,由于以往研究过于强调遗址间的相似性,从而误认为龟兹石窟寺院如出一辙,因此本章将会关注遗址的差异和独特性。通过对比可靠的考古资料,笔者将会揭示出龟兹石窟寺院是不断发展的复杂而组织有序的综合体;并为考察龟兹佛教在石窟寺院中的展开方式提出新的视角。

---

[1] 北京大学考古学系、克孜尔千佛洞文物保管所编:《新疆克孜尔石窟考古报告》,文物出版社,1997年。

[2] 新疆龟兹石窟研究所编:《克孜尔石窟内容总录》,新疆美术摄影出版社,2000年;新疆龟兹石窟研究所编:《库木吐喇石窟内容总录》,文物出版社,2008年;新疆龟兹石窟研究所编:《森木塞姆石窟内容总录》,文物出版社,2008年;新疆龟兹石窟研究所编:《克孜尔尕哈石窟内容总录》,文物出版社,2009年。三处中型遗址的简报也已出版:新疆龟兹研究院:《库车玛扎伯哈石窟调查简报》,《吐鲁番学研究》,2010年第1期,第21—36页;新疆龟兹研究院:《台台尔石窟调查简报》,《吐鲁番学研究》,2010年第1期,第6—20页;新疆龟兹研究院:《托乎拉克艾肯石窟考古勘查简报》,《吐鲁番学研究》,2010年第1期,第37—53页。三篇简报价值颇大,但仍有待改进,例如提供更精确的遗址测绘图,对洞窟类型进行更准确的描述,注意洞窟历经改造或修葺,因为部分特征实属不同阶段。

图像是考古调查不可分割的组成部分，在展开龟兹石窟寺院遗址的讨论之前，由于笔者对龟兹石窟壁画风格的理解不同于德国学者及其追随者，需要首先予以说明。格伦威德尔（A. Grünwedel）最先提出龟兹壁画存在先后发展的三种风格：第一种风格源自犍陀罗原型，使用深红色背景，主要见于方形窟；第二种风格来自萨珊传统，使用对比强烈的绿、蓝色，主要见于中心柱窟；第三种风格受汉风影响，主要见于库木吐喇，不见于克孜尔。瓦尔德施密特（E. Waldschmidt）对此进行了完善，并将之与具体时段联系起来；他亦赞同基于犍陀罗和印度—伊朗原型所做的风格划分，且认为第一种风格出现于公元500年左右，公元6世纪延续使用；第二种风格存在的时段为公元600～650年间[1]。

这种划分虽然还有较大的改进空间，但目前仍是研究这些遗址的有效工具。然而需要指出的是，近年来田野工作揭露出的新材料已对这种依据壁画风格构建的分期框架提出了挑战。例如笔者对克孜尔所有洞窟的分期显示出第一种风格和第二种风格的壁画窟同时存在，甚至还出现第二种风格被第一种风格叠压的现象，如克孜尔第47窟右甬道内侧壁。因此，德国学者基于壁画风格提出的相对年代序列不能再被视作理所当然。此外，这一年代序列仅适用于占龟兹洞窟总数不足三分之一的礼拜窟。不过在构建遗址内洞窟的年代框架时，壁画是必须考虑的因素之一，三种风格的划分仍十分有用。由于笔者承认存在三种形式语言，因此本书沿用三种风格划分的传统，但为了表明不赞同其包含的年代意义，将其称为A种风格、B种风格、C种风格。笔者的分期结果显示，克孜尔最早的而且可能是龟兹地区最早的洞窟均未经装饰，最早的壁画窟为典型的A种风格；B种风格出现后，两种风格并行发展一段时间；而后B种风格逐渐盛行，A种风格消失以后仍被使用。

格伦威德尔认为第一种风格常见于方形窟，第二种风格则主要见于中心柱窟。但笔者在对所有洞窟的全面研究后发现，A种风格见于和僧房窟构成组合的方形窟中，此类洞窟组合集中于特定的区段内[2]，如克孜尔和库木吐喇沟口区内方形窟和僧房窟组合构成的区段。B种风格绘于中心柱窟，其属于此类洞窟或包含此类洞窟的洞窟组合集中分布的区段，由于此类组合在龟兹占主导地位，因此B种风格最常见。C种风格时代最晚，主要见于库木吐喇窟群区，从8世纪中期沿用至10世纪中期，超出了本书的考察范围。

---

[1] Grünwedel, *Altbuddhistische Kultstätten in Chinesisch-Turkistan* (Berlin: Georg Reimer, 1912), 5-6, 42-3; Le Coq and Waldschmidt, *Die Buddhistische Spätantike in Mittelasien*, 7 vols. (Berlin: Dietrich Reimer [Ernst Vohsen], 1922-1933), vol. VII, Neue Bildwerke 3, 24-31; Howard, "In Support of a New Chronology for the Kizil Mural Paintings," *Archives of Asian Art* 44 (1991): 68.

[2] 区段的定义见本书第142—144页。

A、B两种风格并非仅是艺术史学者认为的不同壁画风格,而是两种内容有别的图像体系,被有意绘制于不同类型洞窟内,这些洞窟分别构成不同性质的组合,集中分布在特定的区段内。若从考古学视角思考,A、B两种风格不能被简单地视为两种连续发展的艺术表现形式,它们反映出更复杂的问题,即两种形式语言共存于同一石窟寺院,这可能意味着教义的差别,或对戒律的不同解读。

克孜尔尕哈

克孜尔尕哈控扼着却勒塔格山与龟兹国都之间的古代交通要道,但这处重要的石窟寺院遗址尚未得到应有的关注[1]。现存的64座洞窟囊括了龟兹所有洞窟类型,形成了若干典型的洞窟组合,所属的三大区段清晰可辨。

距克孜尔尕哈数百米处的汉代烽燧遗迹证实了其所处的战略性位置;不过,这里被赋予的全部内涵在跨入大像窟第23窟时感受最为强烈。第23窟是克孜尔尕哈最大的洞窟,主室内覆莲像台上曾立有一尊雄伟高大的佛像,从这里远眺前方,目光越过荒芜的沙漠高原,可以看到曾使古都生机繁荣的绿洲,亦从此处,大佛像将其护佑的目光洒向皇宫、都城乃至王国各处(图2)。

理解克孜尔尕哈的布局需要同时考虑这里的地形地貌以及毗邻都城的位置。红色泥岩形成的崖体易于雕凿,但在重压下亦容易断裂,例如克孜尔尕哈有七座洞窟在开凿过程中壁面上出现了深裂缝,洞窟将无法持久,因而未完工便被废弃,遗址内未完工洞窟所占比重高于龟兹其他石窟寺院遗址[2]。克孜尔尕哈中央有一片洪水冲刷而成的洼地,其周围数百米范围内的崖壁上开凿洞窟。洞窟的排布经过周密规划:因为岩质不佳,所以必须挑选最佳崖面;同时还需要满足寺院的特定功能需求。少量

---

[1] 1906、1913年德国吐鲁番探险队到访此遗址。1907年伯希和记录了婆罗谜文字母题记,并收集了脱落的壁画残块。阎文儒也曾到此调查,发表了部分笔记,参见阎文儒:《新疆天山以南的石窟》,《文物》,1962年第8—9期,第41—59页。晁华山对此遗址进行了更全面记录,参见Chao Huashan et al., *Sites divers de la région de Koutcha. Épigraphie koutchéenne* (*Mission Paul Pelliot VIII*) (Paris: Collège de France, 1987). 相关资料还参见丁明夷:《记两处典型的龟兹石窟——森木塞姆与克孜尔尕哈石窟》,载《龟兹佛教文化论集》,新疆美术摄影出版社,1993年,第356—378页;中国壁画全集编辑委员会:《中国新疆壁画全集·森木塞姆、克孜尔尕哈》,辽宁美术出版社,1995年,第1—29页。新疆龟兹石窟研究所:《克孜尔尕哈石窟内容总录》,文物出版社,2009年。

[2] 克孜尔尕哈七座未完工洞窟包括:第7[2]、10、12、17、24、25、44窟,其中五座壁面上有深裂缝。克孜尔从谷东到谷西的崖壁正面亦有一条相似的岩缝;早期被有意避开,但随着崖面上可用空间的不断减少,晚期洞窟不得不开凿在此条岩缝上;这些洞窟现已严重塌毁。

的修缮痕迹以及统一的壁画风格表明大多数洞窟在较短时段内建成；换言之，目前所见该遗址的清晰布局与设计者的最初规划相差不大。克孜尔尕哈石窟寺院的布局显然由其所处的地理形貌决定。中心柱窟、大像窟、方形窟和讲堂窟等用于礼拜和集体活动的洞窟凿建在位置最佳的中区。这些洞窟开凿在面向遗址中心的三处崖壁上：第10~17窟凿于东侧崖壁，第23~26窟凿于北侧崖壁，第27~32窟凿于西侧崖壁[1]。山势向南渐低直至消失于沙漠，龟兹绿洲便可映入眼帘。毋庸置疑，中区的洞窟占据着石窟寺院中最显要的区域。与龟兹其他石窟寺院相比，礼拜窟集中于中央是克孜尔尕哈的独特之处，但这并不是龟兹石窟寺院的典型特征。僧房窟集中于东区，似乎未经规划，仅是为了选择合适崖面，彼此保持距离[2]。西区类似罗马圆形竞技场的小山谷内集中分布着禅定窟，其中部分面朝谷内，部分面向沙漠，但朝向东南方[3]。

同类洞窟组合集中于同一区段是龟兹石窟寺院的特色，即使是受地形限制的克孜尔尕哈亦不例外。克孜尔尕哈由三个区段构成（图2），分别满足寺院生活的不同需求：即礼拜和公共活动的礼拜区、僧侣生活的居住区以及与礼拜区接近但又保持独立的专门的禅定区。下文笔者将逐一讨论三个区段及其特点，并具体介绍每类洞窟中的一座以使读者熟悉龟兹洞窟的建筑形制和装饰；作为龟兹石窟寺院最关键的单元，洞窟组合亦会被给予特别关注。

前文提及这处遗址中最大的大像窟第23窟，开凿在面向龟兹国都的北侧崖壁中央，其所处位置表明年代早于其他洞窟。这座洞窟几乎占用了整个崖面，考虑到岩质整体质量不佳，凿建工作可谓不易（图3）。龟兹的大像窟通常由前室、主室和内室（包括左右两侧甬道、后甬道或后室）组成。

第23窟的前室开凿于岩体上，宽11余米，现存深度超过8米。宏阔的规模表明其顶部不可能开凿于岩体之中，由壁面上的凹槽和凿孔可知曾有大型木结构固定在前室的三壁上，构成高出洞窟所在崖壁的高耸醒目的顶部。若推测属实，那么这座木构建筑想必曾是克孜尔尕哈石窟寺院的标志，不仅是僧侣瞩目的焦点，更是吸引来自都城的善男信女们的显耀地标。

---

[1] 唯一例外的是未完工的中心柱窟第7[2]窟凿建于东区。第7[1]窟为僧房窟；壁面被烟熏黑显示出其被改建成中心柱窟第7[2]窟之前曾被使用。第7[2]窟内缺乏中心柱窟的基本要素——装饰，可知改建并未完成，亦不曾被用作礼拜窟。
[2] 事实上部分僧房窟也开凿在中区和西区，为满足晚期寺院人口增多的需求而建，同时也是因为东区合适崖面的稀缺。笔者对石窟寺院遗址的描述分析关注的重心是最初布局和区段划分，而不是解读次要信息和晚期发展。
[3] 详见第二章第131页。

龟兹寻幽：考古重建与视觉再现

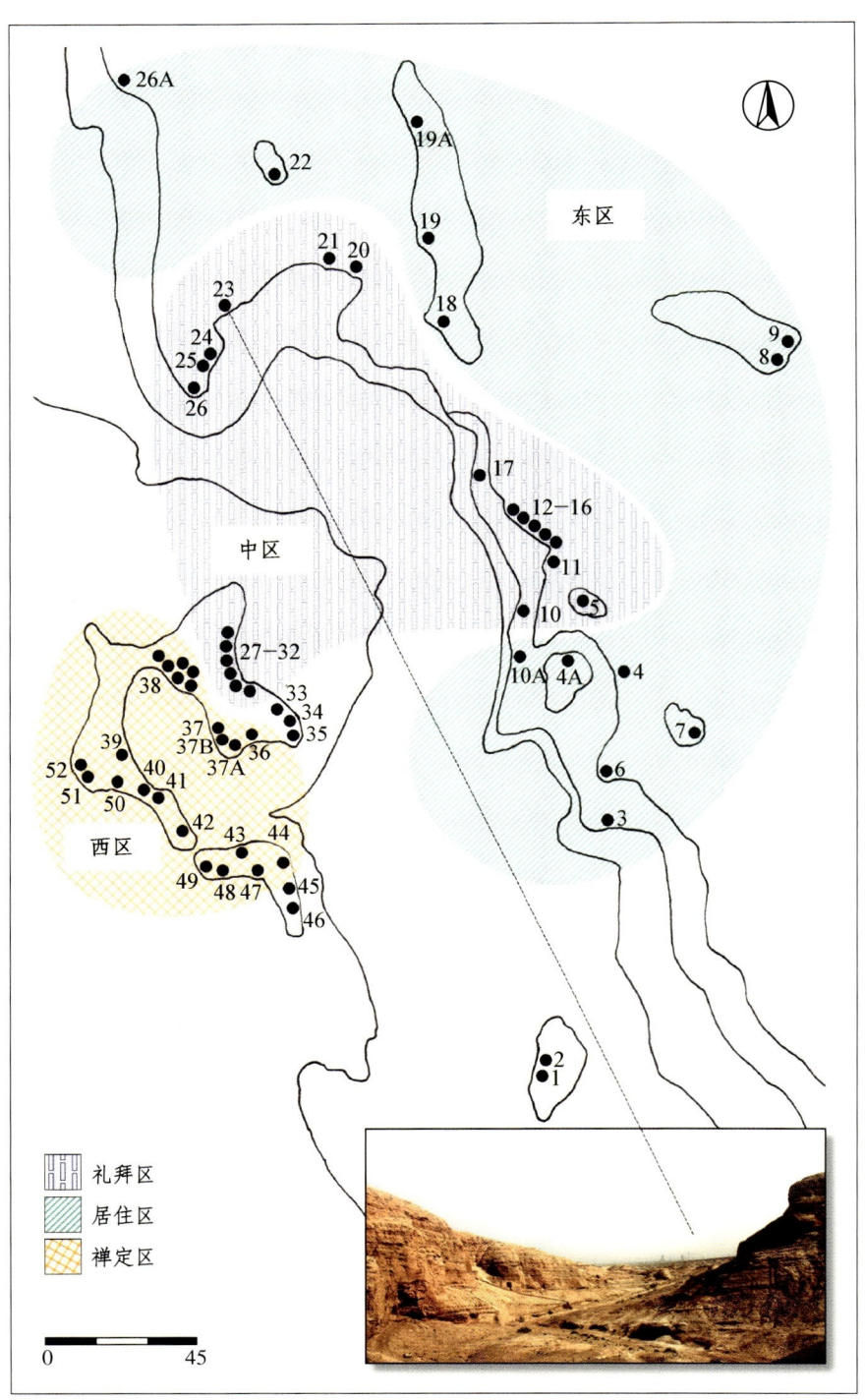

图2 克孜尔尕哈遗址平面图：洞窟和区段分布图。值得注意的是大像窟第23窟的相对位置；右下角照片中从第23窟前室向南远眺，地平线处是龟兹绿洲。根据新疆龟兹石窟研究所编：《克孜尔尕哈石窟内容总录》第18页绘制。

8

龟兹的石窟寺院

前室正壁中心开凿一大型门道，高达6米，宽3.5米；原应安装有门框和门扉。此门通向比例协调的主室，主室平面近方形，边长5.3米，高近8米，室内原有一尊大佛像，倚靠正壁立于覆莲像台上。主室正壁上有固定塑像的遗迹：壁面中央的一道横凹槽以及两组曾支撑头光和背光的凿孔。它们清楚地显示出佛像的位置，根据这些痕迹可以推测出佛像高度约为6.5米。正壁左上方残存的壁画中绘一身坐姿金刚手菩萨以及宝珠和花蕾。两侧壁前各有一低矮像台，壁面上曾各有两排木架：像台和下排木架上曾各安放四尊真人大小的塑像，而上排木架上曾陈放多尊半身像（图4）。前壁保存部分壁画，左下残存一身龟兹供养人，壁面下部或曾全部绘供养人；门道内侧上方为绘塑结合，其中壁画

图3 克孜尔尕哈大像窟第23窟平面图、剖面图、主室正壁图（和照片）。照片展现了带有宽大前室的第23窟所在的崖面中央区域。

仅存两侧的两身天人，塑像皆已不存。券顶中部绘两列飞天，两侧绘菱格譬喻故事。

内室包括后室及两侧甬道，此种设计清晰指明内室具有右绕礼拜大立佛像和敬拜涅槃卧佛像的双重功能。甬道内绘壁画：右甬道保存较好，外侧壁绘大幅本生故事，内侧壁后端残存三身飞天；损毁较严重的左甬道或绘有与之相似的画面。后室曾有一尊巨大的涅槃佛像，侧卧于涅槃石台上。与之相对的壁面中上部凿一荼毗台，塑像皆已不存。佛陀最后住世生活的诸多实践被大量小型塑像和壁画场景表现出来，诸如塔中放舍利；盝顶中部绘两列飞天，及大量宝珠、花蕾；前、后披绘菱格、半菱格，其内绘山水和动物。尽管克孜尔尕哈第23窟并非龟兹年代最早、规模最大的大像窟，但在遗址中的显要位置——尤其是当附有宏伟高耸的木结构时，凸显出它非同寻常的地位。若该窟前确曾有高大的木结构，显然其外观的恢宏超越了内部的奢华。

北侧崖壁上第23窟左右两侧的洞窟似与之无关，很可能开凿于晚期。第24、25

9

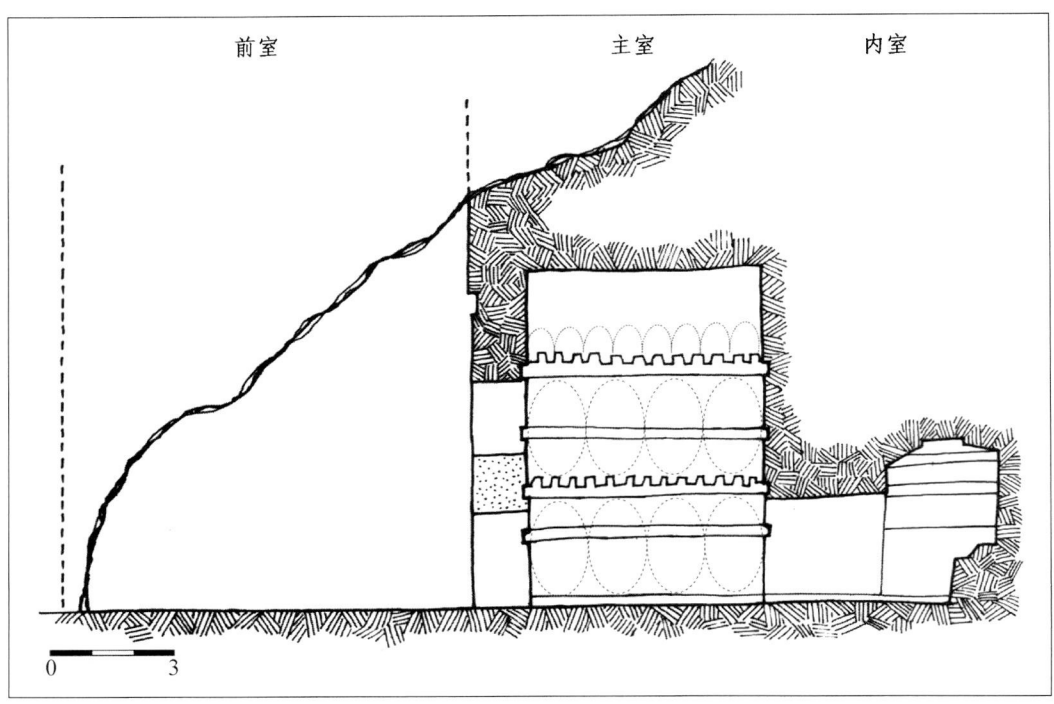

图4 克孜尔尕哈大像窟第23窟前室、主室、右甬道、后室右侧壁。主室右侧壁上塑像的尺寸和数量基于壁面上的遗迹复原；右甬道外侧壁上绘壁画，后室侧壁上装饰大小不一的塑像；大型塑像立于壁前地坪上的预留岩体石像台上，小型塑像则放置在壁面的木托架上。

窟是两座共用同一前室的中心柱窟，或曾被规划成一个组合，但两窟皆在未完工之前被废弃[1]。第21窟是一座小型的可能凿建于晚期的中心柱窟，第20、22、26窟皆为僧房窟。

第11～16窟开凿在东侧崖壁上，构成一个组合：包括三座中心柱窟（第11、13、14窟）、两座大像窟（第16、12窟，后者未完工）和一个绘有壁画的像龛（第15窟）（图5）。对第13、14窟的简要介绍有助于了解中心柱窟的一般特征。两座洞窟毗邻而建；共用同一前室，前室是倚靠壁面搭建的木结构建筑，而后逐渐扩展成第11～15窟的共用前室。第13、14两窟结构和规模相似——主室平面皆近方形，边长约3.2米，高约3.7米，但装饰内容差异颇大。第14窟的礼拜核心是一尊坐佛像，位于中心柱正壁（即主室正壁）的主龛内，而第13窟的礼拜核心是一尊立佛像，同样位于中心柱正壁的主龛内，但其造型为罕见的纵长条形（图6）。主龛周围分布等间距的凿孔，曾用于安插表征山峦、按菱

---

[1] 第24窟未完工，是一座非典型的中心柱窟。此窟乃龟兹仅见的一座平面呈八边形的洞窟。当岩体出现裂缝时，该窟的凿建也随之终止。

格排列的泥块[1]。因此，主室正壁的装饰以泥塑为主，表现山峦中的一处禅定窟，窟内佛陀打坐修禅。主室残存的其他装饰通常为彩绘。两侧壁分上下栏、每栏三铺绘佛陀说法图。侧壁典型的装饰见于第13窟，而第14窟则有所不同，其壁面分六栏，中间四栏绘说法场景，上下两栏绘本生故事。两窟前壁门道两侧各开一龛，内曾有坐佛像；龛下绘跪姿供养人，现仅有部分残存。门道上方半圆形壁面绘一菩萨坐于天宫中，周围环绕天人。两窟券顶中脊皆绘舍卫城神变第一阶段系列故事[2]，券顶两侧绘多列菱格譬喻故事；最下列表现的是僧侣和隐士在鸟兽出没的山林中坐禅冥想。主室壁画构图和内容的差异通常指示出时代发展，但第13、14两窟可能是同时开凿和装饰的，被视作一个单元来设计、凿建、装饰，包含在同一图像体系内[3]。两窟内室

图5 克孜尔尕哈第11～16窟联合平面图、立面图和近期照片。洞窟外立面上保存的安装木结构的遗迹标示在立面图中。

规模相当，壁面彩绘，甬道皆宽约0.7米，高约1.9米。两侧甬道的外侧壁绘大幅本生故事，内侧壁绘礼佛的龟兹皇室贵族形象，其中部分有头光，部分双脚被地神托举。后甬

---

[1] 按菱格排列的泥块系模制而成，通过木芯和黏土固定在壁面上；黏土也用于填充缝隙。泥块上通常还有彩绘的树木和动物。
[2] 对中脊的讨论见下文，第165—167页。
[3] 两窟可被视为"双中心柱窟"类组合，龟兹还见有其他数例，如克孜尔第178、179窟，第192、193窟。此类组合的有趣特征是，一窟主龛形制典型，内放一尊坐佛像；另一窟主龛呈纵长条形，内放一尊立佛像。

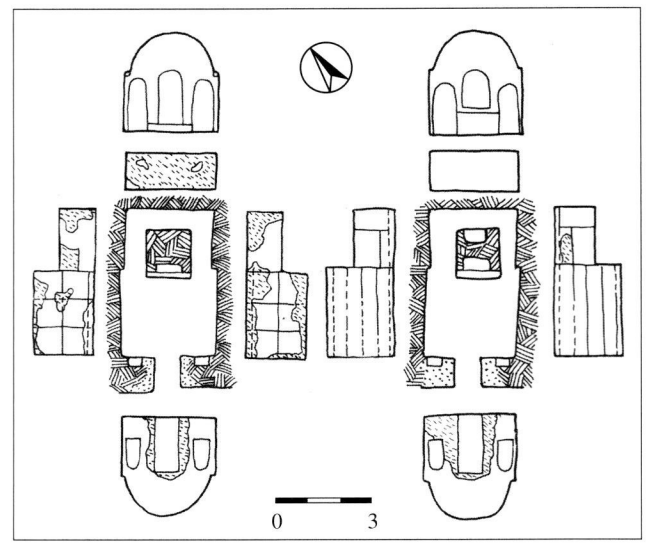

图6 克孜尔尕哈中心柱窟第13窟（左）和第14窟（右）平面图，两窟正壁和侧壁壁画布局示意图。

道的外侧壁通常表现涅槃场景，描绘的是分舍利故事，内侧壁绘荼毗画面。甬道券顶壁画大多脱落，中脊残存飞天，不见传统的舍卫城双神变画面；两侧绘多列菱格，内绘僧侣和苦行者坐禅于鸟兽活跃的山林中。

总之，中心柱窟主室的形制和装饰相当稳固：平面呈长方形或方形，纵券顶；绘塑内容主要为禅修、说法、本生故事、佛陀神通，关于这些问题的详细讨论将在第三章展开。建筑结构和装饰题材的变化常见于内室，其内主要表现涅槃场景，布局因选取的与佛陀涅槃有关的不同事件而有所差异。中心柱窟内的装饰以壁画为主，塑像仅有中心柱正壁主龛的一尊小型坐禅佛像及龛外的泥塑菱格山峦。如第13、14窟所示，左、后、右三条连通甬道构成洞窟的内室，其内简单绘制壁画；但在大型后室取代后甬道的情况下，表现的涅槃场景中就包括许多大小不等的塑像。无论壁画或塑像，涅槃佛像皆为中心柱窟中最大的形象，此点却尚未受到关注。尽管装饰富丽奢华，但中心柱窟通常是神圣庄严之所，被笼罩在幽暗之中，光线从前室到主室逐渐变暗，直至消失于后甬道中。大多数中心柱窟乃狭小静谧之地，只可容纳少数人同时进行右绕礼拜仪式[1]。

第13、14两座中心柱窟之南凿建大像窟第12窟，此窟未完工便被废弃，可能是因为中心柱、左甬道出现了深裂缝并殃及后室。窟内现存的装饰痕迹包括主室两侧壁上曾用于固定塑像的凿孔和横凹槽以及晚期改造后绘制的壁画的残块[2]。中心柱窟第11窟位于此组合右端转角处，表明其开凿年代晚于第12窟。第15窟是内有绘塑装饰的小龛，可能为组合内的最后增建。第11～15窟被同一座建于地面、固定在崖壁上的木构建筑连接起来，崖面上仍可见到大量固定遗迹。如同现今新疆的习俗，此座木构建筑想必亦是雕梁画栋，明艳夺目，与晦暗无光的壁面形成鲜明对比，构成一处遮蔽风雨炎阳的仪式空间（见图5）。

---

[1] 关于中心柱窟是为右绕礼拜仪式而建，并非禅修之所的讨论，见下文第98页。
[2] 第12窟主室两侧壁的装饰为塑像时，侧壁上方和窟顶部分未绘壁画。

克孜尔尕哈遗址中规模位居第二的大像窟第16窟窟前有一大型前室，独立于第11～15窟的共用前室。崖面的残损现状使得无法判断两座木构前室孰早孰晚；崖面最佳区域用于开凿此座大窟的事实表明该窟早于东侧崖壁上的其他洞窟。就建筑和装饰而言，第16窟是第23窟的复制，只是前者规模稍小。

第27～32窟开凿在西侧崖壁上（图7）。其中讲堂窟第27+28窟和中心柱窟第30窟构成一类典型的洞窟组合，此类组合亦见于龟兹其他石窟寺

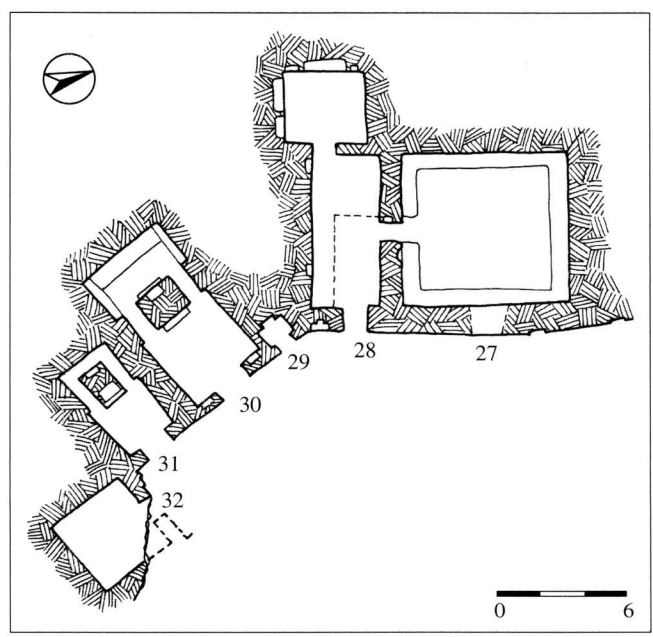

图7　克孜尔尕哈第27～32窟联合平面图。第27+28窟其实是一座讲堂窟，虚线表示原来的甬道。

院[1]。讲堂窟是一类独特的洞窟类型，通常由主室和甬道构成。主室平面呈方形，横券顶，四壁和窟顶涂白灰浆，无任何装饰。讲堂窟的主要特征是沿主室四壁前有一周长石凳，宽约0.7米，恰好可供盘腿坐于其上；其内还有一座壁炉和一扇明窗。中心柱窟第30窟的主室较为典型，区别于克孜尔尕哈其他中心柱窟之处在于有后室，与大像窟第12、16、23窟相似，中心柱后壁有一座荼毗台。窟顶所绘的两列飞天至今依然色彩鲜艳。由于第27+28窟和第30窟各具功能，互补互成，因此为统一规划，同时凿建。

此组合的南侧是第31窟，为穹窿顶中心柱窟，是龟兹较为罕见的洞窟类型[2]。第32窟是克孜尔尕哈仅见的方形壁画窟，比例协调，六重套斗顶。第32窟前壁大部分坍塌，两侧壁残存的壁画题材和布局尚可辨识，下部绘本生故事，上部分三栏，每栏四铺说法图[3]。第31、32窟是此区内的晚期扩建。

第27+28～32窟所在壁面塌毁严重，但第27+28窟窟前保留的清晰痕迹以及第31、32窟之间的竖凹槽，表明这些洞窟窟前原建有一座木构建筑，类似于第11～16窟窟前的木构建筑。

---

[1] 讲堂窟和中心柱窟构成的组合还见于龟兹其他四处石窟寺院遗址内，见下文第99—108页。
[2] 龟兹的穹窿顶中心柱窟极少，仅包括克孜尔第123、160窟，森木塞姆第40窟，克孜尔尕哈第30窟。某些情况下，可以看出它们是由方形窟改造而成。
[3] 方形窟是龟兹最具争议的洞窟类型。关于此类洞窟命名问题的讨论，见下文第83—84页。

龟兹寻幽：考古重建与视觉再现

中区之南较为独立的区域内，凿建若干用于公共活动和礼拜的洞窟，包括第1+2窟以及中心柱窟第45、46窟，两窟构成一个组合（见图2）。在龟兹，凿建于遗址边缘的洞窟（因此这些洞窟的编号或为最大或为最小）大多为晚期的发展，或最初位于寺院之外。

通过概述克孜尔尕哈中区，我们熟悉了龟兹用于礼拜和公共活动的洞窟类型，即大像窟、中心柱窟、方形窟和讲堂窟。笔者还指出若干类洞窟组合，如两座中心柱窟构成的组合、一座中心柱窟和一座讲堂窟构成的组合。接下来介绍专供僧侣生活的东区，其内集中分布僧房窟。僧房窟一般由前室、甬道和主室构成[1]。窟内壁面通常涂草泥和白灰浆，没有任何装饰，与其他类型的洞窟相比，僧房窟的开凿可能更严格地受制于毗奈耶，或戒律[2]。

第5窟是一座典型的僧房窟。石凿前室几乎全部坍塌，仅存小部分左侧壁（图8）。龟兹一百余座僧房窟中无一保有完整前室，这不仅有碍于对僧房窟外观的评估，亦不利于对其结构和功能的恰切推测。可以肯定的是，当僧房窟作为洞窟组合的构成部分时，通常与组合内的其他洞窟共用同一前室，但僧房窟独立前室的相关资料暂付阙如。前室是否有前壁？若有，是否开设门道和明窗？由于前室是洞窟中最宽敞、明亮、通风的场所，因此可能是大多数日常活动的举行之地，而主室可能用作休息和坐禅。第5窟前室正壁上开一甬道和明窗。长而窄的甬道与主室平行，内端左转形成通向主室的门道，主室宽敞，顶为典型的横券顶[3]。主室入口处有一座壁炉，前壁开一扇明窗，与门道相对的壁面前有一张石床，其上铺一层与地坪相似的石膏[4]。四壁和窟顶由里而外涂草泥、白灰浆；四壁上还

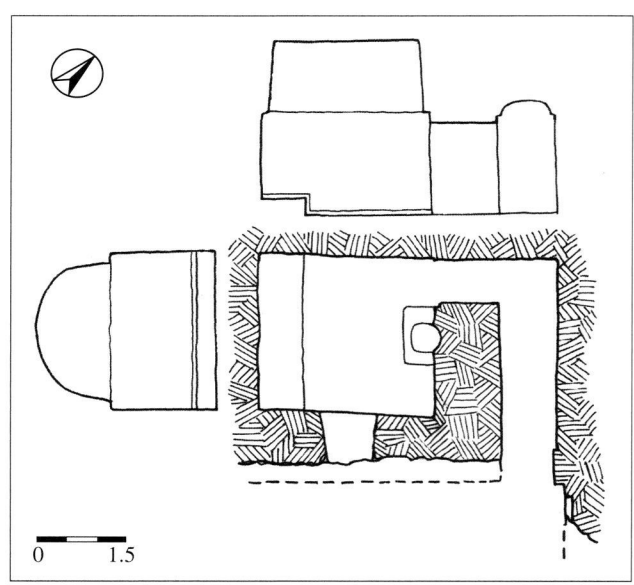

图8 克孜尔尕哈僧房窟第5窟。尤其重要的是带有前室。

---

[1] 不见于克孜尔尕哈的少数晚期僧房窟内没有甬道，主室前壁开门道，如克孜尔第62、64、234窟。
[2] 僧房窟使用的时段可通过壁面上的涂层推测，克孜尔部分僧房窟壁面上的涂层多达十层，如第90-17窟。
[3] 大多数僧房窟为横券顶，也有少数僧房窟为纵券顶或盝顶。
[4] 对克孜尔谷西区僧房窟的系统考察表明，部分情况下床由砖块垒成，甚至很可能用木头制成。

有一条宽约0.1米的红棕色带。由于壁炉没有烟囱,大多数僧房窟内被烟熏黑(图9)。

每座僧房窟至少设两道门,其一在甬道入口,另一在门道末端[1];主室前壁的明窗上亦需安装窗扇(图10)。若前室确有门和窗,那么一座僧房窟就有三道门,两扇窗。这些信息表明除用于安装门、窗的大批木材外,建造一座如此简朴、未装饰的僧房窟亦需精心规划,投入大量人力。

东区最初即被设计为集中开凿僧房窟的区域;只是在最晚期僧房窟才开始凿于中区和西区。如果认识到克孜尔尕哈的僧房窟数量远超过壁画窟,以及东区岩质,就会明白经过一段时间的发展,更多空间用来凿建僧房窟,甚至超出原本规划的范围。

大多数禅定窟集中在克孜尔尕哈西区。大量洞窟开凿在形似

图9 克孜尔僧房窟第2窟。照片中主室的主要特征清晰可辨。左侧是壁炉和保存门扉安装痕迹的门道;右侧预留岩体的石床上铺有与活动面上相似的石膏层。左下角可以清楚看到地坪由多层涂层制成:较厚的铺垫层以及最上层较薄的石膏层。照片版权归德国柏林亚洲艺术博物馆所有。

罗马竞技场的山谷北侧崖壁内,彼此毗邻,视线被对面崖壁阻断;部分洞窟开凿在崖壁外侧面向沙漠,可能是因为山谷内空间不足,致使晚期向外发展。禅定窟的结构十分简单:两侧壁向上逐渐内收成券顶,窟内地坪呈方形,边长0.8~1米,高约1.2米。这种规模和形制仅可供一名僧侣盘腿坐于其内。只有少数禅定窟保存较好,大部分残损难辨。目前可被定为禅定窟者包括第37A、38、38A、38B(图11)、38C、38D、38E、49~52窟[2]。因此,在克孜尔尕哈,禅修在单独的洞窟中进行,这些洞窟集中于同一区段,靠近中央的礼拜区同时又与之隔离。

---

[1] 部分僧房窟如克孜尔尕哈第3、20、34+35窟,甬道末端的小储藏室前再设一道门以保障安全。
[2] 崖壁的风蚀和坍塌即便没有将禅定窟完全清除,亦损毁了其中的绝大多数,详见下文第123—137页。

15

龟兹寻幽：考古重建与视觉再现

图10 左：清理中的克孜尔僧房窟第62窟。右：克孜尔僧房窟第24窟窗框安装遗迹清晰可辨。照片版权归德国柏林亚洲艺术博物馆所有。

图11 克孜尔尕哈西区段禅定窟第38、38A、38B窟。

　　克孜尔尕哈壁画窟的数量不到总数的四分之一，且都位于中区。绘塑题材与其他遗址相差不大，但部分场景的创造性构图与布局以及高超的造型技巧，是其绘画艺术的突出特点。本生故事通常绘于菱格内，每格包含一幅内容凝练的场景，许多菱格成排绘于窟顶。但在克孜尔尕哈，本生故事得到了最丰富详细的表现。它们通铺绘于甬道侧

16

壁或中心柱窟和大像窟主室侧壁下部的长条带内。此种布局需要更具体的叙事和全新的构图。其他如荼毗和分舍利等故事场景亦有高妙的构图和精彩的描绘。值得注意的是对供养人、贵族甚至是国王的刻画，他们衣饰时髦，部分有头光，少数甚至被地神托举（图12，上）。壁画表现出的持久而高超的艺术水准以及新颖独特的构图，或许表明克孜尔尕哈的画师较其他寺院的画师技艺更高，更富创造力，很可能是直接受到达官贵族、巨商大贾赞助的宫廷画师。克孜尔尕哈壁画窟中除第25、31、45窟为C种风格外，其他皆为B种风格。

除少数与洞窟开凿年代无关的婆罗谜文字母题记外，我们缺乏明确的年代信息[1]。该遗址中心柱窟的建筑特征、譬喻故事简洁的表现形式以及涅

图12 上：克孜尔尕哈中心柱窟第14窟右甬道内侧壁上所绘大地女神托举带头光的供养人，郭峰绘。下：克孜尔方形窟第67窟内所绘僧侣、皇室、天神礼佛行列，采自Grünwedel, *Altbuddhistische Kultstätten in Chinesisch-Turkistan*, p.85.

槃场景的简化，与克孜尔第三期晚段或第四期早段相当[2]。克孜尔尕哈石窟寺院整体布局有序、侵扰迹象较少，而且壁画风格一致，似乎是在较短时段内建成的。大量洞窟未完工便遭废弃——可能是由于开凿过程中崖面出现了裂缝，加之适于开凿洞窟的崖面逐渐缩减，或许都是克孜尔尕哈停建的重要原因。

---

[1] 例如第25窟中有一则纪年的婆罗谜文字母题记，写于洞窟废弃之后。年代在苏伐叠（Suvarnadeva，唐武德年间[公元618～626年]即位）在位的第十七年，即公元634—642年间。参见新疆龟兹石窟研究所编：《克孜尔尕哈石窟内容总录》，第62页。

[2] 本书不涉及纪年年代；遗址相对年代的推测是基于和克孜尔的比较，克孜尔是龟兹最大、沿用时间最长的石窟寺院；笔者对克孜尔研究亦最充分，初步建立起相对年代框架，用作其他遗址相对年代的参考基准；克孜尔洞窟的相对年代关系见附录。

克孜尔尕哈可能不仅是供僧侣修习的与世隔绝之地，因其毗邻都城，一天之内即可往返两地，因此亦可能是都城显贵和民众的朝圣目的地。若此推测不误，那么克孜尔尕哈第14窟（图12，上）和克孜尔第67窟（图12，下）的精美壁画可被视为当时衣饰华贵的龟兹皇室贵族在第23窟大立佛像的护佑目光中虔诚礼拜的视觉化再现。

克孜尔尕哈石窟寺院的简洁布局反映出背后隐藏的规划理念：除选建在战略要地外，石窟寺院被合理地设计成三个功能各异、相辅相成的区段。个别洞窟或有例外，但由于克孜尔尕哈不是一日建成，晚期的扩建可能是为迎合新需求而并非不折不扣地遵循原初规划。对三个区段的辨识表明，如果方法得当，存在着追溯石窟寺院的最初布局，或者探寻石窟寺院设计背后的原初动机的可能性。以上对克孜尔尕哈遗址的分析方法亦被用于下文对龟兹其他石窟寺院遗址的探讨。

离开克孜尔尕哈之前，我们不妨再驻足片刻，回想其落成时的面貌：第23窟窟前的木构建筑高耸云霄，第11~16窟组合和第27~32窟组合前的两条木构长廊相映成辉，三者皆凿于峭壁，施以彩绘，环绕着中央区域（表1）。

表1 克孜尔尕哈石窟寺院遗址洞窟类型、洞窟组合与编号

洞窟类型	洞窟编号
大像窟	16、23
中心柱窟	11、13、14、21、30、31、45、46
方形窟	17、32、47、48
僧房窟	3、5、7[1]、9、18、19、20、22、26、33、34+35、36、37、41、43
讲堂窟	27+28
壁龛	15、10A、29、29A
禅定窟	37A、38、38A、38B、38C、38D、38E、49、50、51、52
其他/未明	1+2、8、19A、19B、37B、39、40、42
储藏窟	4、4A、6、44
未完工洞窟	*7[2]、10、12、17、24、25*
洞窟组合	双中心柱窟：13和14 讲堂窟和中心柱窟：27+28和30

灰色阴影：带装饰的洞窟
斜体：最初被规划成带装饰的洞窟

森木塞姆

森木塞姆位于却勒塔格山南麓，临近连接苏巴什、克孜尔尕哈、夏哈吐尔、乌什吐尔、库木吐喇和托乎拉克艾肯的古道（见图1）。如今若想考察森木塞姆，需要沿国道314行驶至牙哈镇，折而向北，经过玛扎伯哈抵达克日西村。穿行一段沙漠之后，进入砾岩和泥岩形成的山谷，而后蜿蜒前行至洞窟所在的开阔之处，周围崖壁耸立，其顶部或尖削或平坦，延伸向巍峨的却勒塔格山。森木塞姆的选址堪称妙地胜景，其内现存53座

编号洞窟,是龟兹保存最好的石窟寺院遗址之一。自20世纪初,西方探险家和中国学者先后赴此考察,至今系统研究仍付阙如[1](图13)。

森木塞姆石窟寺院的若干突出特征现已难以辨识。遗址中央山丘上,大型地面建筑遗迹残毁严重而无法复原。但可以肯定的是这片岩地被充分利用以修建这些建筑:更为坚硬的岩块亦被开挖修凿成砖构建筑的地基。此区东部有一处大窣堵波遗存,其内核是凿于岩体的石柱,其他部分用砖块砌成。窣堵波的方形基座边长超过15米,残高8米多;当其建成时必然令人震撼,因位于中央山丘的顶部而显得更加高耸壮观。高大的窣堵波无疑是龟兹石窟寺院的突出特点[2](图14)。由于森木塞姆是龟兹诸多遗址中唯一不见有僧房窟者,故而推测地面建筑中除塔刹殿堂外,部分可能属于生活居所。森木塞姆遗址中央为地面建筑,礼拜窟开凿在周围崖壁,它们的布局与克孜尔尕哈不同,但亦非孤例,托乎拉克艾肯和温巴什与之相似;库木吐喇沟口区、台台尔和苏巴什,洞窟则毗邻地面的军事堡垒或要塞。由此似乎可以推测龟兹石窟寺院的典型结构即是或大或小的地面建筑与众多洞窟的结合[3]。与龟兹其他石窟寺院相比,森木塞姆有若干独特之处。洞窟开凿在环绕中央区域的崖壁上,至少最初的意图是使每座洞窟朝向中央的大窣堵波。此外,所有洞窟都按正方向(东、南、西、北)分布,即使晚期开凿在险狭沟谷中无法望见中区的洞窟亦不例外。另一罕见之处是大多数洞窟用于仪式活动,因此成为龟兹王国中带装饰洞窟所占比重最大的石窟寺院。

森木塞姆遗址内区段的识别比克孜尔尕哈更复杂,目前笔者提出的划分也只是初步的。中区包括前已述及的地面建筑以及与之毗邻的第24～33窟。现存的其他洞窟分别包括南区的第2～16窟,东区的第48～54窟以及北区的第17～23窟与第34～47窟(图15)。

南区的第2～16窟彼此毗邻而且几乎开凿在同一高度上,沿森木塞姆最高的崖壁中部一字排开;除右端转角处的第15、16窟朝东外,其他洞窟皆朝北(图16)。此区内有两座大像窟,第5、11窟;一座中心柱窟,第6窟;第2～4、7～10、12～16窟则是大小

---

[1] 1906年格伦威德尔在森木塞姆停留四天,后来发表了六座洞窟的笔记,参见Grünwedel, *Altbuddhistische Kultstätten in Chinesisch-Turkistan*, 182–191。中国学者黄文弼首次在1928年记录了此遗址,清理了若干被掩埋的洞窟,参见黄文弼:《塔里木盆地考古记》,科学出版社,1958年,第27—28页。从20世纪50年代起,中国许多学术团考察此遗址并对其进行研究;例如阎文儒:《新疆天山以南的石窟》,第41—59页;丁明夷:《记两处典型的龟兹石窟》,第356—378页。最近几年还出版了总录,新疆龟兹石窟研究所编:《森木塞姆石窟内容总录》,2008年。
[2] 大窣堵波见于森木塞姆、苏巴什、夏哈吐尔、乌什吐尔等遗址,此类建筑与石窟寺院的关系值得探索。
[3] 至今在龟兹石窟寺院遗址开展的考古发掘极少。已有的工作大多是清理窟内堆积,从未着意于全面调查地面建筑。由于尚不清楚与石窟寺院互为补充的地面建筑是否存在,如果存在,其规模和类型又是如何,因此我们对石窟寺院布局的了解仍属片面。

龟兹寻幽：考古重建与视觉再现

图13 森木塞姆北区第39～43窟全视图。值得注意的是，不同岩质的崖壁以及崖壁上最近修筑的保护设施。

图14 森木塞姆遗址中央的窣堵波遗迹。

龟兹的石窟寺院

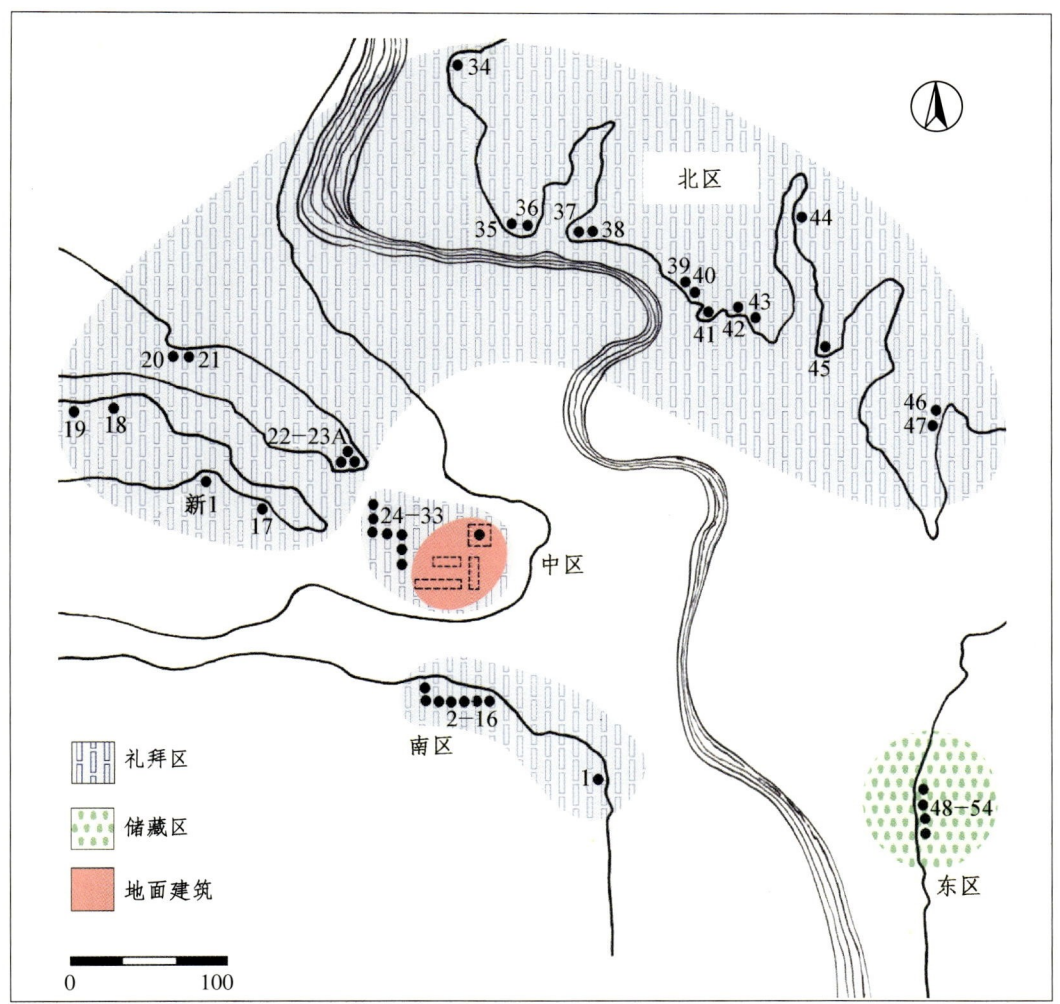

图 15 森木塞姆遗址平面图：洞窟和区段分布图。根据新疆龟兹石窟研究所编：《森木塞姆石窟内容总录》第45页绘制。

不等的方形窟，部分洞窟的窟顶形制仅见于森木塞姆，即双层八角形的鼓面上承托穹窿顶。对此区段的测绘和坍塌洞窟的复原取得了出乎意料的成果。洞窟的相对位置以及叠压打破关系表明大像窟第11窟是区段中最早的洞窟。该窟两侧现已坍塌，残损严重的洞窟的布局有助于建立相对年代序列。根据森木塞姆遗址内洞窟的平均规模，对中心柱窟第6窟和方形窟第7窟进行复原后，发现两窟东侧的第5、4、3、2窟，及西侧的第8窟可能开凿于第6、7窟所在崖面突出部分坍塌之后。这种推测亦可被大像窟第5窟内绘制晚期的C种风格壁画证实。带长甬道的方形窟第13窟的位置暗示出其开凿于第11窟西侧崖壁坍塌之后，此外，主室开凿得如此靠内当是为了避开后来的再度塌毁。这一

21

龟兹寻幽：考古重建与视觉再现

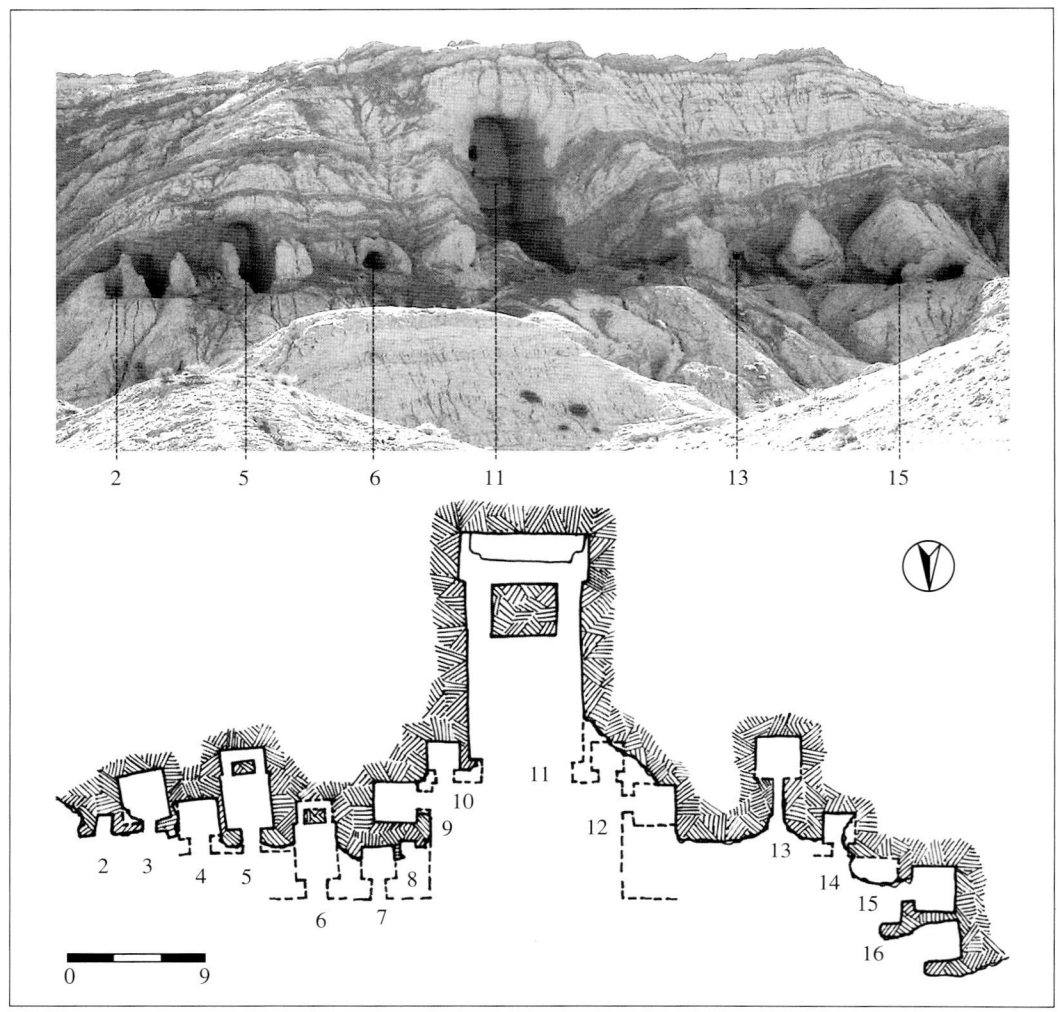

图16 森木塞姆南区第2～16窟联合平面图、立面照片。第11窟前室宽度根据第9和12窟的相对位置复原，深度根据第6、7、10窟的相对位置复原。第6、7窟现已大部分坍塌，其最初规模根据森木塞姆同类洞窟的平均规模复原。

发现对于推测该区段内大多数洞窟，包括上文提及的带有独特穹窿顶的方形窟的相对年代关系大有裨益。

事实上，对相邻洞窟的恰切评估乃是尝试构建石窟寺院遗址相对年代框架的最可靠手段。相邻洞窟之间关系的确定既需要现场考察崖壁的相关特征和洞窟细部，同时也离不开准确测绘；洞窟组合的布局、洞窟间的相对距离、洞窟朝向和分布在绘制的联合平面图上更清晰易懂。在区段内研究洞窟对于理解整处遗址至关重要，南区为此提供了最佳例证。

大像窟第11窟类似于前述克孜尔尕哈第23窟。根据第23窟两侧相邻的洞窟可以推测现已坍塌的大型前室的规模。第9、12窟凿建于前室侧壁；第10窟凿建于前室正壁，鉴于对称性是龟兹地区奉守的重要原则，或许可以推测第11、12窟之间曾有一座与第10窟相对且相似的洞窟[1]。这些洞窟可显示出第11窟前室的宽度及其正壁的位置，而进深则可通过第6、7窟的复原推测，即深约8米、宽约13米（图17）。

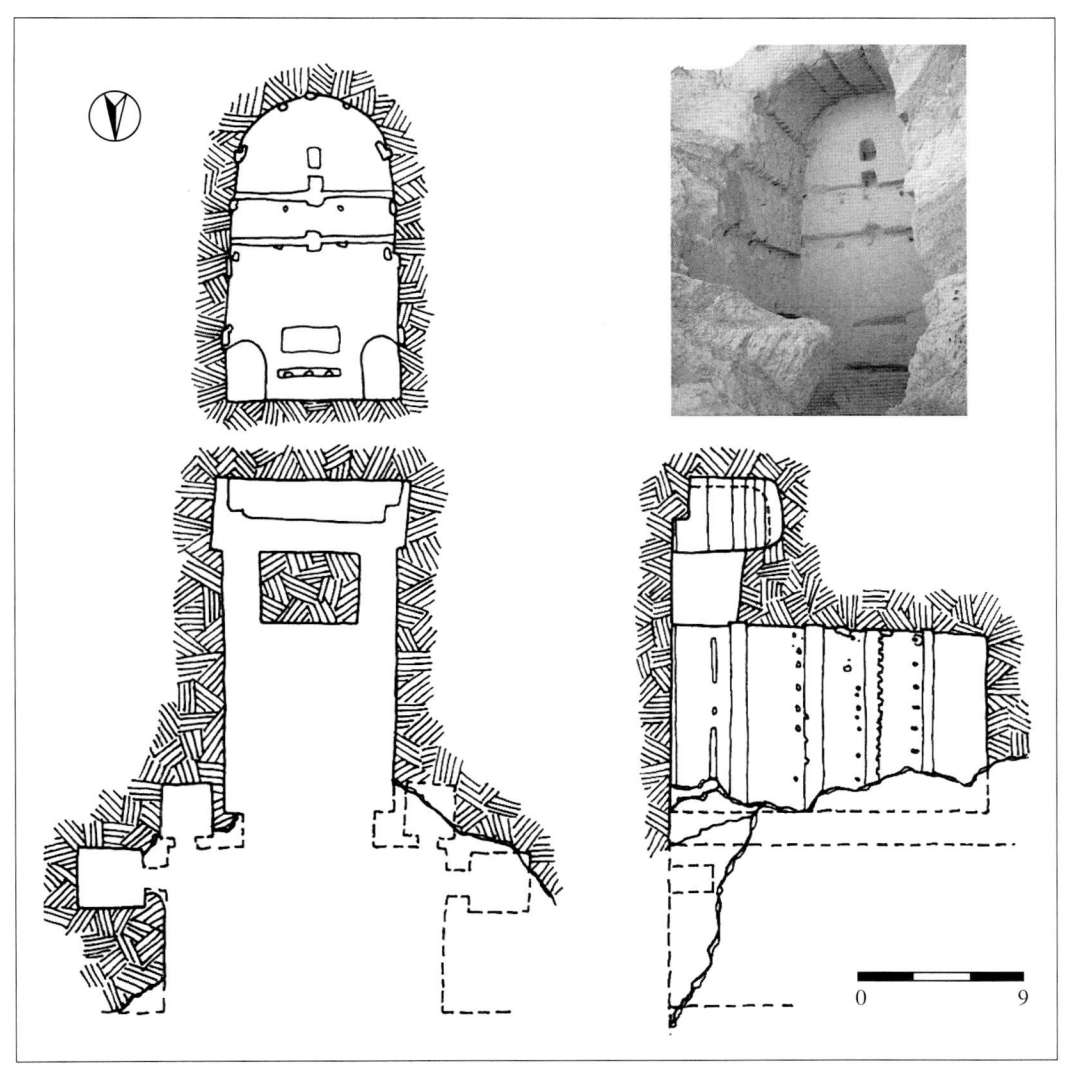

图17 森木塞姆第11窟平面图、剖面图和主室正壁。正壁和侧壁上保存大量固定塑像木骨架的遗迹，虚线表示后室扩建前的最初规模。

---

[1] 第9、10、12窟的开凿晚于大像窟；前室正壁和侧壁上开窟或是由于此区段内开凿空间的短缺。至于其他具有相同窟顶的洞窟如第3、13、14、15窟，它们的相对位置表明其均开凿于崖面严重坍塌之后。

第11窟主室内木骨泥胎大佛像的体量可以根据正壁上保存的凹槽和凿孔推测[1]。大像高约13米，在龟兹仅次于克孜尔第47窟大像的高度。两侧壁曾各有四排真人大小的立佛像，每排八尊。左壁上保存一尊塑像的泥塑头光，清楚地揭示出塑像的尺寸及固定于壁面的方式（图18）。券顶上残存的壁画表明，中脊曾绘飞天，两侧为菱格譬喻故事。

主室两侧壁前各有一条石像台，延伸至后室，暗示着最初像台上所立塑像从主室前壁一直排布到后室涅槃台。后来甬道处的塑像被置换成壁画，现因残毁严重而无法辨识。甬道券顶中脊绘舍卫城神变第一阶段的系列场景，两侧绘菱格本生故事。后室正壁壁前的涅槃台上曾有一尊涅槃佛像；与之相对的壁面即中心柱后壁上有一座荼毗台，台上曾有佛陀荼毗塑像。后室左右两侧壁上曾各有五排塑像，最下部一排塑像高约

图18 森木塞姆第11窟。照片中主室左侧壁上的横凹槽原用于安插承托塑像的木托架。右下角展示塑像是如何被固定在墙壁上的：立于木托架上，每尊塑像的脑后部通过木钉固定在壁面上。

1.5米，上排可能是较小的半身像。正壁上原有两排木架，其上安放泥塑像。由此可知后室四壁装饰着大量塑像，高度不同，大小不等，由石台或木架承托。所有这些塑像构成佛陀涅槃的三维再现，周围还恰当地填绘法轮、摩尼宝珠以及飘落的花蕾。后室的高度和深度在晚期都被拓展（图17虚线标示），目前所见的壁画应为改动之后所绘。

后室内曾有百余尊塑像，包括大涅槃佛像、全身像和半身像。主室中除占据整个正壁的大立佛像外，两侧壁的不同高度上共有64尊真人大小的塑像，最上还有一排天人半身像。

---

[1] 此尊大像固定于正壁的方式与克孜尔尕哈第23窟大像不同，在龟兹，塑像木骨架被固定在壁面的方式根据其体量和岩质而有所差异。

简单对比中心柱窟和大像窟的装饰就会发现前者以绘为主,后者以塑为主。中心柱窟内气氛肃穆,壁面平整敷彩,与大像窟内大量立体塑像营造的强烈装饰效果形成鲜明对比。然而因塑像皆已不存,龟兹大像窟未能得到充分研究。

南区有数座方形窟,其窟顶形制独见于此,即双层大型八角形鼓面上承托一个小型穹窿顶。保存最佳者见于第15窟,此窟边长超过3米,规模中等。精湛的穹窿顶起自叠涩处:双层八角形鼓面的开凿方式为下层两个连续鼓面的接角对应上层鼓面的中央。穹窿顶顶部中心向外凿出六条凸棱(图19)。遗憾的是,造型独特、凿工精湛的窟顶上的壁画大部分脱落,残存的画面无法再现曾经的华丽。

图19 森木塞姆第15窟窟顶细部。

为使洞窟开凿于高耸挺直的泥岩崖壁上,第48~54窟构成的东区选建在离遗址中心稍远的东南方。此区段的突出特征是讲堂窟第49窟和中心柱窟第48窟构成的组合,此类组合已见于克孜尔尕哈。第48、49窟组合的布局最为典型:两窟位于崖壁高处,由凿于岩体内的梯道抵达;两窟前有一座修建于崖壁上的木构廊道,除保护两窟免遭风雨侵蚀、烈日暴晒外,还凸显出此组合的重要性。讲堂窟第49窟由甬道和横券顶主室构成,壁面由里而外涂刷草泥和白灰浆,没有任何装饰。窟内具备此类洞窟的所有典型特征:大壁炉、沿四壁有一周石长凳以及前壁上开明窗。中心柱窟第48窟规模中等,比例协调,窟内曾绘有精美壁画[1]。这一组合附近的其他洞窟现已无法抵达,它们开凿在崖面不同高度处,可能是储藏窟,不用作礼拜活动或居住场所。由此东区的主要功能或是讲经和集会之地,除此之外亦是各种物资的储藏地(图20)。

---

[1] 详见何恩之的讨论,本书第190—193页。

龟兹寻幽：考古重建与视觉再现

图20 森木塞姆第48～49窟组合布局及在崖壁上的相对位置。这一组合通过开凿于岩体内的梯道抵达，照片右侧所示的三窟曾由一段木栈道相连，现已坍塌。需要注意的是，由小石块铺砌的外部梯道是现在的修复。

第24～33窟毗邻地面建筑，期待未来的考古发掘能够揭露出洞窟与地面建筑之间的关联迹象。十座洞窟中，除第25窟为方形窟外，其他九座皆为中心柱窟；它们开凿在较矮的山岩上，几乎占用了全部崖面，排布成直角相交的三段，似乎是为保证每座洞窟皆朝向正方向。第26窟因其独特性而备受关注，是中心柱窟发展至晚期的代表（图21）。该窟平面近方形，重修过的大型中心柱占据窟内大部分空间，中心柱四壁各开一龛。除正壁开一扇方形明窗外，其他三壁上亦开小龛。众多小龛和塑像，加之中心柱雕凿复杂的底座以及甬道入口上方的拱形楣，营造出强烈的装饰效果，与龟兹更传统的中心柱窟内简洁明快的建筑线条对比鲜明。因为这些洞窟的布局不同于北区洞窟，暂时将它们划入中区。

北区（第17～23窟和第34～47窟）的洞窟开凿在山岩的较低位置处，布局似乎毫无规划，可能是因为缺乏大面积可用崖面。然而仍可看出部分洞窟成对开凿，共用同一前室，形成森木塞姆典型的洞窟组合，即由一座中心柱窟和一座方形窟构成，如第18、19窟，第20、21窟，第39、40窟，以及或未完工的第37、38窟。此外，尽管山岩高度有限，但大像窟第43、44窟凿建于此区段。两窟面向中央耸立的窣堵波，始凿年代可能早于同一沟谷中的其他洞窟，后者开凿于崖面可用空间用尽之后。同样，遗址内洞窟的相对位置可提供颇有价值的年代信息。

尽管目前尚不可能更精确地评估森木塞姆内不同区段的特质，但前文分析已清晰地表明其布局经过精心周密的规划。笔者亦指出存在若干可供构建相对年代序列的线索。地面建筑和一座高大窣堵波所在的中区,位置突出,既可将大山谷尽收眼底,亦是大多数洞窟视线所及的焦点。从中区的残毁现状中已无法推测地表建筑的数量和规格;因森木塞姆无僧房窟,或可推测部分地面建筑为居住之所。窣堵波耸立于中区内的高显之处,且面向大像窟第11窟,其经营似乎具有特殊含义。其他三座大像窟所在崖面的岩质并不适合开凿规模如此宏大的洞窟,这或许表明"纪念碑性"是指导森木塞姆石窟寺院营建的重要理念。

南区洞窟一字排开,彼此毗邻,其他区段内的洞窟则四散分布。一座中心柱窟和一座方形窟构成的组合是南区主要的组合类型。其中部

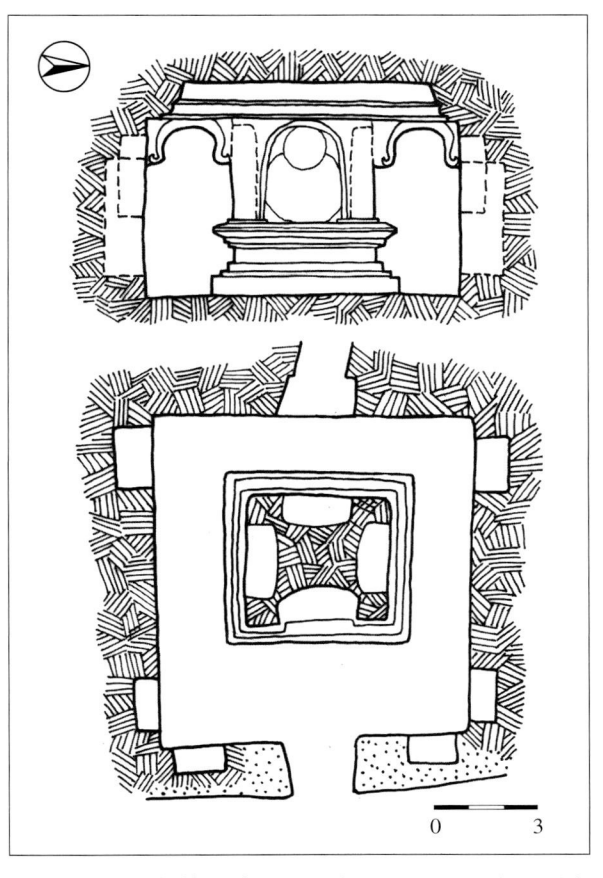

图21 森木塞姆第26窟。下:平面图。上:正壁立面图。

分组合容易识别,如第6、7窟,第18、19窟,第20、21窟,第39、40窟。个别洞窟可能也构成此类组合,只是因地貌状况而在布局上有所不同,如第41、42窟,第46、47窟,及未完工的第37、38窟。尽管第5窟被定为大像窟,但它和第4窟构成的组合可能亦属此类。如同其他遗址,此处亦有中心柱窟和讲堂窟构成的洞窟组合,如前文提到的第48、49窟。森木塞姆只有第37、38窟未完工就被废弃。龟兹所有洞窟都有前室,然而森木塞姆因崖面坍塌严重,洞窟前室难以辨识。在持续不断的破坏消除残存迹象之前,有必要记录仍保留木构前室遗迹的洞窟,包括第1、14~16、48、49窟。第9~12、15、19、20、35、37~40、42~44、47窟窟前尚可见有石凿前室的部分遗存。

森木塞姆大多数洞窟为礼拜窟,这也表明带装饰的洞窟所占比重较高。塑像通常是大像窟中的主要装饰,而中心柱窟中则以绘制壁画为主。森木塞姆洞窟壁画基本为B种风格,仅有数例C种风格。装饰内容与其他遗址一致,但故事的表现和构图简化,敷彩以红、绿为主,天青石蓝极其少见。贴金见于中心柱窟主龛侧壁和券顶彩绘中,但绝少用于佛陀僧袍。

表2　森木塞姆石窟寺院洞窟类型、洞窟组合、地面建筑及洞窟编号

洞窟类型	洞窟编号
大像窟	5、11、43、44
中心柱窟	1、6、19、新1、20、24、26、27、28、29、30、31、32、33、35、40[2]、41、45、47、48
方形窟	3、4、7、8、9、*10*、12、13、*14*、15、21、22、25、34、37、*39*、40[1]、42、46
僧房窟	
讲堂窟	49
壁龛	2、18、36
其他/未明	17、新2、23、23A、38、50、51
储藏窟	16、52、53、54
未完工洞窟	37、38
洞窟组合	中心柱窟和讲堂窟：48和49 中心柱窟和方形窟：6和7、18和19、20和21、37和38(?)、39和40、41和42、46和47
地面建筑	中央

灰色阴影：带装饰的洞窟
斜体：原规划为带装饰的洞窟

克孜尔尕哈和森木塞姆在功能和布局上相差甚远：克孜尔尕哈的僧侣们居住在东区的15座僧房窟中，彼此相距较远，形成了这一规模中等的石窟寺院中洞窟比重较大的区段；西区内皆为禅定窟。与之对比鲜明的是，森木塞姆无禅定窟。或许会有读者提出禅定窟的缺失是因崖壁的坍塌，但不可能全然不见踪迹；更合理的解释是禅修活动开展于特定的地面建筑中。另外，克孜尔尕哈只有一座套斗顶方形壁画窟，而森木塞姆则存在大量方形壁画窟，通常为大穹窿顶，或双层八角形鼓面承托的小穹窿顶。两处石窟寺院内中心柱窟和大像窟皆分布在最佳区域内，且装饰最丰富，从而占有突出地位。就布局而言，两处石窟寺院规划理念差别显著：克孜尔尕哈在中区凿建礼拜窟，而森木塞姆的中央为地面建筑和一座高耸的窣堵波（表2）。

初步了解上述两处遗址后，我们转向布局与两者皆不相同的玛扎伯哈。

玛扎伯哈

通往森木塞姆的途中会经过龟兹最东端的石窟寺院玛扎伯哈。遗址现名取自附近的玛扎伯哈村，开凿在光秃丘陵上的洞窟群成为沙漠与绿洲间的一道阻隔。最近新疆龟兹研究院发表的调查简报指出此处共有44座洞窟[1]（图22）。

---

[1] 1906年德国和俄国探险家赴此考察，但考察成果披露甚少。有关此遗址的记录见朱英荣、韩翔：《龟兹石窟》，新疆大学出版社，1990年，第151—154页；李丽：《新疆龟兹地区中小型石窟调查》，载巫鸿编：《汉唐之间宗教艺术与考古》，文物出版社，2000年，第163—182页。最近还发表了一篇简报，但资料仍十分有限，参见新疆龟兹研究院：《库车玛扎伯哈石窟调查简报》，第21—36页。

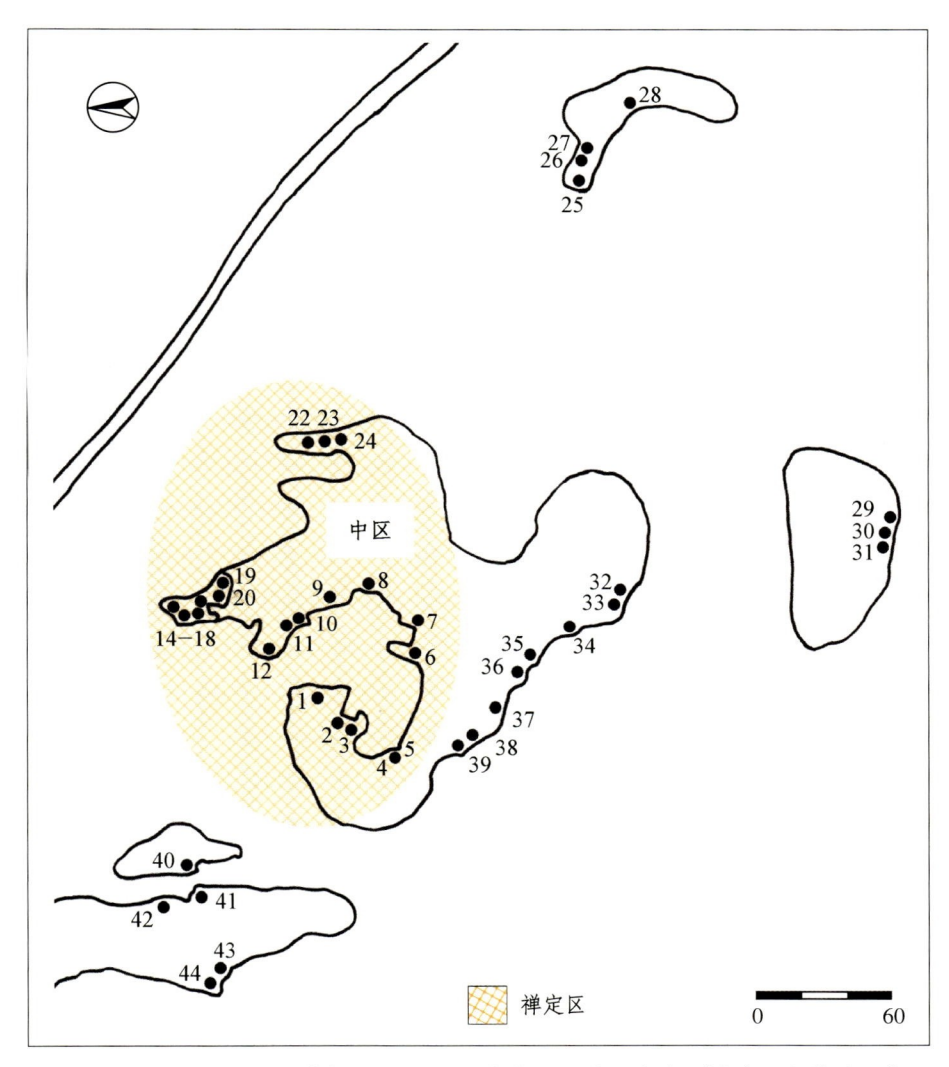

图22 玛扎伯哈遗址中区禅定区平面图。根据新疆龟兹研究院：《库车玛扎伯哈石窟调查简报》第23页绘制。

玛扎伯哈石窟寺院所在的地形地貌十分特殊，尤其是用于开凿洞窟的丘陵由水平层理的泥岩和胶结不紧密的角砾岩交替分布构成，结构松散，导致洞窟在上部岩体的重压下极易塌毁。因此若开凿出可持久的洞窟则需要巧妙的规划和设计，例如将洞室凿建于易碎的角砾岩层，叠压其上的坚固泥岩层用来开凿窟顶。为使窟内壁面平直，需用大量涂层修整，因此同一洞窟内涂层厚度从数厘米到二十厘米甚至更厚。涂层须由里向外依次涂刷，且根据不同需求选用不同质地的草泥浆：黄黏土掺杂粗切的麦秆和卵石涂抹在里层，无需平整，有时为确保两层涂层的紧密粘合还要在未干的涂层上用手按压。外层则用红棕土混合细碎麦秆涂抹，最外层刷白灰浆后变得平

图23 玛扎伯哈僧房窟第10窟。左：正壁和右侧壁构成的墙角。需要注意的是，用于加固开凿于角砾岩的壁面下部和开凿于泥岩的窟顶的大型土坯砖块。右：左侧壁立面图，同样用土坯砖块加固门道两侧。

坦光滑。为规避坍塌风险，部分情况下可能使用大砖块加固墙体，此种做法罕见于龟兹其他石窟寺院遗址[1]（图23）。其他加固措施包括在窟顶、门道和窗楣上方凿出凹槽，槽内安插树枝并用黏土封固。由于无法在角砾岩上凿刻装饰性的叠涩，因此长条形窟内的叠涩由黏土包裹成束芦苇秆塑成[2]。任何有关玛扎伯哈的研究皆须考虑到其所处的地理环境以及上述创造性的建造方式。玛扎伯哈无疑挑战了良好岩质决定龟兹石窟寺院选址的理念；事实上，岩质只是开窟所需考虑的因素之一，而且显然不是最重要的因素。

笔者曾实地考察过集中于遗址中区的24座洞窟，根据发表的调查简报推测其中可能包括年代最早的洞窟（图24）。中区的大多数洞窟开凿在水平层理泥岩下方的同一高度。其中最具代表性的洞窟是长条形窟，通常深10余米，宽2~2.5米。长条形窟内壁面上方与纵券顶的相接处饰叠涩，墙壁和窟顶壁面涂草泥，最外抹一层白灰浆，没有任何装饰[3]。毗邻长条形窟的僧房窟的形制有别于龟兹其他僧房窟。这种差异可能是因为洞窟所在山岩的形貌所致；非典型的结构有助于光线射入和空气流通。

共用同一前室的一座僧房窟和一座未装饰的长条形窟组合构成了中区的主要洞窟组合类型；尽管保存现状不佳，但仍能辨别出六组。典型且保存较好的一组是长条形窟

---

[1] 除此之外，仅见于库木吐喇沟口区第二沟开凿的洞窟。
[2] 苏巴什长条形窟内也有相似的叠涩；成束的芦苇秆也可用作泥塑像的内胎，如克孜尔第60窟涅槃台和左侧壁转角处的一尊破损塑像所示。
[3] 相似的长条形窟见于苏巴什西寺北区，其中部分绘有壁画。

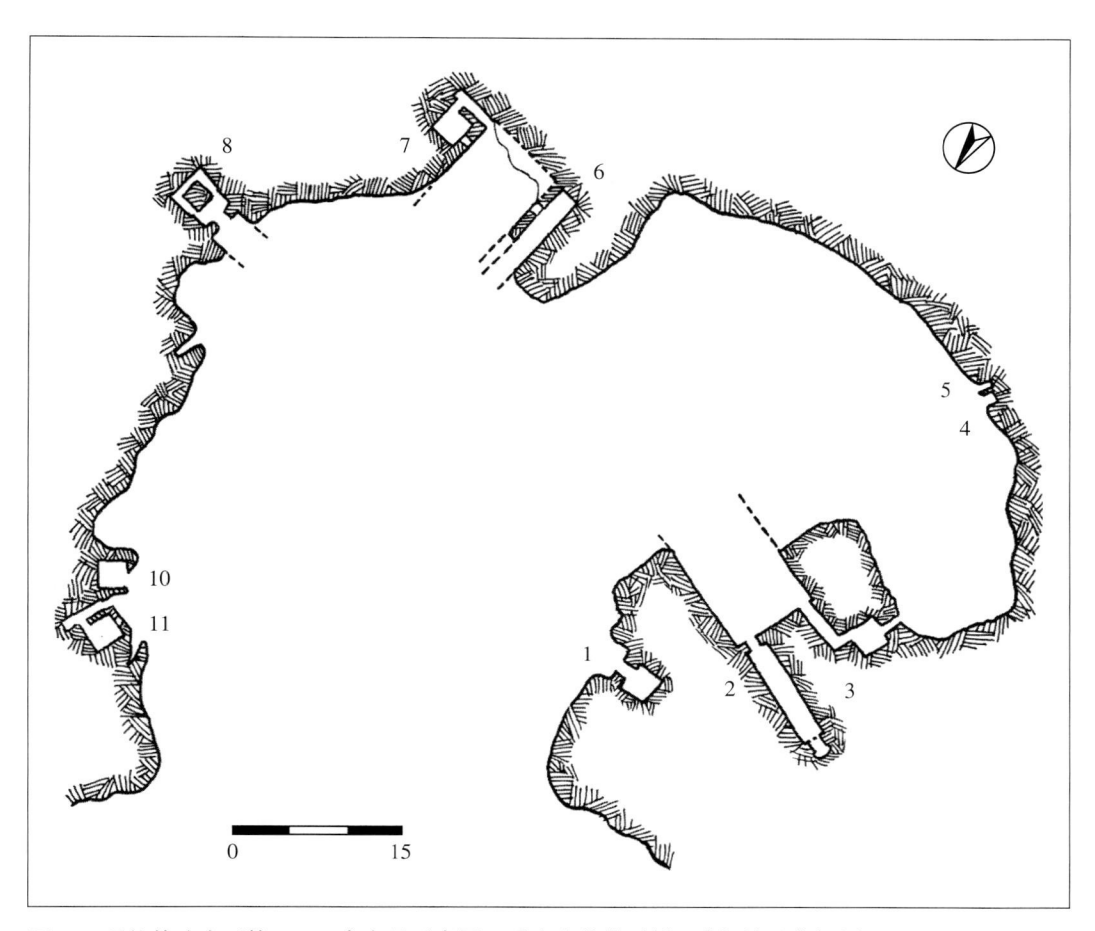

图 24 玛扎伯哈中区第1～11窟布局示意图。采自朱英荣、韩翔：《龟兹石窟》，图5。

第2窟和僧房窟第3窟，两窟共用同一前室（图25）。此组合的前室尤为突出，宽近8.5米，残深超过12米，现已严重塌毁。如此宽深的前室的顶部不可能凿建于泥岩层，因其无法承担上部岩体的重压。更细致地观察便会发现前室侧壁上有凹槽和凿孔，很可能属于原本支撑窟顶的木构建筑。第2、3窟的入口开凿于前室正壁。长条形窟第2窟深11、宽2.2米。由于前室入口和最内端相距近25米，因此若要推测此窟使用时的状态，则需要想象其最初有带宽大木构屋顶的前室限制了光线和空气的进入。僧房窟第3窟不同于龟兹典型的僧房窟：长甬道直通主室，门道开在主室前壁而非侧壁，明窗则开在主室左壁而非前壁。与两窟的中等规模相比，共用前室不可谓不宽大，但却常被学者忽视。共用前室不仅远大于两窟，而且室内空气流通，光线明亮，亦有木构屋顶遮阳蔽日，当是举行大多数日常活动的理想场所。当推测长条形窟的功能时，已坍塌部分的内部不同区域的光线强度和空气流通量，在遗址中的位置，与周邻洞窟的关系，以及进入的方式等都是需要考虑的因素。目前可以简单认为此组合由居住、禅修和日常公共活动

龟兹寻幽：考古重建与视觉再现

空间构成[1]。

第6、7窟及其共用前室展示出此类洞窟组合的变体。共用的大型前室，深10余米，宽约12米，位于两窟之间。布局的改变弥补了可用空间深度的不足；岩体上的开凿空间无法实现前室在前、主室在后的布局形式，因此将主室开凿在前室两侧。前室规模不能因空间有限而被缩小，改变布局成为权宜之策。由此亦彰显出大型前室是此类组合不可或缺的构成。尽管残毁严重，但仍然可以辨识出其他几组布局与第1、2窟组合相似的同类洞窟组合，如第14、15窟，第17、18窟，第19、20窟，第22、23窟，皆位于中区（图26）。

周围的其他20座洞窟笔者未能考察；虽然根据最近发表简报的文字记录和测绘图无法确定它们构成的洞窟组合的类型，但这些类型似乎不见于中区[2]。由于长条形窟和僧房窟构成的洞窟组合不见于龟兹

图25 玛扎伯哈第2~3窟及其前室。照片展现出洞窟开凿在泥岩层下的角砾岩层上。从平面图中可以看出前室与洞窟主室的比例不协调。

其他石窟寺院，暂且不论此类组合在寺院中承担的功能，它应该是玛扎伯哈石窟寺院的主要特色。此类组合皆无壁画，僧房窟和长条形窟的平整壁面上涂抹草泥和白灰浆，没有任何装饰。

中区的壁画窟包括中心柱窟第8窟和方形窟第1、24窟。中心柱窟第8窟与周边洞

---

[1] 关于长条形窟的讨论见下文第125—126页。长条形窟还见于苏巴什和库木吐喇沟口区第一沟。
[2] 基于简报无法复原洞窟编号和少数洞窟的位置，参见新疆龟兹研究院：《库车玛扎伯哈石窟调查简报》，第21—36页。本书中区洞窟数量依图26，值得注意的是存在与现行编号不一致之处。

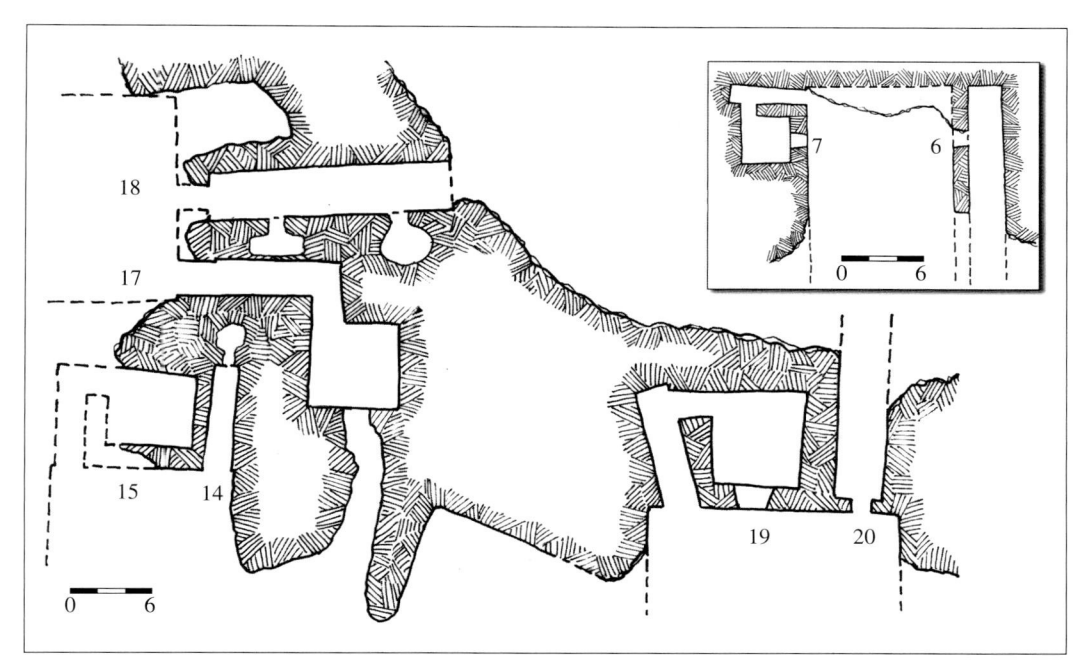

图26 玛扎伯哈中区部分洞窟组合。组合皆由一座僧房窟和一座长条形窟构成，两窟共用同一宽大前室，值得注意的是，同类洞窟组合的多次出现。

窟相隔较远；保存部分石凿前室遗迹，其规模较主室稍大。第8窟主室平面呈横长形、横券顶；正壁开一个大龛，前壁门道两侧各开一个小龛。后室包括左、后、右三段连通的供右绕礼拜的窄甬道。第8窟形制是龟兹中心柱窟发展至最晚阶段的典型代表，内部装饰与众不同、富丽繁杂[1]。

方形窟第1、24窟位于中区相对的两端，所处位置表明两窟年代晚于区段内其他洞窟。两窟形制相似：皆有前室，通过券顶长甬道进入，平面呈方形，穹窿顶。壁画大多脱落，残存者属于B种风格。

新疆龟兹研究院调查玛扎伯哈时又发现两座壁画窟，即第29、41窟，由此遗址内共有5座壁画窟，所占比重是龟兹石窟寺院中最低的[2]。塑像（现已不存）亦极少，仅见的是两座中心柱窟主龛中的小塑像。壁画窟位于遗址边缘，而且不属于任何组合，这表明它们凿建于晚期，某种程度上改变了原本没有壁画窟的石窟寺院的性质。

玛扎伯哈的年代问题仍悬而未决。尽管年代问题并非本书研究的重点，但若干跟方法有关的思考仍然值得进行。前文提及，五座壁画窟可能属于该石窟寺院发展的最

---

[1] 相关讨论见下文，第211—213页。
[2] 新疆龟兹研究院：《库车玛扎伯哈石窟调查简报》，第21—36页。

晚期。由于寺院发展的大多时段内并无壁画窟,因此采用壁画风格分析法来判断年代显然有问题。玛扎伯哈并非特例,事实上龟兹洞窟总数中近三分之二是没有装饰的,因此不能使用壁画风格分析法推断石窟寺院的年代。此外,部分遗址中年代最早的洞窟没有装饰,如分布在克孜尔谷西东端大片区域内以及库木吐喇沟口区第一沟中的洞窟[1]。就此而言,玛扎伯哈颇具启发性:一方面揭示出不能根据壁画对石窟寺院进行断代和分期;另一方面表明对石窟寺院的恰切研究需要分清最初布局和后续发展及其改动。

玛扎伯哈众多僧房窟与寥寥壁画窟形成鲜明对比,暗示出此处曾居住着相当多的僧侣,他们的日常生活与龟兹其他寺院的僧侣有着本质差别。若长条形窟用作禅修场所的推测不误,玛扎伯哈则可能是独一的专用于禅定修习的寺院。

从以上探讨的三处石窟寺院中可看出它们彼此间的差异。尽管拥有类型相似的洞窟,但寺院布局、每类洞窟所占比重、洞窟组合的种类以及区段的安排等差别颇大。带装饰的洞窟所占比重不仅在三处石窟寺院中各不相同,而且在同一石窟寺院内其数量也会因区段的不同而有多少之分。笔者再次强调,仅研究壁画无法全面理解龟兹佛教,而关注石窟寺院的规划和功能会有更多收获。每处石窟寺院各有其存在的背后动因,以迎合龟兹佛教有机体的特定需求(表3)。

上述初步认识有助于我们理解下文将要讨论的克孜尔石窟,其多元性和独特性堪称龟兹地区最错综复杂的石窟寺院。

表3 玛扎伯哈石窟寺院洞窟类型、洞窟组合与编号

洞窟类型	洞窟编号
大像窟	
中心柱窟	8
方形窟	1、10、24
僧房窟	3、7、11、15、17、19、23
讲堂窟	
壁龛	4、5
禅定窟	2、6、14、18、20、22
其他/未明	9、12、13、16、21
储藏窟	
未完工洞窟	
洞窟组合	长条形窟与僧房窟:2和3、6和7、14和15、17和18、19和20、22和23

灰色阴影:带装饰的洞窟
表中只列举笔者考察过的24座洞窟

---

[1] 中亚地区,特别是阿富汗,长条形窟内皆无装饰,参见 Seiichi Mizuno, ed., *Haibak and Kashmir-Smast: Buddhist Cave Temples in Afghanistan and Pakistan, Surveyed in 1960* (Kyoto: Kyoto University, 1962); Verardi and Paparatti, *Buddhist Caves of Jāghūrī and Qarabāgh-e Ghaznī, Afghanistan* (Rome: IsIAO, 2004)。

克孜尔

通向克孜尔的最后一段道路笔直平坦地穿过沙漠高原，而后迂回曲折地在山岩丘陵中延伸，经过地势险峻的转折后便可以看到下方绿植遍布的大沟谷。千余年来，木扎提河冲刷塑造着这条沟谷，愈来愈深地切割泥岩和砂岩层，似乎是依照某种蓝图为这处令人惊叹的石窟寺院创造出理想的环境。如今我们难以想象这条沟谷曾经苍翠富饶，草木丛生，动物成群，似乎是当初大自然对光秃荒凉高原的某种补偿。

克孜尔位于库车西北70公里处，较龟兹其他遗址受到更多关注[1]。克孜尔洞窟总数约占整个龟兹洞窟总数的一半。第235窟是遗址中编号最大的洞窟，但事实上总数接近400。为便于处理如此众多的洞窟，克孜尔被现代学者分成四区：谷西、谷东、谷内、后山，前三区的划分以穿过遗址中心的河谷为参照，后山区位于面向木扎提河的高耸崖壁的背面（图27、28）。需要指出的是这些只是通用名称，跟洞窟编号一样并不传达任何特殊含义。

了解克孜尔尕哈、森木塞姆和玛扎伯哈有助于研究克孜尔，后者的复杂不仅在于洞窟数量庞大，亦因其沿用的时段颇长。如同龟兹大多数石窟寺院，克孜尔凿建之初并不铺张炫耀，可能只是为了满足少数常驻僧团的需要。最早的洞窟开凿于崖面最佳区域，整处石窟寺院被规划为若干各具功能、互为补充的区段。随着僧团的扩大，早期洞窟的周边陆续凿建新窟，石窟寺院逐渐拓展至现在的规模。但上述发展并非简单的线性过程。事实上，考古调查已揭示出布局变化和冲突性现象，如某一类型的早期洞窟转变成另一类型的洞窟，这种改造有时也暗示出洞窟组合类型的改变；晚期阶段或许由于可用开凿空间有限，部分洞窟和洞窟组合凿建在最初并不包括它们的区段中，由此造成寺院原初布局的重大变化。发展亦意味着引入新理念，可以从新类型洞窟、前所未见的洞窟组合以及新奇装饰中窥知一二。

克孜尔石窟寺院的发展演变历程是可以追溯的。早期洞窟开凿在极易到达的最理想位置，而晚期洞窟位于岩质不佳的崖面上，光照有限，而且需要通过开凿于岩体内的梯道才能登临，有时个别新洞窟开凿在已有的洞窟之间或原来不用的偏远崖面上，坍塌洞窟被修复并被持续使用，或者某类洞窟被改造成另一类洞窟。所有这些改动都留下

---

[1] 关于此遗址的参考资料仍较为有限，参见 Grünwedel, *Altbuddhistische Kultstätten in Chinesisch-Turkistan*, 37-181；阎文儒：《新疆天山以南的石窟》，第41—59页；新疆维吾尔自治区文物管理委员会、拜城县克孜尔千佛洞文物保管所、北京大学考古学系编：《中国石窟·克孜尔石窟》3卷，文物出版社，1989—1997年；北京大学考古学系、克孜尔千佛洞文物保管所编：《新疆克孜尔石窟考古报告》；新疆文物考古研究所：《1990年克孜尔石窟窟前清理报告》，《新疆文物》，1992年第3期，第13—61页；新疆龟兹石窟研究所编：《克孜尔石窟内容总录》。

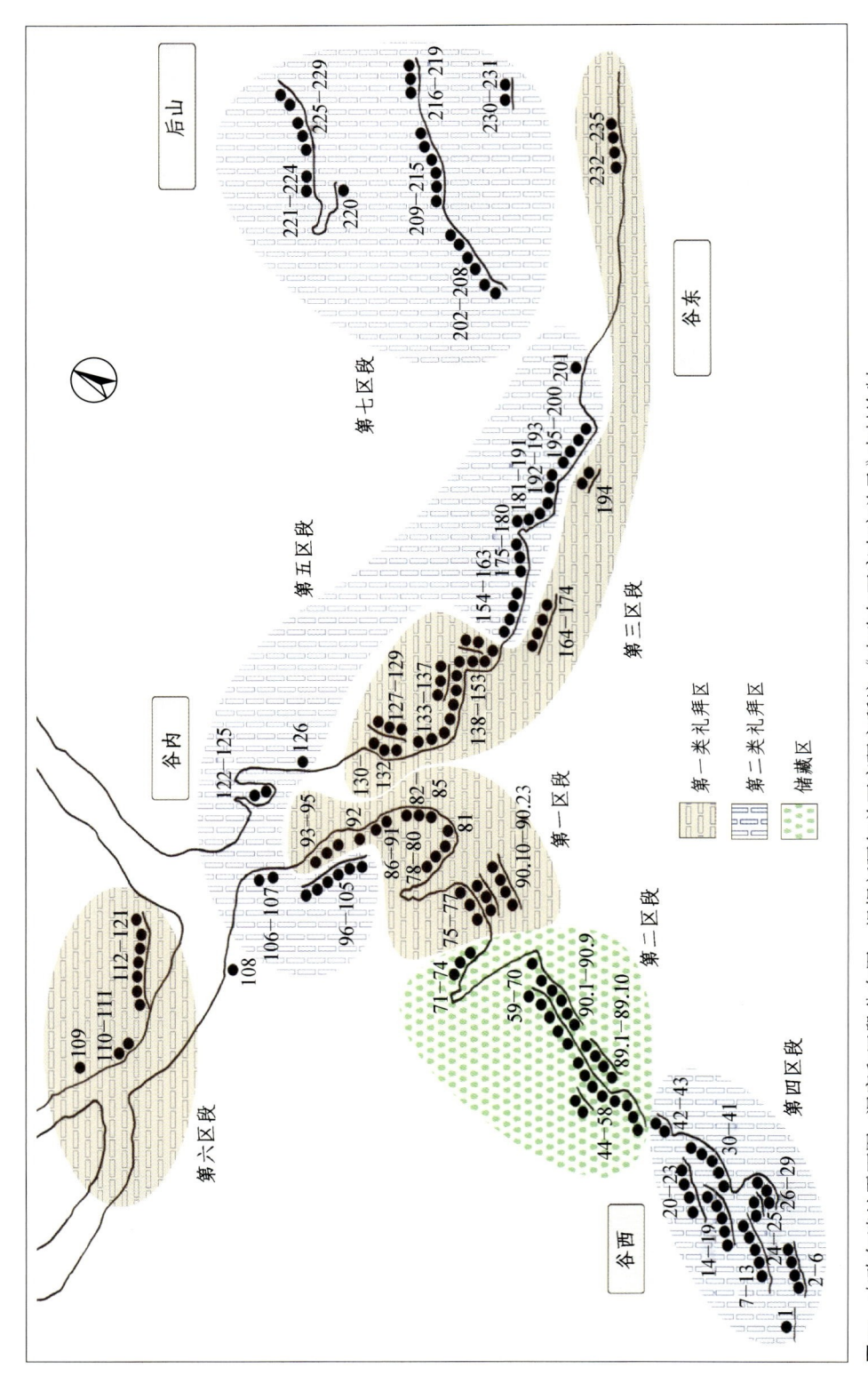

图 27 克孜尔遗址平面图：洞窟和区段分布图。根据新疆龟兹石窟研究所编：《克孜尔石窟内容总录》内封绘制。

注：89.1 实为第 89-1 窟，89.10，90.1，90.9，90.10，90.23 类同。

龟兹的石窟寺院

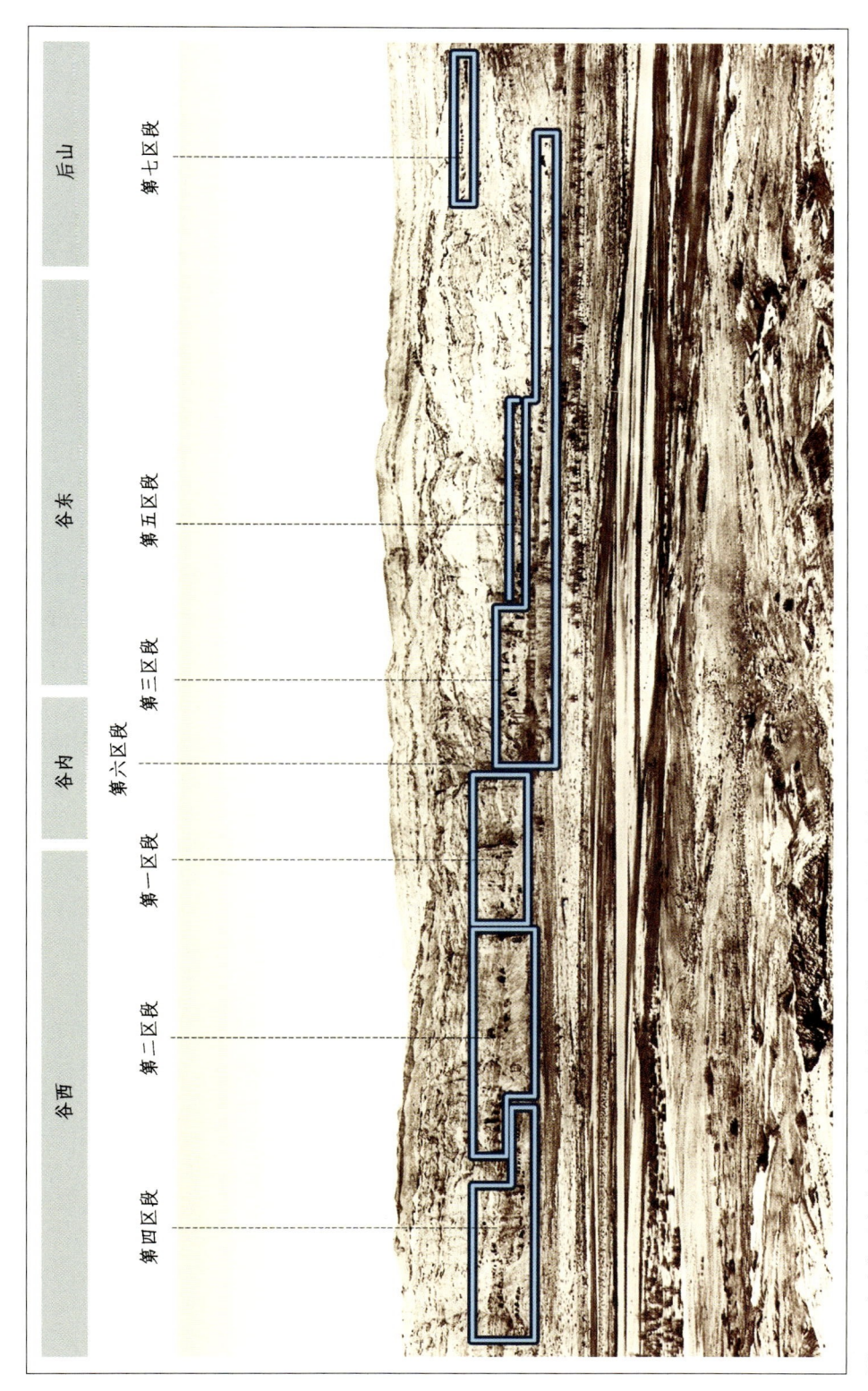

图 28 克孜尔石窟寺院内七个区段的相对位置。照片版权归德国柏林亚洲艺术博物馆所有。

37

大量迹象，即考古学所称的"叠压或打破关系"，为相对年代的建立提供了切实可靠的线索。例如根据洞窟建筑结构的改动痕迹，可判断洞窟改造前后所属类型的早晚关系。这不仅有助于判定洞窟的年代，而且为类型序列的构建提供了确切信息。然而遗憾的是，作为建立相对年代的最可靠线索，亦是判定洞窟年代基础的打破关系，并未得到应有重视，也没有被充分研究。对克孜尔百余年的研究仍未能构建起相对年代框架，跟缺乏系统的叠压打破关系研究有很大关系。下文对克孜尔进行描述和分析，同时考虑洞窟位置与所属区段以及笔者构建的相对年代序列。尽管年代并非本研究的重点，但大致年代框架是追溯石窟寺院最初布局和后续发展不可或缺的信息。讨论的开始将先逐一描述构成遗址的七个区段，作为动态发展的单元，早期它们之间清晰的边界在晚期由于区段扩展或功能变化出现交叠，甚至被清除。换言之，数个区段的边界难以辨识，但辨识边界正是石窟寺院遗址研究的关键[1]。

包括第1~43窟的第四区段是克孜尔石窟寺院内最明确的区段。其边界易于识别：第1窟是遗址最西端的洞窟，东端第43窟与上部第44窟间由一条纵长15米的岩缝分隔[2]（图29、84）。第四区段内所有洞窟显然非一日之功，且有迹象表明该区段最初建成后经历了长期不断增建新洞窟或洞窟组合的拓展阶段。由一座中心柱窟、一座方形窟和一座僧房窟构成的组合最常见，共有八组；第2~4窟，第8~10窟，第12、13、24窟，第15~17窟，第27~29窟，第30~32窟，第33~35窟，第38~40窟[3]（图30）。这些组合的布局几近一致：无装饰的方形窟位于中间，两侧是中心柱窟和僧房窟。其中三组在此基础上于中心柱窟一侧增加两座呈镜像对称的僧房窟；第5、6窟，第18、19窟，第26、26A窟（图31）。由于组合内的新增洞窟仅限于用作居住的僧房窟，组合的基本构成未受影响，即用于进行右绕仪式的中心柱窟仍是唯一的礼拜核心，未装饰的方形窟可能是集会场所，因此组合的扩展显然为了满足僧侣人数的增多。除扩建新窟外，建筑和图像的变化亦可视作区段内年代发展的指示。与此同时，若干特征在发展中却保持不变；例如在僧房窟的甬道末端开凿一间储藏室，主室内与门道相对的侧壁前有一张石床，这些典型特征罕见于其他区段的僧房窟，其持久性或是严格遵守律则的结果，同时亦暗示出此区段内占主导的佛教派别。由于残存若干与第12、13、24窟组合有关的禅定窟，因此禅修似乎在第四区段中扮演某种角色。事实上，此组合还包括未编号的禅定

---

[1] 笔者的博士论文中提出克孜尔由七个区段构成；本书沿而用之，但讨论顺序自谷西区依次向东。Vignato, "Archaeological Survey of Kizil–its Groups of Caves, Districts, Chronology and Buddhist Schools," *East and West* 56, no. 4 (2006): 359–416。

[2] Vignato, "Qizil: Characteristics and Development of the Groups of Caves in Western Gu Xi," *Annali dell'Università degli Studi di Napoli "L'Orientale"* 65 (2005): 121-140。

[3] 此类组合也见于克孜尔其他区段，如第86~88窟、第96~105B窟、第216~219窟。为更好地理解龟兹寺院的日常生活，此类组合值得深入探索。

龟兹的石窟寺院

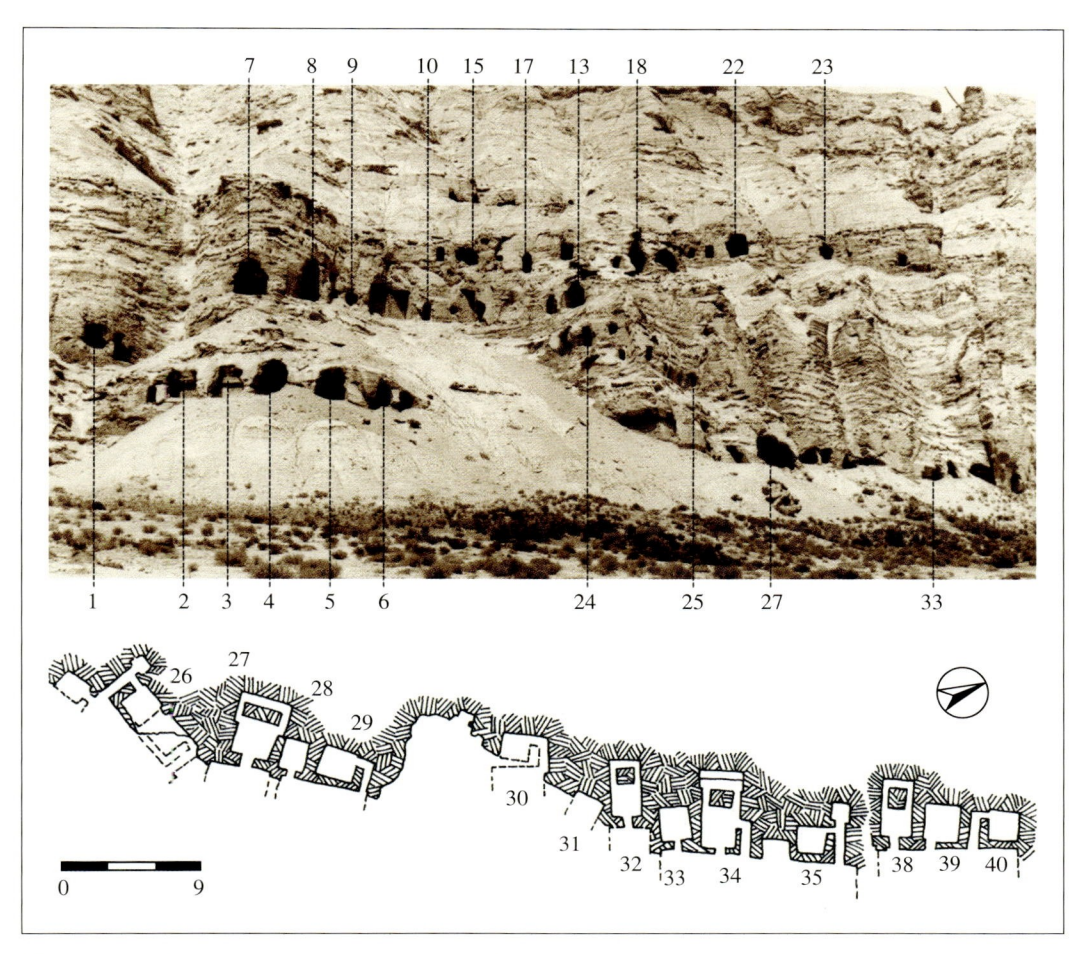

图29 克孜尔第四区段。上：第1～34窟相对位置。下：第26～40窟联合平面图。照片版权归德国柏林亚洲艺术博物馆所有。

窟，第12窟之西数座，第24窟之西一座，此外还有一排四座禅定窟，即第25、25A、25B、25C窟，通过第24窟下方一条凿于岩体内的梯道可抵达[1]。

龟兹所有洞窟皆由凿入山体的若干石室构成。最外是前室，或凿于岩体，或由木材搭建。作为洞窟最暴露的部分，前室也最容易受到破坏而坍塌；因此大多数情况下，前室即便没有完全消失，也残毁严重。若要理解洞窟功能，就必须考虑作为基本构成部分的前室，因此对前室的复原研究不可或缺。除根据保存较好的前室进行类型推测之外，还可以从石凿前室残存部分或木构前室的安装遗迹获取重要信息。遗憾的是，现代进行的崖壁修整和加固工作已经彻底破坏了大多数遗存痕迹。尽管如此，我们收集到的

---

[1] 详见下文，第126—128页。

大量拍摄于修复前的照片还是提供了颇为有用的信息，使部分复原或界定不同类型的前室成为可能。北京大学考古学系在20世纪80年代初对第2～4窟窟前区域的清理提供了最具说服力的资料[1]。一座僧房窟、一座方形窟、一座中心柱窟构成的第四区段的典型组合中，方形窟和僧房窟共用同一前室，中心柱窟有独立前室；从保存较好的前室来看，构造更加精美，似是为了提高洞窟的地位。

然而此类组合并非第四区段最早的洞窟组合。较之更早者有两组，其一由方形窟第33窟和僧房窟第34窟构成，另一组由方形窟第27、28窟和僧房窟第29窟构成。此类不包含中心柱窟的组合亦是克孜尔典型的洞窟组合，详见下文探讨。第34、27窟后来被改建成中心柱窟，结构变化的同时改变了洞窟类型以及所在组

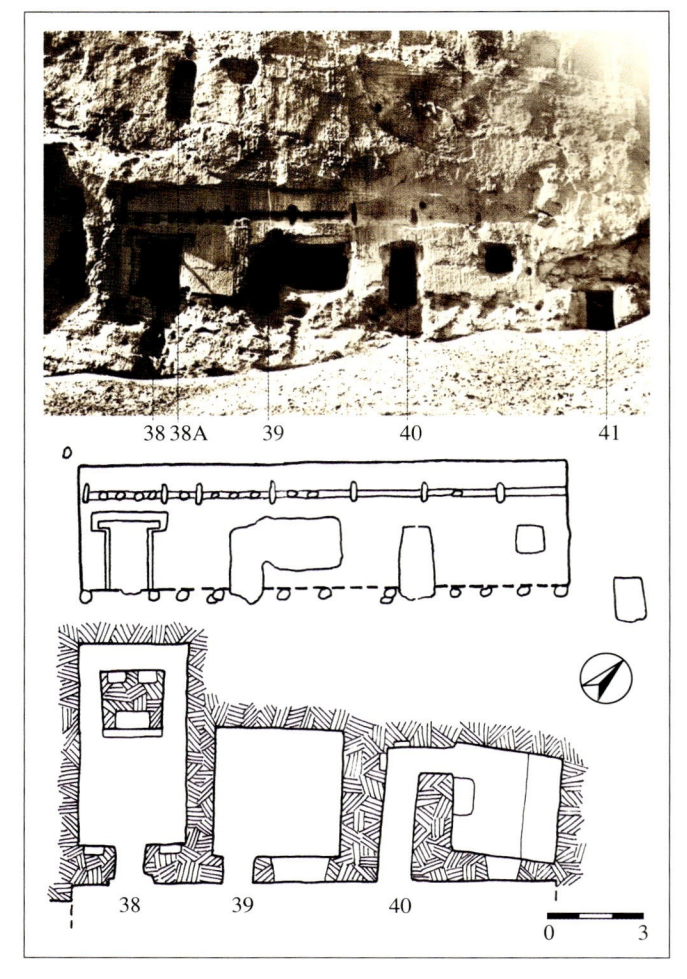

图30 克孜尔第38～40窟组合。第四区段的典型组合，共用同一木栈道，崖壁上可以清楚地看到木栈道的安装遗迹。值得注意的是，上部照片中第38A窟可能是放置立姿塑像的壁龛；照片右侧的小型储藏窟第41窟可能是组合中的晚期增建。照片版权归德国柏林亚洲艺术博物馆所有。

合的性质。改建之后，这两组更早的组合转变成此区段内的典型组合，即由一座中心柱窟、一座僧房窟和一座方形窟构成（图32）。第四区段的另一类洞窟组合由一座中心柱窟和一座僧房窟构成。此类组合有三组，皆位于区段边缘处；第20、21窟组合，第22、23窟组合分布在区段内最上方，第42、43窟组合位于区段最东端。它们是第四区段的晚期发展，未完工便被废弃。

---

[1] 文字记录和测绘图见北京大学考古学系、克孜尔千佛洞文物保管所编：《新疆克孜尔石窟考古报告》，第12—54页。前室将在第二章系统讨论，第84—92页。

综上，第四区段的发展可总结如下：年代最早的洞窟形成方形窟和僧房窟组合；中期见证了典型组合——包括居住、集会和礼拜空间甚至禅修场所的大发展；晚期尝试增建由一座中心柱窟和一座僧房窟构成的新型组合，但由于某种原因未能建成，三组此类组合都在未完成之前就被废弃。

第二区段位于第四区段东侧。上文提到的第44窟是第二区段的西界，第70窟东侧的沟壑是其东界（图33）。第二区段专门用于储藏物资，区段内最初只有储藏窟，规模不同，形制有别，开凿在崖壁的不同高度。崖面中央靠下部分有三座大型洞窟，即第60[1]、89-4、89-10窟。由于第60[1]窟经过改造，第89-4、89-10窟部分坍塌，内部填满堆积，目前尚无法展开研究。三窟周围皆是小型洞窟，它们的不同形制可能暗示出所储物资种类的差别。

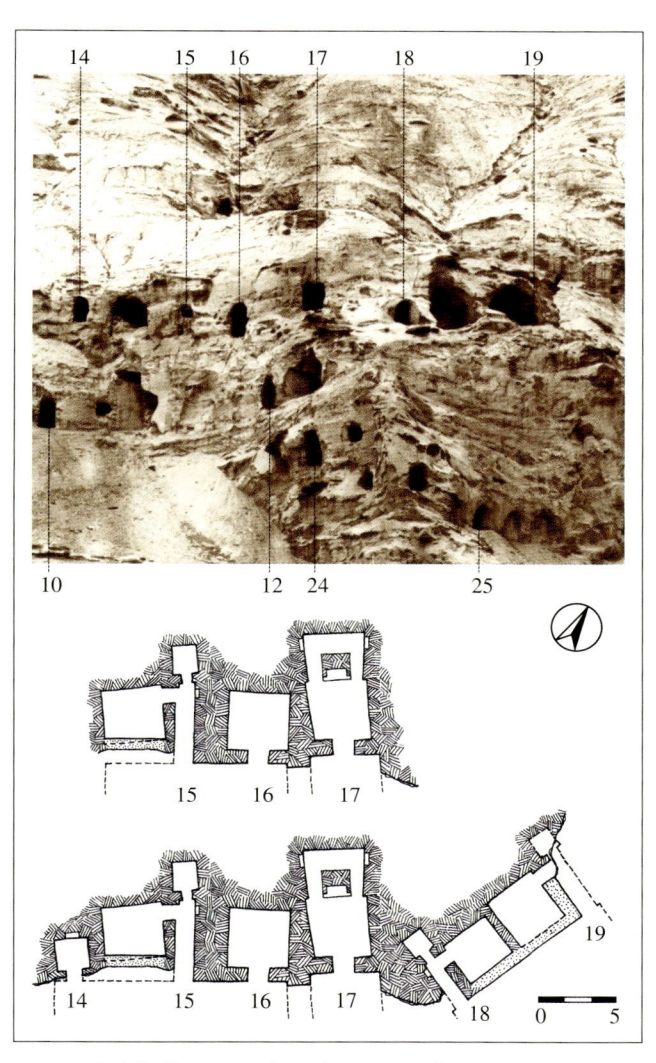

图31 克孜尔第14～19窟组合。上：组合立面照片。中：最初核心组合。下：扩展后的组合。照片版权归德国柏林亚洲艺术博物馆所有。

储藏区是寺院的基本构成单元。《小品》（*Kullavagga*）中罗列了寺院内须修建的诸多建筑，其中有"……储藏室（精舍外围）……"[1]《大品》（*Mahavagga*）中指出用作储藏物资的建筑可以是洞窟："僧伽可决定修建部分外围建筑物用作 *Kappiyabhumi*（住所外围的库房区，存放必需品之地）……并可自行选择（建筑物中）储藏室的形

---

[1] 基于说一切有部毗奈耶中有相似律则的前提假设，笔者使用巴利语文献。Davids and Oldenberg, trans., *Vinaya Texts Translated from the Pāli, Part III: The Kullavagga, IV–XII*, "Sacred Books from the East" 20 (Oxford: the Clarendon Press Press, 1885), 189。

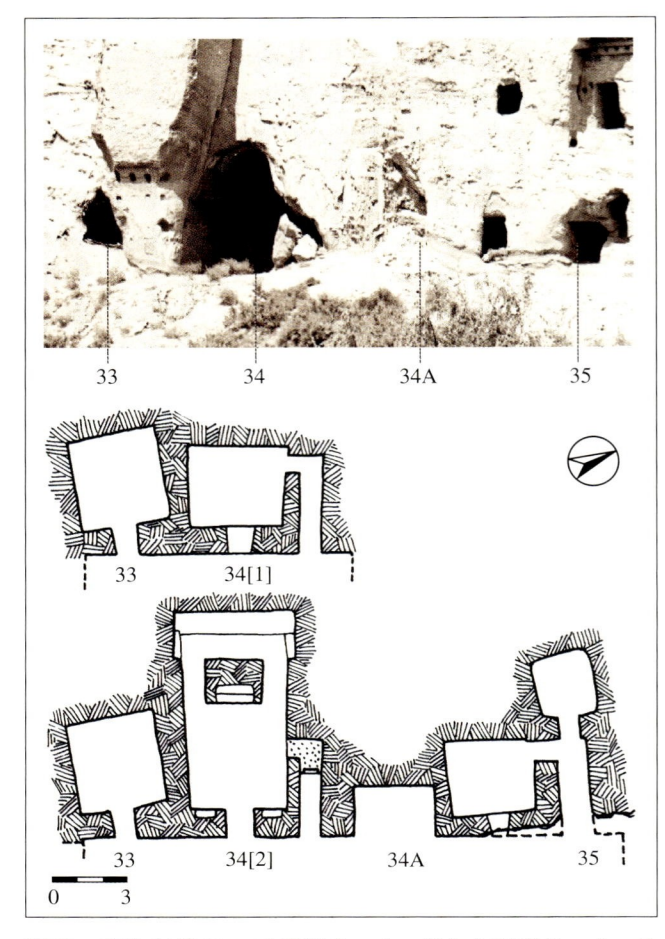

图32 克孜尔第33～35窟组合。上：组合立面照片。中：最初核心组合，包括方形窟第33窟和僧房窟34[1]窟。下：改造后的洞窟组合。僧房窟第34[1]窟改建成中心柱窟第34[2]窟；组合通过增建第34A、35窟得以扩展。照片版权归德国柏林亚洲艺术博物馆所有。

制，如精舍（vihara）、半覆屋（addhayoga）、殿楼（pasada）、楼房（hammiya）、洞窟（guha）。"[1] 两段文献皆表明储藏室需建在寺院之外，由此亦可用作判定遗址最初边界的重要参照，此问题将在下文讨论。克孜尔是龟兹唯一专门辟建出一个大型区段用于开凿众多储藏窟的石窟寺院。

随着储藏窟之间开始修凿用于居住和礼拜的洞窟，第二区段逐渐失去了其最初专用作储藏区的纯粹性。第二区段内除数量众多的储藏窟，还有四座大像窟（第47、48、60[3]、70窟）、六座僧房窟（第51+52、57、62、64、66、68窟）、四座中心柱窟（第58、63、新1[2]、69[2]窟）以及一座方形壁画窟（第67窟）。大像窟以外的其他洞窟彼此毗邻构成组合。若严格遵照《小品》和《大品》的记载，或可推测新洞窟和洞窟组合增建于对

此区段特定功能的要求松弛之后，使其成为寺院之内的空间，不再是"外部"的储藏区。如此亦揭示出该区段内所有带装饰的洞窟皆晚于大多数储藏窟。

第二区段提供了理解克孜尔最早期发展的关键线索，但因为内部带装饰的洞窟极少，经常被参观者和学者忽视。对储藏窟的全面研究或许能为了解所储物资提供有价值的信

---

[1] Davids and Oldenberg, trans., *Vinaya Texts Translated from the Pāli, Part II, The Mahavagga, V-X, the Kullavagga I-III*, "Sacred Books from the East" 17 (Oxford: Clarendon Press, 1882), 119。五个巴利文术语是僧侣可居住其中的五类建筑；因考古材料的缺失，难以指明它们的具体形制。然而从此段记载中可知包括洞窟 (guha) 在内的五类建筑皆可用来储藏所需物资。

龟兹的石窟寺院

图 33 克孜尔第二区段。此区段内的洞窟最初皆为储藏物资的洞窟；从东侧易于进入，暗示出该区段与第一区段的关系。上：洞窟所在崖壁。下：洞窟联合平面图。目前所见的礼拜窟和僧房窟皆为晚期增建。照片版权归德国柏林亚洲艺术博物馆所有。

息，再结合洞窟内发现的记账文献，或许可以从中提取出克孜尔日常生活的重要信息[1]。

第一区段包括第75～95之间的所有洞窟以及第90-11～90-24窟[2]（图34）。两条深沟将此区段与周围崖壁隔开，巍峨的崖壁提供了绝妙的景观，崖壁前尚未清理发掘的宽敞区域可能曾是修建地面寺院的理想之所。洞窟成排开凿，最下排洞窟清理于1990年。此次清理中发现一批方形窟和僧房窟，部分洞窟具有非典型特征，例如内部连接甬道、罕见的前室形制。克孜尔年代最早的洞窟很可能包含在这些靠近地面、不构成任何组合、没有装饰的洞窟中。在后续发展中，同一崖壁的中间区域开凿了一组由方形窟第90-14、90-15和僧房窟第90-16构成的组合。这些洞窟的上方还开凿僧房窟和方形窟；装饰精美的第76窟由一座较小的未装饰洞窟改造而成。大像窟

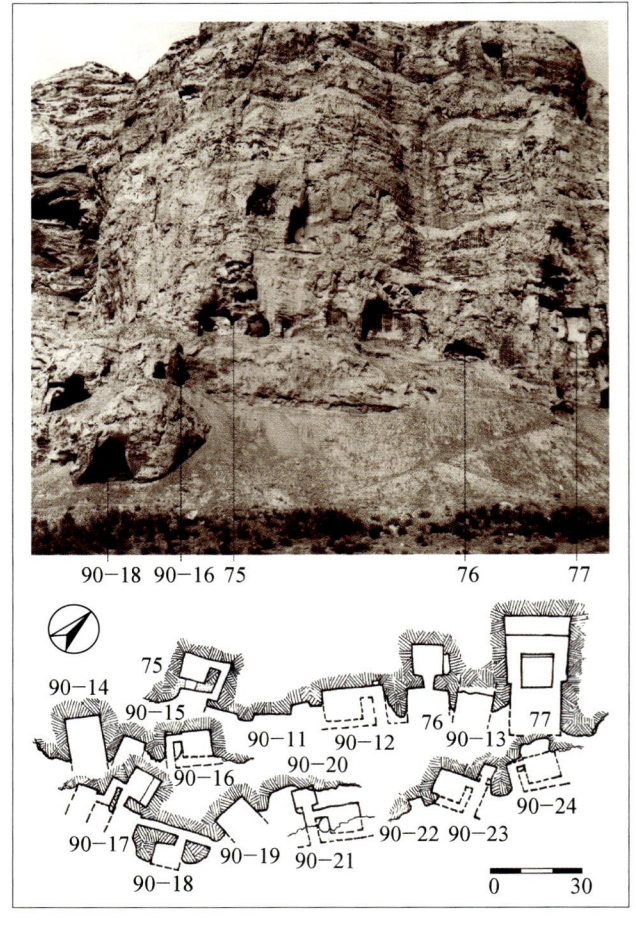

图34 克孜尔第一区段立面照片和联合平面图。部分近地面的洞窟为1990年清理，包括当时德国探险队未发现的第90-19～90-24窟。照片中还有开凿在第75窟上方的数座洞窟；现已无法抵达，也无法统计数量。照片版权归德国柏林亚洲艺术博物馆所有。

第77窟凿建在距离中区较远处，表明其时代晚于区段内的其他洞窟；崖面上可用的开凿空间决定了它与众不同的形制。这些洞窟之上还有一排洞窟，其中部分尚保留有壁画残块，皆损毁严重且几乎完全坍塌，目前无法登临。第一区段在晚期增建了第78～85窟，其中储藏窟第78窟和僧房窟第79、80[1]窟最初构成组合，后来第80[1]窟被改建成

---

[1] 清理部分洞窟时发现了大量文书残卷、遗物等。为解读这些洞窟中出土的各不相同的特殊遗存还需要开展更多研究。
[2] 第90-1～90-24窟清理于1990年。部分已发表的资料与所见遗址现状不符。参见新疆文物考古研究所：《1990年克孜尔石窟窟前清理报告》，第13—61页。

中心柱窟第80[2]窟[1]（图35）。方形壁画窟第81窟独立于其他洞窟。第82～85窟组合由第82、83窟构成的原初核心组合扩展而成。券顶方形窟第92窟以及第93～95窟组合亦可被划入此区段。其中第93窟是凿刻精细无绘塑装饰的穹窿顶方形窟。第一区段最初边界清晰，后来沿同一崖壁向上开凿；最后扩展至邻近的东侧崖壁以及谷内。第一区段的典型特征是存在大量构成组合的方形窟与僧房窟，大像窟和中心柱窟都是晚期发展。综上，克孜尔谷西区存在第四、第二、第一共三个功能不同的区段。

第三区段包括谷内区东侧崖壁上第130窟以南至谷东区崖壁上方第154窟之间的所有洞窟，以

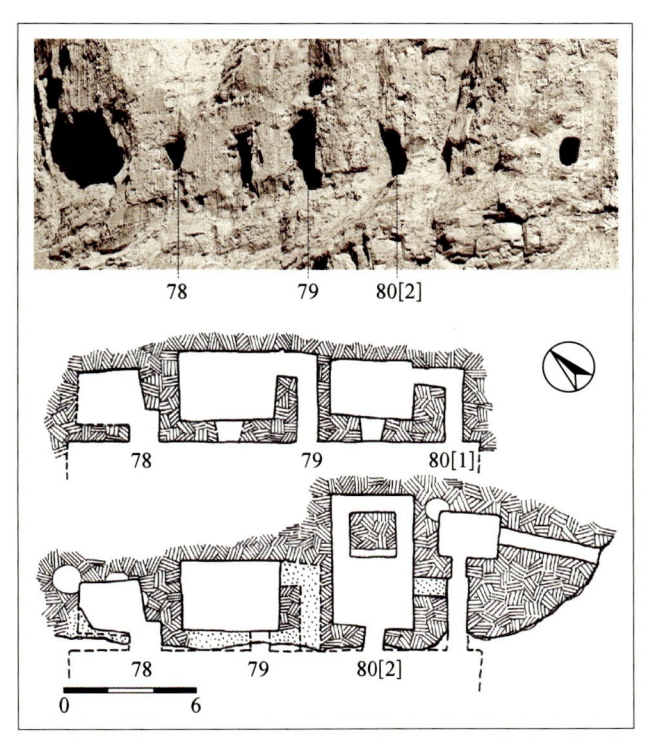

图35 克孜尔第78～80窟组合。上：组合立面照片。中：最初核心组合。下：改造后的组合，僧房窟第80[1]窟改建成中心柱窟第80[2]窟。照片版权归德国柏林亚洲艺术博物馆所有。

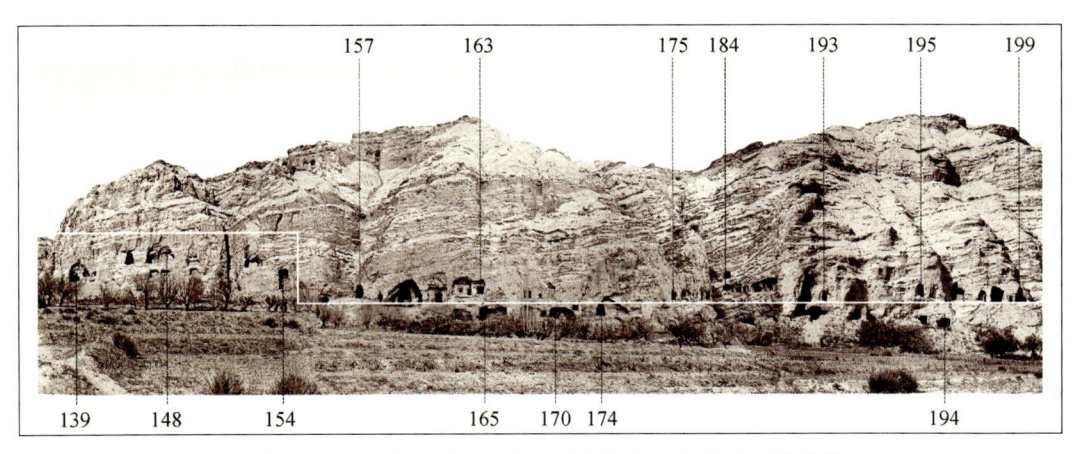

图36 克孜尔第三区段第139～199窟。照片版权归德国柏林亚洲艺术博物馆所有。

---

[1] 僧房窟第80[1]窟最终被改建成中心柱窟第80[2]窟进一步证实了第一区段内集中分布中心柱窟的观点。此一明确例证或有助于理解相似但更复杂的情形。

及自此向东至最东端第235窟之间谷东崖壁近地面处的所有洞窟（图36、37）。第三区段内基本为方形窟和僧房窟构成的洞窟组合，不见中心柱窟。此区段最早的洞窟位于第139、154两窟之间，这两座同时期的大像窟晚于两者之间的大多数洞窟。开凿在两窟之间较高位置处的第148窟是克孜尔年代最晚的大像窟之一。第三区段残毁严重，部分洞窟在20世纪遭到毁灭性破坏；壁画大多脱落，无法辨识其内容[1]。第139～154窟构成第三区段的原初核心，之后扩展至谷内第130、130A、131、132窟组合[2]，以及谷东第164、165窟组合和第166～170窟组合。属于扩建时期的所有方形窟皆为套斗顶。第三区段内的其他洞窟开凿于更晚阶段。

第五区段包括谷内区西侧崖壁较高处的第96～105B窟，下方的第107A、107B窟，东侧崖壁上第123、126窟等数座中

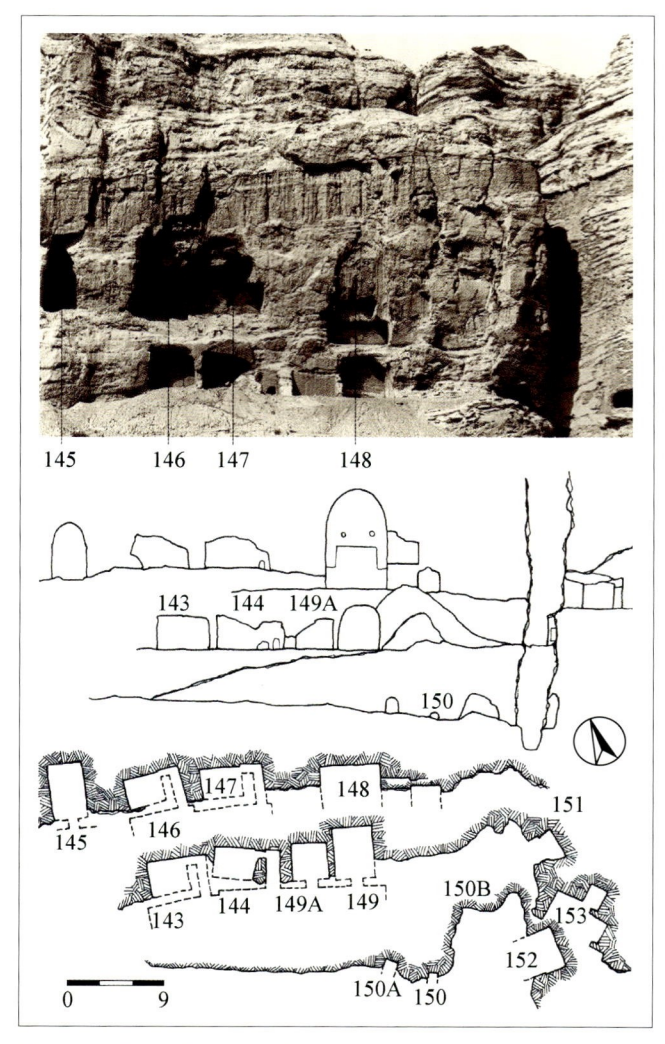

图37 克孜尔第三区段第143～153窟。上：立面照片。中：立面图。下：联合平面图。照片版权归德国柏林亚洲艺术博物馆所有。

心柱窟，以及谷东区第158～201窟。谷东区崖面上方洞窟属于第五区段，下方洞窟属于第三区段，两者之间的水平线为笔者推测的区段边界（图38）。第五区段的显著特色是聚集着多组至少包括一座中心柱窟的洞窟组合；该区段中心柱窟的数量占克孜尔此类洞窟总数的一半。谷内区历经发展而形成的第96～105B窟组合是龟兹地区最大的洞

---

[1] 德国吐鲁番探险队收集的第149A窟壁画残块属于A种风格。Grünwedel, *Altbuddhistische Kultstätten in Chinesisch-Turkistan*, 124-129。

[2] 第130～132窟与第三区段内南侧的其他洞窟隔离，田野调查已表明它们尽可能毗邻而凿以避开从第139窟上方开始倾斜的泥岩层。

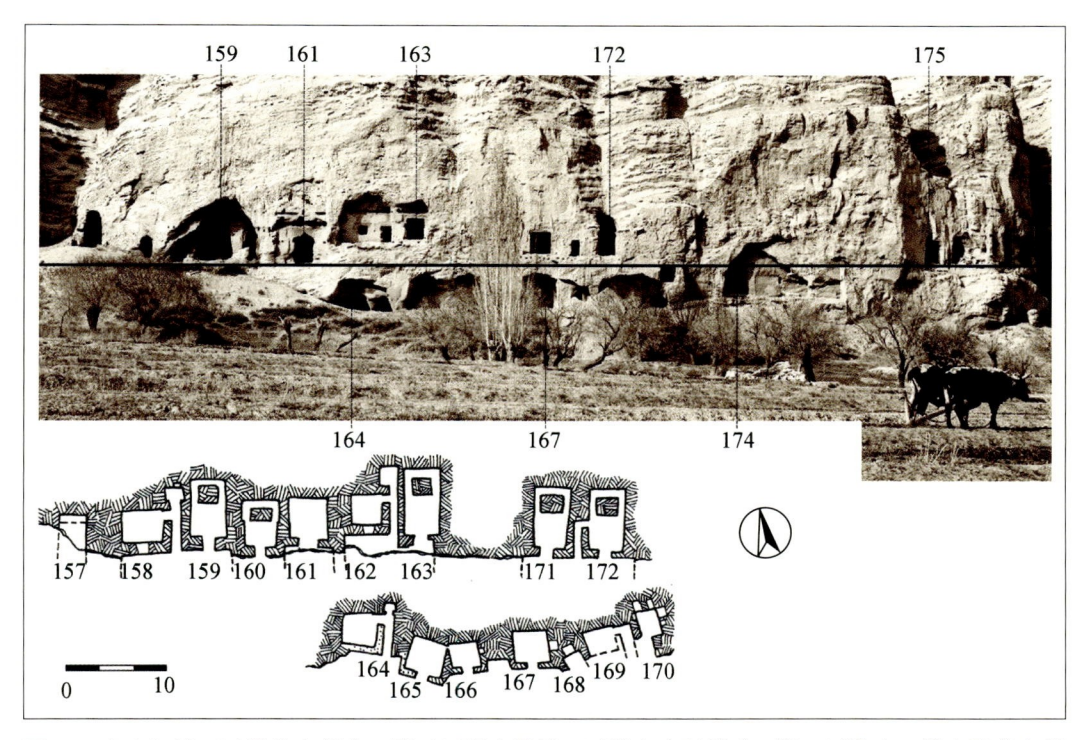

图38 克孜尔第五区段谷东部分。第五区段占据第三区段上方的崖壁；第三区段由一排方形窟和僧房窟构成。水平线表示两区段之间的界限。照片版权归德国柏林亚洲艺术博物馆所有。

窟组合，由悬于崖壁上的一条50余米长的木栈道连接起来。此组合选建在谷内西侧崖壁高处，以便更充分地利用上午的阳光且避开下部溪流蒸发的湿气。宏伟的木栈道可能如同塔克拉玛干地区常见的木构建筑般雕梁画栋，飞檐翘角，气势磅礴地盘踞在崖面上，震撼人心（图39）。

与谷西的壮观相比，谷东因崖面迂曲、不够峭拔而稍显逊色。第192～200窟窟前的宽敞区域可能是建造地面居所的理想之地，因为该区段的僧房窟数量极少，且部分被改建成其他类型，如中心柱窟第171[2]、199[2]窟，或方形窟第189[2]窟。似乎表明某一时段内僧房窟不再必要；不仅无需增凿，而且早期僧房窟还被改造成礼拜窟。若考虑到克孜尔的整体发展状况，就会发现当第五区段的僧房窟被改建成带装饰洞窟时，第四区段却发生着与之相反的趋势，即在先前存在的洞窟组合中增建两座呈镜像对称的僧房窟。这种现象进一步表明克孜尔的发展并非同质，而是不同的区段由不同的理念指导。

第五区段集中分布着多组洞窟组合，每组都至少有一座中心柱窟。此类组合的发展可从多组组合的演变中推导。最早的组合由一座僧房窟和一座中心柱窟构成，例如第158、159窟，第162、163窟，第171、172[1]窟。随后出现包括两座中心柱窟的组合，如第171、172窟，第178、179窟，第184、186窟，第192、193窟。最后发展出由五座中心

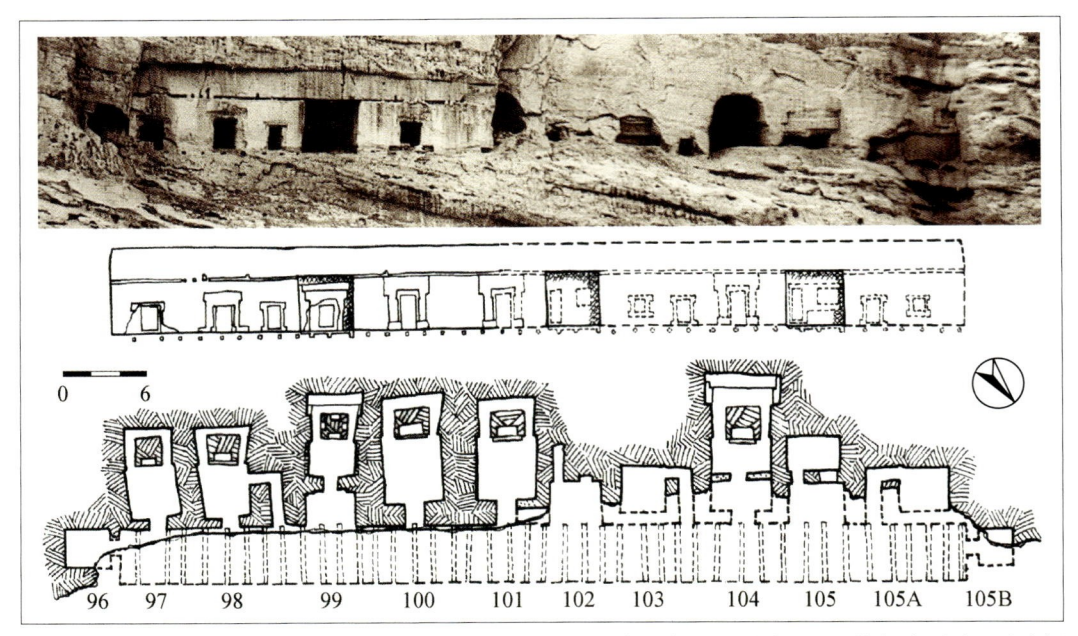

图39 克孜尔第五区段第96～105B窟组合。上：立面照片。中：立面图。下：联合平面图。照片版权归德国柏林亚洲艺术博物馆所有。

柱窟构成的组合，皆是先前存在的组合扩展而成，如第97～101窟，第175～180窟，第195～199窟。这些具有明确礼拜功用的组合中没有方形窟和僧房窟。

根据包含的洞窟或洞窟组合及相对位置，以上五个区段很容易被辨识；然而将剩余的洞窟归入特定区段则难度较大。笔者主要根据它们的位置将之划为两个区段，但这两个区段的界定尚需更充分研究。

第六区段包括第109～121窟，位于谷内区的最里端，其地为两列高耸崖壁对峙形成的狭窄山谷，从南部可以进入（图40）。大多数洞窟开凿在北侧崖壁的高处，似乎是为获得更多光照；南侧崖壁无法得到太阳直射，长期处于阴暗之中。第六区段的洞窟表现出非典型的新颖特征，在克孜尔洞窟中显得格外突出。可辨识的组合较少，如小型方形窟第120窟和僧房窟第121窟构成的组合，开凿在崖壁高处，需要通过梯道登临。此组之西另有一组，通过凿于岩体内的梯道抵达，由方形壁画窟第110窟，形制独特的僧房窟第111窟以及残存不多的第111A窟构成。崖体的部分坍塌摧毁了共用前室和第111A窟，亦暴露出凿于崖体内的梯道。崖面中央区域有三座方形壁画窟，即第116～118窟，三窟所在高度不同，各有独立前室，不可能构成组合，它们的建筑结构和装饰差别颇大。第119[2]窟无装饰，规模较大，由两座较早的洞窟合并而成[1]。

---

[1] 对此窟的探讨详见第二章第105页。

第114窟是第六区段中唯一的中心柱窟,该窟建筑和装饰的某些特征不见于龟兹其他洞窟。第114窟最初与僧房窟第115窟构成组合,后者亦具有若干特殊之处,例如非典型的甬道式入口。两窟各有独立的石凿前室,两个前室共用一侧壁,其上开门道。后来此组合内增建一条开凿于岩体内的梯道,即第113窟,可通向位于较高处的一座僧房窟和四座禅定窟[1]。"奇特"或许是概括第六区段的最恰当词汇:其内每座洞窟都具有不见于其他同类洞窟的独特之处。该区段内亦有禅定窟,包括编号为109B的四座洞窟以及可通过凿于岩体内的梯道第113窟抵达的数座未编号洞窟。

第七区段包括后山区的所有洞窟,位置偏僻,荒芜萧索。洞窟开凿在两处崖壁上,由此可进一步分成两个亚区:前区由第202～219窟及第230、231窟构成,后区包括第220～229窟(图41)。第七区段内有数组不同类型的洞窟组合和几座独立的洞窟;目前尚需更全面研究以明晰其相对年代,反过来亦会为解读此区段规划和发展背后的指导原则提供若干线索。

将克孜尔遗址分成七个区段的研究方法,不同于研究单座洞窟及其类型,或仅是偶尔涉及洞窟组合的传统方法。对单个区段的分析显示出,某些通常被解读为具有年代

图40 克孜尔第六区段第112～121窟。上:立面照片。中:立面图。下:联合平面图。照片版权归德国柏林亚洲艺术博物馆所有。

---

[1] 对此组合的讨论,见第128—129页。

含义的特征事实上是某一区段的持久特点。笔者提出的"区段模型"打破时间局限，解释了相似洞窟和洞窟组合在特定区域内的空间聚集；同时为构建相对年代框架提供更坚实的基础，而此框架的构建亦需考虑类型演变、叠压打破关系以及洞窟在区段内的相对位置，后者在笔者看来是克孜尔洞窟断代的关键要素。

从区段的视角来考察石窟寺院遗址，可以发现若干规律。首先，区段所在位置即可指明石窟寺院的发展历程：最早的洞窟开凿在面向木扎提河的高崖上，取水便利，光照充足；之后寺院向东、西、北侧发展。尽管这种发展历程是通过区段而非其内的单座洞窟或洞窟组合（某些情况下是早期区段内的晚段发展）观察而得，但仍然可对石窟寺院的发展产生整体认识，而这有助于建立相对年代框架。其次，在克孜尔，位于崖壁较低处的洞窟和洞窟组合

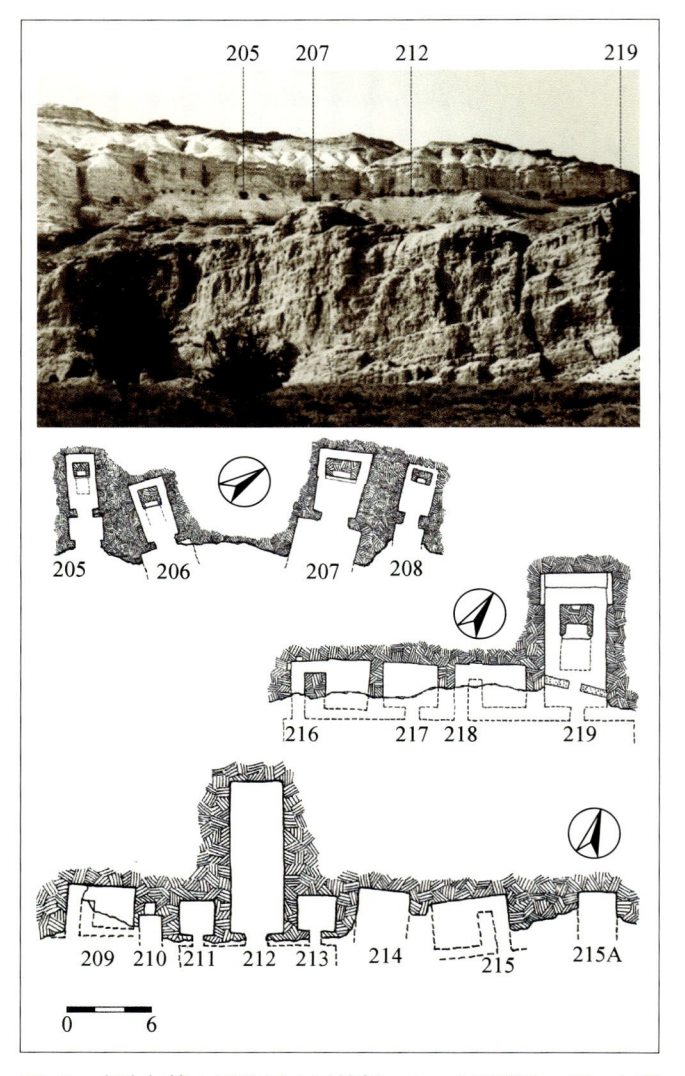

图41　克孜尔第七区段后山区前部。上：立面照片。下：主要洞窟组合联合平面图。照片版权归德国柏林亚洲艺术博物馆所有。

通常早于位置较高者，大多数情况下后者需要通过梯道和栈道抵达。此规律也适用于区段，由方形窟和僧房窟组合构成的年代较早的第三区段沿谷东崖壁较低处延伸，包括中心柱窟的组合构成的稍晚的第五区段位于上方。在使用这一规律时虽然需要审慎，但它对遗址的分期研究仍大有裨益。最后，石窟寺院是由各司其职、互补互成的不同区段构成的复杂综合体，其中部分区段可以独立于其他区段而存在，例如第一、三区段，部分区段只能与其他区段共存，如第二区段。

对组合和区段的深入探讨将在第二章展开，接下来笔者尝试解读克孜尔的发展以

及240座洞窟的相对年代关系（其中部分洞窟类型仍有待辨识，见附录）[1]。克孜尔第一期的凿建活动仅限于在第一区段崖壁较低处开凿数座未装饰洞窟，如方形窟第90-18～90-20窟，僧房窟第90-17、90-21、90-23、90-24窟。方形窟平面呈纵长方形，券顶，均无装饰。僧房窟亦皆为券顶，其中第90-21、90-23两窟附有储藏室，第90-17窟内有石床。部分储藏窟尽管年代问题争议颇大，但它们可能同样开凿于最早阶段。前文所引《大品》中指出储藏区建在寺院边界外围，据此推测克孜尔第一期的西界在第70窟和第90-10窟之间。遗憾的是，因未开展考古发掘，无法判断该区段前的宽敞区域内是否曾建有地面建筑作为早期洞窟的配套设施（图42）。

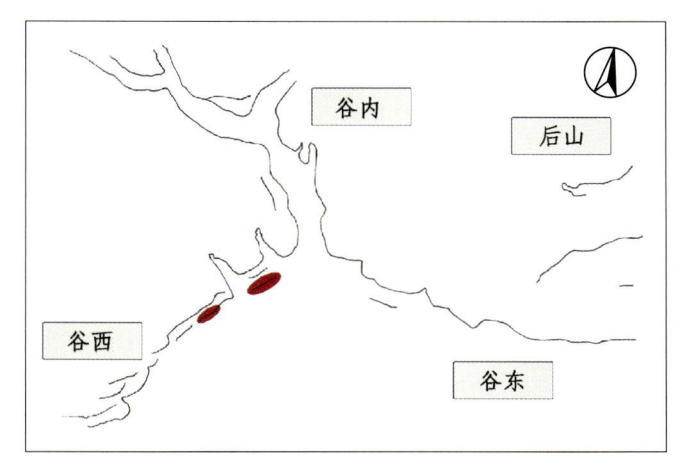

图42 克孜尔石窟寺院发展第一期。

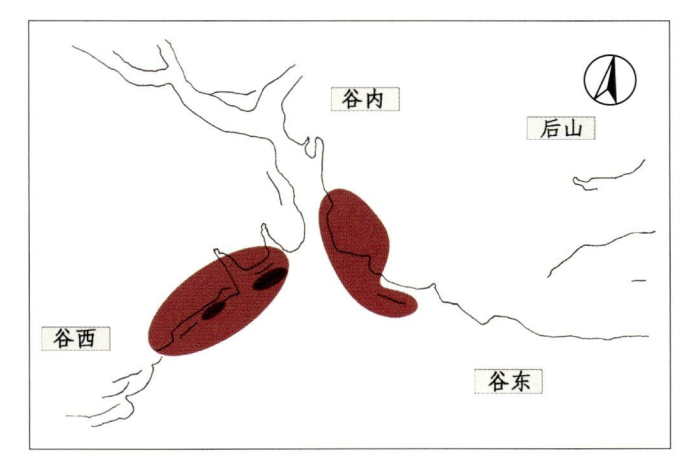

图43 克孜尔石窟寺院发展第二期。

　　第二期，第一、二区段内继续增建洞窟；与此同时，同类洞窟和洞窟组合开始凿建在第三区段，如第139～154窟。此期开始在洞窟内绘制壁画：A种风格见于第一、三区段的方形窟中（图43）。

　　第三期，以第四区段内出现一类新型的、将右绕礼拜仪式引入克孜尔洞窟的中心柱窟为开端。中心柱窟被设计成带绘塑装饰的洞窟，壁画以B种风格为主，早期仅在主龛中有一尊规模适中的塑像。中心柱窟见于谷东第五区段。此时期第一、二、三区段内仍有开凿活动。值得注意的是用于礼拜的洞窟，特别是大像窟出现于第二区段，表明此期第二区段失去了其作为储藏区的特性（图44）。

---

[1] 为简单起见，文中不拟罗列克孜尔所有洞窟；克孜尔所有洞窟的类型演变、相对年代、所属洞窟组合和区段，以及洞窟组合发展见附录。

龟兹寻幽：考古重建与视觉再现

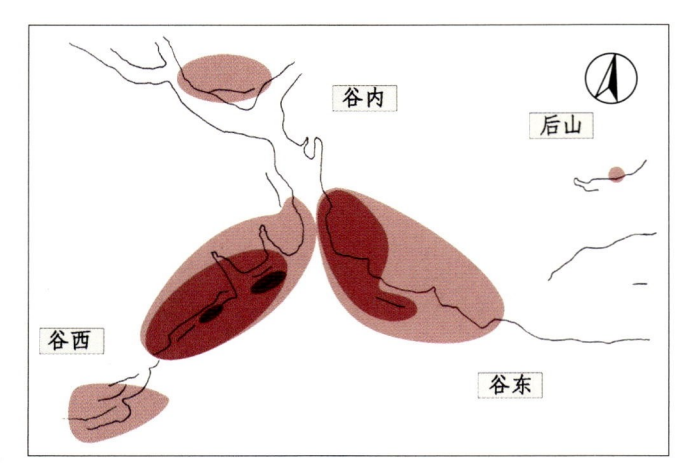

图 44 克孜尔石窟寺院发展第三期。

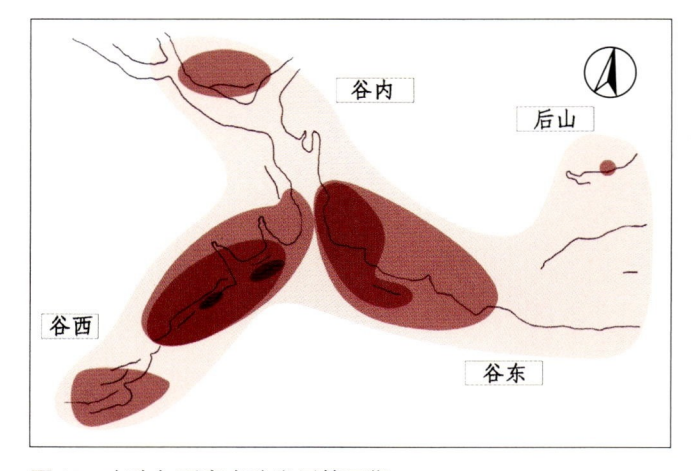

图 45 克孜尔石窟寺院发展第四期。

第四期，发展最为活跃，开窟活动覆盖了所有区段。克孜尔洞窟总数中近乎一半可被归入此期。由于缺乏合适的空间，第一区段的开窟渐趋终止；第二区段增凿数组洞窟组合，同时部分早期储藏窟被改建成礼拜窟或居住窟；第三区段向东扩展，第四区段内亦有增建。开凿活动集中开展于第五区段，如谷内最大洞窟组合第96～105B窟的建成，谷东若干已存在的组合被扩展形成五座中心柱窟组合，如第175～180窟，第195～199窟。两组中最后增建的洞窟内装饰"千佛"——克孜尔晚期出现的题材。年代最晚的大像窟，第70、148、157窟亦开凿于此期，窟内大立佛像取代了早期的中心柱，成为右绕礼拜的核心。至少包括一座绘制B种风格壁画的中心柱窟构成的组合是克孜尔此时期仅有的发展（图45）。

第四期末，开窟活动停缓。主要在部分洞窟组合如第85、138、168、177、182、183、185、187、210窟周边增凿壁画龛；若干未装饰的洞窟内增加绘塑，如第43窟；还修复了部分坍塌洞窟。数座洞窟未完工就被彻底废弃，如中心柱窟第20、23、43、181、201窟。此阶段建凿活动突然失去活力直至完全终止，而已凿洞窟可能仍在此后的长时段内支撑着寺院运转。

除根据四类主要洞窟的类型演变，克孜尔遗址的初步分期还依赖笔者的田野调查笔记和测绘图，得到了一百余例打破关系，是确定洞窟相对位置和组合发展的佐证。此分期还要依靠若干难以量化的信息，如岩质、日照量、湿度、洞窟间的相对距离等。此外，门、窗、窟前木结构的安装技术亦是值得考虑的有用信息。为克孜尔遗址构建起普遍接受的年代序列在未来数十年内似乎无法实现，鉴于此，笔者不揣谫陋，妄提己见，以期所用方法和对遗址的尝试性解读对此领域研究的深入有所助益。笔者的认识可总结如下：与龟兹其他石窟寺院相似，克孜尔也经过合理周密的规划以满足僧团的需要，其布局背后的指导原则亦可被识别。同样类似于龟兹其他石窟寺院，克孜尔由洞窟和洞窟组合构成的功能互补或独立并存的不同区段构成；扩建和改造皆根据新需求而精心设计，而且具有强烈的年代指示意义。

关于克孜尔流行何种佛教，笔者曾有简单讨论，但此问题仍有待深入探索[1]。克孜尔僧侣的修行生活及其与特定部派的关系是佛学专家关注的议题。就考古学角度而言，克孜尔石窟寺院的两类洞窟组合表明存在着不同的生活和礼拜方式。两类组合中较早者由方形窟和中心柱窟构成，较晚者逐渐在克孜尔占主导地位，最后可能成为独存的组合类型（表4）。

托乎拉克艾肯

托乎拉克艾肯是龟兹地区却勒塔格山南麓最西端的石窟寺院，位于新和县西北40公里处，周围景色壮观，巍峨雄伟的砂岩山体似被地下涌动的巨大能量推动，或滑向地面，或直立生发。进入遗址需要经过一片荒芜的高原，穿行一段狭窄沟谷。入口处的一座破败小龛隔开了红尘俗世与佛域圣境，僧侣们在此虔心修习以证得解脱。托乎拉克艾肯在当地的意思是"怪柳之谷"，事实上现今谷底仍生长着小株怪柳，表明这里存在地下水——石窟寺院必需的补给（图46）。当地居民提到一条从托乎拉克艾肯通向库木吐喇的古道，沿途有取水之地。过去托乎拉克艾肯遗址受到的关注极少，最近新疆龟兹研究院发表的调查简报也不足以全面理解此处遗址[2]。遗址内洞窟的保存状况较差，部分洞窟坍塌严重，还有个别洞窟仅部分露出地表，因此目前尚无法做出确定性推测。

该遗址的核心是中央陡峭山丘顶端保存的一处地面建筑遗迹，通过沿较硬岩体倾斜层理开凿的梯道登临，现仅部分残存（图47）。此处曾为封闭的居住区，四周（37×27×27×23米）用泥浆固结砖块和不规则岩石构筑围墙。稀少的遗存表明部分建筑用砖块直接起建于地面，部分可能有地基。现状残破使建筑布局无法辨识，而永无休止的风化仍无情地侵蚀吞噬着这片废墟。

---

[1] Vignato, "Archaeological Survey of Kizil," 408-411. 何恩之对此问题的探讨见第四章。
[2] 朱英荣、韩翔：《龟兹石窟》，第79—84页；李丽：《新疆龟兹地区中小型石窟调查》，第173—174页；新疆龟兹研究院：《托乎拉克艾肯石窟考古勘查简报》，第37—53页。

表4 克孜尔石窟寺院洞窟类型、洞窟组合及编号

洞窟类型	洞窟编号
大像窟	47、48、60[3]、70、77、139、148、154、157
中心柱窟	4、7、8、13、17、*20A*、23、27、32、34[2]、38、*43*、58、63、新1[2]、69[2]、80[2]、87、91、97、98[2]、99、100、101、104、107A、107B、114、123、126、136、155、159、160、163、171、172[2]、175、176、178、179、180、184、186、192、193、195、196、197、198[2]、*201*、205、206、207、208、219、224、227
方形窟	1、3、9、12、14、16、28、31、33、39、67、76、新1[2]、69[2]、81、90-13、90-14、90-15、90-18、90-19、83、84、85、88、92、93、95、96、105、108A、109A、109、110、116、117、118、124、129、133、135[2]、139A、142、145、148A、149A、149、156、161、165、166、167、174、174B、188、189[2]、194、194A、194B、211、212、213、214、217、222、225、235
僧房窟	2、5、6、10、15、18、19、20、22、24、26B、26、29、30、34[1]、35、36、40、42、51+52、57、62、64、66、68、71A、75、79、80[1]、90-12、90-16、90-17、90-20、90-21、90-23、90-24、82、86、94、98[1]、103、105A、106、112、115、121、125、128、130、130A、135[1]、140、142、143、144、146、147、153、158、162、164、169、172[1]、174A、189+190[1]、198[1]、203、204、209、215、216、218、221、223、225、226、231、232、234
讲堂窟	60[1]、89-10、119[2]
壁 龛	1A、1B、1C、38A、90-7、90-9、126A、126B、150、168、177、182、183、181、190[2]、210
禅定窟	25、25A、25B、25C、109B、112A、112B、112C、113A、120、138、216A、216B、217B、223A、228、229
其他/未明	2A、9A、20B、21、23A、30A、30B、34A、49、65、新1A、70A、70B、75A、75B、75C、75D、75D、75E、89-4、90-22、86A、89、90、105B、111、111A、112A、113、125A、127、137、151、152、170、191、209、215A、220、220A、220B、226、230、232、233
储藏窟	11、26A、37、41、44、45、46、46A、50、53、54、54A、54B、55、55A、55B、55C、55D、56、59、61、61A、66、71、71A、72、72A、74、78、89-1、89-2、89-3、89-5、89-6、89-7、89-8、89-9、89-10、90-1、90-2、90-3、90-5、90-6、90-10、90-11
未完工洞窟	20A、23、43、102、134、181、200
洞窟组合	第一类洞窟组合：143、144、149A、149；145、146、147；173、174、174A、174B；232、233、233A、234、235；130、130A、131、132；133、135[1]；164、165；166、167、168、169、170；66、67、68；82、83、84、85；221、222、223；112、112A、112B、112C；120、121；90-14、90-15、90-16；141、142；94、95；230、231 第二类洞窟组合：2、3、4、5、6；8、9、9A、10、11；12、13、24；14、15、16、17、18、19；26、26A、27[2]、28、29；30、31、32；33、34[2]、34A、35；36、37；38、39、40；86、87、88；104、105、105A；216、217、218；20、20A；22、23；42、43；57、58；62、63、64；97、98[1]；114、115；106、107A；158、159；162、163；171、172[1]；171、172[2]；178、179；184、186；192、193；195、196；205、206；207、208；97、98[2]、99、100、101；175、176、177、178、179、180；195、196、197、198[2]、199
灰色阴影：带装饰的洞窟 斜体：原规划为带装饰的洞窟	

龟兹的石窟寺院

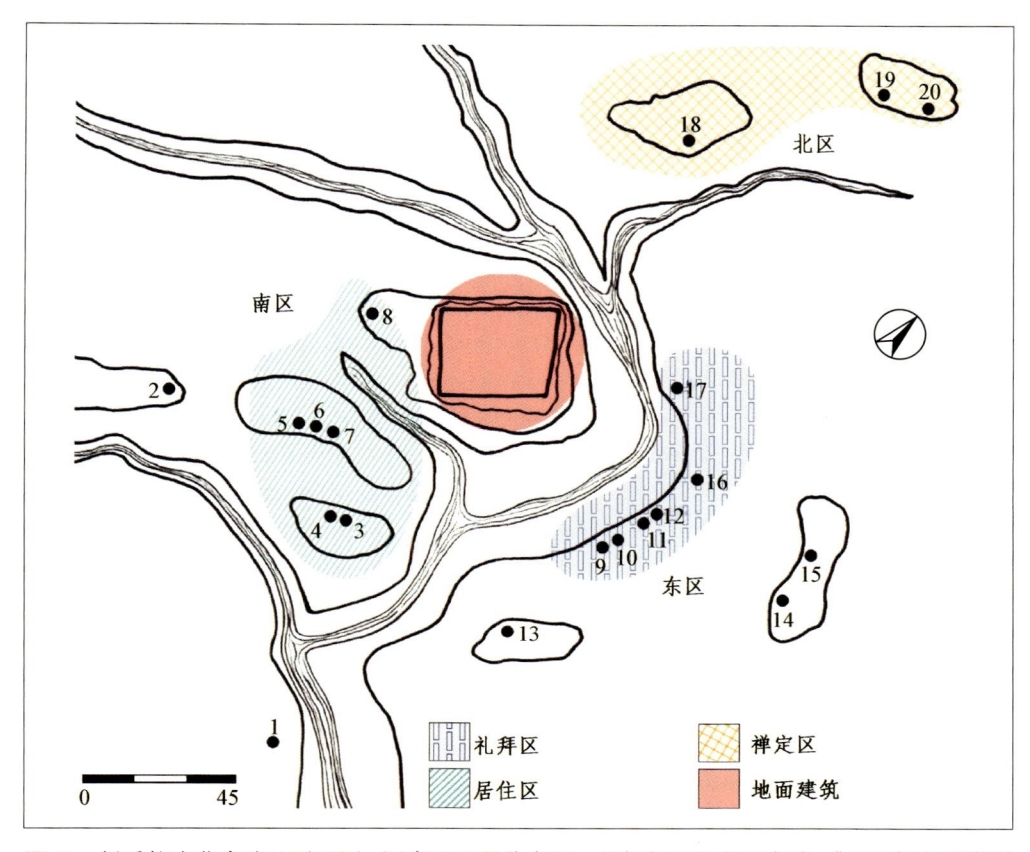

图46 托乎拉克艾肯遗址平面图：洞窟和区段分布图。根据新疆龟兹研究院：《托乎拉克艾肯石窟考古勘察简报》第38页绘制。

图47 托乎拉克艾肯中央山丘顶部地面建筑围墙遗迹。左下，崖壁上开凿的通向顶部的梯道细部。

龟兹寻幽：考古重建与视觉再现

　　站在中央山丘的顶端便可意识到高耸崖壁的缺失决定性地影响着此处石窟寺院的布局、组合构成以及洞窟间的距离。临近中央山丘处多凿建礼拜窟，事实上其中的大多数面向中央地面建筑，而且在其视线之内。僧房窟多开凿在周围小山的背面，面朝外，无法望到中央山丘。此种布局似是有意安排，为居住用窟提供僻静无扰的环境。

　　南区包括五座洞窟：方形窟第3、4窟，面向僧房窟第5、6、7窟，两组洞窟之间是一片宽阔的活动区域，便于洞窟间的往来。两座方形窟规模相对较小，结构简单，平面呈长方形，券顶。第4窟正壁开一小龛，不见于龟兹其他方形窟。两窟朝向略有差异，是开凿于不同时期洞窟的常见现象。三座僧房窟尽管位于同一高度，但形制上的差别表明它们凿建于不同时期。第5窟内有一间储藏室，从开凿于主室正壁上的小门进入，乃龟兹所仅见；通向第7窟主室的门道位于主室侧壁前端，亦颇为罕见；此外，僧房窟中保存的大量修复和改造痕迹暗示出沿用时间之久。损毁严重的僧房窟第8窟位置更偏北，接近中央地面建筑。综上，南区内僧房窟集中，整处遗址六座僧房窟中的四座分布于此，此外还有两座装饰简单的中型方形窟。这些洞窟建筑形制的差异以及经历的改造和修复，表明它们开凿于不同时期，且在相当长的时段内被持续使用（图48）。

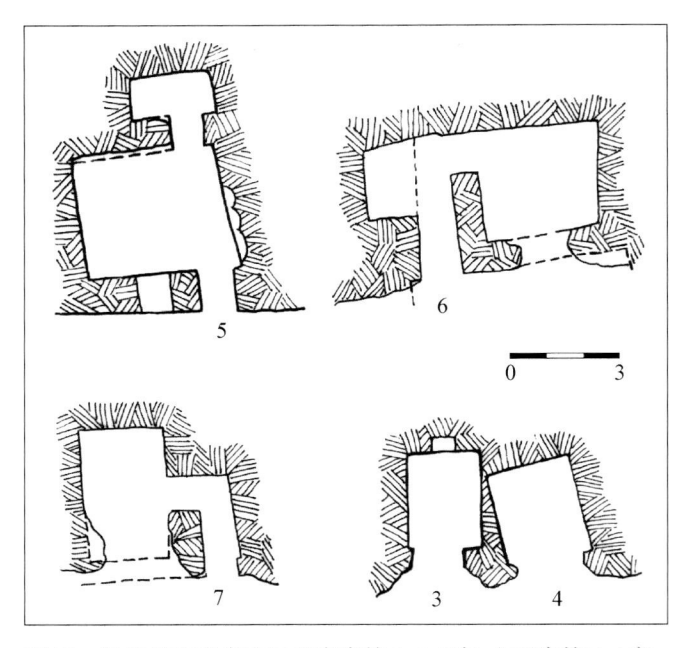

图48　托乎拉克艾肯南区僧房窟第5、6、7窟，方形窟第3、4窟。

　　东区内聚集着托乎拉克艾肯遗址七座中心柱窟中的四座，即第9、10、12、17窟，残毁程度不一，内部填满堆积。就建筑形制而言，四窟反映了龟兹中心柱窟的传统，同时表现出若干晚期的典型特征，如中心柱四壁及甬道外侧壁皆开龛，券顶更为平缓。遗址内最大的方形壁画窟第11窟——平面近方形，比例协调，大穹窿顶，位于此区两座中心柱窟之间。东区洞窟坍塌严重，且内部充塞堆积，无法具体指明它们之间如何彼此关联。此外不能排除周围曾有其他洞窟、现已完全坍塌或被掩埋的可能性。值得注意的是，此区内不见僧房窟。

　　北区是专门的禅修之所。四排禅定窟壮观地盘踞在金字塔状山丘的上方，从中区可清晰望见，这是禅定窟的集中之地，亦是托乎拉克艾肯的重要特色（图49）。洞窟开凿在被修整过的崖壁正面，呈四排分布：下部两排各有十座，第三排保存六座，最上排四座。每排洞窟前开出一条小径，便于修行者进入洞窟坐禅。三十座禅定窟的规模和形制皆相近，平面呈方形，边长0.9、高1.2米，相邻两窟间距约0.4米。这些规制与龟兹其他遗址的禅定窟相当。漫长的侵蚀已彻底改变了原貌：崖壁正面已经没有任何突出的前檐或取代前室的小径之类的窟前建筑遗痕。尽管损毁严重，大部分窟室变成了浅洞，但崖壁的现状和总体布局仍暗示着曾存在更多禅定窟。这种设置似乎表明托乎拉克艾肯的僧侣集体进行禅修，而且相当突出的是在如此小规模的寺院内竟有三十余名僧侣同时坐禅，每人各有独立禅室[1]。

中心柱窟第18窟开凿在四排禅定窟的下方中央处，其位置当是经过精心选择，而且此窟应该承担着与禅定修习相关的特殊功能。由于礼拜佛像乃是禅修前后必要的仪式，因此僧侣们在登山入窟坐禅之前或结束离窟下山之时皆需在第18窟中停留。

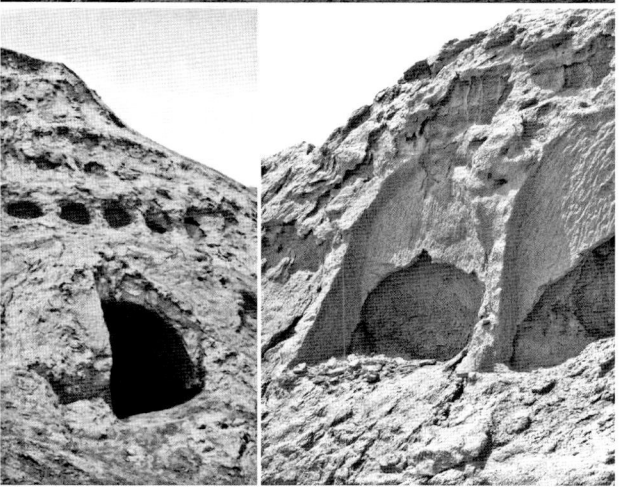

图49 托乎拉克艾肯北区。上：金字塔状山丘上的四排禅定窟。下左：另一角度观察这些禅定窟；下右：保存较好的两座禅定窟。四排洞窟正下方是中心柱窟第18窟，该窟是此区段内唯一的礼拜场所，可能供禅修前后的仪式性拜访。

---

[1] 部分早年和最近的研究将这些禅定窟误认作放置塑像的壁龛。朱英荣、韩翔：《龟兹石窟》，第79—84页；李丽：《新疆龟兹地区中小型石窟调查》，第173—174页；新疆龟兹研究院：《托乎拉克艾肯石窟考古勘查简报》，第37—53页。根据这些洞窟与龟兹其他禅定窟的相似性以及窟内正壁无凿孔这一龟兹地区固定塑像的基本结构，推测它们应是坐禅修习之处。禅定窟构成的组合在龟兹亦非特殊。此问题将在第二章讨论，见第123—138页。

距离第18窟较远处有两座无装饰的小型洞窟第19、20窟：两窟的规模和位置表明它们可能是闭关窟，可供僧侣过夜或进行长时段禅修，此类洞窟亦见于龟兹其他遗址。

上述南、东、北三个区段位于中央地面建筑周围，很可能是最初布局的真实反映，因此包含遗址内年代最早的洞窟。三区各有其独特功能，环绕着中央山丘，分别用于礼拜、居住和禅修，与前已提及的克孜尔尕哈石窟寺院内的区段规划用意相同。遗址内东、南方较远处的山丘上亦开凿有洞窟，显然是由于近处缺乏合适的开凿空间。这些洞窟应增建于晚期，其中中心柱窟第15窟内有托乎拉克艾肯遗址保存最好的壁画，通过一段凿于岩体内的长隧道——第16窟可以抵达。同一区域内还开凿有僧房窟第13、14窟。

托乎拉克艾肯残损严重，目前无法做出确定性推测，部分洞窟内填满堆积，个别洞窟仅部分露出地表，还有若干洞窟完全被堆积掩埋，无法对它们进行全面调查。尽管现状并不理想，但以上分析仍然反映出一些值得关注的地方。就居住设施而言，托乎拉克艾肯内可能同时拥有地面居所和僧房窟，与无僧房窟只有地面居所的森木塞姆不同，亦与无地面居所只有僧房窟的克孜尔尕哈有别。托乎拉克艾肯清晰地表明同一寺院内可以同时拥有僧房窟和地面居所，这可能是龟兹石窟寺院中的常见现象，前文述及的克孜尔以及下文将讨论的数处石窟寺院皆是如此。因此，森木塞姆和克孜尔尕哈可能是两个例外。地面居所与僧房窟两类居住设施同时并存于寺院中，那么居住其中的僧侣是否有僧位或僧职的差别？

表5 托乎拉克艾肯石窟寺院洞窟类型、洞窟组合及洞窟编号

洞窟类型	洞窟编号
大像窟	
中心柱窟	2、9、10、12、15、17、18
方形窟	3、4、11
僧房窟	5、6、7、8、13、14
讲堂窟	
壁龛	1
禅定窟	18（30间小室）、19、20
其他/未明	
储藏窟	
未完工洞窟	
洞窟组合	禅定窟 僧房窟和中心柱窟：14和15

灰色阴影：带装饰的洞窟

托乎拉克艾肯展示了龟兹地区布局最有秩序的禅定区段：相同的洞窟成排开凿，彼此间距一致。除独创性的布局外，数量之多亦非同寻常，最初禅定窟总数应超过现存的三十座，相较寺院本身的小型规模，这一数量可谓惊人。其他遗址内亦有禅定区段，但托乎拉克艾肯禅定窟比重如此之高或表明禅修在此处寺院扮演的角色远较龟兹其他寺院重要，因为托乎拉克艾肯众多禅定窟得以保存而其他遗址的禅定窟都塌毁无存的概率极低。

托乎拉克艾肯不见大像窟和讲堂窟,这两类洞窟在龟兹其他石窟寺院中占重要地位。残存的壁画极少且缺损严重,题材和构图与其他遗址并无差别,壁画是B种风格的晚期发展。然而此处损毁严重的小型遗址呈现出的若干特征,却挑战着我们对龟兹石窟寺院性质的理解,同时也为了解龟兹佛教石窟寺院的多元特性提供了新的信息。

温巴什

温巴什位于自古闻名的矿产资源富集地拜城县西南40公里处。温巴什是龟兹最偏远的石窟寺院遗址之一,受到学者的关注较少[1]。拜城绿洲的边缘,一条南北向溪流穿过的一段宽阔山谷为温巴什石窟寺院提供了营建场所,山谷东、西两侧崖壁上开凿出大小不等的洞窟。遗址中央有一处高地,三面被溪水环绕,可免遭洪水侵扰,是修建地面建筑的理想之地。现在高地上没有任何古建筑,但遗物遍地,如陶片、石膏块、木雕残段、金属片等。丰富的遗存表明此地曾有建筑物而且被长期使用,同样再次证明了龟兹石窟寺院中地面建筑的关键性。对龟兹石窟寺院布局的全面研究有赖地面建筑的发掘清理,为提醒注意地面建筑这一曾被忽视的信息并强调其在石窟寺院中的重要地位,本书暂时将地面建筑分布的区域称作中区(图50)。

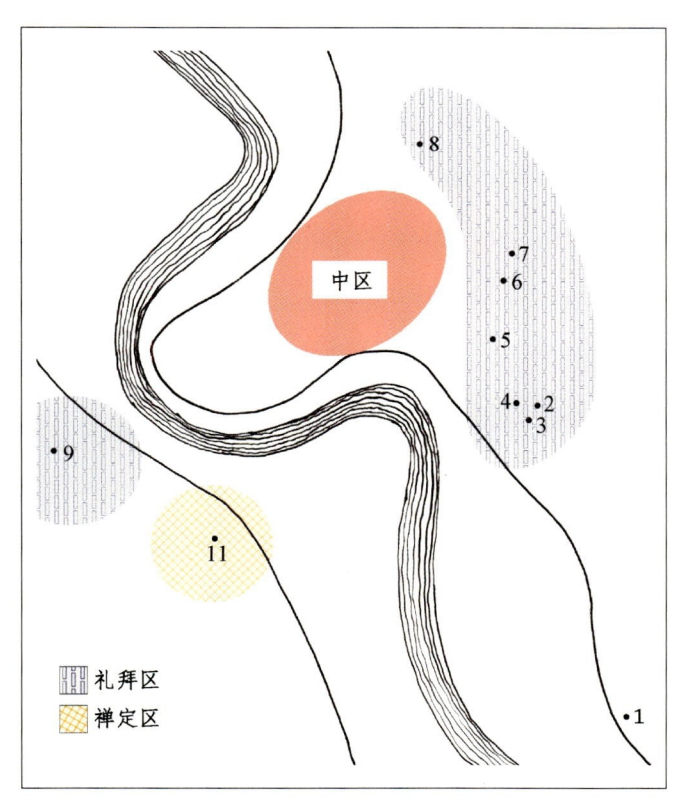

图50 温巴什遗址平面图:洞窟和区段分布图。根据新疆龟兹石窟研究所:《拜城温巴什石窟调查简报》第1页绘制。

---

[1] 关于温巴什的记录极少,仅少数洞窟的资料被公布。李丽:《新疆龟兹地区中小型石窟调查》,第172—173页;新疆龟兹石窟研究所:《拜城温巴什石窟调查简报》,《新疆文物》,2008年第1—2期,第1—9页。

龟兹寻幽：考古重建与视觉再现

温巴什遗址遭受的风化侵蚀较其他遗址更剧烈，某些重要信息甚至在近几年就荡然无存，因此对温巴什洞窟的记录、测绘、系统研究当给予高度重视。遗址内洞窟的保存现状堪忧：大多数损毁严重，或正在消失，或内部填满堆积，没有一座保存完好的洞窟[1]。

西区可能是遗址内的最佳开凿区，而且可能包括了全部洞窟中的大多数。第1窟是方形壁画窟，窟内精致的叠涩上承托着穹窿顶，在温巴什仅此一例。该窟凿建在遗址边缘处，表明其年代较晚，因此窟内壁画不能被视作典型，亦不能用来判定整处遗址的年代。西区引人注目的还有两座大型洞窟。第5+6窟尽管残破仍显示出若干通常与讲堂窟相似的特征，即进入主室的甬道开在主室侧壁中前端，主室宽逾8米，横券顶（图51，左）。由于在龟兹地区只有讲堂窟拥有宽大的横券顶主室，因此甬道的部分特征虽不常见，但仍然可以确凿地将之定为讲堂窟。另一罕见之处是第5+6窟附近无中心柱窟，通常而言，龟兹地区的讲堂窟与中心柱窟构成组合，如克孜尔尕哈和森木塞姆所见；当然也不排除中心柱窟曾经存在但现已坍塌[2]。第7窟定为讲堂窟无可争议，尽管此窟顶部坍塌，但仍然能清晰地辨识出进入主室的甬道以及主室右侧壁上的门道。该窟主室宽约10米，深约7.5米，是目前龟兹地区规模最大的讲堂窟（图51，右）。中心柱窟第9窟尽管距第7窟稍远，但两窟可能构成一个组合。因此，规模较小的温巴什石窟寺院却拥

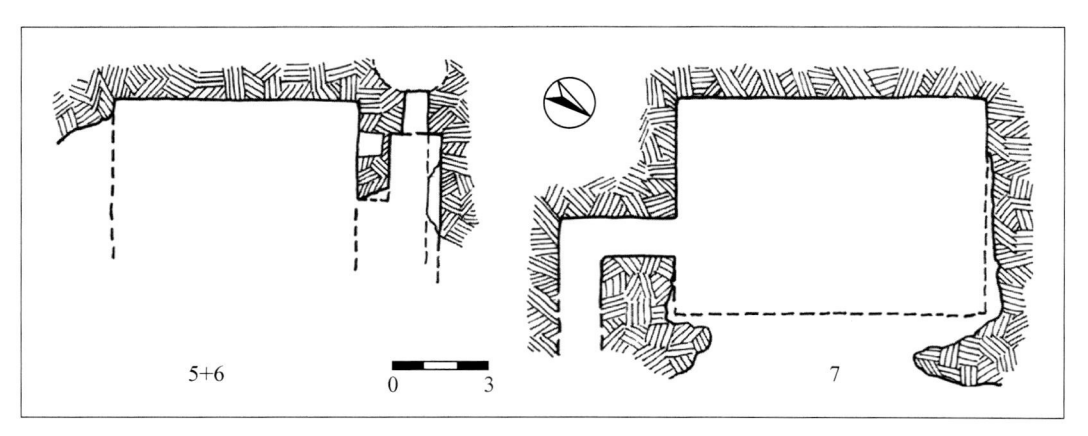

图51 温巴什第5+6窟和第7窟两座讲堂窟。两窟皆损毁严重，但仍然能被识别出来，是龟兹最大的两座讲堂窟。

---

[1] 根据新疆龟兹石窟研究所的调查共有25座洞窟。笔者考察过其中的14座；还有3座洞窟可被看到，但无法抵达，部分洞窟可能在近期坍塌。
[2] 讲堂窟与中心柱窟构成的洞窟组合将在第二章讨论，参见第99—105页。

有龟兹地区两座最大的讲堂窟[1]。

东区的洞窟开凿在狭窄沟谷中；彼此相距较远，而且难以抵达。笔者曾考察过一座僧房窟，尽管此区可能有其他僧房窟，但温巴什可能跟托乎拉克艾肯相似，僧侣的居住空间同时包括地面建筑和僧房窟。长约1.8、宽约1.4、高约1.8米的禅定窟第24窟的存在表明温巴什内可能亦曾有专门的禅定区。

尽管保存现状不佳，已刊布的资料不多，田野调查亦颇为有限，但仍然可以对该遗址进行初步研究。温巴什的布局证实龟兹石窟寺院最典型的形式包括地面建筑以及与其互补的开凿在崖壁上的洞窟。温巴什石窟寺院最突出的特征无疑是拥有龟兹地区两座最大的讲堂窟。与其他石窟寺院不同，温巴什没有大像窟，洞窟组合亦难以识别，后者很可能是遗址损毁严重所致。少数残存洞窟与两座大型讲堂窟的鲜明对比或许暗示着温巴什曾是一处更为大型的石窟寺院。除地面建筑外，笔者推测现存洞窟周围原有更多洞窟，可能完全被掩埋于堆积之下。

温巴什遗址内具有年代指示意义的线索极少。与龟兹中心柱窟类型序列相比，较为平缓的券顶以及中心柱上开多个小龛是此类洞窟发展至晚期的特征。残存的壁画亦显示出晚期风格，总之此遗址中尚未发现早期洞窟存在的迹象（表6）。

表6　温巴什石窟寺院洞窟类型、洞窟组合及洞窟编号

洞窟类型	洞窟编号
大像窟	
中心柱窟	6、8、10
方形窟	1、3、4、15(?)
僧房窟	7、9、14(?)
讲堂窟	2、5
壁　龛	
禅定窟	11
其他/未明	
储藏窟	
未完工洞窟	
洞窟组合	

灰色阴影：带装饰的洞窟
表中列出的仅是笔者考察过的洞窟，目前尚缺乏充足的资料对遗址进行全面研究

台台尔

台台尔石窟寺院背倚天山终年积雪的险峰峭壁，在阳光的照耀下如仙境般亦真亦幻。克孜尔镇坐落在克孜尔和台台尔中间，两者相距13公里。台台尔地处战略要地，临近穿越天山通向伊犁河盆地的隘口，跟龟兹其他石窟寺院一样，台台尔亦俯瞰控守着

---

[1] 库木吐喇亦有两座讲堂窟，即第22、69窟，相关讨论见第101—104页。

龟兹寻幽：考古重建与视觉再现

古道要隘[1]。与克孜尔类似，开凿洞窟的崖壁由常年的流水冲蚀而成，但两地的岩质差别显著，台台尔的洞窟开凿在角砾岩上，极易受到外界侵蚀，洞窟亦容易坍塌，而且随着时间的推移，坍塌岩块硬化，与原来的角砾岩趋向一致，难以区分邻近坍塌洞窟的痕迹。岩质如此易损，保存较好的洞窟数量极少也就不足为奇，当然也可能有部分坍塌洞窟被掩埋在现今地面之下。事实上，与较早的记录相比，个别洞窟在最近几年部分露出地表，而部分洞窟则消失不见。残存的部分洞窟损毁程度加剧以至于无法判断先前的认识是否正确。总之，台台尔遗址残毁严重，保存的20座洞窟各有不同程度的破损，这种现状要求我们在推测和复原其布局与发展时必须审慎（图52）。

台台尔现存洞窟可被划入两个区段，值得注意的是地面建筑遗迹，即吐尔塔木。此处遗迹有砖块和夯土筑成的长方形围墙，长约22米，宽约17米，残高约3米。由于破损严重而且年代不明，吐尔塔木的位置无法反映它与石窟之间的功能关系。吐尔塔木地面建筑除用作佛教僧侣的住所或寺院外，至少某一时段内可能还另作他用。地面建筑

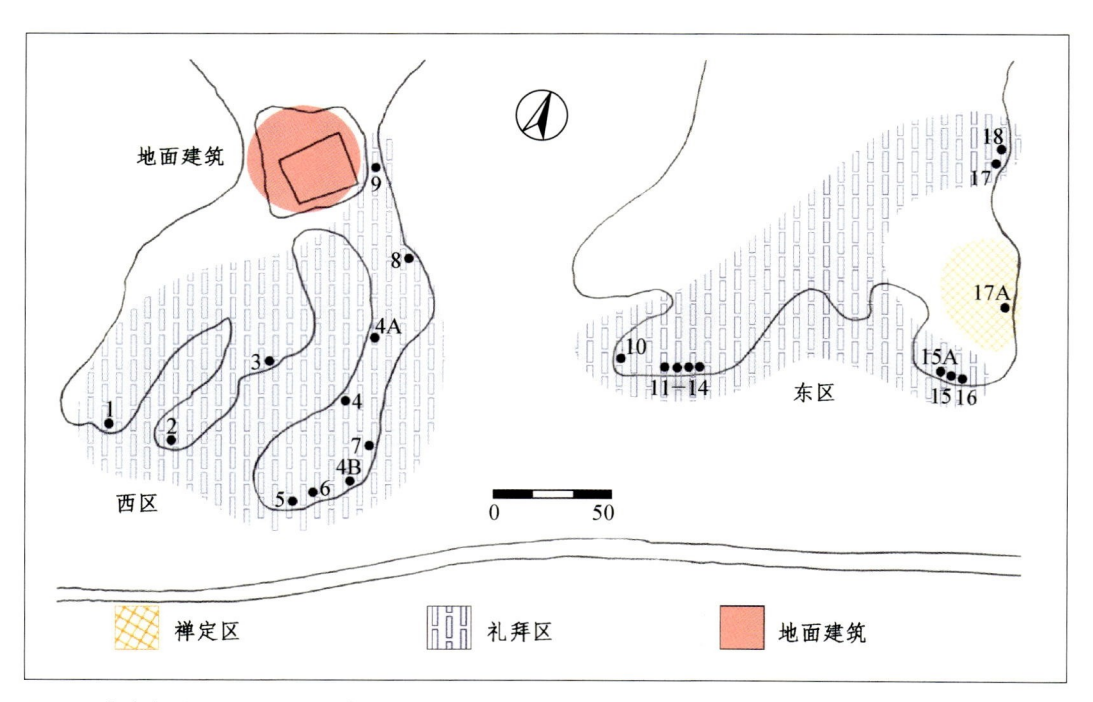

图52 台台尔遗址平面图：洞窟和区段分布图。根据新疆龟兹研究院：《台台尔石窟调查简报》第7页绘制。

----

[1] 台台尔在过去基本不被学者关注，亦很少被早年的中国学者提及。较完整的记录见许宛音：《台台尔石窟踏查记》，载《中国石窟·克孜尔石窟》，第1卷，第223—235页。最近发表的一篇简报很大程度上基于许宛音的工作，参见新疆龟兹研究院：《台台尔石窟调查简报》，第21—36页。

龟兹的石窟寺院

占据遗址内的至高点,从此处可以清晰地望见向北延伸至天山山脉的辽阔高原以及宽敞的克孜尔河谷。

西区包括第1~9窟。破损非常严重以至于无法辨识个别洞窟的类型,尽管部分洞窟彼此毗邻,仍难以判断它们是否构成组合。如图52所示,以吐尔塔木为顶峰的山丘东南支脉上开凿的洞窟中,只有第6窟可被明确定为僧房窟,尽管周边可能存在其他僧房窟,但数量仍偏少,推测地面建筑中可能有居住设施。西区只有两座洞窟内残存装饰,即可能为中心柱窟的第4窟以及保存较好的大像窟第5窟,大像窟内曾有一尊高约3米的大立佛像。就建筑角度而言,第5窟展示出大像窟发展至晚期的若干特征,例如后室被后甬道取代并在外侧壁上开小龛(图53)。西区的其他洞窟可能都是方形窟。

东、西两区之间有一条低洼浅沟,包括第10~18窟。东区洞窟保存状况稍好,可区分出三个组合:第11~13窟组合,第15、16窟组合,第17、18窟组合。第11~13窟组合由中心柱窟第13窟和僧房窟第11、12窟构成(图54)。第13窟的独立前室残存后半部分,与主室宽度相当;

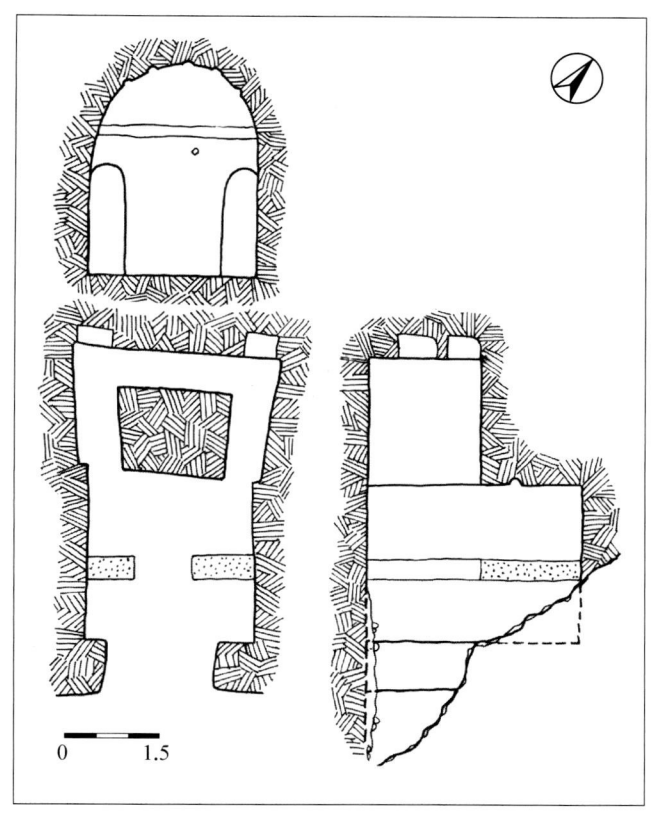

图53 台台尔大像窟第5窟。尽管相对不高,此窟符合大像窟的所有特点,窟内有一尊高约3米的立像。

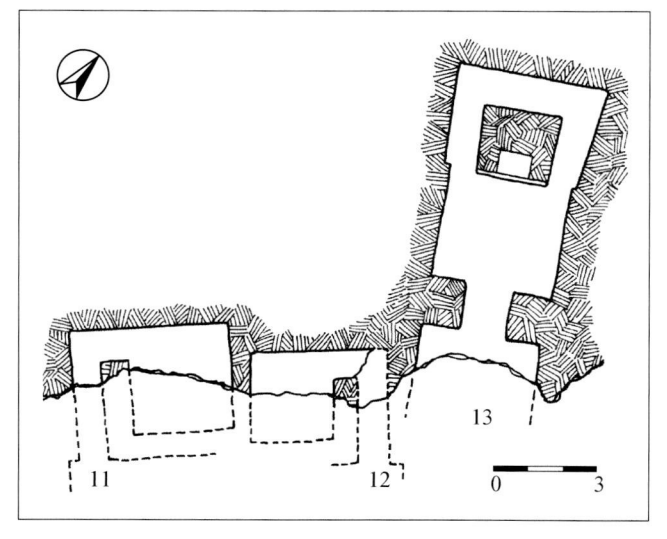

图54 台台尔第11~13窟组合。第13窟是中心柱窟,第11、12窟尽管坍塌,但仍然可辨识为僧房窟。每窟各有独立前室。

63

龟兹寻幽：考古重建与视觉再现

主室形制典型，但装饰颇为独特：两侧壁上绘成排坐于窣堵波中的佛像，此类题材常见于窟顶或甬道两侧壁上。遗址内保存壁画面积最大的洞窟是中心柱窟第16窟，它与僧房窟第15、15A窟构成组合（图55）。第15A窟位于第15窟南，几乎全部坍塌，洞窟类型无法辨识。第15、16窟两窟毗邻，尽管各

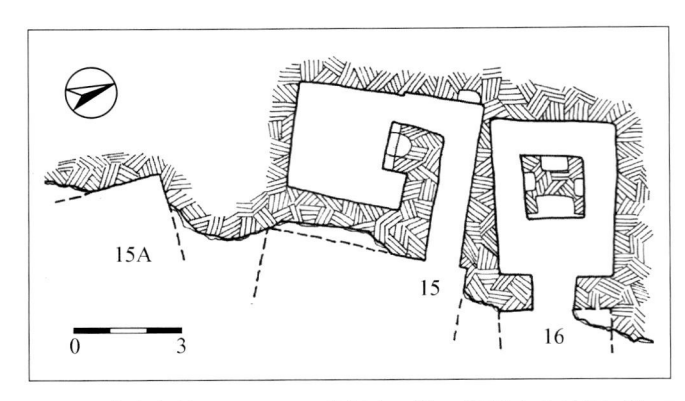

图55 台台尔第15A、15、16窟组合：第16窟是中心柱窟，第15窟是僧房窟，第15A窟类型不明。

有前室，但显然构成组合。就建筑特征而言，第16窟属于龟兹中心柱窟发展的晚期：主室平面呈横长方形，横券顶较平缓；中心柱四壁皆开龛，甬道顶几近平坦；门道两侧及沿窟内一周外侧壁绘多身立佛像以及喷发火焰和水的小佛像[1]（见图133）。僧房窟第15窟比例协调，盝顶，内有一座壁炉，表现出此类洞窟发展至晚期的典型特征。第17窟开凿在前两组洞窟所在的同一山丘的东侧崖壁上，该窟坍塌严重：前室墙壁的较低部分尚存，平面呈横长方形的主室顶部已坍塌。后室保存较好，甬道高大，券顶较平缓，中心柱四壁各开一龛。僧房窟第18窟和第17窟之间的距离并不影响将两者归于一组，较大的间距可能是缺乏合适的开凿空间所致。以上简要概述凸显出东区的若干独特之处：存在三组由一座中心柱窟和一座或多座僧房窟构成的组合；僧房窟数量较多，几乎占洞窟总数的一半，而且其中大多数为盝顶。

值得注意的是第17A窟，遗址内仅有的一座禅定窟，宽1、高1.3米，与龟兹典型禅定窟的规模和形制相当，因此对其类型的判定当无疑问。此窟原本靠近地面，现因风沙侵蚀已无法登临。残破崖面上存在的这座禅定窟似乎暗示着此区曾开凿有其他禅定窟。研究石窟寺院旨在理解寺院内僧侣的生活方式，第17A窟尽管破损、规模小，却为理解台台尔石窟寺院添加了重要线索，与龟兹大多数石窟寺院类似，禅修活动在台台尔亦事关重大，需开凿专门的洞窟为其提供场所。

上述分析显示出台台尔的若干特点：破损严重的西区较为独特，区内不同类型的洞窟虽然毗邻却不构成组合。东区规划更为有序，包括三个组合，每组中皆有一座中心柱窟以及一或两座僧房窟，暗示出僧侣数量的增多。仅存的一座禅定窟表明可能曾经存在专门的禅定区。台台尔遗址内没有发现清晰的年代线索，但就建筑形制而言，中心柱窟、僧房窟、禅定窟和大像窟呈现出的特点与克孜尔第四期相符。地面建筑的研究和断

---

[1] 对第16窟装饰的解读见何恩之撰写的第三章，第193—198页。

代对评估其与洞窟之间的关系十分关键(表7)。

如同龟兹大多数石窟寺院,台台尔同样占据战略要地,扼守着从天山山脉通向伊犁河谷的关隘。龟兹佛教石窟寺院营建选址时,地理位置的重要与否似乎超越了可用于开凿洞窟的岩体质量。认识到此点后,我们将转向库木吐喇大型石窟寺院,它盘踞在穿越却勒塔格山的木扎提河沿岸的最重要的隘口附近。

表7 台台尔石窟寺院洞窟类型、洞窟组合及洞窟编号

洞窟类型	洞窟编号
大像窟	5
中心柱窟	4、13、16、17
方形窟	1、8、9、10
僧房窟	6、11、12、14、15、18
讲堂窟	
壁龛	
禅定窟	17A
其他/未明	15A
储藏窟	
未完工洞窟	
洞窟组合	11~14、15~16、17~18

灰色阴影:带装饰的洞窟

库木吐喇

库木吐喇取名自附近的村庄,位于库车以西20公里处。库木吐喇通常指代整片遗址区,即沿木扎提河绵延数公里,开凿在却勒塔格山崖壁上的所有洞窟[1](图56)。库木吐喇石窟寺院地位显要,除控守着山口可以俯瞰周围区域之外,木扎提河东西两岸还建有地面寺院。两处地面寺院东为夏哈吐尔,西为乌什吐尔[2]。

库木吐喇的洞窟开凿在木扎提河及其支流冲蚀出的崖壁上,集中分布在两大区域内,即南部的沟口区,内有33座洞窟,北部的窟群区,内有80座洞窟。两区通常被相提并论,但事实上在布局、洞窟类型和装饰方面差别颇大。沟口区毗邻夏哈吐尔和乌什吐尔,年代稍早;窟群区沿上游崖壁延绵三公里,颇为壮观,是晚期的发展;两区存在着较大的年代差。在笔者看来,沟口区和窟群区是两处独立的遗址,因此下文对两区分别论述,并将它们视作彼此分离的石窟寺院。

---

[1] 对库木吐喇的早期研究见 Grünwedel, *Altbuddhistische Kultstätten in Chinesisch-Turkistan*, 7-37。之后的调查由北京大学考古学系于1980年代开展,参见新疆维吾尔自治区文物管理委员会、拜城县克孜尔千佛洞文物保管所、北京大学考古学系编:《中国石窟·库木吐喇石窟》,文物出版社,1992年。近年出版的报告参见新疆龟兹石窟研究所:《库木吐喇石窟内容总录》,2008年。

[2] 伯希和将两处寺院称为 Douldour-Âqour。Hallade, Gaulier and Courtois, eds., *Douldour-Âqour et Soubachi*; Hambis, *Douldour-Âqour et Soubachi*。

65

龟兹寻幽：考古重建与视觉再现

库木吐喇沟口区

沟口区的洞窟开凿在面向木扎提河、成层易碎的粗粒砾岩形成的崖壁上。从大多数洞窟坍塌或有不同程度残损的现状可以看出此种岩质并不适合开窟。反过来再次证明石窟寺院选址时，战略性的地理位置远比合适可用的上佳岩质更为重要，这一问题过去未曾受到学者重视。乌什吐尔地面寺院可能不仅仅被用作佛教寺院，如下所述，它跟库木吐喇沟口区的洞窟具有互补性[1]（图57）。

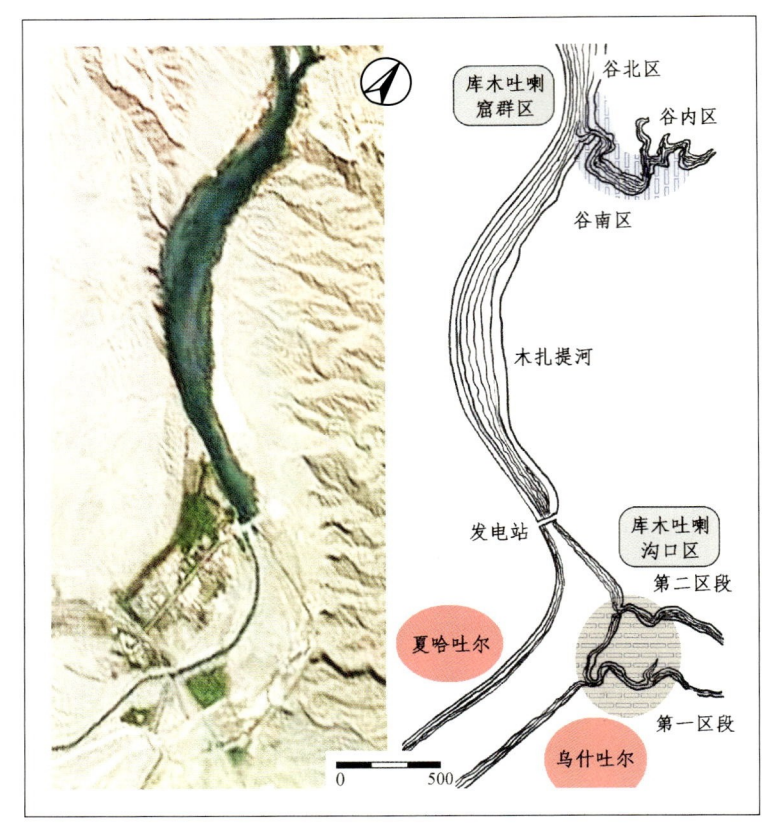

图56 库木吐喇地面寺院遗址和石窟寺院遗址的位置（左：天地图，www.tianditu.cn）。

大多数洞窟集中分布在两条沟谷中，开凿在崖壁的较高处以避免山洪冲击，至今每逢暴雨时节，山洪仍是严重的威胁。沟口区可被进一步划分成两个区段，分别对应于两条沟谷，但这种划分并不简单地依赖位置和相对距离。第一区段占据第一沟，距夏哈吐尔和乌什吐尔最近，包括第4～19窟。第二区段分布在第二沟，包括第20～28窟。其他洞窟开凿在面向木扎提河的崖壁上：第1～3窟恰好位于乌什吐尔的下方，第29～33窟分布在第二沟的北侧。沟口区三座大像窟均面向木扎提河：第2、3窟位于东岸，第33窟是库木吐喇遗址中唯一位于西岸的洞窟。

长条形窟第6、7、11～15窟是第一区段内主要的洞窟类型；最深者可达15米，宽度在1.2～2.6米之间。它们的结构十分简单：侧壁与券顶交接处无叠涩，壁面涂抹草泥和白灰浆，没有任何装饰。由于残损严重且内部充塞堆积，因此在某些情况下难以判断

---

[1] 规模如此庞大可能不单用作地面寺院。值得注意的是20世纪60年代开凿的隧道式防空洞，不应与佛教洞窟混淆，然而残损的现状使得辨别两者颇为困难。

涂层是已经脱落还是原本就没有涂层。除第13~15三窟开凿在崖壁的同一高度，共用同一前室外，大多数长条形窟独立开凿，显然不属于任一组合（图58）。第9窟平面呈U型与苏巴什第1窟相似；基于这种相似性我们推测前者可能也是禅定窟。第9窟在最终废弃之前经历多次续建，甚至在弃用时仍未完工（图59）。

基于目前收集到的资料可对第一区段做出如下推测：最初由多座长条形窟和一座U型禅定窟构成，跟苏巴什西寺北侧洞窟的规划一致[1]。第一区段内缺乏僧房窟，原因是靠近地面寺院，僧侣们可能居住在乌什吐尔的地面僧房中，而这些洞窟远离地面寺院以便为禅修提供僻静之所。

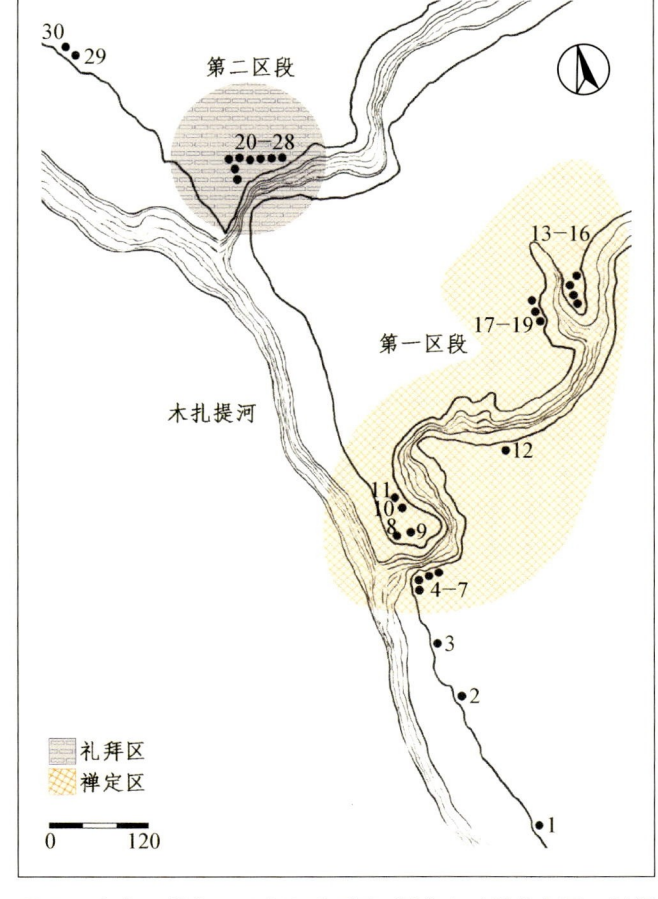

图57 库木吐喇沟口区遗址平面图：洞窟和区段分布图。根据新疆龟兹石窟研究所：《库木吐喇石窟内容总录》图版73绘制。

第17窟是第一区段内仅见的一座中心柱窟，建筑和装饰特色表明其年代较晚，所处位置亦暗示出它是区段内的晚期增建。第17窟附近有数座小型方形窟，它们的关系因崖壁前部的坍塌变得不甚明朗。第一区段的其他洞窟或已坍塌，或是分布在无法抵达之处的小洞窟。

第二区段包括第20~28窟，其中大部分开凿在第二沟北壁上部，以便接受充足光照且免遭洪水之灾。第二区段不同于第一区段，此处洞窟彼此毗邻，典型的洞窟类型是规模中等、长甬道式入口的穹窿顶方形窟，如第20~23、25~27窟（图60）。通过狭长甬道进入洞窟的设计可能是为充分利用崖壁的最内部空间，与崖壁前部相比，内部空间

---

[1] 对苏巴什禅定窟的讨论见第二章第132—133页。两处遗址存在着重要差别，苏巴什的部分长条形窟内绘有壁画，而库木吐喇的长条形窟内没有装饰。

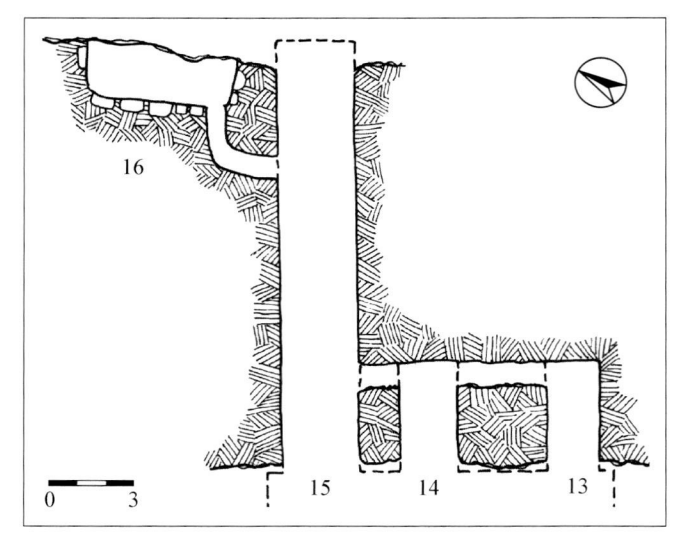

图58 库木吐喇沟口区第13～15窟。三窟开凿在崖壁同一高度，共用同一前室。第16窟是晚期增建，壁龛用于存放舍利盒。

图59 库木吐喇沟口区第9窟。此窟凿建于不同阶段并且未完工，窟前有地面建筑的遗迹。

不易坍塌。砾岩上开凿洞窟的难度很大，遑论将之凿成平坦立面；若将壁面修整平直，还需要在壁面上涂抹较厚的草拌泥或掺杂碎石泥浆。个别洞窟如第26窟破裂脱落的壁面需用砖块加固[1]。由于崖壁前部普遍坍塌严重，难以判断前室的存在，但至少在第20～23窟前有明显的共用前室迹象。残存的洞窟中，第26A窟可能是方形窟，开凿在崖壁的更高处，现已全部塌毁；第27窟的高度与前者相当，内部保存有壁画残块，现已无法抵达。

方形窟内的壁画皆为A种风格，此种风格仅见于库木吐喇沟口区第二区段。装饰的另一特征是使用大量塑像。第20窟主室内保留一座像台，两侧各有一尊狮子像；甬道入口两侧各开一像龛。右侧壁龛内原保存有龟兹唯一一尊完整的泥塑像，可惜在2006年被盗。据此，第21窟甬道左侧壁上的一个相似小龛可能亦为放置塑像所设；基于类型推测，其他方形窟的甬道式入口两侧壁上也应该开有小龛，但大部分情况下因甬道的坍塌而消失无存。

第二区段内仅见一座僧房窟和一座中心柱窟。僧房窟第28窟坐落在沟谷入口处的至高点；除具有居住功能外，可能也用作哨所[2]。根据所处位置和典型特征，推测中心

---

〔1〕 除库木吐喇外，相似的长甬道方形窟仅见于玛扎伯哈，同样使用砖块加固洞窟。
〔2〕 位置关键的部分僧房窟或简单的小窟可能是一位或多位"守卫者"的居所。此类洞窟也见于其他遗址，如库木吐喇窟群区第1窟开凿在遗址入口处；克孜尔第121窟守卫着谷内区的入口；库木吐喇窟群区第66窟开凿在五联洞的前端；此外还有库木吐喇窟群区第21窟、森木塞姆第50窟等。

柱窟第24窟是区段内的晚期增建。

沟口区的其他洞窟开凿在面向木扎提河的高耸崖壁上。大像窟第2、3窟位于乌什吐尔的下方，两窟是库木吐喇最高的大像窟。大像窟第33窟开凿在河对岸崖壁的较高处。三窟内皆无中心柱，右绕礼拜仪式围绕大像腿部进行。三窟所处位置以及可能不装门扇的设计表明，规划者的意图是使大立佛像从远处就可以被望见。木扎提河东岸还有数座洞窟，现已无法抵达，位置经营比较随意，没有明显的组合倾向，可能是晚期的扩建。

两个区段所在两条沟谷内无法修建地面建筑，因此两个区段或许与乌什吐尔地面寺院密切相关，此问题仍有待深入。据伯希和记载，乌什吐尔内曾

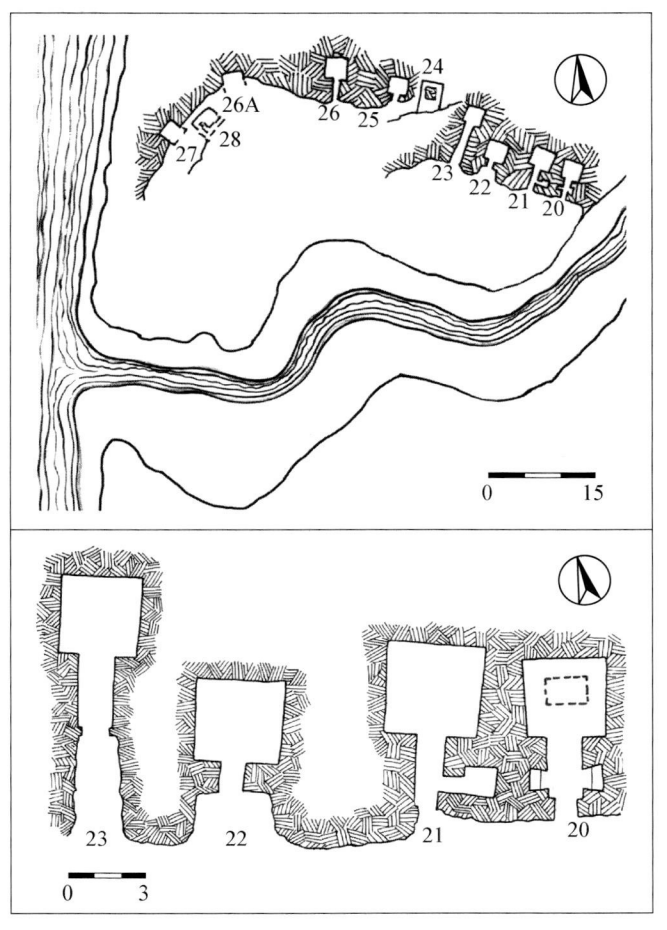

图60 库木吐喇沟口区。上：第二区段洞窟分布图。下：方形窟第20～23窟联合平面图。

有大型佛教建筑、窣堵波以及其他建筑遗迹。它们可能与沟口区的洞窟有关，对它们的研究将有助于深化对地面寺院和石窟之间关系的理解，而这种关系是龟兹石窟寺院中常见的。换言之，沟口区的洞窟本身并不构成完整的寺院，只能与地面寺院夏哈吐尔、乌什吐尔互为补充。洞窟类型以及跟苏巴什的相似性表明第一区段是专门的禅定区；而第二区段绝大多数洞窟内绘壁画，只有一座僧房窟，缺少供僧侣居住的合适设施，因此是专门用于举行特殊仪式的礼拜区。

库木吐喇沟口区与苏巴什遗址布局颇为相似，皆为河流两岸各矗立一处大型地面寺院，前者是木扎提河，后者是库车河（见图1）。耸峙在赋予龟兹绿洲蓬勃生机的两条大河的两岸，既可将下方的辽阔高原尽收眼底，又可控守上面的险关要隘。此类扼襟控咽之地可能是龟兹最早选作营修石窟寺院的理想场所。第二区段的壁画属于A种风格，是

69

表8　库木吐喇沟口区洞窟类型、洞窟组合及洞窟编号

洞窟类型	洞窟编号
大像窟	2、3、33
中心柱窟	17、24
方形窟	6、7、8、11、12、13、14、15、18、20、21、22、23、25、26、27、29、31
僧房窟	28、33
讲堂窟	
壁　龛	
禅定窟	19
其他/未明	1、4、5、9、10、16、30
储藏窟	
未完工洞窟	9
洞窟组合	
灰色阴影：带装饰的洞窟	

龟兹壁画中年代最早者[1]，但第一区段的位置表明其发展可能比第二区段更早。因此第一区段内无装饰的长条形窟应该早于第二区段的壁画窟。换言之，库木吐喇最早的洞窟可能用作禅修之所，是为居住在地面寺院中的僧侣专门开凿的坐禅用窟（表8）。

---

[1] 王征：《龟兹佛教石窟美术风格与年代研究》，中国书店，2009年，第85—88页。A种风格壁画也见于夏哈吐尔、乌什吐尔和苏巴什，参见 Hallade, Gaulier and Courtois, eds., *Douldour-Aqour et Soubachi* and Hambis, *Douldour-Aqour et Soubachi*。

龟兹的石窟寺院

库木吐喇窟群区

　　窟群区洞窟开凿在面向木扎提河的致密砂岩崖壁上，遗址原初的古朴之美被今日修筑的防洪水泥墙破坏殆尽[1]。水泥墙体和洞窟之间填塞数米厚的卵石，彻底改变了遗址的面貌。窟群曾经盘踞在崖壁高处，居高临下之势令人震撼，如今的崖壁已经不如往昔峭拔壮观，部分洞窟靠近地面，部分洞窟甚至位于地表以下。

　　窟群区的主要特点是拥有大量壁画窟。以中心柱窟为主的众多壁画窟一字排开，彼此毗邻，雄踞在崖壁高处，构成龟兹石窟寺院中独特而壮丽的景观。80座洞窟中仅6座僧房窟，3座禅定窟，皆位于边缘位置，经过精心规划[2]（图61）。

　　窟群区系逐步发展而成。目前系统的分期研究暂付阙如，事实上库木吐喇窟群区的分期较龟兹其他遗址更简单。崖壁上保存着现已坍塌的木构前室的丰富遗存，例如用于固定的凹糟和凿孔，根据这些遗迹可以推测洞窟组合的形式及其发展轨迹。此外还有许多重要信息，如建筑形制和装饰风格的变化都直接与特定的或大致的年代范围相关，而装饰风格亦可揭示出不同的赞助群体，如龟兹、汉人、回鹘等；另外，个别晚期洞窟内还有纪年明确的汉文题记。洞窟的相对位置也可提供重要的年代线索，诸如，开凿在面向木扎提河崖壁上的洞窟没有一座具有晚期回鹘特征，而回鹘时期的洞窟皆分布在谷内。换言之，暴雨季节易受洪水冲击的沟谷早期不在礼拜窟选址的范围内，只有当面向木扎提河的开凿空间用尽之后，靠内的区域才成为备选。

　　以此条大沟谷为参照，该遗址可以分成四个区段：谷南区包括第2～40窟，谷北区包括第52～72窟，谷内下区包括第44窟以及第47～49窟，谷内上区包括第74～78窟。

　　通常情况下，朝拜者从夏哈吐尔、乌什吐尔出发沿木扎提河东岸上行，进入谷南区，首先映入眼帘的就是第2窟。这座大像窟坐北朝南，似乎是在迎接信徒的到来。古时需要拾级而上登临此窟，而今因河流常年冲击沉淀而成的深厚堆积使得必须缘阶向下进入洞窟。此窟的显要位置及其视觉冲击力需要站在原初地面上给予重新评估（图62）。狭窄的主室及较小的门道似乎表明其内仅可短暂停留，并非举行复杂仪式的场所。第2窟在某种程度上孤立于谷南区主要的、长排分布的众多洞窟，其中大多为中心柱窟和方形窟，彼此紧邻，似乎为了充分利用可用空间[3]（图63）。

---

[1] 过去五十年间由于修建大坝造成的水位抬升对库木吐喇窟群区造成了最严重的破坏。
[2] 僧房窟有第1、6、44、47、49、80窟。第1窟已不存，晁华山曾有记录，参见晁华山：《库木吐喇石窟初探》，载《中国石窟·库木吐喇石窟》，第182—183页。
[3] 第7～9开凿在崖壁高处，现已坍塌，根据装饰内容和在遗址内的相对位置推测它们是晚期的发展。最近几年地震也对洞窟造成了严重破坏。第5、6窟将在下文讨论，详见第107页。

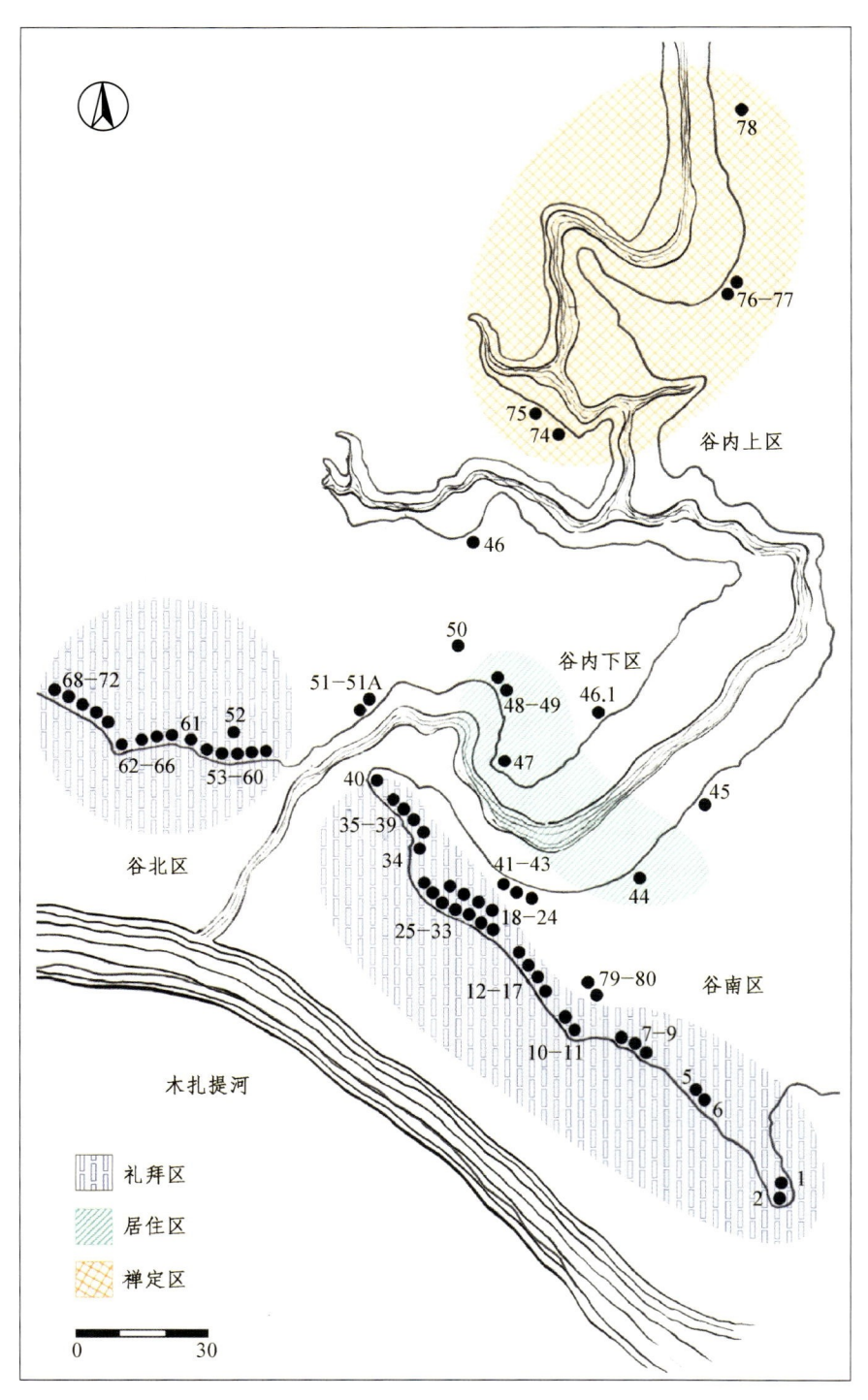

图 61 库木吐喇窟群区遗址平面图：洞窟和区段分布图。根据新疆龟兹石窟研究所：《库木吐喇石窟内容总录》图23绘制。

注：46.1 指第46窟附1窟。

图 62 库木吐喇窟群区第2窟。此窟是从沟口区进入窟群区所见的第一座洞窟,最初需通过向上攀登数级台阶进入,如复原图所见。该窟现所处位置较低,前室是大型木结构建筑,自此可望到谷北区的部分洞窟。照片版权归德国柏林亚洲艺术博物馆所有。

　　第18～24窟是库木吐喇仅见的开凿于下排洞窟之上的一排洞窟。其中讲堂窟第22窟和中心柱窟第23窟构成的组合最易识别,此类组合已见于其他遗址。该组合可以通过一条开凿于岩体内的梯道抵达,现已被水泥封堵。崖壁上遗留的多组凿孔和凹槽暗示出连接这些洞窟的窟前木构栈道的固定方式和规模;同时亦表明该组合经过长期发展,最终才扩展到第18～24窟之间的所有洞窟。另一条凿于岩体内的梯道现已坍塌,未坍塌之前从木构栈道进入可抵达崖壁顶端(图64)。较低处的洞窟中值得注意的是第36～38窟构成的组合,一座较小的方形窟两侧对称分布两座大像窟(图65)。

　　谷北区包括第52～72窟(图66)。规模中等,前室宽大的中心柱窟第61窟占据着壁面的中心位置,南侧有五座中心柱窟第53～56、58窟;北侧有三座中心柱窟第62、62A、64窟,以及两座大像窟第63、65窟。此区段的最后是一组五座洞窟,通过一段狭长甬道可抵达,开凿于木扎提河畔的崖壁高处。五座洞窟由共用的同一宽敞前室连接起来,而且开有大型明窗,前室直面下部的木扎提河,中国学者称之为"五联洞"。组合中首先开凿的是第68、69窟,形成典型的中心柱窟和讲堂窟组合,而后被改造、扩建成一组五座礼拜窟[1]。

---

[1] 第二章将对此组合的改建及其对龟兹佛教发展的理解展开讨论,第101—103页。

龟兹寻幽：考古重建与视觉再现

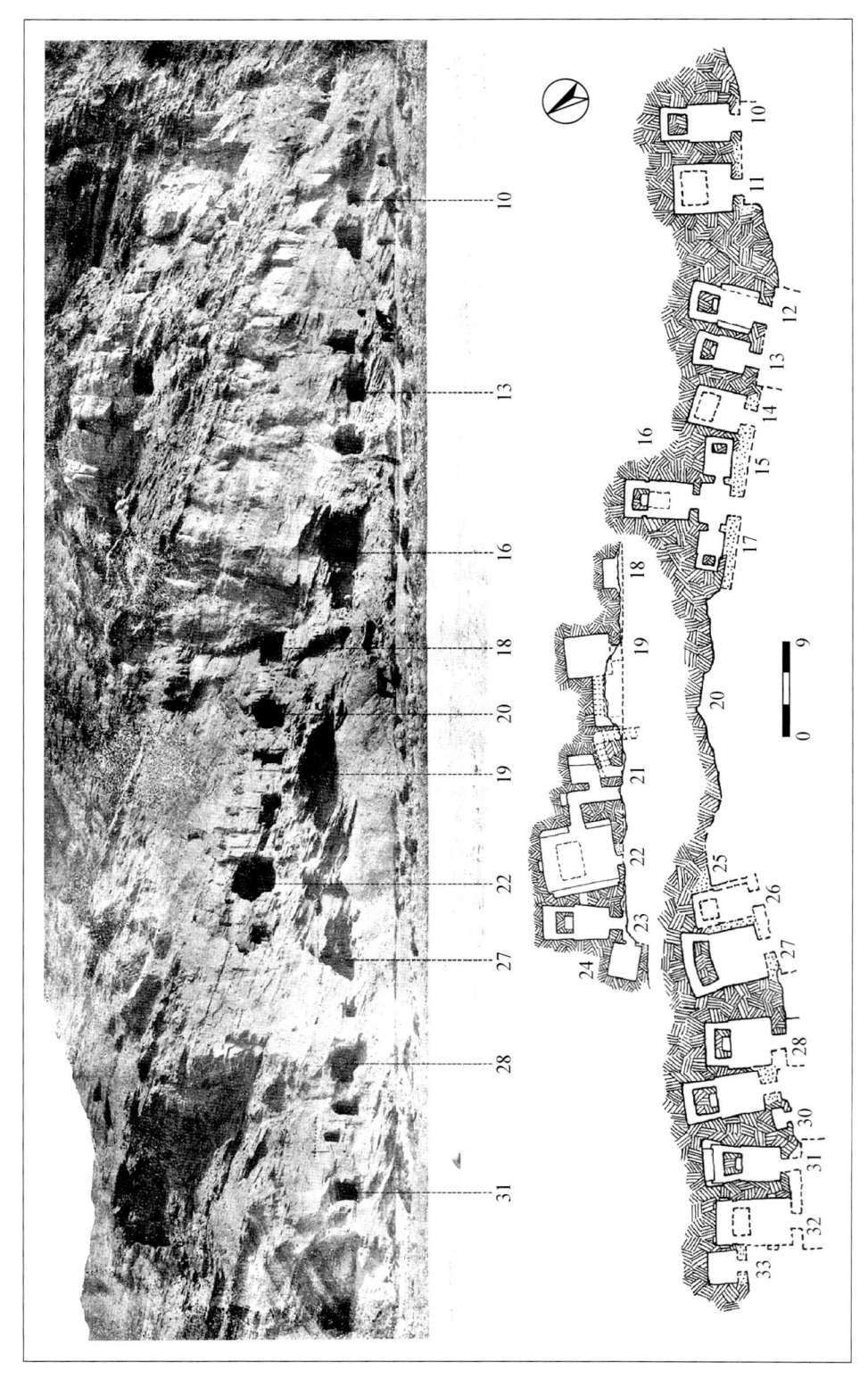

图63 库木吐喇窟群区谷南区第10～33窟所在崖壁的立面照片及洞窟联合平面图。照片版权归德国柏林亚洲艺术博物馆所有。

谷内下区包括第44、47、49窟，三座僧房窟彼此毗邻，是库木吐喇此类洞窟最集中的分布（见图61）。此区位于开凿大量礼拜窟的崖壁背面，被规划成居住区。谷内上区包括三座禅定窟，第75、76、78窟，彼此完全隔离。三座禅定窟规模适中，每座可供一名僧侣进行长时段的禅定修行，其内皆无装饰。笔者将在第二章具体讨论禅定窟，此处需指出毗邻第75窟的第74窟是瘗窟[1]。该窟的存在为了解石窟寺院的丧葬实践提供了线索。晁华山认为第76窟亦是瘗窟，但根据其类型，笔者推测它是由禅定窟转变成存放舍利盒的场所[2]。因为库木吐喇所有用于存放舍利盒的

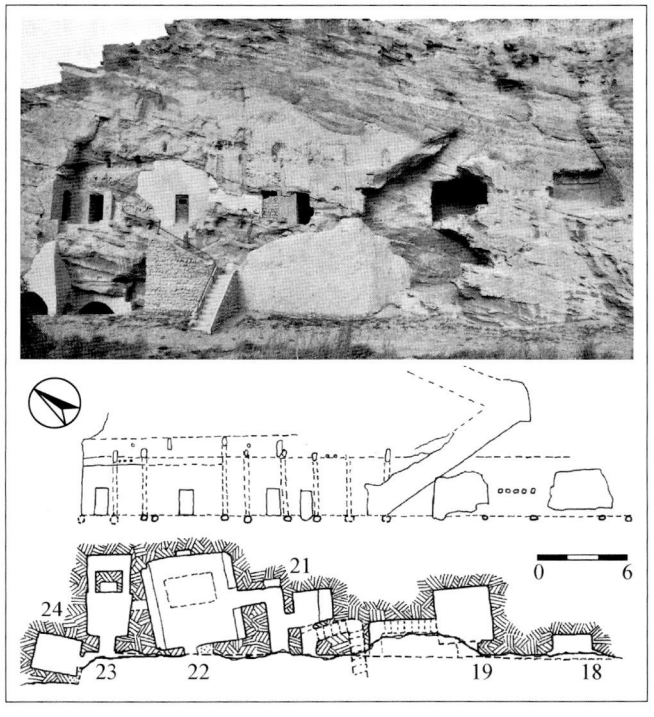

图64 库木吐喇窟群区第18～24窟。上：立面照片。中：立面图。下：联合平面图。组合的最初核心由讲堂窟第22窟和中心柱窟第23窟构成，是库木吐喇少见的开凿于下排洞窟之上的一排洞窟。

洞窟，如沟口区第16窟，窟群区第64D、74、76、77窟，皆有汉文题记，它们可能是晚期为保存汉地僧侣的舍利而创凿的。换言之，龟兹丧葬实践的改变是采纳中原汉地佛教丧葬习俗的结果。尽管没有确凿的证据说明龟兹僧侣圆寂后如何处理，但是就汉僧而言，倾向于选择洞窟作为埋葬之所。因此特定的洞窟被开凿出来，或者禅定窟被重新用作瘗窟，谷内上区的功能就从最初的禅定场所转变成瘗埋之地。谷内区的壁画窟展示出清晰的晚期建筑特征，壁画属于C种风格。

以上对库木吐喇窟群区的分析表明只有清楚区分早、晚期洞窟，才有可能把握遗址的整体布局及其内部区段的组织结构，此外，还有可能理解遗址规划背后潜在的原则。通过以上分析可以发现，窟群区同样包含了龟兹大多数石窟寺院惯常规划的三个功能单元：谷北区和谷南区用于礼拜和公共活动，谷内下区为居住区，而最幽僻的谷内上区是禅修之地。

---

[1] 第75窟的装饰属于晚期，见下文第135页。
[2] 晁华山：《库木吐喇石窟初探》，第182页。

龟兹寻幽：考古重建与视觉再现

谷南区和谷北区的布局仍有若干值得注意之处：两区皆为礼拜区且有相似之处，甚至在某种程度上是彼此的镜像。两区中大像窟——第2、52窟都面向进入的朝拜者；都有讲堂窟和中心柱窟构成的典型组合——分别是第22、23窟和第68、69窟；此外，讲堂窟后来都被修整和改造；都有两座大像窟夹一座方形窟构成的组合，分别是第36～38窟和第63～65窟。最后两区内都有成排开凿、彼此毗邻的中心柱窟。两区的相似性可否被解读成意图创建两个相同的区段？如果可以，那么布局上的差异是否能被视作晚期增建？例如谷南区内绘C种风格壁画的大方形窟。

库木吐喇窟群区洞窟装饰图像的丰富程度在龟兹佛教遗址中罕有其匹。中心柱窟的主室内通常表现传统题材，后室则

图65　库木吐喇窟群区第35～39窟。上：立面照片。中：立面图。下：联合平面图。组合的最初核心由方形第37窟和两座大像窟第36、38窟构成，三窟共用同一前室。

多见涅槃佛周围的立姿佛像和菩萨像。此外还有新题材和新经营，例如主尊有时雕凿而成，坐于高像台上，如第68、70、71窟，或者立于中心柱前的低像台上，如第27、72窟；塑像也用于装饰侧壁，如第45、70、71窟。券顶中脊常绘宝珠和花蕾，两侧绘多组一佛二菩萨。

库木吐喇窟群区的方形窟与克孜尔方形窟差别显著，而且在形制和装饰方面表现出强烈的革新性。这些方形窟的特点不见于其他遗址：十分宽敞；券顶由简洁、圆滚、厚重的叠涩支撑；有时中央还有一处奉放佛像的像台。正壁通常绘经变画，侧壁绘大立佛像，千佛题材常见于窟顶[1]。此类方形窟中，大乘佛教的迹象相当鲜明，大乘题材备受青睐。

---

[1] 装饰C种风格千佛题材的洞窟与装饰B种风格千佛题材的洞窟差别显著。B种风格的千佛绘于长方格内，如网格般占据墙壁、中心柱和窟顶的全部壁面。在绘制C种风格壁画的洞窟中，千佛成排绘于窟顶的白色背景上，彼此松散独立。

图66 库木吐喇窟群区谷北区第52～72窟。上：立面照片。下：联合平面图。照片版权归德国柏林亚洲艺术博物馆所有。

表9　库木吐喇窟群区洞窟类型、洞窟组合及洞窟编号

洞窟类型	洞窟编号
大像窟	2、36、38、52、63、65
中心柱窟	7、8、9、10、12、13、15、16、17、23、27、28、29、31、32、42、43、45、46、第46窟附1窟、50、53、54、55、56、58、61、62、62A、64[2]、68、70、71、72
方形窟	11、14、22[2]、24、33、34、37、41、51、60、69[2]、79
僧房窟	1*、6、44、47、49、80
讲堂窟	22[1]、69[1]
壁龛	30、51A、55A、57、64A、64B、64C
禅定窟	75、76、78
其他/未明	5、21、25、26、35、59、64D、66、74、77
储藏窟	18、19、20、39、40、48、67、73
未完工洞窟	
洞窟组合	大像窟：36～38；63～65 讲堂窟和中心柱窟：22[1]和23、69[1]和68 五联洞

灰色阴影：带装饰的洞窟
* 表示已坍塌的洞窟

此阶段大乘题材的发展表明其他石窟寺院内流行的龟兹佛教传统被打破。因此库木吐喇窟群区的洞窟大多属于唐王朝统治时期，始于7世纪中叶安西都护府的建立。这些汉风洞窟不属于龟兹本土佛教信仰和文化景观，反映出中原汉地佛教对西域的影响。洞窟内的汉文题记提供了若干绝对年代信息，诸如连接第66～68窟的甬道内有一则公元785年的汉文题记。其他有明确纪年的题记表明C种风格从8世纪中叶开始流行，其间龟兹是唐王朝的管辖之地。C种风格在回鹘统治时期得以延续，从供养人的服饰风格可窥知，并得到第75、79窟题记的佐证。窟群区回鹘洞窟是龟兹开窟造像活动的尾声，时代约为10世纪，已经超出了本研究的范围（表9）。

本章对龟兹主要石窟寺院遗址的考古学探访暂告段落，也因为无法考察相当数量的较小遗址而留下缺憾，期待将来有关它们所在位置及规模的信息能够不断披露累积，最终补全龟兹石窟寺院的研究，并揭示出它们的分布规律以及与龟兹古代交通网相关的重要线索。本章逐一分析了龟兹八大主要石窟寺院遗址，以使读者了解它们的布局和构成单元。从强调石窟寺院遗址的差别而非相似性的角度对这些遗址进行了全新解读。笔者的分析仍属初级阶段，在得出确定结论之前尚需根据可靠的一手资料做审慎思考，然而从已有的研究中已浮现出若干颇具价值的认识。

最典型的龟兹石窟寺院包括石窟群和地面建筑群。两者无疑是相辅相成的，但具体关联形式目前尚不清楚，如若缺乏对地面建筑的恰当评估，那么对石窟寺院的理解就会失于片面。洞窟绝少单独开凿，大都属于某一组合，因此日后研究的核心应该是全面系统地记录洞窟组合这一龟兹石窟寺院的基本构成单元。本研究不同于当下仍流行的基于早年外国探险调查所得资料而进行的研究，尽管这些资料的价值仍然不可低估；也没有完全依照最近出版的发掘报告，因为报告所采用的体例和方法是有缺陷的，仅描述单座洞窟很容易肢解构成石窟寺院的基本单元，对龟兹洞窟及其图像的恰切研究应该首先从洞窟所属的洞窟组合入手。

正确理解龟兹佛教遗址的另一要素是要认识到石窟寺院是由若干同类洞窟或洞窟组合构成的区段构成的。区段是我们探寻设计者在规划寺院时所用核心理念的最佳视角。笔者对遗址内区段的划分已表明石窟寺院可以被分成若干功能单元。保存较好的遗址，无论规模大小，其内区段都需要满足三种功能。部分洞窟用于礼拜和公共活动：包括带装饰的中心柱窟和大像窟，有或没有装饰的方形窟以及讲堂窟。这些洞窟构成了寺院的核心，用来举行仪式和讲经念诵。合适的居住设施是另一需求，包括僧房窟和储藏窟。居住设施既有洞窟亦有地面建筑，某些情况下，区段内皆建造居住设施；而其他情况下，僧房窟与礼拜窟构成组合，这种差别所蕴含的内涵尚需进一步探索。礼拜区和居住区在早年的研究中已被提及。

然而与寺院规划有关的第三个重要方面常被学者忽略，还需要进行全面考察。以往研究中已经提到禅定窟，但禅修实践尚未得到足够重视。每处石窟寺院内，禅定窟不仅数量丰富，而且位于专门辟建的区段中，如克孜尔尕哈、托乎拉克艾肯、玛扎伯哈以及库木吐喇窟群区。某些情况下禅定窟构成特定区段，与地面寺院互为补充，例如苏巴什和库木吐喇沟口区。如第二章将要讨论的，龟兹禅定窟的多种类型表明禅定修习在不同环境中开展，以实现不同目标。禅修以及为禅修创造出合适场所，是龟兹石窟寺院设计和运作背后的重要动因之一。

本章我们对龟兹石窟寺院的最初布局及其构成单元有了初步了解，也认识到寺院内各类建筑的修造是为了满足特定需求。对龟兹石窟寺院的功能性解读不仅有助于更准确地理解石窟寺院，而且有助于更全面地理解僧侣们的生活方式。

最后，从上述分析浮现出的各种信息中，寺院布局或可成为构建相对年代框架的工具之一。在多数情况下，这一工具为建立可信的类型演变序列提供了无可争议的证据。

在本章论述中，笔者挑战了传统的脱离整体语境的单座壁画窟研究法，将研究重点从洞窟转向石窟寺院遗址整体。第二章笔者将考察构成龟兹石窟寺院的基本单元，即单座洞窟、洞窟组合和区段，以及它们之间的相互关系。

龟兹石窟寺院的构成单元

龟兹石窟寺院的构成单元

不管是其貌不扬还是撼动人心，每处石窟寺院都曾经历过创建期，发展过程中多次勃兴与平稳的反复波动，最后逐渐衰落直至被废弃。这些遗址现在都残损破败，但仍然可以从中发现曾赋予其生机的构成单元。如同其他鲜活的生命体一样，石窟寺院整体远远超出其构成单元的总合。

龟兹石窟寺院遗址的研究需要新方法为其注入新活力，但目前该领域的学者关注的仍然是稀少且过时的材料，而非开展实地的田野调查。本书第一章呈现了石窟寺院遗址的现状，并分析其原初布局及构成单元。本章将重点考察若干未被充分研究的构成单元，而后通过石窟寺院整体而非某一构成单元来探寻石窟寺院之间的关系。

对单座洞窟的正确分析和认识是深入研究的基础，但在某些情况下会因为洞窟的残损现状而变得困难重重。目前龟兹大多数洞窟彼此毗邻以构成组合的重要事实仅得到有限认识，其背后的内涵未被系统阐释。忽视单座洞窟的组合情况及其在组合中所担负的功能将会造成对考古资料的肢解，因此识别洞窟组合非常重要而且很有必要。辨别洞窟组合过程中会注意到另一构成单元：同类洞窟或洞窟组合通常集中于石窟寺院内的特定区域，笔者将之称为"区段"。每处石窟寺院皆由若干包含某类洞窟或洞窟组合的区段构成。石窟寺院的有序运转就是单座洞窟、洞窟组合、区段三种基本单元的协调互动。

本章最后提出，不仅石窟寺院是由不同单元构成并通过彼此互动协调来实现有序运转，龟兹境内的每处佛教寺院也都是龟兹佛教有机体的一块基石，担负着各自被赋予的特定功能。若此，龟兹佛教有机体亦不单是洞窟和寺院的总合，而是每一单元都以其独特性构成并推动有机体的运作，这一切都可以在龟兹石窟寺院遗址中寻觅到蛛丝马迹。

洞窟命名

龟兹洞窟类型丰富，传统上被分为四类：即中心柱窟、大像窟、方形窟和僧房窟。考古类型的划分和命名需要统一基于某一标准，然而经常被相提并论的龟兹四类洞窟的命名却依据不同标准：方形窟依其平面形状，中心柱窟依其建筑特征，大像窟依其内所立的大佛像，僧房窟则依其功能。若尝试建立新的术语体系，无疑会使问题变得复杂，而且与考古的另一惯例即沿用已有术语相冲突[1]。

依据不同标准可将洞窟分成不同类型。例如，若以右绕礼拜仪式为准，可以按照内部是否存在供此仪式展开的结构来划分洞窟；还可以按照内部是否放置一尊塑像作为礼拜核心对洞窟进行分类；洞窟内是否绘有壁画亦可作为分类标准。当然洞窟功能也可以作为分类参照，如此便有礼拜类、讲经类和生活类洞窟之分。因此，洞窟命名的参照标准决定着洞窟类型的划分，如表10所示。

表10　基于不同分类标准的洞窟类型命名

中心柱窟	大像窟	方形窟					僧房窟
		壁龛	集会和（或）礼拜窟	禅定窟	讲堂窟	储藏窟	
内设右绕礼拜结构的洞窟 || 内无右绕礼拜结构的洞窟						
安放主尊塑像的洞窟 || 内无主尊塑像的洞窟						
壁画		有或无壁画			无壁画		
礼拜		讲经			生活		

表10清晰显示出传统的分类和命名并不令人满意，特别是关于方形窟。作为龟兹最常见的洞窟类型，传统分类皆未能指明方形窟的多元性，应根据研究目的对其进行更细致的分类。笔者以功能为标准将方形窟分成五个亚型：即放置塑像的壁龛、集会或礼拜窟、禅定窟、讲堂窟和储藏窟。由于目前统一术语的难度很大，因此除需专门的、无法被替代的名称（表中所示）指代方形窟的功能外，本书将沿用传统术语，但认识到洞窟分类的复杂性无疑将有助于增进对石窟寺院的理解[2]。

前室与连通结构

前室是洞窟受损最严重的部分，目前龟兹没有一座洞窟的前室未遭破坏，保存相对

---

[1] 晁华山：《克孜尔石窟的洞窟分类与石窟寺院的组成》，载《龟兹佛教文化论文集》，新疆美术摄影出版社，1993年，第161—200页。
[2] 术语反映的不仅是命名问题，对洞窟的不准确命名还会妨碍石窟寺院之间的对比研究。两个集中分布方形窟的区段，即使可能差别显著，若不对方形窟进行细致区分，最终还是会导致两区段内容和功能相似的误判。例如克孜尔第二区段内集中分布的方形窟实际用作储藏窟，此区段不能与托乎拉克艾肯北区相比，后者有30余座禅定窟，虽然亦属于方形窟，但功能与前者不同。两个区段的功能显然差别显著，克孜尔第二区段的方形窟应被定为储藏窟，托乎拉克艾肯北区的方形窟应被定为禅定窟，而不应该笼统称为"方形窟"。

完好者亦是屈指可数。简要梳理相关文献就会发现前室鲜少提及，极差的保存现状可能是导致这一洞窟基本结构被误解的原因之一。然而对遗址的田野调查已表明保存较好的洞窟皆有前室，反过来也可以说不能肯定洞窟没有前室。本书所称"前室"是指洞窟的第一间窟室，或为木构，或开凿于岩体；或为单座洞窟独有，或为数座洞窟共用；或于地面起建，或悬在崖壁高处。龟兹洞窟至少由前室和主室两部分构成，中心柱窟和大像窟还有内室。前室因为坍塌或没有装饰而容易被忽视或未得到应有重视，导致对洞窟结构的错误解读。另外前室的命名亦有误导性，事实上前室既非空间有限的小室，有时甚至比主室还宽大；亦非不重要的进入洞窟的入口，某些情况下前室具有清晰的仪式功用，或构成大型活动区域，或作为补充主室的重要空间。

洞窟前室的种类颇为丰富，然而残损的现状不利于评估其原貌。我们可以对保存较好的前室进行分类，并在此基础上通过类型对比复原更残破的前室。划分前室标准有多种，笔者依据建筑材质即石凿、木构或两者结合作为分类标准。下文将根据笔者田野调查所得资料展开分析，亦希望更多学者能够在实地考察的基础上深入此项重要的、将会带来重大突破的研究。

建造前室最直接的方式是在岩体中开凿。被选用的壁面先被修凿平整，开出门道，而后向内掏凿出所需规模和形制的前室，通常前室的正壁上还开一通向主室的门道。克孜尔中心柱窟第178窟是此类前室保存状况最佳者（图67），该窟前室内满绘壁画，

图67 通向克孜尔第178窟前室的门道。可能是龟兹保存最完整的洞窟崖面。崖面上安装大型彩绘门框的遗迹仍然可以辨识。上排六个椽眼支撑较短的突出檐部。照片版权归德国柏林亚洲艺术博物馆所有。

龟兹寻幽：考古重建与视觉再现

平面呈方形，边长2.5米，平顶，空间狭小，仅能同时容纳数人。第178窟的外立面可能亦是龟兹洞窟中保存最完好者，其上门框和窟檐的安装痕迹清晰可辨，为复原此窟原貌提供了绝佳机会。根据两条竖向门框包边的凹槽推测该窟的入口曾有门扇，上方的门楣宽约1米。门楣上有一排六个凿孔，表明入口上方曾有窟檐。当门框、门扉和窟檐安置完备后，该窟在窟群中便脱颖而出[1]。第178窟属于一组由五座中心柱窟和开凿在第176与178窟之间的小龛第177窟构成的组合，组合内所有洞窟都开凿在崖壁高处，通过一条共用梯道或小径抵达。第178窟的前室独立使用，与其相邻的第176、179、180窟亦保留有独立前室的遗迹，第175窟的前部已经完全坍塌。第177窟也有独立的小前室，虽然不具功能目的，但其存在清楚表明洞窟的完整结构须包括前室（图68）。

大多情况下，开凿于岩体的前室会供多个洞窟使用。例如克孜尔第221～223窟，该组合最初只包括第222、223窟，两窟共用同一前室，晚期增加了僧房窟第221窟（图69）。现存石凿前室中最令人

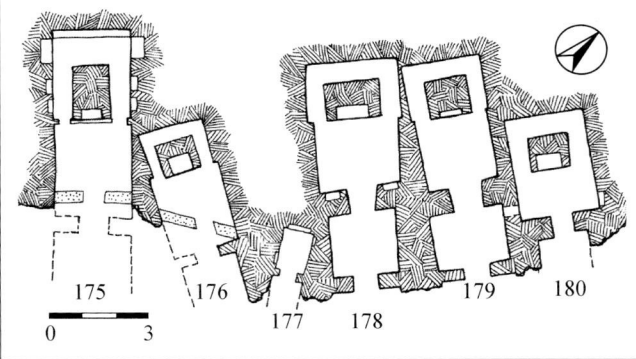

图68 克孜尔第175～180窟组合。上：立面照片。下：联合平面图。此组合中每窟各有独立前室。第177～180窟的前室保存较好；第176窟前室仅存部分左壁，第175窟前室根据类型复原。照片版权归德国柏林亚洲艺术博物馆所有。

---

[1] 根据壁画中表现的门可以推测洞窟中的门。克孜尔第8窟八王分舍利场景中，带围墙的城堡有一相似的门，壁画残块现藏于德国柏林亚洲艺术博物馆（MIK III8423）。部分本生故事画中亦可见到门，如森木塞姆第48窟（见图131）。

86

印象深刻的是库木吐喇窟群区五联洞第68～72窟的共用前室[1]（图70）。通过一条凿于岩体内的长隧道可抵达五联洞，五窟通过开凿在前室侧壁上的门道连通，独特的布局使在前室前壁上开凿大型明窗成为可能，可以射入充足光线，并凸显出此组合的重要性。此前室提供了独立前室和共用大前室的调和方式。

就建筑材质而言，另一类前室带有悬挂式木结构，即前室的后半部开凿于岩体，凸出于崖壁外的前半部由木材搭建而成，笔者称之为木栈道[2]。至今没有木构件保存于原位，因此需要根据保留在崖面上的凹槽、凿孔及其他安装遗迹尝试复原。开凿在崖壁高处，通过一段凿于岩体内的梯道登临的克孜尔第110至111A窟组合的木栈道最典型（图71）。崖壁前部已坍塌，暴露出原开凿在

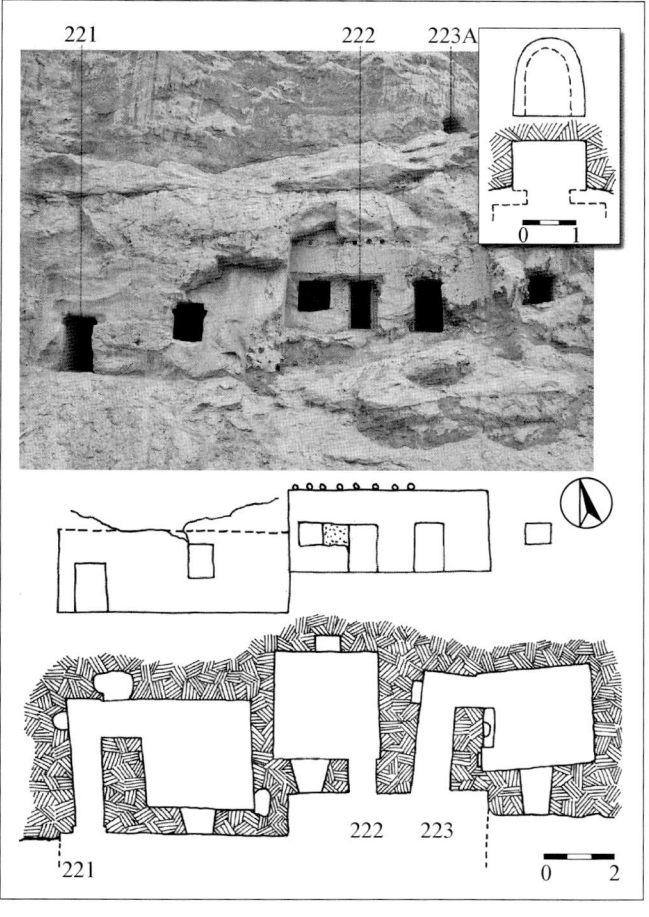

图69 克孜尔第221～223A窟组合。上：立面照片。中：立面图。下：联合平面图。此组合的最初核心由方形窟第222窟和僧房窟第223窟构成，共用同一前室，僧房窟第221窟是晚期增建。该组合内的禅定窟第223A窟开凿在上方。右上角：第223A窟平面图、剖面图。

岩体内部的梯道，其最上一级台阶位于第110窟右端，通向宽敞的前室。此前室的后半部开凿在岩体上，前半部外悬的木结构现已无存，残存的平坦石凿地面上仍然可以清楚看到曾为支撑木栈道而安装地栿的凹槽，部分残长逾一米。龟兹的岩质不适合开凿孔眼以安装整体外悬的木梁架，基本为部分外悬，其地栿大部分安装在水平岩面开凿的凹槽内，凸出向外的部分相当短。地栿外悬部分上铺木板用以加固，同时亦构成了三窟共

---

[1] 对五联洞的讨论见第101—103页。该组合的发展历程值得注意。
[2] 笔者已撰文探讨窟前木结构，参见Vignato, "The Wooden Architecture of the Kizil Caves," *Journal of Inner Asian Art and Archaeology* 1 (2006): 11-27。

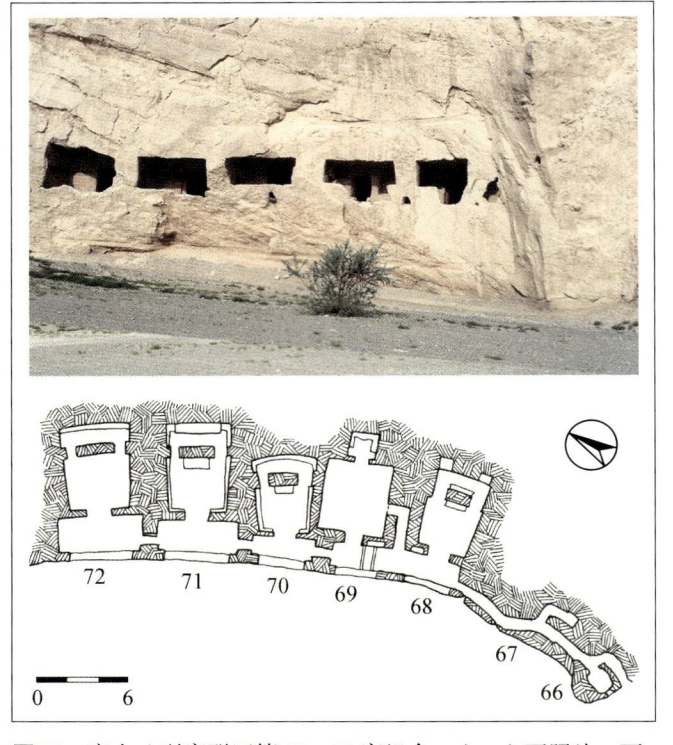

图70 库木吐喇窟群区第66~72窟组合。上：立面照片。下：联合平面图。此组合的最初核心包括中心柱窟第68窟和讲堂窟第69窟，可通过第69窟前的梯道进入。在线图和照片的对应位置处可以看到第69窟窟前的凹槽。此组合后来扩展成五联洞，通过南侧的一条长甬道进入。

用活动区域的地面。门上的一排凿孔内曾安插支撑屋顶的木椽里端，其外端搭接在外悬地栿支撑的竖直木柱上。建成后，整座木结构远看类似于一段悬挂在崖壁上的覆顶木栈道，而且登临此处需通过外部不可见的凿于岩体内的梯道，这无疑也会起到强化观感印象的作用。

龟兹最宏伟壮观的由外悬木栈道构成的前室位于克孜尔第96~105B窟之前（见图39）。其基本结构与前述类似，但因长达50多米，还需要其他加固结构。此类结构安装在第99窟及未完工的第102、105窟前室部分[1]。这条庞大的木栈道既用作前室，又连通开凿于同一高度处的12座洞窟。今人已难以想象其曾经的恢弘壮观，距谷底40米高的崖壁上如巨龙般伸展开来，明丽夺目，叹为观止。

部分木栈道事实上是修缮坍塌石凿前室的权宜之计。从实地考察可知，洞窟在使用过程中即会出现破损和坍塌，同时亦会尽可能地修复以使其持续使用。修复前室坍塌前部的方式之一即是搭建一条木栈道[2]。克孜尔第36、116、118窟前的木栈道是此类修复的最佳案例，用于安装木栈道的凿孔和凹槽显然是晚期开凿的，因其打破了已有的石凿前室。再如第118窟的前室原本凿于岩体中，顶部为不规则盝顶；前壁坍塌之后，窟顶两坡被凿除，侧壁被加高，重新涂刷草泥和白灰浆，并施以彩绘；正壁开凿出横凹槽，安插木椽构成吊顶；地坪上开凿竖凹槽铺设地栿，由此木栈道取代了前壁（图72）。

---

[1] 第99窟窟前特殊结构的讨论参见 Vignato, "The Wooden Architecture of the Kizil Caves," 11—27。
[2] 通常部分坍塌的洞窟经过修复继续使用。最典型的例子如克孜尔第47窟，将在下文讨论，参见第109—116页。另一例为库木吐喇窟群区第63窟，见图92。

相似的改造亦见于第36窟及其他许多座洞窟，如前文提及的第222、223窟组合。辨识出修复痕迹十分关键，首先表明洞窟在使用期间就出现了坍塌，必要的修复可以使其安全续用；其次安装木栈道的凹槽和凿孔并非原初规划，而是后来为修补坍塌前室开凿的，因此需要辨识和区分不同时期的遗存。

龟兹石窟寺院遗址中，克孜尔洞窟所在崖壁最高，其他遗址内则高度适中，因此克孜尔的木栈道最多。就近地面开凿的洞窟而言，除少数前室开凿于岩体外，最简单的方式是在地面上搭建木构前室，并根据不同情况做出相应调整，因此出现多元丰富的类型。如玛扎伯哈开凿于崖壁斜坡面上的第2、3窟组合，其前室的三个壁面开凿于岩体，而顶部则由木材搭建，这是在较差岩体上开凿大型前室的最实用方式。此类前室宽逾8米，使用一或多排木柱支撑[1]（见图25、26）。克孜尔尕哈大像窟第23窟的前

图71 克孜尔第110～111A窟组合。上：立面照片。中：立面图。下：联合平面图。此组合有一大型木栈道，残存大量安装遗迹。崖壁正面已坍塌，暴露出原开凿于岩体内的梯道。照片版权归德国柏林亚洲艺术博物馆所有。

室可能也有高耸的木结构[2]，先在岩体上修整出三个壁面，再开凿槽孔以安装固定地面起建的木结构（见图3）。此类前室中木柱需被牢牢地插入坚实的地基中，但地面上柱础或孔洞因塌毁或现代修复已全然不存，目前仅可在壁面上见到残存的少量安装遗迹。

---

[1] 见上文，第32页。
[2] 见上文，第9—10页。

图72 克孜尔第118窟前室。前室最初完全开凿于岩体,窟顶为盝顶。前室正壁上的大量遗迹表明崖壁正面坍塌后经过修复搭建了木构栈道,使得该窟得以继续使用,盝顶被平顶取代。

无论开凿在崖壁的高处或接近地面,前室的修建是为最大程度的利用崖壁,并在木结构的辅助下实现预期的功能。

近地面开凿的洞窟,其前室通常是倚靠崖壁建于地面的木结构。此类前室现皆已无存,且地面上亦无迹可寻,因此崖面的安装遗迹是仅存的信息。克孜尔尕哈第12~16窟的前室是极佳例证;崖面上的遗迹表明,第11~15窟共用一木构前室(见图5)。从联合平面图中可看出,此一木结构以第13、14窟为中心,延伸至第12、15窟;屋顶覆盖在门上方横凹槽内安插的木椽上。第16窟前有一更高大的前室。

就建筑材质而言,前室或开凿于岩体,或为木结构,或石、木兼而用之。当然也可以按照其他标准分类,例如共用的洞窟数量。前室通常包括单窟独用和多窟并用两种,前者不如后者常见。共用同一前室的洞窟最多可达12座,如克孜尔第96~105B窟。前室是洞窟必要的组成部分,独用前室的洞窟与共用前室的多座洞窟中的同类洞窟可能担负不同功能,此问题将在下文深入讨论。值得注意的是,若找出进入多座洞窟共用前室的入口,则有可能发现这些洞窟被参拜的顺序。五联洞为此研究提供了颇有价值的线索(见图70)。此外,前室的功能或许因其所在洞窟类型的不同而有差异。如前文提及的玛扎伯哈第2、3窟的大型前室是带屋顶的宽敞而通风的场所,僧侣可在此开展大部分日常活动（见图25）。克孜尔尕哈第23窟的大前室可能用于公共仪式（见图3），而克孜尔第178～180窟各自独立的前室仅能容纳一或两人，或许可以被解读成俗世和净地之间的过渡空间（见图68）。

完善对前室的认识尚需考察其他方面。经常被忽略的是大多数前室内绘有壁画，或开龛置像。极少量残存至今的装饰可能令艺术史家失望，但若要充分理解洞窟的图像体系，则必须考虑前室装饰及其与主室、内室装饰的关联[1]。就洞窟的外观而言，前已提及克孜尔第178窟的石凿前室有大型门扉，其上还有突出的檐部。至于木构前室，尽管目前皆已不存，但长期以来新疆地区的建筑用木传统不难启发我们作如下推想：当时雕镂精美、彩绘华丽的木结构与灰白的崖面形成了鲜明的对比。就前室的地坪而言，石凿前室的地坪通常铺砌一层与窟内其他窟室地坪相同的石膏。悬挂于崖壁的木栈道的地坪由木板铺成，而地面起建的木构前室的地坪可能用砖铺砌，由在遗址中发现较厚的绿釉砖残块堆积可推测[2]。

以上讨论了洞窟构成中常被忽视的前室。对前室类型和细节的分析表明其经过精心设计和建造，并通过多种方式来解决修建于地面或崖壁上的不同要求。选建何种前室并非简单依据崖壁的状况，而主要是为了迎合不同的功能需求。毋庸置疑，前室既非后续增建，亦非附属空间，而是规划的重要部分，先凿于洞窟其他窟室。如第一章已经提到并将在本章重点强调的，大多数情况下，多座洞窟共用同一前室，因此前室是理解和划分洞窟组合的关键要素。

通常情况下前室使相邻洞窟得以连通。连通结构是各种有助于洞窟之间及与寺院连接的设施，这些设施是理解石窟寺院如何运作的关键。前文已经提及若干连通结构，如部分开凿在崖壁高处的洞窟通过梯道登临。开凿于岩体内的梯道在龟兹颇为常见，如克孜尔第36～37窟、第42～43窟、第96～105B窟、第110～111A窟（见图71）、第112～114窟、第120～121窟；森木塞姆第48～50窟。库木吐喇窟群区第22～24窟通过一段梯道抵达，另一段梯道通向崖壁顶端（见图64）；第68～72窟通过长甬道入口处的一段梯道抵达（见图70）。此外还有开凿在山岩上的梯道，如通向库木吐喇窟群区禅定窟第78窟的石梯或托乎拉克艾肯遗址内通向中央山丘顶部地面建筑的台阶（见图47）。另一类用于登临高处洞窟的梯道可从前室保留的若干显著特征窥知。例如在库木吐喇窟群区第69窟前室地坪上有两道地栿槽，间隔一米，与前壁的门道相连（见图70），由此推测可在两道凹槽内固定的地栿上连接木梯进入此窟。相似的做法亦见于克

---

[1] 洞窟前室内仍保存有壁画者包括克孜尔第76、162、163、171、172、193、224窟。Grünwedel, *Altbuddhistische Kultstätten in Chinesisch-Turkistan*, 82, 描述了第76窟前室内的壁画。前室内安放塑像的洞窟有克孜尔第192、193窟，库木吐喇窟群区五联洞。

[2] 绿釉砖残块见于克孜尔第60窟和森木塞姆第11窟附近；至少在部分情况下地面上可能铺砌此类砖。

孜尔第162～163窟、第225～226窟。另外还有开凿于岩体内部的隧道以通向偏远或难以抵达的洞窟，例如通向克孜尔第25窟的隧道（见图94），以及连接第90-17、90-18、90-19窟的隧道（见图34），库木吐喇窟群区通向第68～72窟的长隧道（见图70）等。托乎拉克艾肯有一条长隧道被命名为第16窟，连接遗址的中心和后部的洞窟。其他隧道见于森木塞姆第17窟，克孜尔尕哈第42窟，极差的保存现状增加了辨识的难度。最后应该还有一种现已不存的连通结构，这也很容易理解，因为为了保障良好运转，每处石窟寺院都需要一张由大路小径构成的连接洞窟、区段、地面寺院的路网。以往研究通常忽略连接结构，但它们曾是石窟寺院运作的核心要素，至今仍是理解遗址内不同单元之间关系的关键。洞窟所在崖壁的不断塌毁无法避免，但将来在抢救性修护和加固之前全面系统记录前室遗存概况是必不可少的。

僧房窟

除森木塞姆外，龟兹所有大型石窟寺院内都有僧房窟。僧房窟的庞大数量表明其为寺院功能的重要构成，例如仅在克孜尔就有80座僧房窟，远超出中心柱窟。前已述及僧房窟的基本结构[1]：包括一间通常比主室更宽敞的大型前室，一条平行于主室侧壁的甬道以及一间主室，主室内有壁炉和用于休息或睡觉的石床（见图8、9）。基本结构的变化可以视作年代演变的反映，如窟顶从最常见的横券顶变成盝顶、主室前壁开门道而封堵甬道以及去掉壁炉等。甬道里端开一间储藏室或主室内设石床，是某些区段的僧房窟长期保有的典型特征。

僧房窟通常被视作僧侣的居住场所，但僧侣如何使用它们或如何在其中生活尚未被探讨过。一座僧房窟内可居住的僧侣数量和时段或由戒律规定，而它所在的组合和区段可能反映其满足的需求。如克孜尔第13、114窟甬道壁画所示（图73），此处是否亦曾有比丘尼居住[2]？在克孜尔发展的较晚阶段，部分僧房窟被改建成礼拜窟；若此现象与地面僧房的修建有关，那么僧房窟与地面居住设施有何关联？洞窟的改造以及类型的转变是石窟寺院理念和功能变化的表征之一吗？这些问题回答起来并不容易，它们清楚地显示出对僧房窟及僧侣在寺院中生活方式的正确评估是理解石窟寺院运转的关键。指导修建僧侣居住设施的律则较建造其他类型洞窟更严格，因此对僧房窟的全面研究或许有

---

[1] 见上文，第15—16页。
[2] 据笔者所知，只有这两窟内描绘以此种方式披僧袍的形象，右肩和上身覆盖的不是外衣，而是内衣的长袖，乃典型的比丘尼装束；这与比丘敞开穿戴僧袍，袒露右肩和上身的方式不同。两窟皆为中心柱窟，开在不同高度上，与数座禅定窟一起构成组合。

图73 克孜尔第13窟原绘于甬道内的壁画。根据内衣的长袖推测表现的可能是比丘尼。照片版权归德国柏林亚洲艺术博物馆所有。

助于深化对龟兹僧侣生活方式的理解。复杂的状况和丰富的材料需要系统研究，下文主要探讨僧房窟的三个方面：所处位置、在遗址中所占比重以及如何被改造成其他类型。

在第一章对龟兹主要石窟寺院遗址的描述分析中，我们通过展示僧房窟所在的组合与区段，已经揭示出与其所处位置相关的若干线索。在克孜尔尕哈、库木吐喇窟群区和托乎拉克艾肯，大多数僧房窟都集中分布于某一区段，似乎经过周密规划。在克孜尔和台台尔，大多数僧房窟是包括礼拜窟在内的洞窟组合的构成部分；而在玛扎伯哈，僧房窟与禅定窟毗邻而建。对僧房窟及其相对位置的全面研究将有助于更好理解石窟寺院的设计和布局原则。

龟兹石窟寺院遗址中僧房窟所占比重差别较大。克孜尔现存80座僧房窟约占洞窟总数的四分之一。这些僧房窟的分布极不均衡：第2～43窟之间有19座僧房窟，约占总数的一半，而且数量远多于壁画窟。克孜尔尕哈、台台尔和玛扎伯哈僧房窟的比重也相当高。相对而言，库木吐喇沟口区和窟群区的僧房窟数量较少，森木塞姆则是龟兹仅见的没有僧房窟的石窟寺院。根据僧侣数量来推测洞窟数量显然有失准确，因为大多数石窟寺院还包括地面建筑，有供僧侣使用的居住设施，如托乎拉克艾肯、台台尔和温巴什，而且这很可能是龟兹石窟寺院的典型结构。远离城市、地处偏远的森木塞姆遗址内不见僧房窟，中区有大量地面建筑遗存，是以地面僧房作为居住设施的最佳例证。如若同一石窟寺院内并存僧房窟和地面僧房两类同时可用的生活设施，难以想象会依据什么标准来分配僧侣们使用不同类型的居住设施。

前贤已注意到部分僧房窟被改造成中心柱窟或方形窟，这是功能上的重大转变，从居住设施变成礼拜场所。克孜尔有7座僧房窟被改建成其他类型洞窟：第34、80、98、135、172、189+190、198窟。改造的方式相同：前室正壁上的窗户被加大成门道，由此可直接进入主室；主室顶部依据所改洞窟类型被重凿；甬道被封堵。克孜尔第189+190窟由僧房

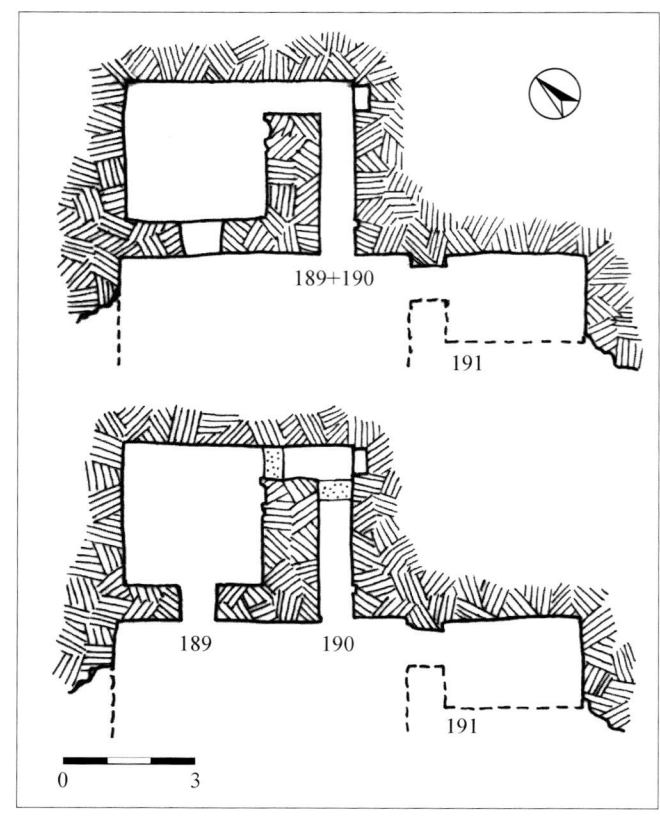

图74 克孜尔第189+190窟。上：早期阶段。第189+190窟为僧房窟，带有大型前室；前室左壁上开一较小洞窟第191窟（储藏窟？）。下：僧房窟被改造成方形窟第189窟，窟顶为穹窿顶；甬道内绘壁画，形成狭窄的第190窟。

窟改造而成穹窿顶方形窟（图74）。将僧房窟改建成中心柱窟更复杂：除上述措施外，还需在主室正壁左右两端各开一条甬道，并凿出连通的后甬道，三者构成右绕礼拜仪式的走道，如克孜尔第34窟（见图32）。改建完工后，需要在新开壁面或原壁面上重新涂刷草泥和白灰浆，而后绘制壁画。僧房窟的甬道随之失去原功能，成为独立的洞窟，其正壁上开龛置像，其他三壁和窟顶绘制壁画。

洞窟改造带来的影响在过去并未受到关注。首先，僧房窟改建成中心柱窟在某些情况下影响了洞窟组合的性质，如克孜尔第34窟，原属僧房窟和方形窟构成的第一类洞窟组合，改造后属于包括一座中心柱窟的第二类洞窟组合。此一转变对理解克孜尔第四区段及其发展具有重要意义。僧房窟改建成其他类型洞窟的背后动因十分复杂，并非简单是洞窟类型的变化，而是影响到组合的构成乃至区段的性质。其次，克孜尔第五区段内僧房窟皆被改成中心柱窟，而第四区段与之相反：成对的僧房窟第5、6窟，第18、19，第26、26B窟被增建于原有组合内。两种对立潮流同时活跃于克孜尔揭示出了复杂的情形。第五区段废除僧房窟的居住功能可能与地面居住设施的修建有关，而第四区段原僧房窟不仅持续使用，还增建了相当数量的僧房窟以满足僧团扩大的需求。改建完成后，第171～200窟所构成的数组第二类组合中不见僧房窟，第四区段成为遗址内僧房窟最集中分布之处[1]。

可能是因为僧房窟内没有任何装饰，因此在以往研究中没有受到足够重视，然而僧

---

[1] 除克孜尔外，仅见有克孜尔尕哈第7窟为僧房窟改造而成的中心柱窟，而且改造方式与前者不同：僧房窟的甬道和门道被改成中心柱窟的后、右甬道，但此窟的改造并未完工，亦未曾用作中心柱窟。

房窟却能为构建可信的相对年代框架提供丰富线索。基于僧房窟建筑特征的演变及其跟组合内其他类型洞窟的关系，可以对它们进行类型排比。与僧房窟相关的重要信息在过去百余年研究中未被探索，若将僧房窟与毗奈耶或龟兹僧侣遵循的戒律结合起来思考，将会更好地理解龟兹流行的佛教部派，并对僧侣在寺院中的生活方式以及如何践行佛教信仰产生更深刻的认识。

中心柱窟

中心柱窟虽非龟兹境内最早开凿的洞窟类型，但却最具特色。如前所述"中心柱窟"一词并不准确：不仅是因为命名标准不同于其他洞窟类型，而且从平面图上看洞窟的中心并非柱体。事实上，此类洞窟的核心特点是拥有宽度和高度足以确保右绕礼拜进行的甬道。与僧房窟相比，中心柱窟内充满装饰：壁面、窟顶甚至是地坪上皆绘有与释迦牟尼佛相关的图像[1]，而塑像最初仅有主龛内的一尊坐佛像。主室颇为素净，简洁的建筑线条勾勒出适中的空间，正壁是醒目的焦点，装饰以浮塑为主，包括主龛内的塑像以及龛外的泥塑山峦。窟内其他壁面上彩绘壁画。晚期塑像增多：中心柱正壁主龛周围开小龛，主室前壁门道两侧的小龛内以及两侧壁的像台上都放置塑像，甬道侧壁亦开像龛，后室则充满与涅槃相关的塑像[2]。中心柱窟并非本研究的核心，因为这需要专门著书立说，笔者在这里将揭露的是若干未曾被充分关注的启示性线索，或许会对更好地理解中心柱窟及其在石窟寺院中的功能有所裨益。

中心柱窟无疑是龟兹佛教的独创，数量之多足见其流行之盛。笔者在田野调查中记录的中心柱窟达135座，超过了中国境内其他石窟寺院中所有中心柱窟的总和。中心柱窟在其他地区被毁弃时，在龟兹境内依然盛行不衰。甘肃和中原地区的中心柱窟至7世纪已经式微，龟兹中心柱窟则一直持续至公元648年安西都护府建立之后。库木吐喇大量中心柱窟的壁画为C种风格，个别中心柱窟内还有与洞窟开凿同时期的汉文或回鹘文题记[3]。因此，龟兹中心柱窟可能不仅早于甘肃河西走廊和中原地区的同类洞窟，

---

[1] 中心柱窟内地坪上的壁画几乎消失不见，仅在中心柱窟主室地坪上保留些许红棕色痕迹。克孜尔第13窟甬道地坪上绘几何图案和海景图。龟兹保存最好的地坪壁画之一见于库木吐喇窟群区方形窟第41窟：红棕色背景上绘莲花。尽管此窟类型存有争议，但对研究装饰丰富类洞窟的地坪上所绘图案十分重要。
[2] 只有少数中心柱窟内没有全部装饰：如克孜尔第20、23、43、181、201窟，以及克孜尔尕哈第7[2]、10、24、25窟。这些洞窟均未完工且被废弃。
[3] 马世长已论证库木吐喇的汉风壁画（或C种风格）常见于8世纪。马世长：《库木吐喇汉风洞窟》，载《中国石窟·库木吐喇石窟》，第203—224页。克孜尔、克孜尔尕哈和森木塞姆发现少数汉风或回鹘风壁画的中心柱窟。

而且持续的时间也更加长久。

虽然中心柱窟为理解龟兹佛教提供了丰富信息,然而目前备受关注的是图像志研究,其他重要方面则被忽略,以下就后者略陈己见。中心柱窟通常属于某一组合,绝少单独开凿。如前所述前室是中心柱窟不可或缺的构成,因此中心柱窟由前室、主室和内室三大部分构成[1]。中心柱窟的相对位置和前室是研究展开的基础。前室为理解中心柱窟的功能提供了诸多线索:例如与相邻洞窟的关系、主室之前礼拜空间的性质、可能与主室相关的图像体系以及进入主室的光线量。正确解读中心柱窟的前提是首先复原其所处的原初语境,而在大多数情况下,残留的前室遗存为理解原初语境提供了充足信息。

中心柱窟的主龛颇值得关注(图75)。其形制与禅定窟有关,将在下文讨论[2]。此处重点探讨主龛的装饰以及其内正壁与像台的部分特征。目前大多数中心柱窟主龛的券顶和两侧壁有一层深棕色凹凸不平的泥皮,泥皮上有长10厘米、宽8厘米的长方格印痕。此涂层可能是由黄棕土与树胶混合而成的用于贴金的衬底。尽管跟其他所有曾经装饰贴金的洞窟一样,金片已经被全部揭走,残存的遗迹表明主龛的两侧壁和券

图75 克孜尔第171窟主室正壁中心的主龛。主龛侧壁上的深棕色是红玄武土;正壁上塑像的头光和身光清晰可辨。主龛上方残存泥塑菱格,曾构成山峦景观;主室正壁上规律分布的凿孔原用于安插泥塑菱格,菱格现已不存。采自新疆维吾尔自治区文物管理委员会、拜城县克孜尔千佛洞文物保管所、北京大学考古学系编:《中国石窟·克孜尔石窟》,第3卷,图2。

---

[1] 北京大学考古学系、克孜尔千佛洞文物保管所编:《新疆克孜尔石窟考古报告》,第12—54页,清楚指出第2~4窟前有前室;窟前的发掘清理提供了无可辩驳的证据。后来的大多数研究忽视了此问题;甚至最近出版的报告和简报亦很少提及中心柱窟前存在的已坍塌的前室遗迹。
[2] 见下文,第123—138页。

顶曾全部贴金，正壁上彩绘鲜艳的头光和背光。因此主龛内通过彩绘头光和背光以及象征佛陀身发光芒的贴金来突出主尊像。此外，龟兹所有塑像，甚至包括不足30厘米高的小塑像，都由木桩和黏土固定在壁面上；主龛正壁的彩绘显示出佛像放置在内而且没有被固定，这种做法仅见于中心柱窟的主龛。主龛的开凿方式也是为了便于佛像的放入和取出，如克孜尔第38窟主龛（图76）：龛内正壁下半部分略微向内形成凹面以嵌合佛像稍凸的背部，底部与像台相交处凿一道凹槽以安插佛像的木板座。由此，主龛的造型设计恰是为带板座的佛像可自如取放。当板座插入凹槽，佛像略圆鼓的背部与凹面完美贴合，并有头光和背光作为装饰。背光内的纹样高度图案化，白色背景上有四条同心绿、棕色带，点缀以三角形贴金。残存的深棕色泥皮层表明第38窟主龛两侧壁和券顶亦曾贴金。

以上对主龛形制和装饰的解析提示出龟兹石窟寺院可能举行的仪式。由于中心柱窟主龛内的佛像可以被移动，因此它不仅被视作窟内图像和礼拜的焦点，也是窟外举行仪式的核心。这种仪式或是源自印度、盛于中亚的行像仪式[1]。通过关注洞窟内细部结

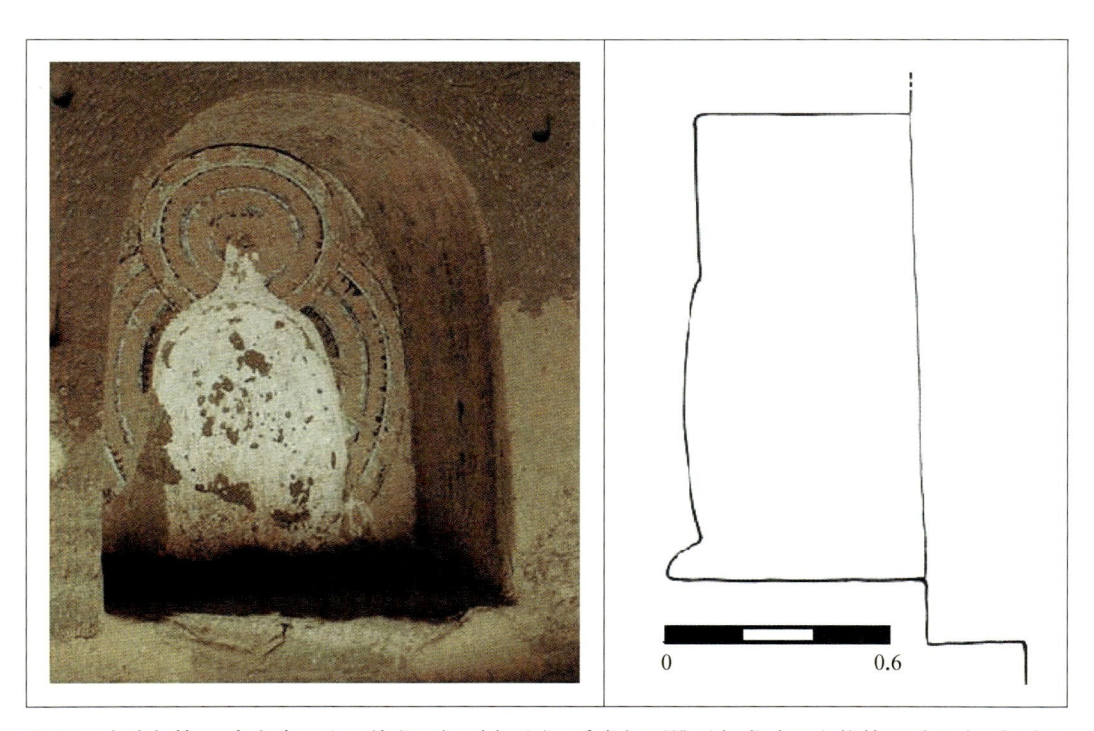

图76　克孜尔第38窟主龛。左：前室；右：剖面图。采自新疆维吾尔自治区文物管理委员会、拜城县克孜尔千佛洞文物保管所、北京大学考古学系编：《中国石窟·克孜尔石窟》，第1卷，图82。

---

[1] Schopen, "Taking the Bodhisattva into Town," *East and West* 55 (2005): 299-312。译自根本说一切有部毗奈耶的文本为理解早期行像仪式提供了线索。

构,打开探索寺院所举办仪式的新思路,亦为研究塑像提供了新的视角:鉴于中心柱窟主龛内佛像的可移动性,推测它们很可能是木雕,因为如此体量的泥塑像有掉落破损的风险,而轻便又有韧性的木材是制作此类佛像的首选。

中心柱窟内的地坪提供了窟内举行仪式的重要线索。尽管保存完整的原始地坪已经不存在,但多数洞窟中还或多或少有所残留。龟兹洞窟建成前,通常在窟顶和壁面壁画绘就之后,在地面上最后铺砌一层石膏。地坪通常厚达10余厘米,包括多层夯实的草泥层,两层之间撒石灰粉,最上层是1~2厘米厚的石膏(见图9)。在保留部分原地坪的中心柱窟内,中心柱前有安装遗迹,克孜尔第219窟提供了较好的例证。尽管此窟主室前壁已坍塌,但主室原来的进深可以根据同一组合内的其他洞窟推测,即近5米深,4.2米宽。石膏地坪上有两竖排数厘米宽的遗迹,相距2.1米,始于中心柱底部,平行向前延伸2.2米,由一横排宽度相同的遗迹连接(图77)。根据遗迹的尺寸推测原来应该用于安插围栏以区隔出中心柱前的区域。这些遗迹至今尚存的原因可能是固定围栏的长木钉曾被深深插入未干的石膏层中。由此可知,中心柱窟主室内中心柱前被围栏隔离的区域,很可能被用来放置供佛物品。主室内可用空间被进一步压缩,唯一能进行的仪式可能是右绕礼拜。

主室侧壁与围栏之间仅宽一米有余,与甬道相当,礼拜者从围栏和主室右侧壁之间进入右甬道,继续前行穿过后甬道进入左甬道,最后来到围栏与主室左侧壁之间,完成一次右绕礼拜,就第219窟而言,整个礼拜通道长达20余米。值得注意的是,甬道的宽度一次仅能允许一人进行右绕礼拜,窟内可容纳多人的空间仅有主室前壁与围栏之间以及后室,但这两处空间十分狭小,所容人数也相当少。这种情况并非特例,石膏地坪上保存相似遗迹的中心柱窟都是如此。因曾有围栏隔离而不被踩踏,遗迹内的地面保存较好不足为奇,个别情况下此区域

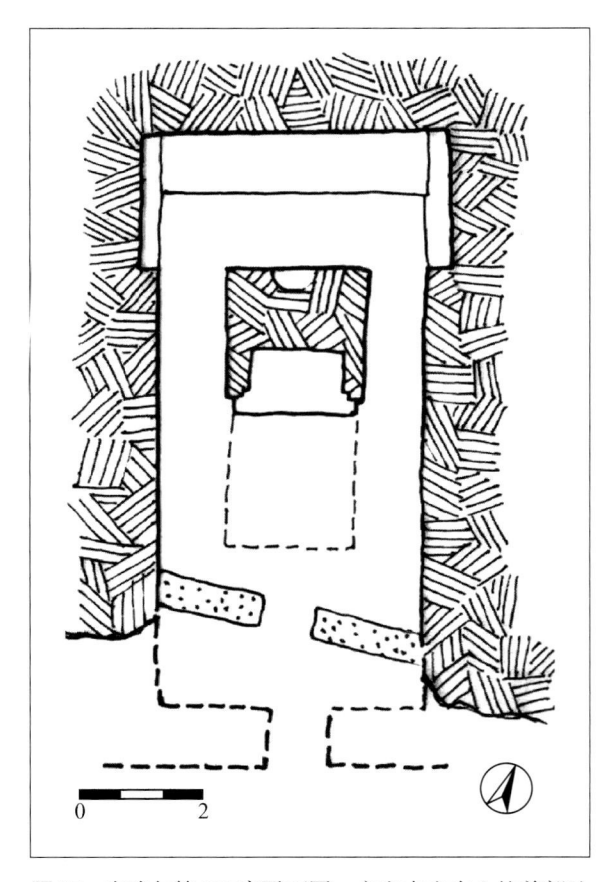

图77 克孜尔第219窟平面图。主室中央中心柱前部地坪上的虚线表示安插在石膏层上的围栏的规模和位置。此种遗迹常见于中心柱窟。见图100,修复前的洞窟。

内还会发现曾涂抹在整个地坪上的浅棕色颜料。相反，主室两侧壁附近以及甬道内地坪损毁更严重，部分自古代起就被修缮。中心柱窟主室中央保存的围栏遗迹是理解其仪式功用的关键，进入主室后，仅能允许数人依次进行右绕礼拜，窟内只有入口和后室两处空间可容数人汇聚[1]。为理解中心柱窟内的完整仪式，还需要考察前室内举行的活动，遗憾的是大多前室已经塌毁。

综上，中心柱窟的三个方面，即拥有前室，主龛内佛像可被移动以及主室通常用作右绕礼拜的通道，在尝试解读任何一座中心柱窟的图像内涵和仪式功用时皆需被慎重考量。上述分析或许有助于更准确理解此类重要的洞窟类型及其装饰。

以上笔者通过对前室、僧房窟、中心柱窟的探讨，指出若干可供更加全面理解洞窟结构和功能的线索。下文将更系统地论述三类曾经鲜受重视的洞窟：讲堂窟、大像窟和禅定窟。

讲堂窟

以往研究中使用的"讲堂窟"因其功能而得名，是龟兹数处石窟寺院中所见的独特类型，因其建筑形制以及保存较好者通常与一座中心柱窟构成组合的特点而颇易辨识。龟兹讲堂窟中有7座最典型，其他尽管结构稍有差别，但具有相似的功能，亦被纳入本书的讨论范围[2]。

森木塞姆第49窟是典型的讲堂窟，毗邻中心柱窟第48窟（见图20）。两窟开凿在泥岩崖壁的上方，可通过森木塞姆唯一一条开凿于岩体内，宽约0.9、高约1.9米的梯道抵达。梯道顶端台阶与崖壁交接处有一座小龛。第50窟平面呈方形，边长近2.5米，窟顶非对称，窟内壁面涂抹草泥和白灰浆但无装饰，原安装有木门，可能是简单的僧房窟或储藏窟。第48、49窟由共用的木栈道连接，壁面上残存的遗迹表明其与克孜尔的覆顶木栈道相似，木椽安插在凿孔内，地面上开地栿槽，地栿部分外悬。这座森木塞姆仅见的木栈道，既可从外部连接两窟，同时雕镂彩绘的木构件亦凸显出此组合的重要性。

保存完好的讲堂窟第49窟由甬道和主室两大部分构成。甬道深约3、宽1、高1.7米；平顶，入口处的凹槽表明原本安装门扉。甬道右壁上开有一间通向主室的门道，原

---

[1] 即使以后甬道取代后室的洞窟内，涅槃题材依然重要，涅槃像是窟内最大的形象，个别长度超过4米，与不足1米高的坐姿塑像形成鲜明对比。
[2] 讲堂窟通常被误判，参见 Grünwedel, *Altbuddhistische Kultstätten in Chinesisch-Turkistan*, 19—20；宿白：《克孜尔部分洞窟阶段划分与年代等问题的初步探索》，载《中国石窟·克孜尔石窟》，第1卷，第14—15页；新疆龟兹石窟研究所：《库木吐喇石窟内容总录》，第120—122页。

在门道内侧安装门扉。主室平面呈方形,边长近5.3米,纵券顶,最高处达3.5米。主室内的显著特征有:左侧壁中央有一座大型壁炉,前壁上开一扇明窗,沿主室四壁(除入口和壁炉处)有一周宽0.7、高0.35米的石凳。墙壁和窟顶涂抹草泥,最后刷一层白灰浆,现已被烟熏黑。森木塞姆的这座讲堂窟的突出之处是明窗,龟兹洞窟内常见的明窗造型为外口较小,四壁向内外扩形成较大的内口,便于射入光线的扩散;此窟的明窗却是仅见的南北两壁平行,显然是精心计算的结果,以避免傍晚之前光线的直接照射。毗邻第49窟的是典型的中心柱窟第48窟,其内简洁的建筑线条与题材罕见的繁复装饰形成鲜明对比[1]。

森木塞姆第48、49窟及辅助的梯道、木栈道以及无装饰的小窟第50窟构成的组合突出了典型讲堂窟的显著结构特征:通过甬道进入,主室平面呈方形,内有一座大型壁炉,沿四壁有一周长石凳,宽度可允许盘腿而坐。同时这些洞窟亦表明需要将讲堂窟放置在其所属的组合中考察。此组合独立于周邻洞窟,边界易于辨识,讲堂窟和中心柱窟的连接通过共用的木栈道得以强化。另外,由于通过梯道才能进入木栈道,因此在礼拜第48窟之前,需经过第49窟,这一顺序或许具有仪轨内涵。此组保存完好的洞窟组合提供的线索将会对探索其他遗址更复杂、破坏更严重的组合大有裨益。

克孜尔尕哈的讲堂窟经过改造,情况变得更加复杂,例如为洞窟编号时,主室编为第27窟,甬道编为第28窟,事实上两者曾属于同一座讲堂窟,因此笔者称之为第27+28窟(见图7)。根据窟顶和壁面上的凿痕推测,原甬道较现在更窄也更短,现在所见的大型甬道是晚期扩建的结果。由现存的安装门框的凹槽可知,主室曾通过其右壁中央所开门道进入。主室平面近方形,宽7.6、长7.8米,券顶最高处近6米。门道和前壁之间有一座大型壁炉,前壁中央开一扇明窗。沿主室四壁有一周长石凳,仅在门道处断开,尺寸与森木塞姆第49窟内长石凳相当,其上同样涂有与地坪相同的石膏。墙壁和窟顶最外层涂刷白灰浆,部分至今尚存。此窟原是森木塞姆第49窟的大型翻版,亦毗邻一座中心柱窟。

第30窟是一座宽敞且比例协调的中心柱窟,其大型后室内有罕见于中心柱窟的大涅槃台以及稍小的荼毗场景。讲堂窟附近开凿壁龛似乎是此类组合的惯例,克孜尔尕哈有两座壁龛:第29窟较大,内绘壁画且安放塑像;第29A窟较小,两者的相对年代颇难确定。

晚期讲堂窟的原甬道被加大,并且在新甬道正壁上开凿一间规模适中的不规则储藏室,由此改变了其最初形制。稍晚又于此组合的右侧转角处增建了中心柱窟第31窟

---

[1] 见下文,第190—192页。

和方形窟第32窟,作为最初讲堂窟和中心柱窟组合的扩展[1]。

龟兹较大型石窟寺院遗址中最鲜为人知的是温巴什遗址。该遗址现存规模颇小,但应该是一处由地面建筑及周围崖壁上的洞窟构成的较大寺院。最引人注目的是遗址中保存了龟兹两座最大的讲堂窟。尽管两窟皆已坍塌,而且部分填满堆积,但类型仍然可以被清楚识别。第5+6窟是一座讲堂窟,由甬道和主室构成[2]。主室宽8米,仅凭此点即可断定该窟为讲堂窟,因龟兹其他方形窟都没有这种宽度。如今第7窟内填满了从窟顶塌落的石块,但仍保留若干可供判断类型的特征。该洞窟宽10米,进深近7.5米,通向主室的甬道极易辨识(见图51)。

图78 库木吐喇窟群区第69窟。左上:最初平面图。左下:改造之后的平面图。右:洞窟现状。此座讲堂窟改建时尚未完工即被改造成礼拜窟,窟内仍可看到原沿四壁分布的石凿长凳被凿至活动面后的痕迹。

---

〔1〕 这些洞窟已在第一章讨论,见第14页。
〔2〕 甬道外侧壁有一条低矮的石台,可能曾用于放置塑像;此种做法亦见于克孜尔第119窟的甬道。

两座讲堂窟附近都没有发现中心柱窟,若中心柱窟存在,则很可能因崖壁的严重塌毁而消失不见,或仍被掩埋在堆积之下。就第7窟而言,很可能与相距较远的中心柱窟第9窟构成组合。暂且不论以上推测,需要指出的是,两座大型讲堂窟应是寺院良好运转的必要构成,甚至不惜开凿在岩质较差、最终致使其坍塌的崖壁上。

库木吐喇窟群区的第69、22两座讲堂窟亦值得注意,两窟后来都被改造成礼拜窟,由此亦提供了极具价值的信息。两窟属于面向木扎提河的规模宏大、先后两期发展而成的五联洞组合(见图70)。组合内首先开凿了中心柱窟第68窟和讲堂窟第69窟,共用同一石凿前室。第69窟通过两窟之间长约3.8、宽1、高1.8米的甬道进入。甬道里端向右转,通过主室左壁中央所开门道进入主室。主室宽大,深6.3、宽5.6米,改造之前主室内有一周宽约0.9米的长石凳,前壁上开一扇明窗(图78)。

第69窟在晚期被改建成礼拜窟:主室侧壁门道被封堵,前壁明窗扩大成门道,一周长石凳被凿除。与此同时主室正壁居中处开凿一个近方形的壁龛——边长2.3、高2.1米,龛内正壁和两侧壁底部设置低像台,其上放置坐佛像;壁面上绘千佛题材。这一改造产生了此前不见于龟兹地区的新类型洞窟,即宽敞的平顶主室,正壁开一龛,龛内正壁及左右壁放置塑像。改建的创新之处不仅在主室正壁上开龛,而且龛内还放置三尊塑像作为礼拜核心,不见于龟兹其他洞窟。过去曾有学者注意到改建现象,但未能意识到第69窟被改造成方形礼拜窟之前曾被规划为讲堂窟,但这一原初设计的功能未曾实现,大量线索可以证明笔者的这种推测。其中最重要的是龟兹洞窟顶部通常以不同造型营造出纵深效果,而第69窟却为极其罕见的平顶,给人以压迫感。但如果考虑龟兹洞窟顶部的开凿方式,就会很容易理解此种情况。开凿主室时首先将其粗凿成理想大小的长方体,壁面、地面和窟顶成直角相交,而后开凿叠涩,即在壁面与窟顶的相交处做出线脚,最后将窟顶修成规划的造型[1]。第69窟中叠涩凿成后即停工,窟顶的修凿工作亦终止。其他表明此窟未完工的线索包括无壁炉,无安装门的凹槽和凿孔,墙壁和窟顶都没有洞窟建成后通常涂刷的草泥和白灰浆。

第68、69窟最初被设计成一组典型的组合,即由一座讲堂窟和一座中心柱窟组成,共用同一前室,通过窟前修建的木梯道抵达[2]。当计划有变时,两窟尚未完工:原组合通过增加三座中心柱窟即第70~72窟以及从南部通向组合的开凿于岩体内的梯道得以

---

[1] 龟兹洞窟的各个开凿阶段可清晰地见于未完工洞窟,如克孜尔第23窟和森木塞姆第38窟。
[2] 木梯道与前室地面上两道地栿槽内安插的地栿相连,见图70。木梯道通向开凿于崖壁上方的洞窟,前已讨论,见第87页。

扩展。由于后来增建的三窟与第68窟在建筑形制上有诸多相似之处,因此两大建造阶段似乎十分接近[1]。

将原计划建成讲堂窟的第69窟改造成方形礼拜窟在龟兹并非孤例,库木吐喇窟群区讲堂窟第22窟亦经历了类似的改建历程。第22窟和比例协调的中心柱窟第23窟构成组合。崖壁上方部分亦属于此组合,可通过开凿于岩体内的梯道抵达,共用木栈道实现了两窟的连通,同时凸显出两窟的重要性。尽管损毁严重,木栈道的基本结构仍然可以被复原[2]。第22、23窟前壁面上残存的一排水平凿孔和多列竖凹槽是安装栈道的遗迹,栈道最初以第22[1]窟为中心,两端分别位于第23窟和梯道入口处。木栈道后来被加长以连接其他洞窟,可能颇为宏伟壮观。最终木栈道囊括了第18～24窟之间的所有洞窟以及另一条从栈道通向崖壁顶端的开凿于岩体内的梯道[3](见图64)。如同森木塞姆,进入中心柱窟礼拜之前必须经过讲堂窟。

第22窟通过一条深6、宽1.1、高1.8米的甬道进入,甬道里端的壁面上开一小龛[4](图79),甬道向右转通过主室左壁近中央的门道进入主室。主室边长6.8米,券顶最高处约4.7米,沿四壁有一周宽约0.9米的长石凳,壁炉位于门道和正壁之间,均为讲堂窟的特征。该窟后来被改造成方形窟,墙壁、地面和窟顶上留下大量改动痕迹:通向主室的门道被封堵,前壁的窗户扩大成门道,讲堂窟的主室变成大方形窟[5]。窟顶改动最大,横券顶的前半部分被修凿成平顶,后半部分保持不变。长石凳被凿除。室内中央用砖垒砌一座宽3.7、高2.4米的大像台,其上可承放数尊塑像。窟顶和侧壁上凿孔和凹槽的相对位置表明大像台后曾立有一扇木屏风,插入地坪和窟顶,构成像台上塑像的背景。窟内被重新涂抹草泥和白灰浆并彩绘壁画,在像台上放置塑像。残存的壁画显示出内容和技法深受中原汉地或C种风格的影响。进入改建后的第22窟或难以设想其原初面貌,而惊叹于所见的新类型:与周围洞窟大不相同,平顶主室中央的大像台上陈列着数尊塑像,其后为木屏风,室内绘满异域情调的壁画。库木吐喇窟群区两座讲堂窟被改建

---

[1] 此组合的四座中心柱窟共有若干罕见于其他中心柱窟的特征。例如中心柱平面呈横长方形,而大多近方形;沿洞窟侧壁可能放置塑像,而其他中心柱窟侧壁上通常绘壁画;第68、70、71窟内主尊的像台与内核开凿于岩体,同类其他洞窟通常为泥塑。
[2] 此梯道现被水泥封堵。第22窟下方及北侧的洞窟显示出原地面的高度,至少比现地面低3米,因此最初此组合的高度极其醒目。根据德国探险队拍摄的照片可作出更准确推测;图63拍摄于一百年前,图64反映的是近状。
[3] 崖壁上的遗迹表明第22、23窟前曾有一更高大结构,延伸到梯道入口,此结构在晚期被加长,包括了第18～24窟之间的所有洞窟,见图64。
[4] 此甬道左壁上开凿通向第21窟的门道,第21窟为小型僧房窟,可能与森木塞姆第50窟功能相似。尽管布局有别,但此组合的构成与森木塞姆第48～50窟组合相似。
[5] 尽管前壁已坍塌,但基于僧房窟改造成中心柱窟的做法以及进入洞窟的实际需要,仍可推测窗户被改成门道。

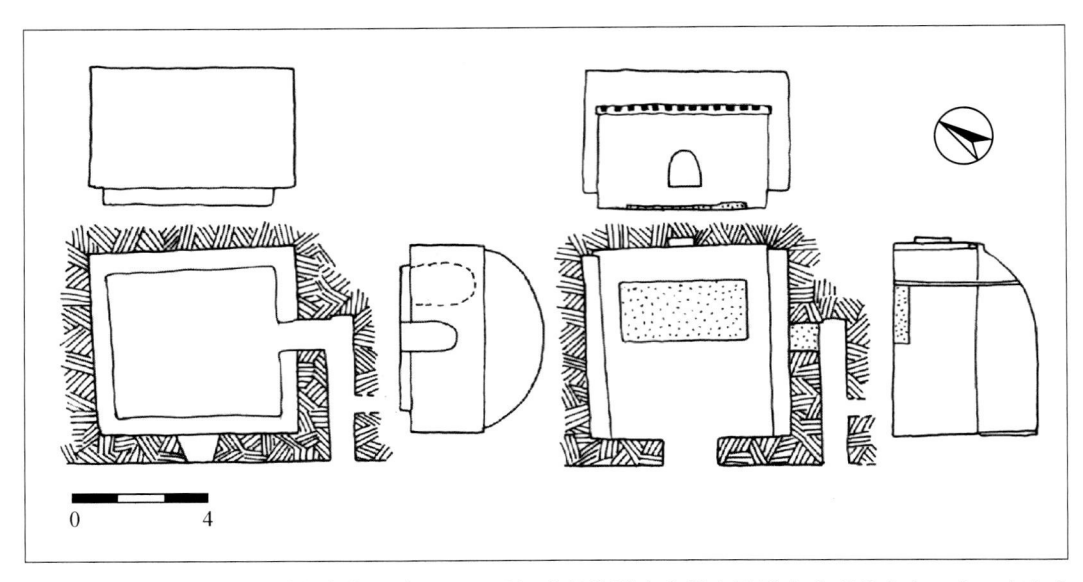

图79 库木吐喇窟群区讲堂窟第22窟。左：最初阶段的讲堂窟带有甬道和典型的主室。右：改造成方形礼拜窟，甬道被封堵，窟顶前部被凿成平顶，主室中央设一座像台，四壁的石凿长凳被凿除。

成了两类前所不见、后亦无同的新型洞窟[1]。

讲堂窟是龟兹石窟寺院中常见的洞窟类型，而且是寺院良好运转的必要构成。库木吐喇窟群区的两座讲堂窟被改建成礼拜窟揭示出龟兹佛教耐人寻味的一面。改造皆发生于公元648年安西都护府在龟兹建立之后[2]。龟兹境内讲堂窟转变成其他类型洞窟的现象仅见于库木吐喇窟群区，此处亦是唯一持续至9世纪表现大乘佛教题材的石窟寺院。因此从两座讲堂窟的改建中可窥知龟兹佛教实践发生的剧变，即放弃先前与讲堂窟有关的实践，转向长安皇室赞助的大乘佛教[3]。然而此时期及之后无实质性发展、逐渐衰落被弃的石窟寺院内的讲堂窟并未发生改变。对库木吐喇窟群区讲堂窟的分析还表明，此类洞窟显然是龟兹佛教的典型特征，以至于当中原传入的新部派取代当地部派时，除去讲堂窟被视作必要的举措。

以上探讨了讲堂窟的核心元素以及过去曾忽视的其与中心柱窟构成组合的事实。至少有三组此类组合开凿在远离地面的崖壁高处，通过梯道登临。通常讲堂窟和中心

---

[1] 库木吐喇窟群区方形窟第11、14窟的主室中央亦有放置塑像的像台，其内壁画受汉风影响颇巨。就此而言，与第22窟有某种相似性，差别在于第22窟的主室为平顶，且像台后有一扇木屏风连接窟顶。
[2] 第22窟的壁画为汉风，第69窟三壁上开小像龛，这种中原地区的常见结构，似乎首次出现在龟兹。在通向五联洞的甬道中有一则"建中六年"的题记。
[3] 荣新江：《关于唐宋时期中原文化对于阗影响的几个问题》，《国学研究》，1993年第1期，第401—424页。

柱窟共用同一前室，或凿于岩体，或为木栈道，或为地面起建带有木构屋顶。组合内还有一座或多座大小不等的像龛，开凿在接近组合时易于看见之处。此外，组合内中心柱窟建筑和装饰的变化与此类洞窟的发展演变规律一致，而非遵循某种特殊的建筑或图像体系。

目前我们关注的都是基本结构相同的典型讲堂窟；然而还有大量洞窟结构与之有别，但功能相似。值得特别注意的是，龟兹最大的石窟寺院克孜尔没有典型的讲堂窟，但仔细分析残存洞窟则会发现少数洞窟可能曾被用作讲堂窟。第119窟是一座大型洞窟，带有小型石凿前室，其前部现已坍塌。残存进深2.6、宽4.4米的前室展示出不同阶段的改造痕迹，可能与主室的改建有关。前室有两个通往主室的入口：其一开凿在正壁左端，另一处是始于右壁的甬道，向右转后通向主室。两门道间开一扇明窗。双入口的原因易于解释：第119窟系已有的两座洞窟合并而成（图80）。此窟的非典型形制以及室内沿四壁无长石凳皆是两窟合并所致[1]。与此同时，第119窟也表现出一系列讲堂窟的特征，如纵券顶的大型主室、大壁炉和明窗。明窗开凿于两窟合并之后，晚期又经过两次改建：首先被扩大，后来通过增加坚硬的泥皮层将之缩小，同时与明窗对应部分的前室顶部被加高。基于对森木塞姆第49窟明窗的理解，可以认为第119窟明窗的改造是为调整射入窟内的光线。通过壁面上较厚的草泥层和石膏层可以推测第119窟改建后持续使用相当长的时段。此座讲堂窟附近没有中心柱窟，与之相距最近的中心柱窟第114窟属于另一组合。

克孜尔讲堂窟附近没有中心柱窟的现象也见于温巴什，这似乎跟讲堂窟和中心柱窟构成组合的

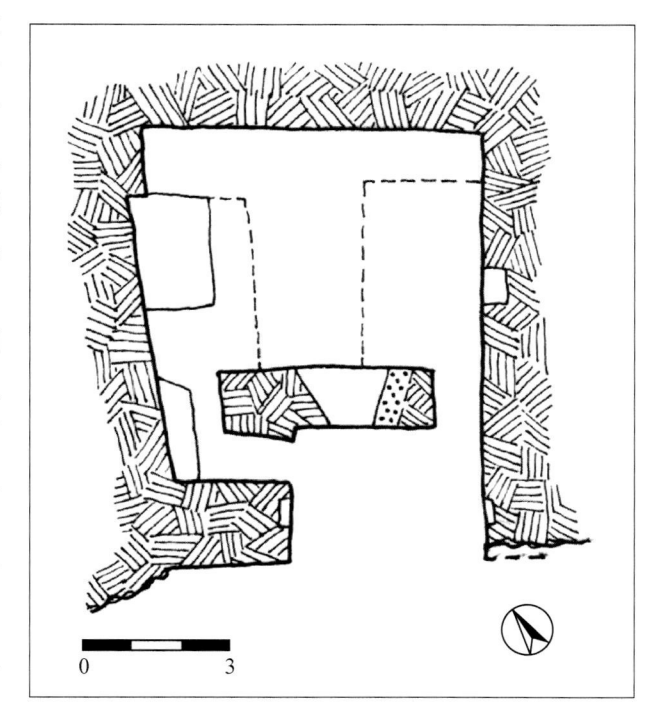

图80 克孜尔第119窟。此窟是由两座已有的小型洞窟合并而成的，两窟的规模由虚线表示。前壁上的明窗为晚期增加。

---

[1] 长石凳并非唯一的解决方式。克孜尔第四区段的大多数僧房窟中都有一张石床，高20～40厘米。床是僧房窟的必要结构，以至于没有石床者需要用砖块垒砌，同样也可以用木材搭建。第119窟可能是使用木床的洞窟之一。

推测不符。但不能完全排除个别讲堂窟不与中心柱窟构成组合的可能性,而且两处遗址内地面建筑遗存尚不明朗,部分洞窟可能仍然被掩埋在周边[1]。

克孜尔除第119窟外,可能还有其他形制有别的洞窟用作讲堂窟。如前所述,讲堂窟最典型特征包括主室内沿四壁开凿一周通常宽0.7～0.9、高0.4米的长石凳。此条石凳与龟兹洞窟内陈放真人大小的塑像的低矮像台不同,后者宽度常不足0.4米,如克孜尔尕哈第23窟所见;而且塑像并非仅摆放在像台上,还通过木钉固定在壁面上,侧边再用黏土加固。因此,若塑像因某种原因不存,至少会在墙壁上留下凿孔以及泥块痕迹。而讲堂窟内的一周长石凳不仅宽于像台,而且壁面上没有凿孔等遗迹现象;石凳的宽度恰好可供盘腿而坐。

若此类长石凳可被视作讲堂窟的标志性特征,那么还有两座洞窟可能具有讲堂窟的功能。其一是经历四次重大改建的第60窟,窟内两侧壁前有石台,宽约0.7、高约0.4米。尽管其结构与典型讲堂窟有显著差别,但这项特征能否作为判定第60[1]窟为讲堂窟的充分条件?由于该窟前部已坍塌,因此无法确切作答。晚期第60窟至少经过两次改建:最后被改造成大像窟,其内装饰丰富。石台上绘嘴衔宝珠的对鸭联珠纹,其上可能还曾放置塑像[2](图81)。另一是坍塌严重的第89-4窟,内部填满了从顶部掉落的石块,是克孜尔最大的洞窟之一,进深超过13米。现仅存左侧壁,壁前有一条石

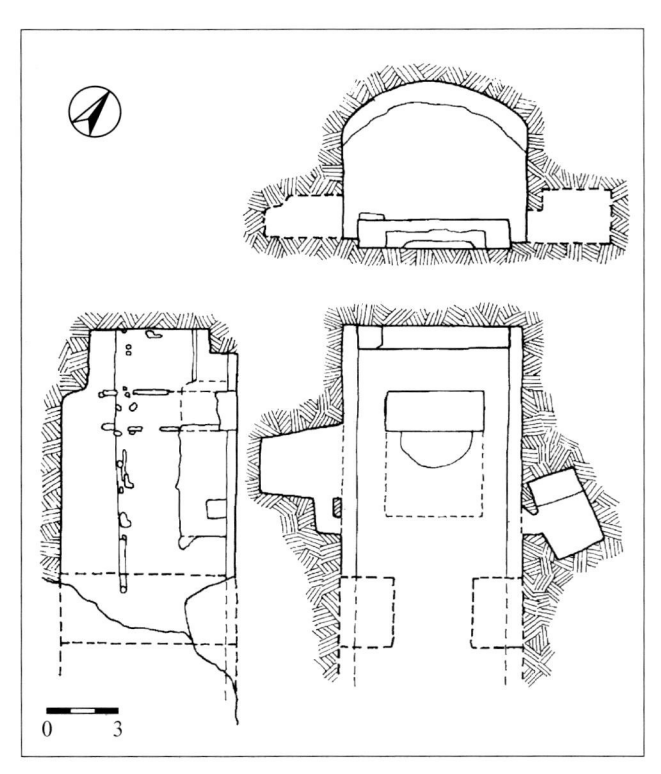

图81 克孜尔第60窟。克孜尔最大的洞窟之一,至少经过四次改造;最后通过建造木骨泥砖的中心柱被改建成大像窟。大立佛像是礼拜的核心,侧壁的像台上放置泥塑像。

---

[1] 例如在第119窟之前,最近发现了第119A窟,带壁龛的小洞窟,窟内有画家的工具。可能还有其他洞窟被掩埋在堆积之下。
[2] 参见Grünwedel, *Altbuddhistische Kultstätten in Chinesisch-Turkistan*, 78. 值得注意的是对鸭联珠纹并非绘于草泥涂层上,而是绘于石膏层上。前已提及讲堂窟四壁开凿的一周长石凳,最后亦涂一层与地坪相同的石膏。

台。尽管无法准确复原两座洞窟的原初形制，但是可以推测两窟原呈长方形，无侧甬道，从前壁门道进入，没有明窗，与第60窟相似。

与以上结构都不相同的讲堂窟还见于其他石窟寺院遗址。库木吐喇窟群区第5窟有两间窟室：平面一呈方形，一为圆形，后者为穹窿顶[1]（图82）。入口位于方室前壁，方室左壁上开凿一间进入圆室的门道，圆室直径约3.5米。圆室入口右侧有一座壁炉，明窗开凿在高处。最重要的是，圆室内沿壁面开凿一周长石凳。长凳、明窗和壁炉是讲堂窟内常见的基本构成。克孜尔尕哈第1+2窟残损严重，亦由两室组成，形制与库木吐喇窟群区第5窟相似（图83）。第1窟是3米见方的方形窟，右侧壁上开凿一间门道通向第2窟，其平面呈圆形，直径约3米，穹窿顶。窟内现充满堆积，无法判断第2窟内是否有长石凳，基于其与库木吐喇窟群区第5窟形制的相似性，推测窟内原应有一周长石凳。遗憾的是我们缺乏洞窟修复前的记录，而且部分特征已被改动，例如现在的入口可能并非原入口。第5窟和第1+2窟的另一相同之处是皆位于石窟寺院边缘，可能与特殊活动有关，两室之一或为小型讲堂窟。

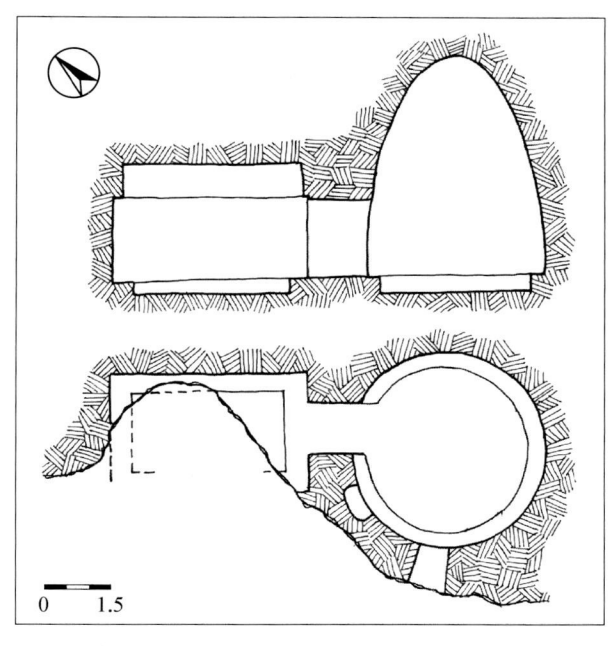

图82 库木吐喇窟群区第5窟。此窟形制独特，包括两室：方室通过开凿在前壁上的门道进入，室内左壁上的门道通向圆室。圆室内凿有一周长石凳、一座壁炉和一扇明窗。线图根据晁华山：《库木吐喇石窟初探》，第184页以及笔者的田野测绘图绘制。

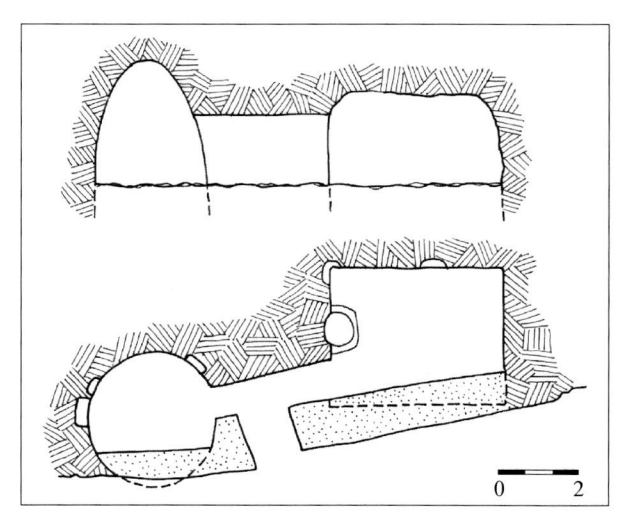

图83 克孜尔尕哈第1+2窟。尽管破损严重，洞窟的主要特征仍可辨识，即由方室和圆室双室构成，通过一段甬道相连。

---

[1] 洞窟严重塌毁，部分特征现已无法看到，笔者依据的是三十多年前晁华山的笔记和线图，参见晁华山：《库木吐喇石窟初探》，第184页。

综上,"讲堂窟"是基于功能假设的定名,指代此类型洞窟失之片面,因为洞窟形制无法成为判断的依据,窟内长石凳可能是供多名僧侣并排盘腿而坐,此种姿势或是在聆听佛法,或是冥思禅观。通过洞窟规模可推测窟内容纳的僧侣数量:如果每名僧侣盘腿而坐需要近一米的空间,那么长石凳上可以坐15~20名僧侣。然而不能排除长石凳仅供位阶较高的僧侣使用,普通僧侣则坐于铺在地面的草垫上的可能性,果真如此,洞窟内容纳的僧侣数量还可能加倍。与讲堂窟有关的考古信息有助于启发其他领域的研究,从而获得对龟兹佛教寺院内宗教活动更清晰的认识。

大像窟

公元629年,玄奘西行至龟兹,被眼前景观震撼:"大城西门外路左右各有立佛像,高九十余尺。于此像前建五年一大会处。"[1]如若属实,可以想象这些高大的佛像是倚靠城门而立的泥塑像,上有顶棚遮蔽[2]。这些佛像不仅可被自西而来的人们从远处望见,而且是塑像前大广场上定期举行的国家佛事活动的中心。由于被高僧玄奘特别注意,它们可能是龟兹最高的佛像,但绝非是仅见的大像。玄奘提及龟兹国都内有数百座佛寺,重要寺院的大殿中可能都立有大像。龟兹境内主要城镇中心可能都有伽蓝净地,大像的数量之多可能超出我们的想象。

龟兹的石窟寺院中,立有大像的大像窟数量相当可观,由于大像皆已不存,目前仅能研究其所在的大像窟。大像由木骨架支撑,外用泥土塑型,被固定于壁面上。大像损毁后露出壁面上曾用于固定它们的凿孔和凹槽以及安插泥塑头光和背光的凿孔。这些遗迹清晰地表明大像的高度和手印,最高的大像见于克孜尔第47窟,高近15米;其次是森木塞姆第11窟的大像,13余米高。换言之,龟兹洞窟内最高的大像是见于记载的都城西门外大像高度的一半。

"我们推测大像窟和立姿大佛像可能是龟兹佛教的本土特征"[3],宿白近三十年前的洞见仍有待深入系统研究。由于研究大像窟可以从多个角度入手,因此首先定义此类特殊洞窟十分必要。大像窟是指窟内像台上有一尊远高于真人大小的大立佛像,是窟内礼拜的核心,绕其腿部可进行右绕礼拜仪式。对大像窟的判定是根据窟内立有大

---

[1] 玄奘、辩机著,季羡林等校注:《大唐西域记》,卷一,"屈支国"条,中华书局,1985年,第61页。
[2] 大立像用何种材质建成以及如此高大的塑像如何站立的问题悬而未决。根据龟兹大像窟内大佛像的固定痕迹推测塑像由泥土包裹木骨架塑成,城门外耸立的大像可能制法类似,但仍需支撑,因此它们可能倚靠城门门楼。
[3] 宿白:《克孜尔部分洞窟阶段划分与年代等问题的初步探索》,第22页。

佛像,而非洞窟高度,因为龟兹部分中心柱窟高于个别较低的大像窟[1]。基于此定义,笔者在龟兹石窟寺院遗址中辨识出28座残损程度不一的大像窟,每座都可以为初步研究提供充足信息。龟兹主要石窟寺院中都有大像窟:如克孜尔第47、48、60[3]、70、77、139、148、154、157窟;克孜尔尕哈第12、16、23窟;森木塞姆第5、11、43、44窟;台台尔第5窟;库木吐喇沟口区第2、3、33窟;库木吐喇窟群区第2、36、38、52、63、65窟。大像窟很可能是龟兹的独创,而且尽管开窟岩质较差,其数量却相当可观。

克孜尔第47窟是龟兹最宏伟复杂的大像窟。为复原此窟的原初面貌,下文将具体阐明其开凿、改造和修复阶段。克孜尔第70窟尽管残破,仍然可以被视为无中心柱类大像窟的典型代表,而库木吐喇窟群区第63窟是大像窟发展至晚期的典型代表[2]。

克孜尔第47窟可能是龟兹时代最早、窟内塑像数量最多的大像窟。通过阐述此窟的不同发展阶段,笔者旨在探索其原初面貌并梳理后续的改建。此窟的开凿需要考虑两大主要因素:突出的位置和岩石的质量。大像不仅需要在远处即可以被望到,而且还需要能够长久矗立,因此才被开凿在面向木扎提河的崖壁高处,高出现地面20余米。第47窟所在的区域内原来集中分布储藏窟,其中部分已被废弃[3](图84)。崖面上洞窟的相对位置暗示出原计划开凿三座相连大像窟,即第47窟居中,两侧各建一较小的大像窟,但以失败告终。随着第48窟的完工,将较早的储藏窟第46窟改造成大像窟的尝试很快被放弃,可能是遭遇较厚砂岩层的崩塌。三座相连大像窟的设计或为晚期发展,而非最初规划。

第47窟的前室显然不深,以便最大程度的展示窟内大像。该窟被尽可能地开凿在崖壁前部,从而限制了窟前的活动空间,只能通过搭建木结构来扩大。清理此窟窟前遗迹时,姚士宏发现烧黑的大型木柱凸出向外,安插在地面上等间距的地栿槽内,它们或许是原初木结构的组成部分。遗憾的是,没有留存现场的照片和文字记录[4]。

基于未完工便被废弃的洞窟可以推测完工洞窟的开凿方式,因为两者的开凿模式基本一致。开凿大像窟第47窟首先需要将崖壁凿成平直的壁面,而后凿出通向主室的门道。前壁的塌毁导致无法判断门道的高度和宽度,但推测应当颇为宽大,以至于难以

---

[1] 尽管部分中心柱窟高于个别大像窟,但是前者礼拜的主尊塑像通常为较小的坐姿佛像,个别为不足2米高的立像,位于中心柱正壁主龛内。判定大像窟主要依据主尊塑像的高度和位置,而非洞窟高度。
[2] 必要时笔者亦参引龟兹其他大像窟的资料。第一章已讨论了克孜尔尕哈大像窟第23窟,第9—10页。
[3] 洞窟最初从东侧进入,现如今则通过一段水泥梯道进入,这段梯道不仅丑化了壁面,而且误导了对原初状态的解读。一些特殊的洞窟通常需要开凿在崖壁正面高处以突出其地位。为了从远处能识别这一视觉冲击,还需要参考修复前的老照片。洞窟前的崖壁并未坍塌,但是从保存完好的第42、43窟推测,此处木栈道和梯道的遗迹表明这一区域崖壁坍塌的高度可能达到2或2.5米。
[4] 姚士宏时任龟兹石窟研究所所长,这些资料是2005年夏天笔者考察时与姚先生交谈得知,谨此致谢。

龟兹寻幽：考古重建与视觉再现

图84 克孜尔第47窟所在崖面。第47窟开凿在崖壁高处以使其从远处即可被望见，且赋予其更高的地位。照片中可见到早期的储藏窟，如第45、46窟。照片版权归德国柏林亚洲艺术博物馆所有。

安装门扉[1]。门道开出后，依次向内凿出前壁和侧壁，从而确定洞窟宽度；然后同时开凿侧壁、地面、叠涩处的平顶，从而凿成平行六面体形状的主室雏形。为便于统一控制洞窟规模和倾斜度，壁面通常修凿得竖直平整。前室和主室凿成后，中心柱窟和大像窟内还需要开凿内室（包括两侧甬道、后甬道或后室）。就中等规模的洞窟而言，窟顶是主

---

[1] 大部分大像窟的主室都有门道。此窟和其他几座相似的洞窟中，门道的缺失或是为使大像在远处即可以被望见。

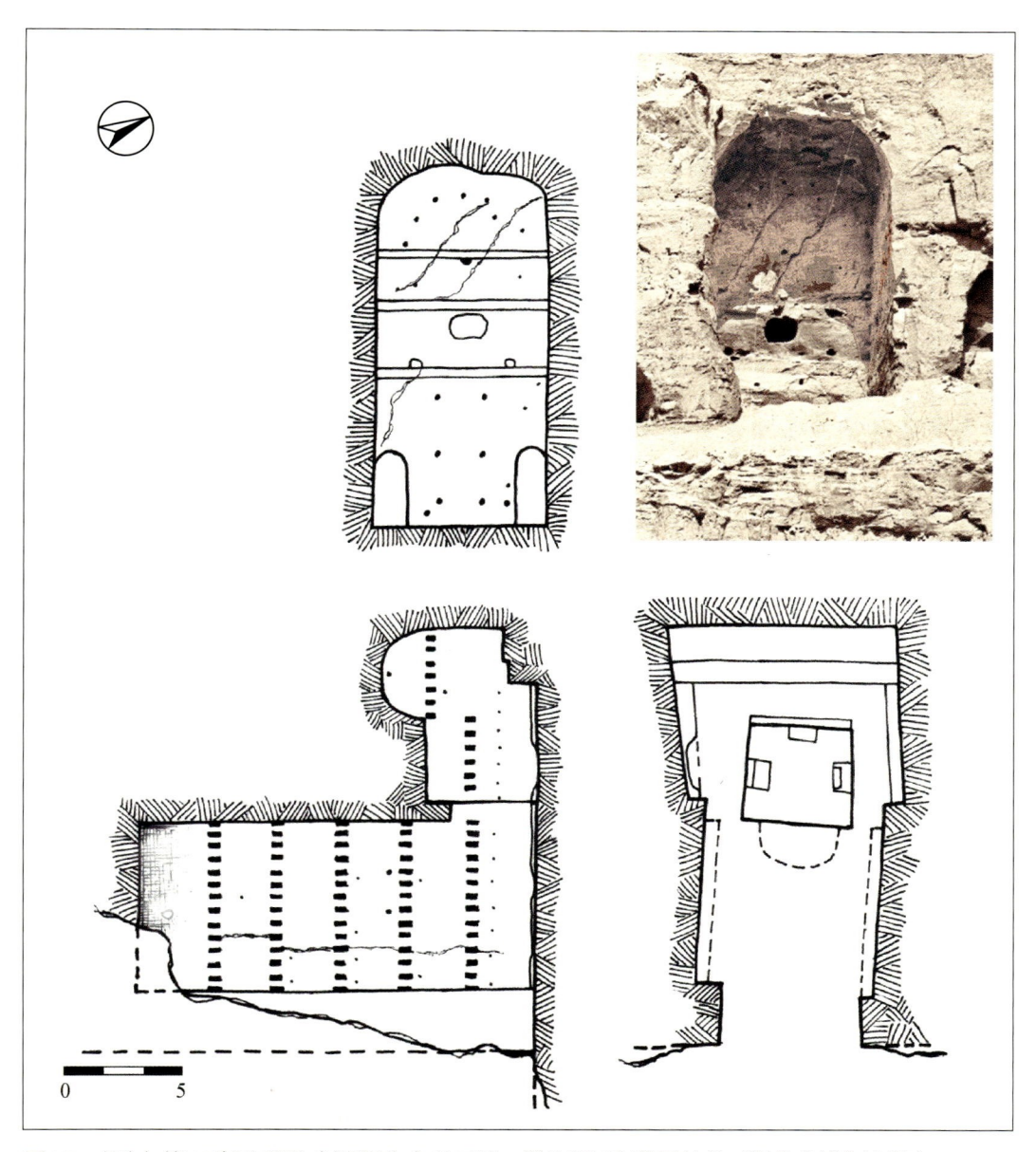

图 85 克孜尔第47窟平面图、剖面图和主室正壁。照片版权归德国柏林亚洲艺术博物馆所有。

室内最后修凿的部分：叠涩成型后，平顶再被修成理想的形状。然而大像窟的窟顶很可能较先开凿，而后向下凿至地面[1]。第47窟主室和内室的余料可能被丢弃到崖壁下。完工时第47窟的主室平面几近方形，边长7.3、高16米（图85）。主室正壁平直，并未计划

---

[1] 部分拥有高大门道的大像窟的开凿方式可能有所调整，即从窟顶向下开凿更为可行。但库木吐喇窟群区第65窟，高逾6.5米，门道高3米，不可能最先开凿窟顶。

111

龟兹寻幽：考古重建与视觉再现

做出大立像的石凿内核：主室内最重要的大立佛像是原地制作的木骨泥塑像，并用大木桩将之固定在正壁上的凹槽和凿孔内，也正是这寻常普通的泥土最终塑造了克孜尔的骄傲——大立佛像。

第47窟大佛像和两侧壁塑像的消失暴露出壁面上的大量固定遗迹，它们的位置不仅可供复原塑像的高度和数量，而且还揭示出其他重要信息，从而使近乎完整地复原主室装饰成为可能。笔者将从复原大立佛像开始。像台是任何塑像不可或缺的配置：克孜尔第60[3]窟，森木塞姆第11窟，克孜尔尕哈第16、23窟，库木吐喇窟群区第63窟内都尚存半圆覆莲像台。第47窟内的大佛像可能也立在正壁前相似的像台上。正壁下部两竖列各三个凿孔曾用于固定大像的双腿[1]。正壁中上部有三道曾用于安插木桩的横凹槽，与两侧壁相应位置的凿孔相对，构成大像上身的稳固支撑。三道横凹槽的高度分别对应于大像的肘、肩和头部。两根构成前臂的木桩插入凿孔后被连接在下方横凹槽内的木桩上，由此胳膊的骨架就被固定。大像肩部、头部也以同样方式被固定在中、上两道凹槽内的木桩上。正壁最上部呈弧线分布的凿孔原是固定头光所用。这些遗迹显示出这尊大像原来有近15米高[2]。

立姿大佛像是这座大型洞窟的礼拜核心，对大像手印的判别有助于正确理解窟内的整套图像体系。对所有大像窟的细致、系统梳理表明安插前臂的两个凿孔分布在不同方向，支撑右臂的凿孔几与墙壁垂直，而支撑左臂的凿孔稍微向下倾斜指向中心，在毗邻第47窟的大像窟第48窟中最明显。据此可推测龟兹大像窟中立姿大佛像的手印应是无畏印，右臂前伸，稍微抬起，手掌向外，左臂下垂，左手握住衣角（图86）。

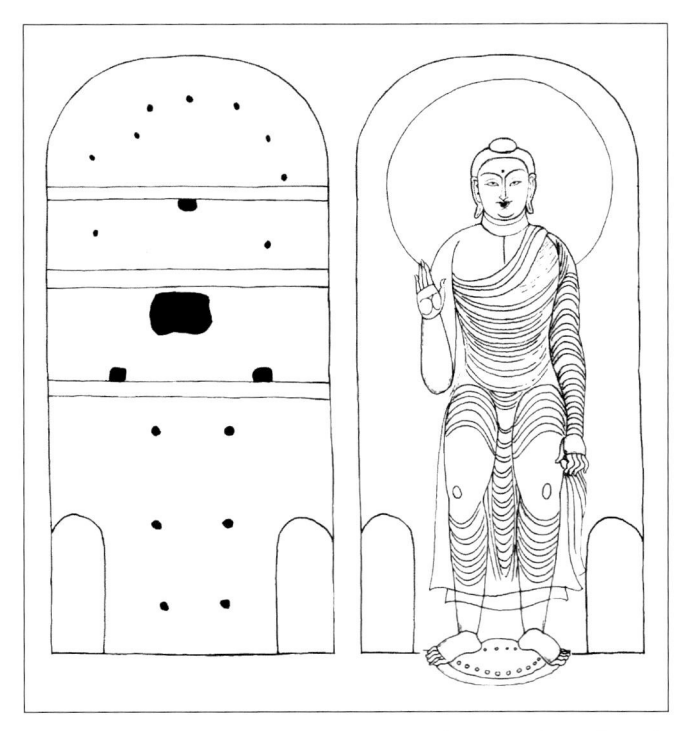

图86 克孜尔第47窟。左：正壁上的固定遗迹。右：根据固定遗迹复原的大立佛像。对大像的复原并非表明其风格，主要是强调大像所施手印。

---

[1] 固定双腿的木桩可能安插在像台上。
[2] 正壁上部固定头光的凿孔中有一个较小，可能是错误计算所致，又在其左侧补凿出正确者。

制作、固定大像以及完成其他装饰时需使用木构脚手架。两侧壁的装饰互为镜像。侧壁壁前尚可见石像台，自此向上每隔2.2米处有一排凿孔，共五排。每个凿孔内安插一个木托，通过填充黏土固定；每排木托上铺放一块木板，其上放置塑像。理解塑像放置和安装方式的关键是彼此横向相距近1米、纵向相距1.6米的一排七个凿孔[1]。这些凿孔用于安插固定泥塑像的木桩，在头部位置将真人大小的塑像固定在墙壁上。泥塑像放置在木架上，用木桩将头部固定在壁面上，并通过黏土将其边缘固定[2]。每侧壁上有五排木架，每排上各安放七尊真人大小的塑像，如此之多的塑像应是使用模具的标准化制作[3]。最上排木架上方壁面逐渐倾斜构成窟顶，因此架上不可能放置较高塑像。根据保存较好的洞窟内侧壁此部分的壁画，推测大像窟侧壁最上排木架上可能放置的是天神半身塑像。塑像需倾斜以及壁面上无固定凿孔表明这些半身像可能用木材雕刻而成，通过榫卯结构固定在木架上[4]。前壁损毁严重，没有保存任何装饰。窟顶上刷白灰浆并彩绘壁画，靠近正壁的窟顶上残存部分画面绘有飞天。毋庸置疑，装饰的添加是自上而下进行的，即从窟顶彩绘到两侧壁安放塑像，最后是地坪。随着工作的展开，脚手架自上而下逐渐被拆除。铺设地坪是最后一道工序：泥土混合麦秆碎块铺在底层，最上层为石膏，晾干后坚硬平整，大多数地坪上还有彩绘。

尽管塑像皆已不存，壁画绝大部分脱落，但是仍然有可能近乎完整地复原主室装饰。正壁前一尊巨大的佛像耸立在莲花像台上，手施无畏印，两侧壁各有三十五尊真人大小的塑像，最上方是天神半身像，窟顶彩绘飞天。一座洞窟内装饰如此众多的塑像是龟兹前所未见、后亦无继的特例（图87）。

第47窟内室与主室相比稍微向右偏斜，这种现象因为后来右甬道的扩大而愈加明显（见图85）。内室在数世纪中经历多次修缮和改造，建筑形制和装饰中保留了许多叠压打破关系，以至于难以还原室内原来的图像体系。券顶甬道宽约2.2米，高逾4.7米。某一时段内沿甬道外侧壁有像台，台上立七尊塑像；壁面上部的一排凿孔表明最上排木架上曾有一排半身像（见图87）。后室前壁和两条甬道的内侧壁开有大龛[5]。后室的装饰主题是涅槃，一尊大型释迦牟尼像斜倚在涅槃台上，两端各有一株泥塑无忧树。头光

---

[1] 上排部分凿孔无法从下部看到，或是其内因雨水冲刷而填满了泥土。分布不规则的数个凿孔可能是为搭建脚手架临时而设，或只是开凿错误。
[2] 克孜尔石窟新1窟内壁面下部残存数尊泥塑像，提供了固定塑像的范例。
[3] 西域制作塑像有使用模具的传统。真人大小的塑像制作于地面，而后带至洞窟，待晾干后安装。
[4] 装饰的内容可从中心柱窟两侧壁上的木架推测，例如克孜尔第8窟；木架上放置的塑像应该能跟大部分洞窟内相应壁面上壁画内容对应，即众多天神形象，克孜尔第38窟是最知名的例证。
[5] 固定外侧壁上及内侧壁壁龛内塑像的凿孔为晚期开凿，但也不能排除塑像属于原来装饰体系的可能性。有时甚至在壁龛内对塑像进行修缮；可以根据壁面上所绘头光推测三尊坐佛像可能是晚期增加。

龟兹寻幽：考古重建与视觉再现

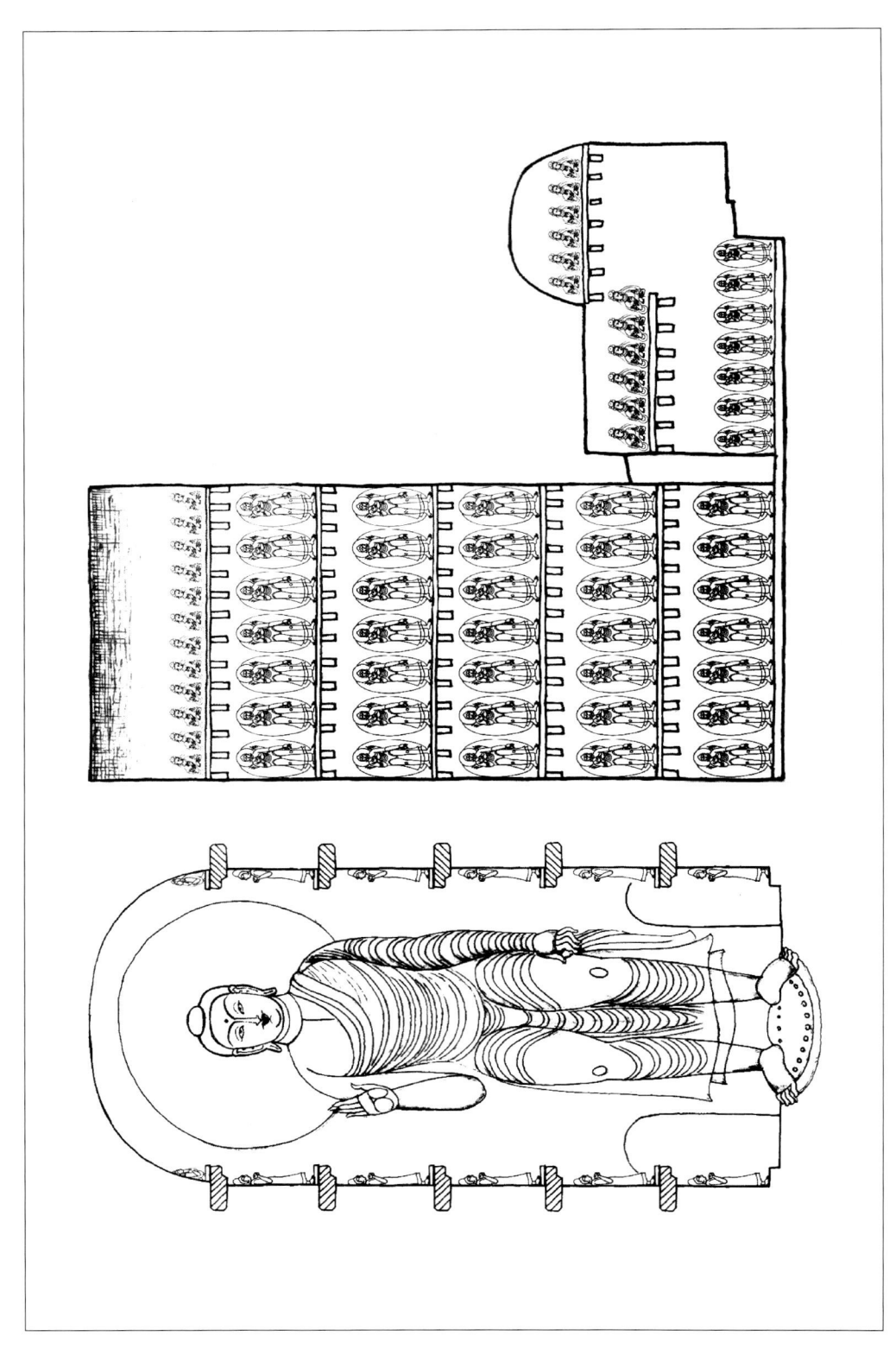

图87 克孜尔第47窟主室、右甬道外侧壁及后室右侧壁塑像尺寸和位置复原图。复原是为说明塑像的数量，并不关涉某种艺术风格。

114

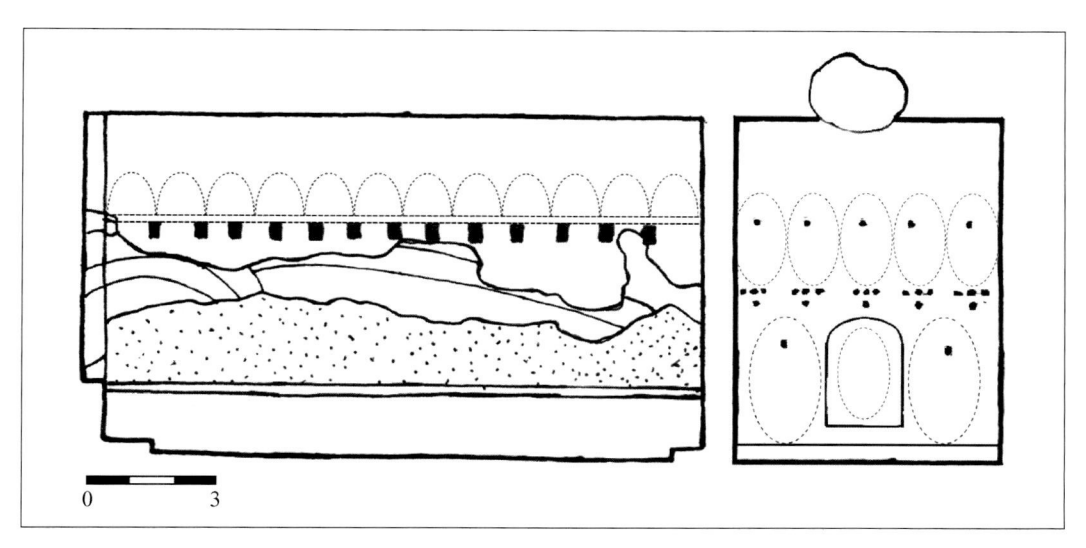

图88 克孜尔第47窟后室。左：后室正壁涅槃台以及绘制或泥塑的头光和背光遗迹；上排凿孔曾用于安装支撑承托小塑像的木托架，这些小塑像或为天人、四大天王的半身像。右：中心柱后壁上的凿孔显示出塑像的数量和位置。

上方的一排木架上曾安放半身天神像，包括大梵天、帝释天、四大天王等通常构成龟兹地区涅槃画面背景的天神（图88，左）。涅槃佛像脚部附近彩绘僧侣，其中部分呈跪拜状，部分朝佛陀飞行，身上发出火和水（见图120）。与涅槃台相对的壁面，即中心柱后壁上装饰立姿塑像：两身位于较低的荼毗台上，一身位于左下方的壁龛内，还有五身各有像台的塑像位于距地面2.5米处的壁面上。现仅存固定塑像的凿孔和凹槽[1]（图88，右）。

内室的多次改建留下大量遗迹，大多数情况下难以辨清，遑论据之勾勒出发展阶段的概貌。等待出版更翔实的考古报告的同时，笔者将指出最显著的改建：右甬道扩大，包括顶部的重修彩绘；两条甬道内侧壁开龛置像，塑像经过多次改变；后室向右扩展，涅槃台向前拓宽0.3米，安放更大的涅槃像及其头光和背光；沿甬道外侧壁放置塑像后又撤除。由此可知，某一时段中内室里因像台、壁龛、木架上摆满大小不一的众多塑像而变得拥挤不堪，壁画只能绘于窟顶和中心柱四壁。现存可辨的壁画残块属于不同时期：中心柱四壁以及涅槃台前壁甚至有五层叠压的壁画。将壁画残块归于特定发展阶段的难度颇大而且相当复杂，例如左甬道外侧壁上塑像被移除后，不同比例的人物和动物被随意绘出，无统一叙事[2]。主室内仅因结构问题出现过一次修缮，与其简单状况相

---

[1] 即使中心柱后壁的壁龛和固定塑像的凿孔也可能是晚期增加。
[2] 第47窟后室内大量打破叠压关系还需要细致考察。对颜料的化学分析或许能提供题材和风格相对年代关系的线索，这不仅有助于更好地理解洞窟，而且还可以作为其他洞窟相对年代的参考。后室顶部现在无法看到的最内层壁画属于最初装饰，顶部的局部外层壁画脱落后露出内层壁画，但无法复原内层壁画的图像体系。

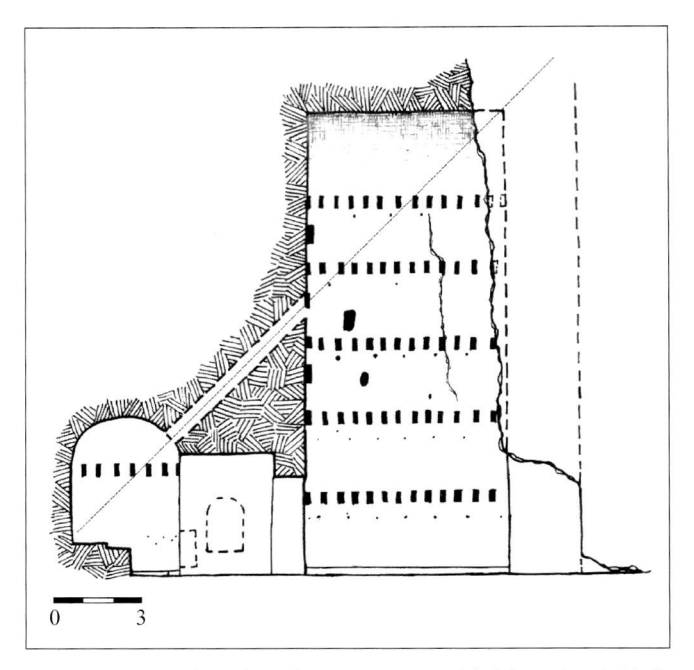

图89 克孜尔第47窟。中心柱上所开明窗剖面图。虚线表示主室前部窟顶坍塌后光线才能射入后室。

比,内室建筑形制和装饰上存在的叠压打破现象之丰富令人惊叹。

内室的多次改建中最重要的莫过于在中心柱上开一扇明窗。为理解这一变化,需要先回到主室。主室的前壁和顶部在某一时段出现了坍塌,顶部剩余部分继续开裂掉落石块,威胁到洞窟的安全使用,需要立即着手进行修复:危险的石块被移走,裂缝用泥浆填补,重新涂刷草泥,局部遮盖了原初壁画,现在仍然可以见到[1]。为修缮顶部花费巨力搭建脚手架,但涂抹新涂层后并未彩绘,顶部残破的壁画亦未被补绘。对此可行的解释或是窟顶坍塌时砸坏了窟内大像,制定的修复策略并非是重修塑像,而是在中心柱上开凿一扇明窗为后室提供光线。位于原大像的胸口处的明窗很可能开凿于大像坍塌之后,若非如此则形同虚设[2](图89)。主室内的修复和改建表明由于窟顶和大像的塌毁,主室随之被弃用,未受到破坏的内室经过改造和装饰得以继续使用[3]。第47窟的内室是龟兹洞窟中空间最大者之一。

龟兹再没有其他大像窟经历过如此剧变,在规模和塑像数量方面也没有可以跟第47窟相媲美者。对克孜尔第47窟建造阶段和装饰的复原及其特征的探索,揭露出洞窟装饰原貌以及不同阶段的变化。由此我们认识了龟兹最宏伟的洞窟类型。

---

[1] 古代就有洞窟修缮活动,根据损毁程度会采用相应技术。克孜尔第47窟主室内可见到一类修复:在顶部裂缝两侧钻凿孔洞,而后插入木桩,再填充泥浆封固,最后涂刷白灰浆以彩绘,完成后基本看不出修复痕迹。现因修复部分塌落,显露出曾使用的技术,修复痕迹也很容易辨认。

[2] 除开明窗向后室提供光线外,正壁三条横凹槽的中间一条内填补砖块并涂抹泥浆以防进一步坍塌。

[3] 主室窟顶前部的坍塌是后续所有改造的起因,坍塌后暴露在外的主室侧壁上的部分塑像被移除,主室侧壁上的固定凿孔与后室部分塑像的固定凿孔一致,推测这些塑像可能被放置在重建的内室中。

克孜尔第70窟是无中心柱类大像窟的典例,如今破损严重:主室窟顶全部和侧壁大部分已经坍塌。此窟的相对位置可以反映出它跟相邻洞窟的相对年代关系:开凿在第69窟和崖面转角之间,显然晚于第69窟[1]。克孜尔的大像窟中,第70窟所在位置最低,极不显眼,表明其年代相对较晚(图90,见图33)。洞窟中大像取代了中心柱,右绕礼拜仪式围绕大立佛像的腿部进行。洞窟残存进深约4.2、宽近5米,推测原高度接近10米(图91)。

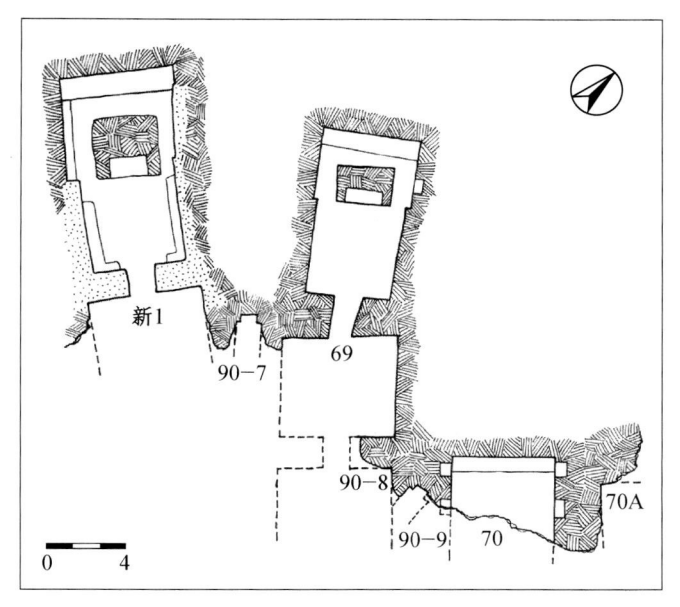

图90 克孜尔第70窟的相对位置。联合平面图显示出此区的复杂情况,包括现已部分坍塌的新1窟和第69窟。也见图33。

大像损毁后暴露出壁面上的固定遗迹:固定方式与第47窟相似。此窟主室两侧壁大部分坍塌,但据残存部分足以复原主室内装饰。两侧壁靠下部分各有一壁龛,近2米高,0.9米宽,0.6米深,窟内曾放置泥塑立像,这是空间狭窄的主室内常见的做法,开龛置像不占用空间[2]。壁龛上方有一排凿孔用于安插木架,类似第47窟侧壁木架,架上立数尊塑像;第二排木架位于第一排木架上方4米处,其上放一排较小的塑像。因此侧壁的装饰包括:壁面下部真人大小的塑像立于壁龛内,中部是一排大于真人的塑像立于木架上,最上排木架上放置较小的塑像,或为半身像。

内室包括右、后、左三段连通的甬道,宽度可供围绕大像进行右绕礼拜仪式,后甬道外侧壁上残存的画面表明曾绘涅槃场景。左、右甬道外侧壁是主室侧壁的延伸,各有一个放置坐姿塑像的小龛。右绕礼拜围绕大像腿部进行。与其他大像窟的装饰相比,尽管第70窟后甬道外侧壁上彩绘涅槃场景,但是图像体系仍然与前述大像窟相似。但是因为第70窟后甬道狭窄无聚集空间,其重要性有所降低,而且窟内仪式仅限于敬拜大立佛像以及绕其进行右绕礼拜。晚期的大像窟,特别是库木吐喇窟群区的大

---

[1] 第69窟开凿于两个阶段。早期的第69[1]窟是带有独立前室的方形窟,前室现编号为第90-8窟,主室对应现存中心柱第69[2]窟的前室。第69[1]窟坍塌后,凿建了中心柱窟第69[2]窟,坍塌的第69[1]窟主室正壁中间开门道。

[2] 同样做法亦见于克孜尔第139、154窟,还有个别洞窟如克孜尔第48窟,侧壁的下半部分绘壁画,中上部开龛置像。

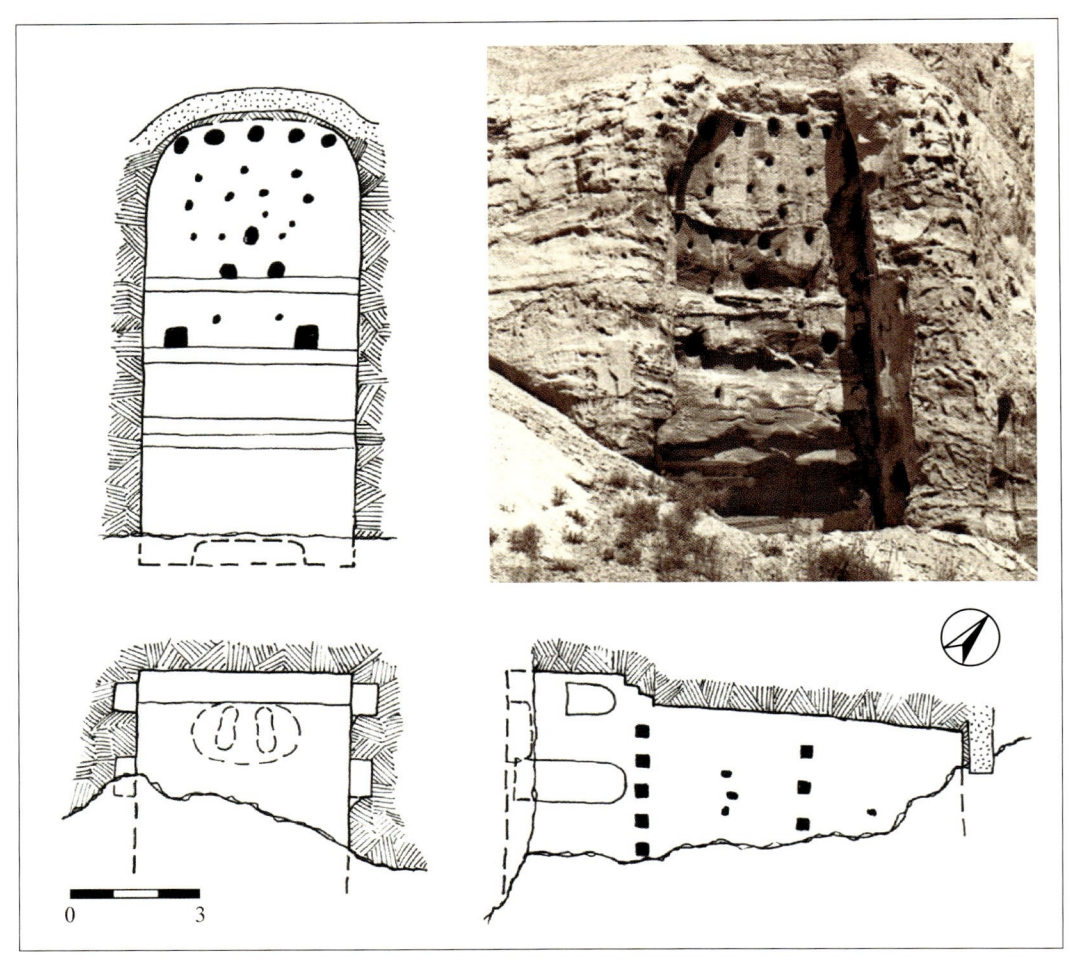

图91 克孜尔第70窟平面图、剖面图和主室正壁。值得注意的是,正壁上大量固定遗迹;大像立于像台上,上半身倚靠正壁;可围绕腿部进行右绕礼拜仪式。照片版权归德国柏林亚洲艺术博物馆所有。

像窟内仍有中心柱,继承了此类洞窟的早期形制,即后室被规模相当于两侧甬道的后甬道取代。

接下来以库木吐喇窟群区第63窟为例继续考察大像窟的晚期发展。此窟的位置经过精心规划,与第64、65窟构成组合,三窟共用同一大型木构前室[1](图92)。

第63窟主室左侧壁三分之一以及与之相对的半个窟顶在古代已经坍塌,情况跟克孜尔第47窟相似。凿空崖体以开出窟室,同时也导致了洞窟的坍塌。第63窟坍塌严重,古人曾尝试对其修缮。窟内坍塌堆积清除后,可能用砖块修复左侧壁,窟顶右侧上

---

[1] 现仅在第64窟窟前崖面上保存有凹槽和凿孔,其他两座大像窟因崖壁塌毁致使窟前崖面状况不清楚。第64窟可能最初为方形窟,晚期改造成中心柱窟,窟内许多细节可证明此种可能性。

图92 库木吐喇窟群区第63～65窟。立面照片中显示出清晰的坍塌痕迹以及破损严重的第63窟在古代的修复遗迹。照片版权归德国柏林亚洲艺术博物馆所有。

方壁面上刻一排凿孔,内安插木椽一端,另一端搭在砖墙上。由此洞窟就被覆盖,若涂刷草泥和白灰浆再施加彩绘,进入窟内便看不到任何修葺痕迹。然而修复并未持久,晚期除前壁保存部分装饰外,其他部分再次坍塌。第63窟亦是在古代修复之后持续使用的洞窟,研究此类洞窟时,应注意窟内装饰所属的不同阶段。

洞窟残存部分依然提供了复原其最初面貌的充足信息,如前所述,前室可能是木结构。通向主室的门道约3.5米宽,2米高,装有大型门框和门扉。比例协调的主室进深7、宽4.5米,最高处达7.2米。正壁前有一半圆像台,大像曾耸立其上。中心柱正壁上固定大像的遗迹包括两道大凹槽以及固定木骨架的凿孔,固定头光和背光的凿孔表明此尊大佛像高约6米。正壁上部有壁画残块:头光和背光的两侧各绘一身飞天,背景绘宝珠和花蕾。

侧壁上壁画分成三栏,每栏五铺,内绘说法场景,与上述两座大像窟差别显著,两窟内侧壁装饰塑像,或立于木架上,或立于壁龛内,营造出强烈的三维效果。事实上如果不考虑大立像,库木吐喇窟群区第63窟主室颇似中心柱窟,壁面平直光滑,绘满壁画,窟顶壁画进一步强化了这种相似性,较为平缓的纵券顶是龟兹晚期洞窟的典型特征。此窟顶部不见其他大像窟顶部通常表现的飞天,而是众多菱格故事画,中脊简单地涂以绿色,两侧最上排绘菱格本生故事,下四排绘菱格譬喻故事,窟顶壁画的题材内容和构图更类似中心柱窟而非大像窟。前壁几乎被门道占据,仅右侧部分残存,显示出两侧壁和门道之间宽0.8米,由此可知门道异常宽大。门道上方残存的半圆形部分表明门道高度近4米。

内室的若干细节更加耐人寻味。此窟内室的三条甬道规模相当,不足1米宽,约1.9米高。残存壁画可以清晰辨识:左、右甬道外侧壁各绘七身立姿僧侣,内侧壁各绘五身龟兹典型装束的供养人。后甬道外侧壁绘分舍利场景,内侧壁绘荼毗场景。窟顶绘菱格,每格内各绘一株松树。

对大像窟的全面研究是理解龟兹佛教寺院如何运转以及佛教如何被践行的关键。对克孜尔第47、70窟和库木吐喇窟群区第63窟三座大像窟的探讨意在引起学者对此类洞窟的关注,即使破损严重仍可从中提取丰富信息,而且足以据此对龟兹最显著的一类佛教建筑展开系统研究。前文已经指出此类洞窟的若干重要方面:在遗址内的相对位置、开凿和改建过程、最初装饰以及与分期有关的线索。接下来笔者对上述分析作简要总结。

崖壁高处的显要位置是凿建大像窟的首选,宏大的前室进一步强化其重要性。克孜尔第47窟开凿在克孜尔最高的崖壁上,距离地面20米,窟内大像因为需要从远处即被望见,故而窟前木结构形制可能颇为简单,仅为增大活动空间而设。克孜尔第70窟位于第69、70A窟之间,靠近地面的位置表明其年代较晚,开凿于崖壁上部最佳崖面被用尽之后。库木吐喇窟群区第63窟的重要性被其所处的关键位置以及自南而来可遥望到的宏伟木结构增强(见图62),但窟内尊奉的大像无法从窟外观望。

每座大像窟各有独特之处，表明规划建造时各有侧重，或因不同仪式而修建。它们的差异颇多，其中与我们的讨论相关的包括前室规模、主室门道的大小、后室的有无以及与其他洞窟构成的组合。

前室的规模和功能各异。现无保存完整的前室，残存遗迹表明部分前室仅为崖面上的浅凹，部分前室为开凿于岩体中的宽大空间，还有个别前室为大型木结构，强化洞窟重要性的同时，也阻碍了从窟外观望大像。大像窟的前室大于主室似乎暗示出仅少量人被允许进入主室，前室则可以聚集多人。第一章已提及克孜尔尕哈第23窟可能是首都民众朝圣的目的地，盛大节日时皇室贵族亦来此礼佛，在高僧大德的陪同下进入主室，而普通百姓则聚集在宽敞的前室内[1]（见图3）。与此类前室宽大的大像窟相比，前室较浅的大像窟内或举行不同的仪式。

主室的门道差别颇为显著，其大小由大像窟功能决定。个别大像窟如克孜尔第47、70窟，森木塞姆第11窟，库木吐喇沟口区第2、3、33窟的门道十分宽大，以至于无法安装门扉，若前壁忽略不计，门道就与主室同宽。部分大像窟则安装高大的门扉，如克孜尔第154窟。此窟保存了大量安装门框、合叶等门构件的凹槽与凿孔，由此可推知原有双扇门扉，宽约3.5、高约7米。还有若干大像窟的门道相对较小，如库木吐喇窟群区第38、65窟，门道不足3米高，此时只有进入窟内才可以瞻仰大立像。主室门道和前室规模的差异，表明大像窟的设计是使窟内的大立像可以从远处或者仅在窟内被观瞻。不少大像窟前附有高大的木结构，进入主室的门道相对较小，阻挡了远望大像的视野；木结构凸显了洞窟的显耀宏伟，而非窟内的大立像。还有一类大像窟，以克孜尔第154窟最典型，前室较浅，宽大的门道安装门扉。宽大门道使得大像在远处即可以被望见，但门扉的设置表明其可以被封闭，只有特殊场合才会打开门扉展示大像。

大像窟后室的有无亦可显示出其仪式功能的差异。早期大像窟的内室包括两侧高大的甬道以及宽敞的后室，后室正壁涅槃场景的中心是一尊大涅槃像，周围是与释迦牟尼涅槃相关的人物塑像。晚期大像窟的内室中两侧甬道变得狭窄，后室缩小成后甬道，壁画取代了塑像，对涅槃的强调弱化或消失。后室宽敞的大像窟不仅可供右绕礼拜仪式的展开，而且提供了信众聚集敬拜涅槃佛像的空间，但后室被后甬道取代的大像窟以及用大立佛像代替中心柱的大像窟，仅可为右绕礼拜提供空间。

大像窟组合仅见于库木吐喇窟群区。壁画为C种风格的第36、38窟开凿在方形窟第37窟两侧，后者为券顶，窟内中央有一座像台，三窟共用同一木构前室。壁画为B种风格的第63窟与壁画为C种风格的第65窟两座大像窟之间亦有一座较小的洞窟，三窟构成与前组相似的组合，共用同一木构前室。两组中两座大像窟邻近且共用前室，表明

---

[1] 相似情况也见于森木塞姆最大的大像窟第11窟，见图17。

三窟被相继礼拜，与单座大像窟的仪式功用有所不同。

对克孜尔第47、70窟和库木吐喇窟群区第63窟三座大像窟装饰的复原显示出窟内原有大量塑像。大小不一的塑像覆盖着壁面，与龟兹其他通常绘制壁画、没有或仅有少量塑像的洞窟形成鲜明对比。前文对克孜尔第47窟开凿、修建阶段的分析亦希望修正龟兹佛教艺术主要为壁画的错误认识，这无疑跟窟内塑像现在都没有保存下来息息相关，而世界各地博物馆收藏的小型或残破的龟兹塑像无法代表当地工匠的水平[1]。《大唐西域记》等历史文献以及窟内残存的起固定作用的遗迹共同揭示出龟兹存在着制作大立像的浓厚传统：工匠们技法精湛，以木材而非砖石作为高大塑像的支撑内核是他们艺术创造力的最佳注解。大立像不仅被奉放在洞窟内，而且被敬奉在龟兹都城及周边的大型佛寺中。制作大立佛像是项艰巨的工作，但制作大于大立像的涅槃佛像却较为容易。主室的大立像和后室的涅槃像制作于窟内，而较小的塑像则在窟外制成后再安装于窟内。大像窟两侧壁塑像的统一高度表明可能为模制而成，使用模具不仅可以提高制作效率，而且能确保较高且一致的艺术水准。模制塑像的过程无疑需要劳动分工，水平高超的匠师可能制作模具，而其助手则依模制像[2]。大像窟见证了龟兹塑像艺术发展的巅峰，窟内不仅有体量宏巨的大像，也有数量众多的中小型塑像。克孜尔石窟寺院的洞窟总数近400座，九座大像窟中塑像的数量远超出其他洞窟塑像的总合。丰富的塑像使大像窟成为龟兹独特的洞窟类型，窟内华丽的"巴洛克"风格与其他类型洞窟内简洁的建筑线条或壁画营造形成鲜明对比。晚期塑像数量的减少，尤其是壁画C种风格通常与7世纪中期西域都护府建立密切相关，大像窟中塑像的骤减，表明传统正在改变，也进一步印证了内部饰满立体塑像的大像窟是龟兹的创造。

大像窟也证实了同一洞窟内装饰大量相似的中小型塑像的艺术惯例。克孜尔第47窟的侧壁是其发展至顶峰的明证，两侧壁上安装多排木架，架上大量塑像互成镜像。其他大像窟内的塑像虽然不如第47窟丰富，但仍然反映出同一惯例，即早期大像窟内重复或大量出现相似塑像。就此而言，后室的涅槃像可被视作主室内大立佛像的对应，前者是另一尊周围环绕大量小型塑像的大像[3]。

龟兹没有两座完全相同的大像窟，差异表现在建筑和装饰方面，因而可以进行类型排比。在不涉及技术细节的前提下，笔者简要总结大像窟的发展：建筑方面，早期主室

---

[1] 龟兹最后一尊完整的塑像见于库木吐喇沟口区第20窟，遗憾的是2006年被盗，后来出版的总录中并未提及，但有这尊塑像的照片。新疆龟兹石窟研究所：《库木吐喇石窟内容总录》，第276页。

[2] 塑像的重要性可以被进一步证实：中心柱窟内礼拜的主要对象是放置在正壁主龛内的塑像，部分方形窟中泥塑像放置在像台上，因此笔者认为塑像是礼拜的核心。

[3] 洞窟内放置大量相似塑像的问题见何恩之在第三章的讨论，第199—202页。相同的壁画题材亦见于中心柱窟，可以被视为龟兹佛教洞窟装饰布局的主要特征之一。

和内室皆较宽大；中期主室缩小，内室更大，个别窟内大立像取代中心柱，如克孜尔第70窟；晚期主室扩大，后室缩小成后甬道，其宽度仅供右绕礼拜。装饰方面，主室侧壁早期饰以大量塑像，中期逐渐减少，晚期被壁画取代。内室的两侧甬道早期于外侧壁放置塑像，中期塑像被放置在内侧壁的壁龛内，晚期直接在壁面上绘制壁画。后室内最初有大涅槃佛像，缩小成后甬道之后被涅槃题材的壁画取代，最后个别大像窟内涅槃叙事消失。

早期涅槃题材的突出地位在克孜尔第47窟得到鲜明体现，该窟主室部分坍塌后，内室和涅槃像被修缮，此部分成为窟内仪式活动的中心，而主室则被废弃。大像窟内涅槃叙事的最终消失需要慎重考虑，因为这暗示着信仰和仪式的转变：以多人聚集的宽敞后室中的涅槃叙事为礼拜核心演变成简单的个人右绕礼拜。涅槃题材的重要性似乎在7世纪中期安西都护府建立之后降至最弱。尽管壁画变成C种风格，但大像窟内传统的大立像仍然存在。如前文所揭示的，大像窟的晚期发展主要见于龟兹地区年代较晚的库木吐喇窟群区。

大像窟的分期也非常重要。巴米扬大佛的年代长期以来聚讼不休，莫衷一是。我们认为巴米扬大像窟的时代可能相当于龟兹境内的大像窟以大像取代中心柱的阶段，早于C种风格壁画的出现。围绕大立佛像进行右绕礼拜仪式可能起源于龟兹，由现存数量可观的大像窟可以推知龟兹曾拥有右绕大立佛像礼拜的浓厚传统。此传统可能同时向东、西方传播，影响至巴米扬和中国中原地区。因此龟兹大像窟的分期、相对年代和绝对年代有助于解决巴米扬大佛年代等佛教艺术史上若干备受争议的问题[1]。

大像窟很可能是龟兹的创造：一尊高大宏伟的大立佛像周围环绕着众多真人大小的塑像，成排、镜像分布在相对的侧壁上，而且不见于龟兹以外的地区。建造大像窟需要整合各种资源，如技术高超的雕工、木工、塑工、画工以及雄厚的经济支撑，龟兹石窟寺院遗址中现存的28座大像窟即是这些浩大工程的如实反映。大像窟不仅是龟兹佛教的独创，也是其最突出、最持久的特征。

禅定窟

在龟兹，禅修是信奉小乘佛教的僧侣每天必修的日课，在专门为禅修而开凿的洞窟或小室内进行。如第一章所论，禅定窟不仅数量众多且是石窟寺院的必要构成。满足

---

[1] 宿白：《克孜尔部分洞窟阶段划分与年代等问题的初步探索》，第21页。何恩之对此问题的讨论见第三章第202—213页。

礼拜和居住需求是建造石窟寺院的重要动因,但辟建禅修之所可能是更强烈的推动因素。若果真如此,对禅定窟的准确解读是正确评估石窟寺院整体及其内信奉何种部派的前提基础。以往论著中仅辨别、提及少数禅定窟,以其数量和范围为重点的全面研究长期付阙[1]。本节笔者将论述龟兹石窟寺院遗址中现存所有可被辨识的禅定窟。

未能认识到石窟寺院中禅定窟的全面影响有诸多原因:如典型的禅定窟窄小且结构简单,无装饰;残存的禅定窟通常破损严重,有时甚至难以判断是坍塌的洞窟抑或岩体上的自然凹陷。部分禅定窟因规模较小而被视为放置塑像的小龛。若要正确评估禅定窟,首先需要认识到龟兹洞窟是开凿在沉积岩上,即砂岩、泥岩、角砾岩或不同硬度的砾岩,易于被风化,因此凿建在沉积岩崖壁上的龟兹石窟寺院很容易遭受严重侵蚀也就不足为怪了。洞窟开凿者已经充分意识到岩体的自然属性,在选择适合开凿的崖面时谨慎持重,而且清楚不同岩体可承受的压力,并根据壁面的具体情况采用相应的开凿和建造技法。然而部分问题是无法避免的,洞窟的完工也意味着自然或人为破坏过程的开始,而且风化并非是唯一的问题:开凿洞窟造成的崖壁中空减弱了崖体的承重力,大多数情况下会导致洞窟坍塌。风蚀和坍塌见于龟兹所有石窟寺院遗址,没有一座洞窟可以幸免,损毁程度从前室壁面外侧的侵蚀到整座洞窟的坍塌,个别洞窟或者被塌落的石块部分掩埋,或者完全塌毁踪迹全无。

以上是理解禅定窟独特状况的必要说明。事实上,大多数开凿在崖壁正面的规模较小的洞窟都遭受不同程度的风蚀或坍塌,因此我们可以合理地推测消失的禅定窟的数量远高于其他类型洞窟。统计残存禅定窟的总数难度非常大,同时还依赖如何界定此类洞窟。笔者在龟兹石窟寺院遗址中辨识出的禅定窟超过一百座,由于禅定窟是被崖壁坍塌破坏最多的洞窟类型,因此大量禅定窟可能已经坍塌,没有留下任何痕迹。形制简单、通常不足1.5米高的禅定窟或许曾是龟兹分布范围最广的洞窟类型,若考虑到部分大型洞窟可能用于集体禅修,那么就会有数百名龟兹僧侣同时坐禅。

大多数禅定窟无装饰,而且几乎全部雷同,可供进行类型排序的元素极少,因此结构简单的禅定窟却成为棘手的研究对象。由于禅定窟经常被误判而且未能与其他类型洞窟准确区分,因此首先需要对此类洞窟进行定义。禅定窟常被表现在龟兹洞窟的装饰中,或绘或凿的坐禅佛陀、僧侣或苦行者所在的洞窟可以提供有用的信息。窟内坐禅图像的常见,除突出禅修的广泛流行外,还提供了禅定窟规模和形制的信息。壁画中可以看到禅修者盘腿而坐,几乎占据狭小窟室的全部空间。壁画中所见的小型禅定窟,皆具有稍大的底部,两侧壁向上倾斜收成券顶(图93)。凿刻的禅定窟见于大多数中心柱窟正壁上的帝释天拜访场景中。正壁中央开凿的主龛代表毗陀山,佛陀在此处修习禅

---

[1] 更详细的讨论见第229—242页。

定。如前所述，塑像皆已不存，但据小龛正壁上残存的彩绘头光和背光，可推测龛内原有一尊盘腿而坐的禅定佛像，并了解禅定窟的结构比例（见图75、76）。壁画与凿刻的禅定窟基本一致，显示出长久稳固的传统，据此可以推测艺术表现中的禅定窟忠实模仿自开凿的禅定窟[1]。

开凿于崖壁上的禅定窟的确在结构比例和形制上能够与龟兹大多数洞窟内或绘或刻的禅定窟相对应。深0.8～1、宽1～1.2、高1.2～1.5米的小窟内恰好可以容纳单人盘腿而坐，与或绘或凿的艺术形象完美契合，由此可以将此类小窟判定为禅定窟。克孜尔第223A窟方形底部边长近1.2、高约1.6米，内壁涂抹涂层，尽管规模稍大，但仍然可以作为此类禅定窟典型。从相似洞窟的复原图（见图69）可以推知：前壁上开一约0.3米厚、0.7米宽的入口。该窟前可能曾有一较浅的前室将其遮蔽。此为第一类禅定窟，可见于大多数石窟寺院遗址中。

图93 克孜尔第171窟壁面上所绘窟内坐禅苦行者。画面中洞窟的形制和规模与龟兹禅定窟相似。采自新疆维吾尔自治区文物管理委员会、拜城县克孜尔千佛洞文物保管所、北京大学考古学系编：《中国石窟·克孜尔石窟》，第3卷，图11。

界定出禅定窟的基本类型之后可以尝试辨识其他类型。克孜尔第25、25A、25B、25C是四座等距分布的禅定窟构成的典型组合。其中三座属于第一类禅定窟，而第25窟尽管形制相似，但规模却非常大，深2.9、宽1.6、高2米。此窟所在的组合反映出它担负的功能是进行长时段的禅修。第25窟的规模更大，功能不同，可以将其视为第二类禅定窟或称闭关窟（图94）。

上述两类禅定窟显示出禅修在敞开的空间中进行，但事实上也可以在大型洞窟的内部坐禅，是为第三类禅定窟，见于苏巴什西寺。该遗址包括两区：南区为地面寺院，洞窟集中开凿于北区，遗憾的是目前大多数洞窟已经坍塌。保存较好的洞窟中可以识别

---

[1] 表现帝释天拜访的浮雕常见于犍陀罗艺术，犍陀罗浮雕中禅定窟的规模和形制与龟兹禅定窟相似。因此，禅定窟是已确立起的传统，其规模和形制早已见于中亚，见图164、165。

龟兹寻幽：考古重建与视觉再现

图94 克孜尔第25、25A、25B、25C窟及将它们与僧房窟第24窟连接起来的隧道。

出两类禅定窟，其一包括两条长条形甬道，侧壁各有多间小室，保存最好者多达20间小室（图95）。此类洞窟集中分布的地区可视为禅定区。另一类值得特别关注，亦为长条形，侧壁无小室，为第四类禅定窟，对该遗址第四类禅定窟的正确辨识有助于理解其他遗址如玛扎伯哈和库木吐喇沟口区禅定窟（见图25、26）的具体情况。

综上所述，基于相似形制和所处位置，我们已经划分出四类禅定窟，但还是不能排除其他类型洞窟如讲堂窟，甚至功能多元的部分方形窟也可能用作禅修之所。下文将具体阐述每处石窟寺院遗址中可辨识的所有禅定窟。

克孜尔石窟寺院遗址中有20余座禅定窟，当然其他类型的洞窟可能也曾用作禅修之地，我们从最内部的谷内区展开。第109B窟开凿在崖壁高处，现已无法抵达，因此笔者的推测是基于远处的观察。洞窟编号会导致误解，实际上第109B窟指代的是一排四座禅定窟，规模相同，等距开凿在平直、涂抹草泥的崖壁正面（图96）。照片中左侧洞窟部分残损，内部填满石块堆积，由于崖面已经坍塌，难以从远处观察推测上部的凸出属于已经坍塌的前室，还是只是为下方洞窟提供某种保护。尽管现已残损，第109B窟仍然是龟兹地区保存较好的禅定窟组合。由于四窟形制相同，等距离开凿，而且可能共用同一较浅的涂抹草泥的前室，所以它们的建造应经过悉心规划。所处位置即显示出选址的深思熟虑：此处可以提供寂静偏僻的环境，窟内坐禅的僧侣面对的只有对面的崖壁。

同一高度处等距分布数座禅定窟是克孜尔的常见特征。如前已提及的一排四座禅定窟第25、25A、25B、25C，尽管风蚀严重，但是仍然可以分辨出四窟的轮廓（见图94）。其中三座高近1.5、宽1.2米，残损的现状无法准确测量其深度。第25窟规模更大，可以容纳一人在窟内睡觉，因此可供进行长时段的闭关修行。登临这些禅定窟需要通过一段连通僧房窟第24窟、开凿于岩体内低矮弯折的隧道（图97）。由此揭示出禅定窟之间的关系以及一组特殊组合。事实上第24窟与位于上方的方形窟第12窟和中心柱窟

126

龟兹石窟寺院的构成单元

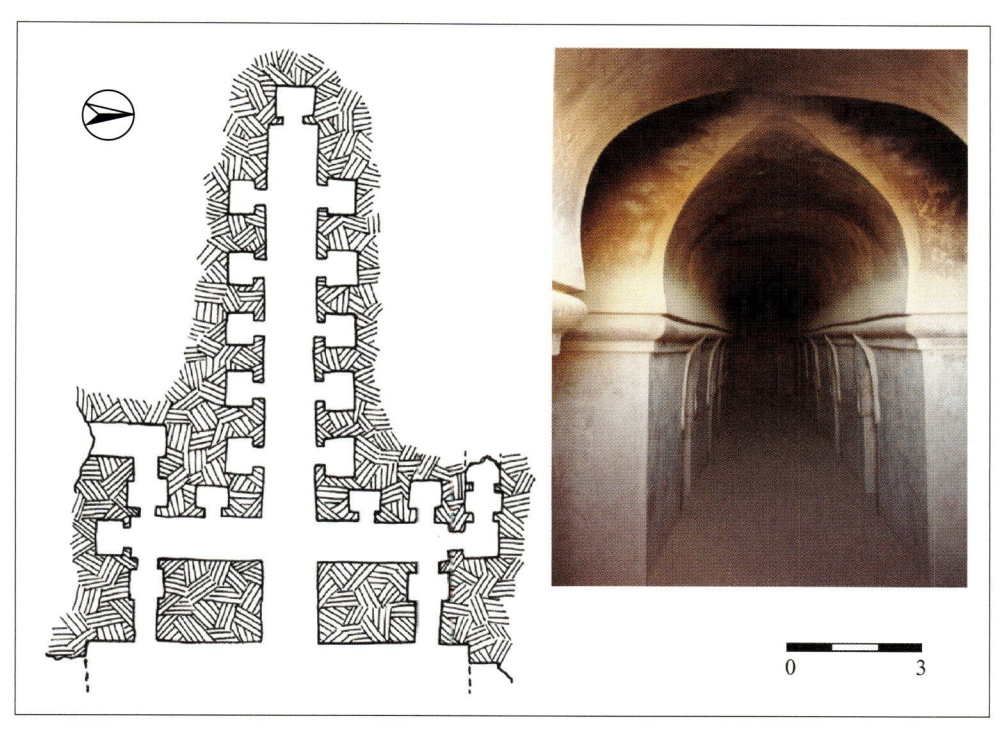

图95 苏巴什西寺第5窟。左：平面图。右：内景图，值得注意的是，末端皆有坍塌，禅定小室最初的数量应多于现在。

图96 克孜尔第109B窟，克孜尔石窟寺院上方的高原；前部的幽深峡谷是谷内区的最内部分。四座禅定窟共用同一编号，即第109B窟；照片中看似四个点，用白色线圈标出。见图27遗址内的相对位置；第109B窟临近第109窟。

127

第13窟构成组合。除根据此区内典型的组合——通常包括一座僧房窟、一座方形窟和一座中心柱窟之外,还可以根据崖面上的遗迹推测这些洞窟之间的关系。崖面上的遗迹表明僧房窟第24窟窟前曾有一座外悬的木栈道,通过一段木梯道连接上面的洞窟。根据崖壁上短而有规律的痕迹推测,此组合内还包括其他禅定窟:一座在第24窟之西,至少有两座位于第12窟之西。总之,这个复杂组合由中心柱窟第13窟、方形窟第12窟、僧房窟第24窟以及至少7座禅定窟构成。组合内的洞窟位于三个高度,由木栈道、凿于岩体内的隧道及木梯道相连通,在龟兹极为罕见。值得思考的是,这处包括禅定窟在内的组合在当时是一个特例?或者仅仅是当时常规组合中保存较好的一组?

在克孜尔,不同高度上的洞窟构成组合的例子极少。除上文提到的组合外,另一组合可能更复杂,即谷内区的第112～115窟。该组合连续发展而成,

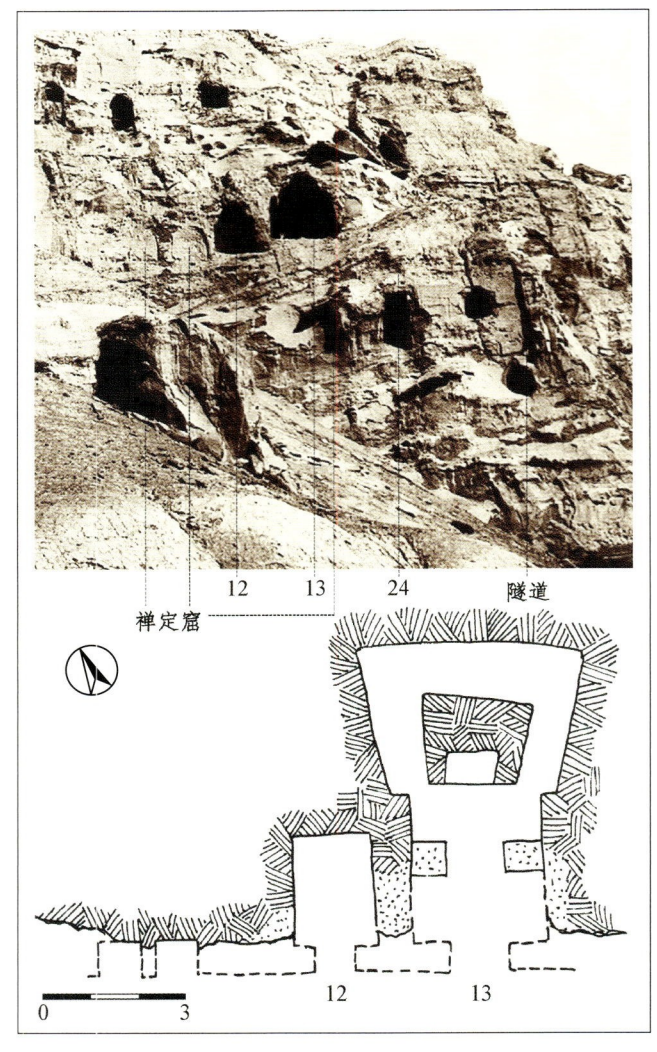

图97 克孜尔第12、13、24窟及周围的禅定窟。上:立面照片。下:联合平面图。照片中可清晰看到三座禅定窟:两座临近第12窟,一座临近第24窟。僧房窟第24窟保存部分前室遗迹;第24窟下方是通向第25窟的隧道(也见图94)。组合的最初核心包括方形窟第12窟、中心柱窟第13窟和两窟下方的僧房窟第24窟。此外,有七座禅定窟与此组合相连。照片版权归德国柏林亚洲艺术博物馆所有。

由叠压或打破关系以及洞窟的相对位置可以推知:第113窟是通向位于其上方洞窟的岩体内的梯道,开凿于中心柱窟第114窟和僧房窟第115窟构成的最初组合完工之后[1](图98)。上方有四座洞窟:僧房窟第112窟前有一座外悬的木栈道可以通向第112A

---

[1] 第113窟受到上部高原流下的雨水的侵蚀。

窟，此窟现已坍塌，仅保留部分墙壁；第113A窟是位于梯道入口上方的一座小窟，几乎完全坍塌；第112B窟为纵券顶，高2.5、深2.5、宽1.8米，窟内刷抹草泥及白灰浆，但没有彩绘[1]。第112A、112B、113A窟可能都属于第二类禅定窟。四窟的上方还可以看到一座小窟，但无法抵达，可能是第一类禅定窟，暂时称其为第112C窟。因此，第112～115窟组合内的洞窟分布在不同高度上：最初组合提供了居住和礼拜场所，后续发展过程中保持不变，后来开凿在高处的洞窟主要用于禅修。

后山区的第一类禅定窟第216A、216B、216C窟与僧房窟第216、218窟，方形窟第217窟和中心柱窟第219窟构成组合（图99）。前文提及的第一类禅定窟第223A窟位于由方形窟第222窟、僧房窟第223窟构成的组合上方（见图69）。后山区最东端的第228、229窟皆属于第二类禅定窟，用于长时段禅修[2]。第212[2]窟值得特别关注。此窟事实上是由第212[1]

图98 克孜尔第112～115窟组合。上：立面照片。中：立面图。下：联合平面图。这一复杂的组合位于谷内区。组合的最初核心包括中心柱窟第114窟和僧房窟第115窟。开凿在岩体内的梯道第113窟是晚期增建，因此较晚阶段才可以通过此梯道抵达所有洞窟。上方有僧房窟第112窟，以及第112A、112B和113窟三座禅定窟，更高处还有第112C窟。

---

[1] 此窟不见载于新疆龟兹研究院编写的报告，笔者在田野考察中发现。之前德国吐鲁番探险家Thodore Barthus曾参观此窟，并在此窟内留下了自己的签名。此区内可能还有其他禅定窟，因无法抵达，尚无法系统调查。
[2] 第229窟内晚期绘制了简单的譬喻故事画，呈横带状分布。值得注意的是在克孜尔最晚阶段，开凿活动几乎全部终止，只有少数小型礼拜龛开凿在已存在的洞窟附近，早期未装饰的洞窟在此时被重新装饰。因此，禅定窟第229窟的壁画不与其开凿或使用同时，属于克孜尔最晚阶段。

龟兹寻幽：考古重建与视觉再现

图99 克孜尔第216～219窟组合。联合平面图见图41，此组合包括两座僧房窟、一座方形窟、一座中心柱窟以及第216A、216B、216C窟三座禅定窟，在老照片中可清晰看出。照片版权归德国柏林亚洲艺术博物馆所有。

窟改建而成，即由规模适中，平面呈横长方形，横券顶，深近2.8、宽近3.2米的洞窟改造成长条形窟，深11、宽3.2、高3.5米，纵券顶（图100，平面图见图41）。随着洞窟改建，原涂层被移除，所有残存壁画皆属晚期。改建后洞窟两侧壁被等距装饰骷髅头的花纹带分成上下两栏。上栏绘慈女因缘（*Maitrakanyaka avadana*）和亿耳（*Sronakotikarna*）故事，已经被全部揭走，现藏德国柏林亚洲艺术博物馆；下栏绘四身坐禅僧侣，作为相邻四边形边框的分隔（见图109）。第212窟尽管规模更大，但可能与苏巴什、玛扎伯哈和库木吐喇沟口区的长条形窟属于同一类型，而且功能相似，可以将之归入第四类禅定窟[1]。

以上介绍了克孜尔20余座专门用于禅修的禅定窟：部分属于第一类，或独立分布，或一排四座；部分属于可供长时段停留的第二类；第212[2]窟是唯一一座第四类禅定窟。可能也有其他洞窟属于禅定窟，但因无法确认暂不讨论。如前文所述，崖壁易于损毁和坍塌，这些小窟的位置也暗示出许多禅定窟可能已经塌毁不存。此外需要注意的是，禅修也可以在具有多重功能的洞窟中进行。若将这些情况都考虑在内，就会发现克孜尔石窟寺院中同时在窟内坐禅修习的僧侣人数之多。但在得出最终结论之前，我们还需要考察其他石窟寺院。

---

[1] 某种程度上洞窟的宽度由第212[2]窟的建造决定，而此窟是由第212[1]窟通过加长侧壁改造而成。苏巴什同类型的洞窟皆有彩绘，壁画内容尚未被辨识。

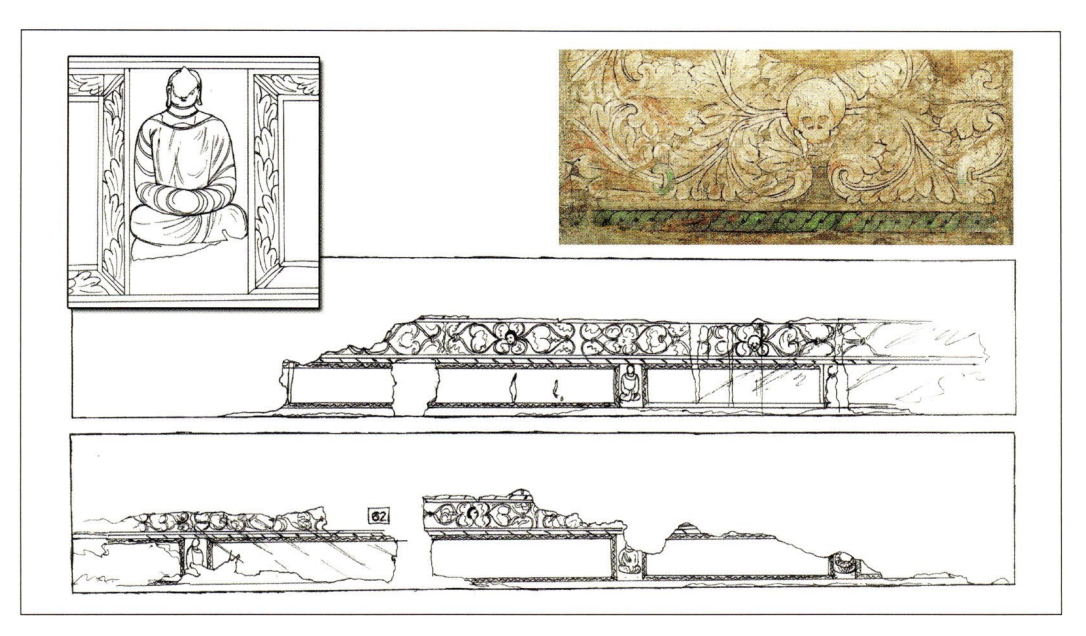

图100 克孜尔第212[2]窟。最小型的横长方形窟,后来扩展成现在的规模;现存所有壁画都属于晚期。下:侧壁下部壁画布局。上:两边框之间绘坐禅僧侣。图109照片中有一个相似的形象。郭峰绘。照片版权归德国柏林亚洲艺术博物馆所有。

在龟兹布局最有序的石窟寺院克孜尔尕哈,禅定窟集中于西区,开凿在僻静小山谷周围的崖壁上,这样选址显然是想为冥思禅修提供安静环境,同时还需要考虑既靠近礼拜区又保持相对独立。严重坍塌的崖壁使第一类禅定窟的总数无法确知。洞窟并非等距离分布,可能是为避开较差的岩质。然而最终的布局仍未背离原有的秩序(见图2、11)。部分洞窟开凿在崖壁对面,面向空旷的沙漠,可能是在谷内缺乏空间与合适岩体之后的晚期发展。所有禅定窟朝向东南,整个上午都会受到烈日的烤晒,因而洞窟的使用可能是在太阳转到洞窟后面的下午时分。如同其他石窟寺院,克孜尔尕哈的讲堂窟或其他多功能洞窟中也可以进行禅修。

最壮观的一组禅定窟见于托乎拉克艾肯,遗址内整个北区都被用作禅定区(见图46、49)。至今仍能在金字塔状的山丘上辨识出四排30余座禅定窟,当时实际使用的禅定窟的数量想必更多。尽管残损严重,仍然可以发现所有禅定窟的规模一致。洞窟底部呈方形,边长0.8~0.9、高约1.2米,分成四排,每排洞窟彼此间距0.4米。它们构成一个庞大组合,面向东南,俯瞰着整处宏伟的寺院。与克孜尔尕哈相同,这些禅定窟同样在上午暴露于太阳之下。组合下方居中处是中心柱窟第18窟。在开始上山坐禅之前或者结束禅修下山之后,僧侣们可能需在第18窟作仪式性停留。每排禅定窟之前有一条小径可供出入洞窟。除第一类禅定窟组成的大型组合外,不远处还有两座面朝北的第二类禅定窟,即第19、20窟,它们的规模表明可供长时段禅修。因此,北区专门为禅修而辟建，仅有的一座中心柱窟可能也跟禅修密不可分。

托乎拉克艾肯的众多禅定窟揭示出若干值得重视的问题。即使在较小的寺院中尚且需要30余座禅定窟，可想而知禅定窟在龟兹石窟寺院中所占比重之高。当然也可以推测托乎拉克艾肯是禅修占据统帅地位的特殊寺院。为30余名僧侣精心规划和建造同时坐禅的场所，表明此处可能流行集体禅修。同一区段内两座稍大的第二类禅定窟第19、20窟也可以进行长时段的闭关修行。托乎拉克艾肯是龟兹众多石窟寺院中专门选作禅修的寺院吗？是否可以从它独特的布局中探索其信奉的特定部派？

苏巴什是龟兹另一处令人印象深刻的石窟寺院，而且还可能是更加宏大的宗教聚落，壮观的遗存依旧映射着曾经的辉煌。笔者已指出库车河两侧的东、西寺皆有专门的禅定区，区内集中分布着如今已经部分被掩埋的长条形窟。由于无法深入调查，仅可依赖信息有限的测绘图进行初步分析，笔者在东寺仅考察过一座长条形窟，它毗邻一座中心柱窟，两窟皆损毁严重（图101）。长条形窟内保存有壁画残块，窟顶绘神奇地景中的坐禅僧侣；残损更严重的中心柱窟内部分被石块填充，壁画大部分已脱落。两窟毗邻佐证了亦见于其他遗址的现象，即禅定窟附近通常有一处礼拜场所。西寺南区集中分布宏伟的建筑，包括大窣堵波、寺院的高墙以及大型居住建筑，而北区则集中分布禅定窟，禅定区与地面的居住和礼拜设施相辅相成。

西寺内没有一座洞窟保持原貌，大多数部分坍塌并被石块掩埋。保存状况最好的第5窟，窟前有宽大的前室，可能是地面起建的木结构，正壁上有三个通向主室的门道（见图95）。十字架式布局包括两条纵券顶甬道，两者在距离中间门道3米处呈直角相交，相交处构成交叉拱。纵甬道长16米，横甬道长7米。纵甬道两侧壁各开五间禅定小室，门楣造型为拱背线起尖的圆拱，两端翘起。小室凿刻精细，规模相当，均约1米深，0.8米宽，券顶。与主入口相对的正壁上开凿一间规模稍大的石室，穹窿顶。横甬道的两半部分基本对称，末端及其两侧各有一间小室，内壁居中处还有一间小室。最内端的小室内最初有更多小室，布局并非完美对称，也许跟可用岩体空间密切相关。两侧小室或坍塌或填满堆积的现状使情况变得更复杂，因此该窟的完整布局以及两端小室的用法成为悬而未决的问题。需要注意的是此窟在近代经

图101 苏巴什东寺两窟外立面。左侧为禅定窟，右侧为中心柱窟。

过重修，两条甬道内从地坪到叠涩以及窟顶大部分被重新涂了一层白灰浆。原窟顶保存的壁画残块（某一故事的组成部分？）中绘有树木水池景观中的坐禅僧侣，与下文将讨论的东寺禅定窟内的壁画相似（见图163）。

苏巴什东寺第3窟也是十字架式布局的禅定窟，尽管规模稍小，但与西寺第5窟有颇多相似之处，例如窟内绘壁画。长条甬道两侧开凿小室亦有其他形式的布局[1]。例如西寺第1窟平面呈U型，亦属于第三类禅定窟，包括两条深5.4米的平行纵甬道以及连接两者的长7.7米的横甬道。横甬道正壁开五间小室，每间深约0.8、宽约0.7、高约1.3米；两端还各有一间规模相当的小室，小室内涂抹白灰浆，门楣造型为拱背线起尖的圆拱，两端翘起。此外第1窟外立面上还开凿多间小室以提供更多坐禅空间。第1窟所在的平直崖面长达26米，崖面上开凿八座第一类禅定窟以及两座稍大的洞窟，面朝西南。由此，崖面上以及岩体内的禅定窟能供15人同时坐禅。耐人寻味的是，同一建筑单元内的禅修活动在两种截然相反的环境中进行：第1窟内禅修者所处空间黑暗、封闭；而崖面上的洞窟内，禅修者则面向开阔的山峦（图102）。西寺北区内还有其他第三类禅定窟，长条形甬道侧壁开多间小室，然而皆塌毁严重，填满堆积，在没有发掘清理的情况下无法展开研究。

在西寺北区，禅修也开展于第四类禅定窟内，即两侧无小室的长条形窟。大多数此类洞窟坍塌严重，窟内充塞碎石，现已无法统计总数。笔者曾考察过其中部分洞窟：宽度通常不足2米，高约3米，个别深度可能超过10米，但因堆积堵塞无法确认。此类禅定窟结构简单，壁面和窟顶的交接处有一阶叠涩，部分洞窟内绘有树下坐禅僧侣，与第5窟相似。全面调查的缺失以及残损的现状使得无法对洞窟的数量、布局及相互关系做出准确推测。值得指出的是第3窟所在的山丘顶部有砖砌建筑遗存，可能是一座窣堵波，即前文提及的禅定窟的组合附近常有一处供禅修前后礼拜的场所。综上，苏巴什西寺内有两个区段：包括宏伟的礼拜建筑和居住设施的南区以及第三、四类禅定窟集中的北区。如果这些洞窟同时使用，那么会有数百名僧侣同时坐禅。

东寺的情形或与西寺相似，只是洞窟集中分布于地面寺院以东。在现存的所有禅定窟中，笔者仅考察过一座长条形窟，属于第四类禅定窟，毗邻一座中心柱窟（见图101）。此座长条形窟内，还可以看到绘有树下坐禅僧侣的壁画残块。

龟兹现存的大型地面寺院夏哈吐尔、乌什吐尔及苏巴什东、西寺，布局皆有相似之处：大型地面寺院提供居住和礼拜设施，在边界之外既易于抵达又僻静清幽之处集中开凿供僧侣集体坐禅的众多禅定窟。凿建在崖壁上的禅定窟似乎更受欢迎：原因或许是温度较为稳定而且远离寺院的喧嚣。当然亦不能排除部分地面建筑用作禅修的可能

---

[1] 此窟简化的平面图可见李丽：《新疆龟兹地区中小型石窟调查》，第167页。

图 102 苏巴什西寺第1窟。上：立面照片。下：平面图。第1窟平面呈U型，禅定小室开凿在正壁上。此外崖壁正面可能是前室正壁，其上也开凿有禅定小室，长逾26米。这一结构清晰地表明禅修在不同环境中进行：光线晦暗、温度恒定的第1窟与崖壁上暴露在太阳下、视野开阔的禅定窟。

性，若此，禅定僧侣的数量会更多，无疑彰显出禅修在龟兹的重要性。

第一章提到玛扎伯哈的长条形窟通常毗邻一座僧房窟，两窟共用同一宽大前室，此类长条形窟即第四类禅定窟（见图25、26）。长条形窟与僧房窟构成的组合类型不见于龟兹其他石窟寺院，但在玛扎伯哈中区至少有六组，是其最显著的特征。长条形窟长10余米，不足2.5米宽[1]。侧壁上方的叠涩与苏巴什同类洞窟内的叠涩相似。根据此类组合的多见性以及其中壁画窟极少的事实，可以推测玛扎伯哈中区乃至整处石窟寺院可能都是为禅修辟建的。

---

〔1〕 不同地理环境使用相应建造技术的讨论见第33页。

龟兹石窟寺院的构成单元

库木吐喇沟口区洞窟残损严重，因此情况也更加复杂。邻近地面寺院乌什吐尔的第一区段内有五座无装饰的长条形窟，属于第四类禅定窟，即第7、11、13～15窟。其中第13～15三窟毗邻而建构成一个组合。第15窟的里端已经坍塌，残深仍达15余米，宽约2.8米，高度不足2.3米[1]（见图58）。第9窟是龟兹仅见的类似苏巴什第1窟的洞窟，也是由两条平行纵甬道及连接两者的横甬道构成。横甬道正壁开凿有多间规模不同的小室，其中只有两间涂抹白灰浆，其他小室可能凿于晚期。该窟很可能为坐禅设计，但并未完工，可能从未实现其预期功能（见图59）。

库木吐喇窟群区的情况更加清晰。中心柱窟、方形窟等礼拜窟集中开凿于面向木扎提河的崖壁上，三座禅定窟位于谷内上区，都是可供长时段禅修的第二类禅定窟。第75窟通过第74窟之前的小径抵达，可能是瘗窟：崖面上的痕迹以及地面遗存表明两窟曾通过一段走道相连。第75窟曾有前室，现在已经坍塌，主室深1.7、宽1.5、高1.7米。窟内壁画的年代晚于开凿年代[2]（图103，左）。

第78窟位置偏远，主室深1.9、宽1.7、高1.8米，曾有前室。为免遭洪水冲击开凿在崖壁高处，第78窟可通过左侧凿于岩体内的梯道抵达，梯道现仅部分保留。前室和梯道表明这些小窟的设计与凿建都经过精心规划，因为开凿这些辅助结构比洞窟本身更费精力（图103，右）。笔者无法登临第76窟，已发表的资料表明其形制、规模与第78窟相似，两者的差别在于前者正壁开一小龛而且跟小窟第77窟毗邻，无法确定第76窟的这些特征属于同一时段，抑或是晚期增建（图103，中）。第75、76、78三窟具有不见于其他遗址的共同特征：拱形门道位于前壁左端

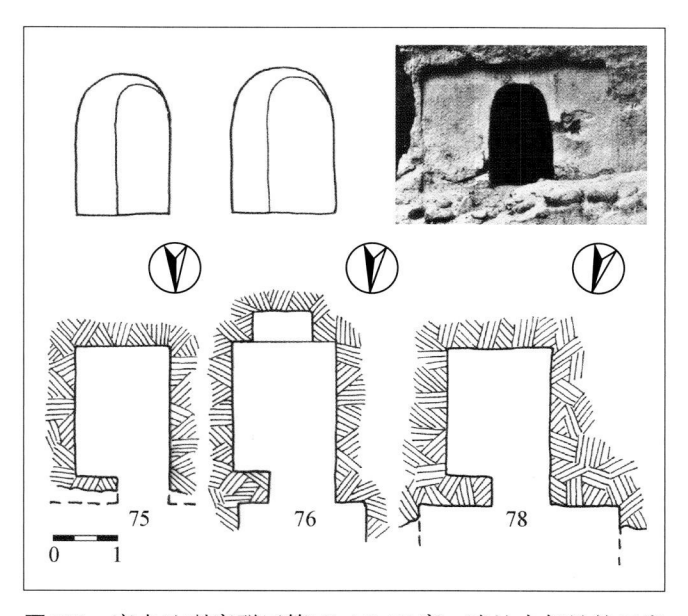

图103 库木吐喇窟群区第75、76、78窟。遗址内仅见的三座禅定窟，并且都集中在谷内上区。三窟在形制和规模上十分相似；都面朝北，入口开在左侧。照片版权归德国柏林亚洲艺术博物馆所有。

---

[1] 将第15窟与第16、14窟连通的入口开凿于晚期，跟洞窟的开凿或使用不在同一时期。
[2] 正壁绘一身坐禅僧侣，侧壁绘回鹘装束的礼佛者。参见马世长：《库木吐喇的汉风洞窟》，第211—212页。瘗窟可能开凿于晚期，因窟内题记皆为汉文。

而非居中；各有宽大的独立前室；三窟所处位置不同且彼此远离，但都朝北。这些特征可能是第二类禅定窟闭关窟的本地化创造。

库木吐喇窟群区在龟兹石窟寺院中年代相对较晚，所依托的教义理论亦与其他寺院有别。以壁画窟为主，还有少数僧房窟，似乎没有地面建筑。尽管不排除部分洞窟已经坍塌无存，但禅定窟的罕有并不足为奇。

库木吐喇窟群区中基本不见禅定窟。如前所述，禅定窟的缺乏或少见可能是崖壁坍塌所致，而不是石窟寺院建造之初没有规划禅定窟。如第一章提到的台台尔遗址内仅发现一座属于第一类的禅定窟，不过该窟并非孤例，而是表明禅定窟也曾是台台尔的必要构成，只是大多没有保存下来。损毁严重的温巴什保存了一座属于第二类的禅定窟。僧侣住在地面僧房中的森木塞姆，没有僧房窟和禅定窟，或许表明地面建筑也可以为禅修活动提供场所。

以上对龟兹禅定窟的分析是基于翔实但并不完整的第一手资料，然而已经揭露出诸多情形。禅定窟因其规模小且暴露在外，是最容易坍塌的洞窟类型。就较大的洞窟而言，坍塌只能造成部分损毁，仍能留下充足的遗存以证明其存在，而同样的坍塌则会将第一类禅定窟摧毁得无迹可寻。因此，龟兹石窟寺院遗址中的大量禅定窟都已经消失，是受损最为严重的一类洞窟。尽管如此，残存至今的禅定窟数量仍然非常可观，颇为引人注目。

大多数禅定窟成组集中分布，也有个别禅定窟独立分布；长条甬道侧壁开小室的洞窟以及无小室的长条形窟都是禅定窟，此外还有规模稍大的洞窟用作长时段禅修。亦不能排除其他类型的洞窟，如讲堂窟或未装饰的方形窟，可能曾经用于或临时用于禅修。

开凿何类禅定窟并非随意而为，事实上已经表现出某种规律，有助于对繁多资料进行初步的系统梳理。不同类型的禅定窟似乎与不同寺院相对应。小型的或单独或成排开凿的第一类禅定窟以及用作长时段禅修的第二类禅定窟，常见于所有石窟寺院。十字架式或U型长条甬道侧壁开小室的第三类禅定窟仅发现于夏哈吐尔、乌什吐尔和苏巴什地面寺院附近[1]。第四类禅定窟长条形窟主要见于大型地面寺院的边缘和玛扎伯哈。此外，部分石窟寺院中展示出禅定窟分布的另一规律，即克孜尔尕哈、托乎拉克艾肯、玛扎伯哈和库木吐喇窟群区的禅定窟集中分布在特定区段内。因此，大型地面寺院苏巴什东、西寺以及乌什吐尔附近，特别是库木吐喇沟口区第一沟集中分布禅定窟就不

---

[1] 长条甬道侧壁开小室，与苏巴什所见的类型相似，亦见于七个星佛寺遗址，这些洞窟也接近地面寺院，被认为属于唐代，参见 Oldenburg, *Russkaya Turkestankaya Ekspediciya 1909/1910* (St. Petersburg: Imperial Academy of Science, 1914), fig. XI。

足为奇。以往研究不仅忽略了龟兹禅定窟的存在,而且未注意到它们都集中在专门的禅定区,由此影响了对龟兹石窟寺院的理解。

　　禅修所依托的环境各不相同。部分禅定窟开凿在崖壁正面,暴露在阳光、甚至是极端天气条件下,拥有开阔的视野。与之相反,部分禅定小室凿建在长条甬道的侧壁,晦暗幽静,还有个别禅定窟毗邻瘗窟。不同环境可能意味着龟兹僧侣在进行不同类型的禅修,此问题仍有待深入探索。就禅修者数量而言,大多数禅定窟彼此毗邻,或是同一洞窟的多间小室,由此表明禅修是集体活动,多名僧侣可同时进行短时期禅修;但也有单独分布的禅定窟。就开凿在崖壁正面的禅定窟而言,僧侣不可能上午在窟内坐禅,因为完全暴露在烈日之下。系统考察龟兹禅定窟的朝向表明下午最适合禅修。另外,禅定窟附近通常有一处礼拜场所,可能是礼拜窟也可能是窣堵波,僧侣坐禅前后需在其内举行某种礼拜仪式[1]。

　　禅定窟的普遍存在以及多种类型清晰展示出禅修的重要地位,且石窟寺院在规划建设时必须给予特别关注。本研究纠正了僧侣在壁画窟中打坐禅修的错误认识。事实上,禅修活动在数百座禅定窟内进行,其中大多数没有装饰,或仅绘有与禅修相关的坐禅僧侣形象,以响应特殊需求。以往研究中的误解可能跟没有认识到存在数量众多的禅定窟有关;此外,学者先入为主的认为禅修时需要外部图像引导进入心神凝聚的状态。然而施林洛甫编辑整理的出自克孜尔的禅修文献《梵文禅定修习法要》(*Yogalehrbuch*)残卷已表明龟兹僧侣禅修时会摒除外部刺激,仅通过自己的内心入于禅定。因此我们对龟兹石窟寺院遗址的田野考察使得文本证据与近乎所有石窟寺院内都存在的禅定窟连接起来成为可能。

　　禅定窟的年代框架并非本研究的范畴,但若干线索或许有助于深入探索。前已指出中心柱窟主室正壁上的主龛模仿自禅定窟,因此主龛造型的变化或许反映出禅定窟形制的演变。克孜尔第219窟的主龛保存状况最佳(图104)。主龛经过重修:正壁上大量遗迹清楚表明通过调整拱腹弧度来改变主龛造型,主龛最初拱弧更尖,改造后稍微平缓[2]。事实上整个龟兹地区,晚期的壁龛都采用较平缓的拱腹,此变化与中心柱窟主室和甬道券顶弧度变化一致。因此,这种表明晚期发展的建筑结构的变化可以用来构建相对年代序列。禅定窟的拱腹具有相似的变化过程,可以据此尝试建立禅定窟的相对年代序列。

---

[1] 宿白:《中国石窟寺研究》,文物出版社,1996年,第346页。
[2] 这似乎是普遍趋势,克孜尔第43窟提供了较好的例证。

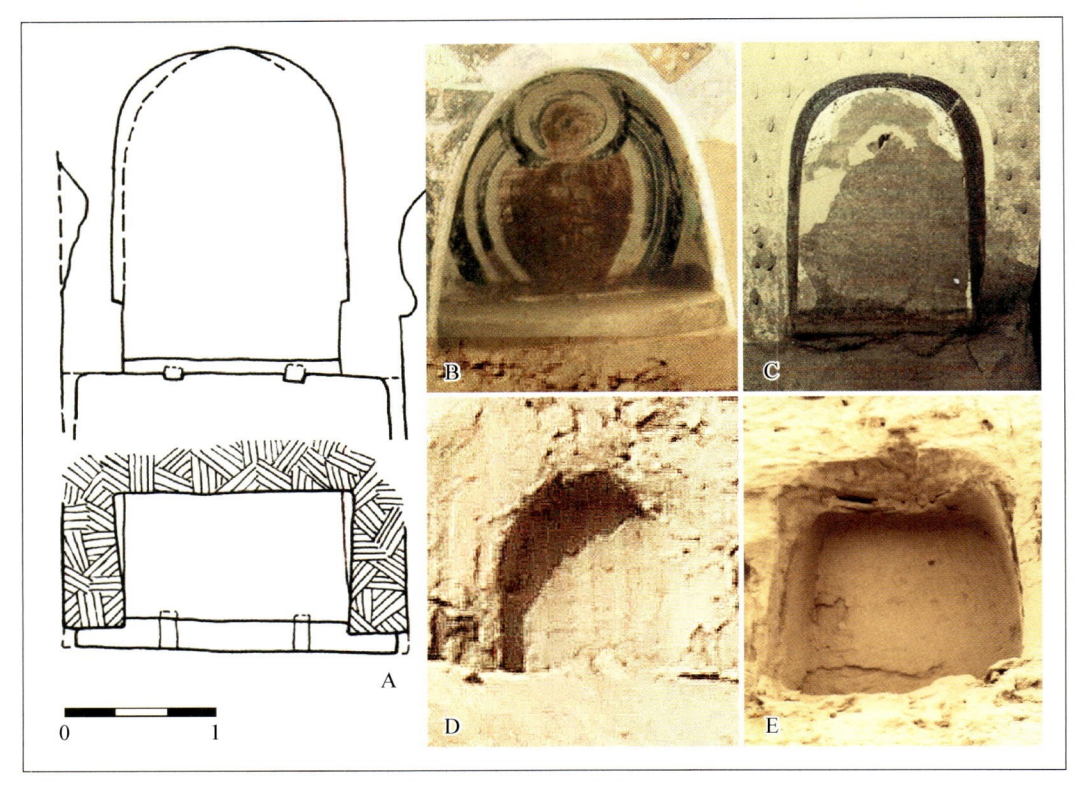

图104 中心柱窟主龛形制的发展演变可能与龟兹禅定窟相似。A: 克孜尔第219窟主龛平面图和剖面图;虚线表示主龛的最早阶段;晚期改造后拱腹变得扁平。早期主龛弧度更尖,如B克孜尔第17窟;但在晚期变得扁平,如C克孜尔第224窟。同样的趋势亦见于禅定窟,较早的类型D如克孜尔第25窟和晚期类型E如克孜尔尕哈第38窟。采自新疆维吾尔自治区文物管理委员会、拜城县克孜尔千佛洞文物保管所、北京大学考古学系编:《中国石窟·克孜尔石窟》,第1卷,图132。

洞窟组合

龟兹石窟寺院中大多数洞窟都从属于某一组合。尽管上文已经多次提及洞窟组合,但作为石窟寺院的基本构成单元,洞窟组合值得系统探究。若要理解石窟寺院的构造及其与何种部派相关,对洞窟组合的正确判断至关重要。准确界定、测绘和描述洞窟组合目前尚处于初级阶段。由于与之相关的已发表资料较为有限,甚至不乏错讹,因此研究的展开必须依托大量田野考察。

洞窟组合的概念并非新创。以往学者已注意到洞窟组合并对其进行不同定义,但并未追究其深意。格伦威德尔曾指出部分洞窟彼此毗邻,有时共用同一前室,推测它们之间可能存在着某种关联。宿白在对克孜尔的开创性研究中对其给予更多关注,虽然仅有只言片语,但意识到洞窟组合是值得深入探索的重要单元,他不仅建构起不同洞窟的类型序列,而且基于组合特征的发展建立起遗址的分期框架。这种重要的方法在此后并未受到足够重视。而且遗憾的是,宿白对龟兹石窟寺院遗址的研究是有瑕疵的,因为他未能辨识出第一类组合的存在,即僧房窟与方形窟构成的组合。因此他的分期是基于第二类组合,即至少包括一座中心柱窟的组合[1]。晁华山亦曾撰文研究洞窟组合,他将洞窟组合定义为包括五座中心柱窟,即"五塔寺"[2]。由于只关注此一独特的组合未能注意到其他类组合的存在,甚至忽视了区分因素,如洞窟之间的远近距离,以至于认为石窟寺院由多组包含五座中心柱窟的组合构成。新疆龟兹研究院意识到了洞窟组合的重要性,在最近编纂出版的考古报告中增加了部分洞窟组合的联合平面图,但未作说明,亦遗漏了许多组合[3]。

洞窟组合的研究历史表明其尚未得到应有的重视,这也是笔者在第一章附加大量洞窟组合的联合平面图的初衷所在。这些平面图与德国探险队百余年前拍摄的照片可以相互补充。使用早年照片的原因在于它们能更清晰地反映出洞窟之间的关系。相比文字,平面图和照片更加直观易懂,因此本书中丰富的图片资料可能比文字的阐释更加有力,使读者明白在龟兹石窟寺院中洞窟组合是最基本的构成单元。在研究的初始阶段,有必要熟悉实际状况,洞窟组合的概念及类型的变化必须基于坚实的、被清晰辨识的证据。囿于以往的理论框架,即洞窟组合包括至少一座中心柱窟或洞窟组合皆由五座中心柱窟构成,无视其他类型的洞窟组合,很容易误读考古资料[4]。

本研究对洞窟组合的定义是一组彼此毗邻、开凿在同一高度、通常通过建筑结构相连、与其他洞窟或组合有清晰边界的多座洞窟。为辨识洞窟组合,笔者结合了原址考察与联合平面图的分析。原址考察能发现其他途径无法获得的重要信息,如岩体质量、残存结构的遗迹、叠压打破关系以及洞窟的进入和连接方式。对多座相邻洞窟的联合平面图的研究可以弄清它们的整体布局、相对距离和朝向。准确辨识洞窟组合的最初核心并区分早、晚期的洞窟十分关键。大多数情况下,洞窟组合通过在最初核心组合内增建新洞窟或将组合中某类洞窟改造成其他类型而发生改变。最后,对保存较好的洞窟组合的研究还将有助于识别和复原破损更严重的组合。

克孜尔是拥有许多不同洞窟组合的复杂石窟寺院,根据是否包括至少一座中心柱

---

[1] 文中宿白没有辨识出第一类洞窟组合,即由方形窟第222窟和僧房窟第223窟构成的组合,而是指出第二阶段中心柱窟第224窟加入其中,但并无迹象表明第224窟与此组合有关。另外,他也忽略了晚期增加的僧房窟第221窟,与第222~223窟的前室相连(见图69)。参见宿白:《克孜尔部分洞窟阶段划分与年代等问题的初步探索》,第15页。
[2] 晁华山:《克孜尔石窟的洞窟分类与石窟寺院的组成》,第181—188页。
[3] 尤其是没有解释部分洞窟组合选址随意及忽视其他组合的原因。
[4] 笔者曾对克孜尔的不同洞窟组合进行了全面论述,参见 Vignato, "Archaeological Survey of Kizil," 372-381。

窟可划分出两类主要组合。第一类洞窟组合由一座或多座僧房窟与一座或多座方形窟构成。方形窟是形制简单的洞窟类型，但它们在建筑结构和装饰上的差别非常大。如前所述，方形窟的前室类型多样，且由不同材料建成。主室或为横长方形，或为纵长方形，或是正方形；大多数方形窟只有一个门道，部分方形窟有一或两扇明窗；窟顶差别最大，既有纵券顶、横券顶，亦有穹窿顶、盝顶。大量方形窟内没有装饰，部分残存的方形窟中所见的装饰大多为壁画，其构图表现出显著差别：个别方形窟的壁面上被划分成多栏数铺，个别方形窟内壁画为通铺构图，或为长条带状的连续叙事，窟顶亦绘壁画；少数方形窟内有塑像，奉放在主室中央的像台上或者壁龛内，或分成两排固定在两侧壁上。表现的题材也十分丰富，包括本生故事、譬喻故事、说法以及佛陀最后住世生活的其他情节；涅槃题材罕见，方形窟中的涅槃叙事并不突出。方形窟的壁画主要为A种风格。第一类洞窟组合中的僧房窟与第二类洞窟组合中的僧房窟相似，发展演变规律相同。根据洞窟数量和洞窟类型，第一类洞窟组合还可以进一步划分亚类。

第二类洞窟组合包括至少一座中心柱窟，有或无僧房窟和方形窟。该组合中心柱窟的建筑形制和装饰是龟兹洞窟中最知名者。中心柱窟皆有前室，或独立使用，或与其他洞窟共用。主室通过门道进入，一般没有明窗。主室平面通常为方形或长方形，横长方形平面是龟兹洞窟发展至最晚期的显著特征。窟顶大多为券顶，其他类型的窟顶通常属于晚期，或是被改造而成。中心柱窟最典型的特征是有可供右绕礼拜的内室。中心柱窟的装饰将在第三章具体讨论[1]，这里需简单提及的是中心柱窟内的壁画皆属于B种风格。如前所述，此类组合中的僧房窟与第一类组合中的僧房窟相似，并没有显著差别。

克孜尔的两类洞窟组合各自独立发展。第一章中笔者指出第一类洞窟组合首先出现；后来出现第二类洞窟组合，两类洞窟组合并行发展一段时间；最后第二类洞窟组合经历了剧烈演变。就此而言，对两类洞窟组合的辨识，除显示出遗址的特征外，也为构建更可信的分期框架提供了可能性。以往研究从未尝试基于所有洞窟对整处遗址进行分期：传统上对遗址年代序列的建立是基于每类洞窟的类型演变，此种方法仅涉及部分典型洞窟，缺陷在于预设了不同类型的洞窟从早到晚是并列的线性发展。这一前提假设既不合逻辑，也没有依据：因为无法证明所有类型的洞窟都开凿于第一阶段。

换言之，问题不在于洞窟的类型划分，而是不同类型洞窟之间的年代关系。就考古发掘资料而言，类型排比的基础是地层学——通常，同时代的遗存处于同一地层，早期遗存在下层，晚期遗存在上层。同样，洞窟组合提供了不同类型洞窟之间可信的年代关系。洞窟组合的核心是同时设计和建造的，组合中包含的不同类型的洞窟可被视为属

---

[1] 见下文，第157—177页。

于同一地层,即它们是同时期的。例如克孜尔第15～17窟是一组较大组合的核心,三窟开凿于同时期(见图31)。洞窟组合的核心可通过组合类型来辨识,如克孜尔第四区段内重复出现的组合就是核心组合。因此组合中的僧房窟第15窟、方形窟第16窟和中心柱窟第17窟三类洞窟属于同一时期。此组合通过增建两座镜像对称的僧房窟得以扩展,亦为我们提供了另一条重要线索:僧房窟第18、19窟晚于僧房窟第15窟。同样方形窟第14窟也晚于方形窟第16窟。这类线索被提取并与其他组合中浮现出的类似线索一并研究,我们将会得到一系列信息,不仅有助于构建同类洞窟的类型演变序列,也可以为不同类型洞窟确立年代关联。总之,根据目前已有的信实资料可以构建石窟寺院遗址的分期和相对年代框架。附录即是笔者基于这种方法对克孜尔遗址相对年代的初步探索。

克孜尔是龟兹最大的石窟寺院:其高耸的崖壁、广阔的范围以及岩体的质量在龟兹是无与伦比的。笔者目前的研究主要集中于克孜尔,其他石窟寺院内的洞窟组合也可以清晰辨识,这些石窟寺院中的部分洞窟组合属于克孜尔两类组合之一,部分则为新类型。尽管目前无法对所有组合类型做全面记录,但可以提出若干问题以启发后续的深入研究。第一章描述不同石窟寺院时已提及不同类型的洞窟组合,这里将再次列举以助于更好地理解龟兹石窟寺院的多样性。例如玛扎伯哈有一类有趣的组合,由一座未装饰的长条形窟和一座僧房窟构成,两窟各有一间大型前室。此类组合在中区有六组,却不见于龟兹其他石窟寺院。笔者已指出此类组合的主要功能是用于禅修(见图25、26)。台台尔的保存现状尽管较差,其内仍可以确认出两个组合:其中一组由一座中心柱窟和一座僧房窟构成,即第15、16窟(见图55),另一组由一座中心柱窟和两座僧房窟构成,即第11～13窟(见图54)。由一座讲堂窟和一座中心柱窟构成的组合类型功能明确,十分突出,见于龟兹部分大型石窟寺院中。禅定窟通常成组开凿,极少单独而建。如前所述,部分组合仅包括数座禅定窟,苏巴什的禅定窟内有10余间小室,而托乎拉克艾肯的禅定窟组合中至少有30座(见图49)。跟单座洞窟相比,禅定窟的组合应予以特殊关注。森木塞姆常见的洞窟组合由一座中心柱窟和一座方形窟构成。库木吐喇窟群区有一类独特组合:一座小型洞窟位于中间,两侧各有一座大像窟,如第36～38窟和第63～65窟(见图65、66)。此外,还有多座洞窟彼此毗邻构成一长排,但并不构成组合。如库木吐喇沟口区第二沟中有一片几乎全为方形窟分布的较大区域,可以通过一段长隧道抵达。森木塞姆有一长排中心柱窟,分成东(第24～26窟)、北(第27～29窟)、西(第30～33窟)三区。这些洞窟在同一区域内彼此毗邻,但为何如此布局的原因仍值得深入考察。库木吐喇窟群区面向木扎提河的崖壁上开凿的方形窟或中心柱窟皆用于礼拜。除克孜尔外,其他石窟寺院也存在洞窟组合是毋庸置疑的。其中部分与克孜尔第一或第二类洞窟组合相关,部分则为独立发展。这些情况需要细致考察和阐释，龟兹石窟寺院间的相似性和差异性还需要深入探索。

如今洞窟组合的研究仍然处于初级阶段，为了考察洞窟组合的发展并进行类型划分，需要对所有洞窟开展全面调查和准确测绘。目前必须关注已有的考古材料，并对其进行全面记录，而不是急于解释，这将会为引发新理论、新方法的提出。与此同时，洞窟组合不能再受忽视，因为忽略就意味着对考古资料的错误解读，依据洞窟单独分布的错误理论很容易造成对考古单元的肢解。

所有洞窟组合全面分析的完成，将会有助于我们理解不同类型洞窟组合的开凿动机及其在石窟寺院内的功能。目前可以肯定的是，克孜尔两类洞窟组合从构成、布局到装饰皆有区别，也许反映的是僧侣生活的不同形式。其他石窟寺院还有其他类型的洞窟组合，例如由一座讲堂窟和一座中心柱窟构成的组合，或者只有禅定窟构成的组合，表明相同的活动开展于各处石窟寺院。不同类型的洞窟组合与佛教某一部派的关系问题极复杂，不仅关系到考古学者，而且还涉及佛学研究者，何恩之将在本书第四章根据壁画题材探讨这一问题。目前需要做且能够做的是将研究的重点从单座洞窟转向它们所属的洞窟组合。

区段

第一章对龟兹石窟寺院的分析已揭示出洞窟不单是组合的构成部分，而且还属于"区段"。因此在考虑某一洞窟属于某一特定组合时，也不能忽略特定类型的洞窟组合是集中在同一区段的事实。

此问题得以阐明的基础是对区段进行定义。就龟兹石窟寺院而言，区段是指有着清晰界限的区域，区域内集中分布同一类型的洞窟或洞窟组合；它是一种功能单元，承担着特定功能，与其他区段担负的功能互补互成，从而促成石窟寺院的协调运作。笔者对反映龟兹石窟寺院真实构成的区段的定义涵盖两种状况，即区段是同类洞窟组合集中分布之处，或同类洞窟集中开凿之地。

克孜尔石窟寺院同样最具有说服力。第一章已阐明其内有七个区段。正是第44～68窟所在的谷西区使笔者意识到寺院由功能各异的多个区段构成。谷西区内分布大量储藏窟，壁画窟所占比重最低（见图33）；而且从此区的整体布局来看，少数的壁画窟和僧房窟位于边缘，其中个别为已有洞窟改造而成；最重要的是，年代分析显示出它们属于晚期阶段。因此，谷西区——笔者称之为第二区段——最初只有储藏窟，开凿在崖壁不同高度处，它们在规模、形制和结构方面的差异由窟内储藏的物资决定。窟内或有高台以使物资处于更高、更安全之处,或有开凿在地面上的储水池,或包含一组相连小室。它们的完工状态差别显著:部分洞窟壁面平直,形制规整;部分洞窟凿刻粗糙,形制不规则;部分洞窟涂抹草泥和白灰浆,还有部分洞窟则无涂层。

确定第二区段的实际功能和边界之后,谷西区洞窟开凿所依循的原则就清晰浮现出来。谷西区有三个区段。第二区段居中,用于储藏物资,居中的位置将其他两区段东西隔开。第2~43窟构成第四区段,其独特之处在于集中分布着属于第二类洞窟组合的亚类——由一座中心柱窟、一座方形窟和一座僧房窟构成。第四区段和第二区段的自然边界是一条长达15米的竖直沟壑,将第四区段的东端第43窟与第二区段西端的储藏窟第44窟隔开(见图84)。第一区段原包括第90-11~90-24窟以及第75~77窟,其内组合属于第一类洞窟组段边界西至第90-14窟西侧的深沟,东至第81窟(见图27)。此区段晚期扩展至谷内。

以上对克孜尔谷西三个区段的阐述表明区段的划分可基于两类准则:一类是承担相同功能的同类型洞窟集中分布,如包括大量储藏窟的第二区段;另一类是同类型洞窟组合集中分布,如第一、四区段。由于龟兹石窟寺院皆是由大小、数量不等的多个区段构成,因此从克孜尔总结出两个准则亦适用于其他石窟寺院。

克孜尔尕哈分成三个区段:东区内基本皆为僧房窟;中区为礼拜和集会窟集中分布之地;西区则是专门的禅定区。三区清晰地显示出龟兹石窟寺院的三大功能:居住、礼拜和禅修(见图2)。托乎拉克艾肯与之相似:北区自寺院创建至衰落被废一直是无可争议的、纯粹的禅定区(见图46),其内四排30余座禅定窟的统一布局表明它们同时期开凿。僧侣们很可能在下午数个小时内进入禅定窟坐禅,而其他时段则在另外两个区段活动:即集中分布居住设施的南区和礼拜窟聚集的东区。

苏巴什遗址并非石窟寺院,但仍然有禅定窟集中分布的区段。例如苏巴什西寺由两大区段构成:南区为地面寺院分布处,而北区则集中着开凿在周围崖壁上的禅定窟。

台台尔规模相对较小而且残损严重,但仍然可以辨识出其由东区、南区构成,还辅以地面建筑。在玛扎伯哈,中区集中分布同类洞窟组合——由一座长条形窟和一座僧房窟构成,两窟共用同一前室。长条形窟亦见于库木吐喇沟口区第一区段,最初是补充乌什吐尔地面寺院的禅定区(见图57)。库木吐喇沟口区第二区段是方形窟高度集中分布的区段(见图60)。

值得注意的是洞窟壁画。前已指出属于第一类洞窟组合的洞窟壁画通常为A种风格,而属于第二类洞窟组合的洞窟通常装饰B种风格的壁画。由于同类洞窟或洞窟组合聚集在同一区段内,因此此区段内洞窟壁画通常为同种风格。选用何种风格并非简单的艺术表现上的差异,亦是内容上的差别,区段之间存在着深刻的教义差别。此外,部分区段内聚集着无装饰洞窟,例如克孜尔用作储藏区的第二区段;禅定窟集中分布的区段内亦无装饰,如托乎拉克艾肯北区、克孜尔尕哈西区、玛扎伯哈中区;个别专门用于居住的区段内也无装饰,如克孜尔尕哈东区。

区段的辨识比洞窟组合的辨识更复杂。石窟寺院经过长期发展,有时会维持最初布局,有时则会为满足寺院需求的新变化而增建新洞窟,区段的性质可能随之改变。始终保持最初功能的区段,洞窟或洞窟组合分布在清晰的边界内,从而易于被辨识,典型者如始终用作禅定区的托乎拉克艾肯北区。然而当具有新功能的新洞窟被增建后,区段似乎变成混杂体,部分原初洞窟不再需要而被改造成其他类型,如克孜尔第二区段。洞窟的塌毁现状进一步增强了区段辨识的复杂度。总之,对龟兹石窟寺院内区段的辨识是项艰巨的任务。

就方法论角度而言,复原区段最初布局的最佳方式是建立起包括遗址内所有洞窟的年代序列。确认年代最早的洞窟之后,就可以把握石窟寺院最初阶段的概貌。而后根据年代序列才有可能复原石窟寺院发展的后续阶段。遗憾的是,有关龟兹石窟寺院遗址可靠年代序列的缺失妨碍了对区段的确切认知,然而我们仍然可以根据有限信息进行尝试性探索。通过正确解读叠压打破关系,例如某类洞窟被改造成其他类型或增建新洞窟以扩大洞窟组合,最终构建起区段的相对年代序列。

为澄清石窟寺院就是数世纪中随意开凿的洞窟的总合这一误解,本书第一章已指明洞窟组合和区段如何构筑起石窟寺院。区段是理解石窟寺院内洞窟和洞窟组合的中介,亦是探索石窟寺院建造动因的最佳工具。石窟寺院的建造是为响应僧团的特定需求,其总体布局是设计者面对的首要任务,比设计和建造洞窟组合或单体洞窟更加关键。当位置选定之后,开始为满足不同需求分区营建相应建筑,所分之区即为区段。前已论证龟兹石窟寺院拥有三大功能:居住、集会和礼拜、禅修。克孜尔尕哈、托乎拉克艾肯和库木吐喇窟群区三处保存较好的遗址内还可以清晰辨识出承担三大功能的不同区段。其他石窟寺院遗址中的情形可能相似,也可能某一功能的重要性胜于其他。区段的关键性在于能使我们进入设计者的头脑,观察石窟寺院如何被构想、落成时如何运作以及后续如何发展。

准确辨识遗址中的区段需要更多的田野实地考察,这些工作极富成效。现有资料已经揭露出振奋人心的线索。从区段角度观察,龟兹每处石窟寺院似乎都是由功能不同、满足僧团不同需求的多个单元相互配合、协调而构成的复杂综合体,对区段的研究或许可以为探索龟兹佛教提供关键线索。本研究的主要突破是发现除居住和礼拜之外,禅修亦是龟兹石窟寺院建造的重要动因。禅定窟的重要性不仅在于其数量众多,而且还在于为禅修规划辟建出专门的区段。此一事实或许可以转变我们对龟兹石窟寺院主要功能的理解,因为禅修是石窟寺院建造的主要推动力,与禅修相比,居住和礼拜则居于次要地位。

石窟寺院之间的关系

　　最后一节笔者将总结以上讨论，同时提出若干有助于拓宽龟兹石窟寺院研究视野的问题。考古学的目标是辨识古代遗存，对其进行全面记录和恰当阐释。就石窟寺院而言，除此之外，还需要理解其内的活动如何展开。要实现这一目的，就需要将石窟寺院作为整体进行考察和研究。

　　近百年以来，龟兹石窟的研究重点是单座洞窟，特别是少数保存精美壁画的洞窟。占主体地位的未装饰洞窟却在很大程度上被忽视。前已指出若干不利于正确解读石窟寺院的因素。在笔者15年的龟兹石窟寺院研究中发现大多数洞窟都属于某一组合，因此研究重心应该从单座洞窟转向洞窟组合。洞窟组合是长期发展的具有鲜活生命力的石窟寺院的基本构成单元，任何对单座洞窟的研究必须考虑到其所属的组合。对洞窟组合的构成和边界、发展和功能扩充的认识和区分，将有助于深入理解龟兹佛教。除壁画外，石窟寺院遗址内的全部遗存都对认识寺院僧侣生活大有裨益。

　　更准确理解石窟寺院遗址的重要一步是辨识区段，即同类洞窟或洞窟组合聚集之地。以区段视角观察，石窟寺院是由功能不同、互补互成的多个区段协调配合运作的复杂综合体。前已揭示出，区段是理解寺院规划的逻辑和意图的最佳途径。洞窟组合和区段皆是更深入探索石窟寺院遗址的有效工具，笔者提议的方法是将石窟寺院视为洞窟、洞窟组合和区段等不同层级的嵌套。

　　为深入考察龟兹石窟寺院遗址，必须重视龟兹石窟寺院在布局和构成上的差异性。这些差异并不是简单地将某种固定布局施用于不同地理环境所致，而是为了突出不同的主导功能——居住、礼拜或禅修。这是否跟各处石窟寺院的特定功能定位有关？换言之，我们必须考虑龟兹石窟寺院之间存在何种关系。

　　为将此问题置于恰当的视角下，首先需要认识到目前我们还缺乏可供对龟兹佛教物质文化进行全面评估的重要资料，即国都和大型城市内佛寺塔庙的基本状况。因此无法推测大型城市内地面寺院与石窟寺院之间的关系，即目前尚无法在龟兹佛教有机体内准确衡量石窟寺院的真正价值。若干相关问题亦无从解答，例如在僧侣团体看来，石窟寺院是地面寺院的补充还是与之地位相当？建在城市边缘或交通要道附近的石窟寺院是僧侣为禅修选择的僻静之地吗？这些石窟寺院与贸易、关隘控制甚至是龟兹的防御设施有关吗？

　　最后我们还需要考察石窟寺院之间关系的性质。龟兹境内石窟寺院遗址之间的相似性已多有述及。相似性存在于洞窟、洞窟组合、壁画风格和题材方面。它们表明可能存在着监管龟兹佛教发展的中枢机构，龟兹的佛教寺院都通过该机构连接起来。但石窟寺院之间也存在着显著的差异，例如克孜尔尕哈遗址内没有地面建筑，因此三大功能都通过洞窟实现。森木塞姆遗址中央曾有大型地面建筑，其内很可能包括居住设施，因为崖壁上没有僧房窟。此外，森木塞姆还是龟兹仅见的无禅定窟的石窟寺院。托乎拉克艾肯的地面建筑修建于遗址中央山丘的顶部，亦有集中分布僧房窟的区段，其最显著的特征是专门用作禅修之所的区段，此区段是龟兹石窟寺院遗址中禅定窟所占比重最高者。苏巴什东、西寺与夏哈吐尔、乌什吐尔地面寺院皆辅有一禅定窟集中的区段，与地面寺院毗邻但又独立于其边界之外。

相似性表明相同的需求，差异则显示出石窟寺院的设计、建造和发展是为了迎合不同要求，亦是石窟寺院各司其职的结果。正如功能互补的区段构成协调运作的石窟寺院，龟兹各具特色的石窟寺院或许亦有助于龟兹佛教有机体的良好运行。部分遗址可阐明此问题，例如克孜尔尕哈，位置特殊，布局独特，尤其是大像窟第23窟的位置及其与首都的视觉关系，表明此处石窟寺院可能不仅仅如大量僧房窟所暗示的只是为僧侣提供居住场所，也是首都善男信女们的朝圣地。可以合理地推测，部分石窟寺院除为僧侣提供必要的设施外，也是龟兹境内佛教信徒朝奉的圣地。与其他石窟寺院不同，玛扎伯哈没有壁画或塑像，也没有大像窟，中区独特的洞窟组合表明集体禅修可能是主要活动，禅修可能也是托乎拉克艾肯建造背后的首要推动力。

我们还可以从其他角度审视每处石窟寺院被赋予特定功能的问题。龟兹为佛学重地，拥有自己的语言和译经活动。这意味着当地有数量庞大的僧人接受阅读、书写、学习和誊抄经典的训练，这些活动都需要宽敞的空间和藏书室。石窟寺院会提供此类设施吗？还是大多数年轻僧侣接受的基本教育和训练都是在地面寺院中？基于现存遗址，苏巴什和夏哈吐尔、乌什吐尔地面寺院似乎较之石窟寺院更符合此类功能需求。前已提及部分石窟寺院专门用作禅修之所，学习和译经则是其他寺院的主要活动。所有假设都暗示出存在着监管龟兹佛教生活和活动的中枢机构，然而仍然不能排除其他可能性，例如石窟寺院遗址之间的差异反映的是否是不同佛教部派并存于龟兹的事实？克孜尔两类洞窟组合构成区段的事实表明至少可以有两种理解，不同部派可能同时并存于同一石窟寺院之中。当我们在龟兹佛教有机体中审视其构成单元，即每处石窟寺院时，就会浮现出新的值得探索的问题。

过去数十年中，相对年代研究的进步微乎其微，接下来数十年内可能也难以取得实质性的突破。即使能构建起同一遗址内洞窟的相对年代序列，在不同遗址之间创建可信的、被普遍接受的年代关联的难度也极大，笔者就此提出自己的初步思考以期有助于此问题的解决。由于石窟寺院内洞窟的相对位置可以提供可靠的年代指示，我们或许可以根据龟兹境内石窟寺院的分布位置对它们进行初步分期。所在位置最关键的遗址包括苏巴什和夏哈吐尔、乌什吐尔，它们很可能属于龟兹年代最早的寺院，而且龟兹部分最早的洞窟可能是用于禅修的未装饰洞窟，开凿在这些大型地面寺院附近。位于石窟寺院边缘处的洞窟通常是晚期发展，同样远离龟兹国都的石窟寺院，台台尔、托乎拉克艾肯、温巴什、阿艾的年代相对都比较晚。概而言之，石窟寺院所处位置有助于理解其在龟兹境内的扩散。

玛扎伯哈、森木塞姆、苏巴什、克孜尔尕哈、库木吐喇和托乎拉克艾肯石窟寺院皆建于却勒塔格山南麓，乘坐马车可在一天内抵达相邻寺院。这些大小不等的石窟寺院自东而西沿古代交通要道分布，或许曾为往来的商队提供后勤支援。山脚下的商贸路线既受到保护，又接近水源，还可以避开农田。石窟寺院会给商人提供便利和后勤支援吗？多数石窟寺院选建在战略要处，统摄着整片区域（见图1）。苏巴什东、西寺控制着库车河畔进出却勒塔格山的关隘；同样的情况亦见于夏哈吐尔、乌什吐尔两处地面寺院，据守着穿过却勒塔格山南侧的木扎提河口；而克孜尔则位于却勒塔格山北侧的木扎提河口。克孜尔尕哈位于却勒塔格山的另一条支脉上，沿路残存军事设施，古道附近仍是今天从库车通向却勒塔格山北侧的主要道路。台台尔和年代更晚、自成体系的阿艾石窟位于天山山脉南侧的关键位置。除佛教团体与商人群体之间的可能关联外，石窟寺院是否也跟防御体系有关？因此，石窟寺院的选址创建除为禅修提供僻静之地外，可能还有其他意图。无论意图为何，龟兹石窟寺院的位置并非随意选择，而是基于持续发展数世纪的深思熟虑的结果，而且显然受到中枢机构的控制。为禅修而选择幽静之地所蕴含的绝非仅是简单的宗教决策。

今后的研究中，石窟寺院之间的关系及其实质性和象征性的内涵值得给予更多关注。佛教以其节日、朝圣、游行、聚会等活动积极渗透入龟兹的社会生活中。塔克拉玛干周边诸多王国的贵族和上层女性赶赴龟兹聆听法音，修习佛道。佛教影响还浸润到龟兹王国政治、防御、贸易和文化等其他方面，随着新资料的发现值得深入探索。以上讨论的大型石窟寺院在白氏王朝统治的数百年间不断发展，至7世纪中期李唐王朝在西域建立安西都护府，龟兹受其统辖，自此以后龟兹佛教逐渐失去活力，库木吐喇窟群区讲堂窟的消失和汉风壁画的出现，标志着龟兹佛教已经转变成中原大乘佛教的西域支流，在这之后的发展已经超出了本研究的范畴。

禅修的视觉语言

禅修的视觉语言

魏正中在前两章中有关石窟寺院营建的灼见，即特定区段内洞窟组合的形成、不同类型洞窟在使用过程中因功能转变造成的形制变化，在很大程度上改变了过去学者对龟兹佛教艺术和禅修方式的看法。我们无意低估前辈学者，尤其是德国和法国学者在龟兹地区开展的令人敬佩的先驱性工作的重要性。事实上，他们绘制的平面图、线图以及对壁画和塑像的详细记录正是我们复原洞窟及其原初壁画极为珍贵的一手资料。德国柏林亚洲艺术博物馆收藏的龟兹石窟壁画残片亦是我们研究中不可或缺的基础材料[1]。然而早年由格伦威德尔（A. Grünwedel）和勒柯克（A. von Le Coq）带领的德国探险队不可能对龟兹地区的所有遗址展开全面的调查研究。同样，以伯希和（P. Pelliot）为首的法国探险队的考察工作也只是集中于苏巴什和夏哈吐尔、乌什吐尔遗址[2]。因此，即使无法囊括龟兹地区所有洞窟，但如果像魏正中那样尽可能将田野工作的调查范围扩展至最大，已经能够深刻地重塑我们对丝路北道佛国重镇龟兹佛教的理解。除认识到多种类型洞窟之外，不同石窟寺院内禅定窟的存在为探索洞窟的功能、壁画及其所依据的经典教义提供了线索。礼拜窟和僧房窟周围开凿禅定窟是龟兹多处石窟寺院的常见特征，禅修亦是龟兹中心柱窟壁画内容的核心题材之一。

---

[1] 大量壁画残块被带至德国柏林，丢失和现存的记录见 Dreyer, Sander and Weis, eds., *Dokumentation der Verluste, Museum für Indische Kunst* (Berlin: Staatlicher Museen zu Berlin-Preussischer Kulturbesitz, 2002)。

[2] 德国探险队赴中亚考察的范围远超出古龟兹的地域。第一次探险活动（1902～1903年）由格伦威德尔带领，他时任柏林民俗博物馆印度部（Indischen Abteilung des Berliner Museums für Völkerkunde）负责人（1904～1921年），这次探险考察了吐鲁番、焉耆和龟兹；第二次探险活动（1904～1905年）由勒柯克带领，考察了吐鲁番、哈密、硕尔楚克和龟兹；第三次探险活动（1905～1907年）由格伦威德尔带队（勒柯克参与至1906年6月）考察了图木舒克、龟兹、硕尔楚克和吐鲁番；第四次亦是最后一次探险活动，由勒柯克带领，考察了图木舒克、龟兹、硕尔楚克、吐鲁番和哈密，见 Härtel, *Along the Ancient Silk Routes. Central Asian Art from the West Berlin State Museums* (New York: The Metropolitan Museum of Art, 1982), 24–46；卡伦·得雷亚（Caren Dreyer）最近探讨了第四次探险活动以及格伦威德尔在团队中所起的作用，见 Gabsch, *Auf Grünwedels Spuren. Restaurierung und Forschung an zentralasiatischen Wandmalereien* (Berlin: Koeler & Amelang, 2012), 15–27。关于伯希和的探险活动见 Hambis, *Douldour-Aqour et Soubachi*。

显而易见，佛教洞窟的装饰并非僧侣的随意选择。近一个世纪之前，法国学者拉露（M. Lalou）根据藏文文献研究了见于《根本说一切有部毗奈耶》（Mulasarvastivadin vinaya）中的律则，指出寺院中规定绘制的特定主题及使用的色彩。梭柏（A. C. Soper）通过深入发掘不同文本将这一研究领域扩展，他的翻译阐明了龟兹洞窟中绘制的大量佛陀故事情节，诸如舍卫城神变、佛陀涅槃、阿阇世王向善等。最近，许理和（E. Zürcher）重新检视了同样的文本材料以考察宗教和世俗空间中特定图像的绘制及分布规律[1]。这些规律事实上只适用于地面寺院，而非开凿于崖面上的石窟寺院，因此我们还缺乏佛教经典与龟兹石窟装饰之间的完整对应。然而不可否认的是，在龟兹石窟装饰中，特定题材被安排在特定位置，罕有例外。

此外，龟兹石窟研究领域的学者们一致认为，壁画的核心在于表现历史上的佛陀释迦牟尼前生和最后生的生活，范式基本固定，但表现形式因其所在中心柱窟或方形窟而不同。仅由方形窟和僧房窟构成的洞窟组合与至少有一座中心柱窟构成的洞窟组合差别显著。中心柱窟的有无直接导致了礼拜仪式和装饰的差异。洞窟形制的不同暗示出方形窟中无绕行礼拜仪式，正壁无主像。另一方面基于魏正中的研究我们认识到方形窟，例如克孜尔第76、81、90-13、117、149A窟，库木吐喇沟口区第20窟中存在一个可能曾用右绕礼拜（pradakshina）的中央佛坛；且方形窟中的壁画风格和题材亦有别于中心柱窟，如方形窟中稀见佛陀涅槃和舍卫城神变，而这两类题材却常见于中心柱窟。这些显著的差异甚至可能暗示出两类洞窟组合服务于不同仪式，迎合不同部派的需要，甚至可能是在不同的时段。

基于上文述及的洞窟形制与装饰的差异，本章笔者重点分析中心柱窟和大像窟，具体而言，即中心柱窟和大像窟中与禅修有关的壁画与塑像。典型的中心柱窟中，纪念历史上的佛陀释迦牟尼的全部装饰通过以下方式表现：中心柱正壁表现证悟之后的帝释天拜访；主室侧壁表现说法场景；券顶中脊绘天相、佛陀等，两侧绘菱格譬喻故事画和本生故事画[2]。涅槃、荼毗、分舍利、遗骨奉放在窣堵波等涅槃系列壁画绘于洞窟内室。门道内侧上方的半圆形区域内通常描绘一位在兜率天宫的菩萨。本章笔者也会涉及大像窟，其内亦有相同的装饰题材。然而，大像窟中的装饰经历了重要的图像发展，如过

---

[1] Lalou, "Notes sur la décoration des monastères bouddhiques," *Revue des Arts Asiatiques* 5 (1928): 183-185; Soper, "Early Buddhist Attitudes toward the Art of Painting," *The Art Bulletin* 32 (1950): 147-151; Zürcher, "Han Buddhism and the Western Regions," in *Thought and Law in Qin and Han China, Studies Presented to Anthony Hulsevé on the Occasion of His 80th Birthday,* eds. Wilt L. Idema and Erik Zürcher (Leiden: Brill, 1990), 1-20.

[2] Lesbre, "An Attempt to identify and Classify Scenes with a Central Buddha depicted on Ceilings of the Kyzil Caves (Former Kingdom of Kutcha, Central Asia)," *Artibus Asiae* 61.2 (2001): 305-351.

度重视塑像,三维立体造像比重远超出平面壁画。

第四章集中探讨中亚禅修文献。通过对文本文献的分析认识到,禅修不仅在龟兹僧团中特受重视,而且与信守小乘佛教的说一切有部(与小乘佛教同义)有关。本章不拟讨论颇具争议的年代问题,而将龟兹佛教历史上最具活力、成果最丰的公元200～650年作为展开论述的年代框架[1]。

学界通常认为佛教在公元1至2世纪间进入龟兹,在笔者看来有保守之嫌。然而许理和却怀疑佛教沿丝路北道,尤其是在龟兹传布如此之早的可信性。许氏提出绿洲作为中转站使得佛教从印度经犍陀罗最终至中国得以传播和扩散。在他看来,由于公元初龟兹当地经济的发展尚不足以支持"寄生的"僧团,所以不可能存在有组织的佛教团体,此地真正的经济体系成形于后来中原王朝设立都护府之后,灌溉系统的建立促进了农业的发展[2]。因此,许理和认为早在东汉时期龟兹就存在依赖僧团组织的佛教是值得怀疑的。

然而,研读鸠摩罗什传记不难感受到龟兹佛教信仰和教义的成熟度之高,其国内充满了不同部派的高僧大德。若考虑到关于鸠摩罗什版本众多、各不相同的传记,加之其自身聪敏的天赋及精熟佛教教义[3],公元350年之际已经诞生了如此富有宗教热情和成就的人物,则此时的佛教显然早已跨越了初始阶段。

---

[1] 宿白首先提出与早期德国学者不同的年代看法,参见宿白:《克孜尔部分洞窟阶段划分与年代等问题的初步探索》,第10—23页。其他研究见阎文儒:《新疆天山以南的石窟》,第41—59页;霍旭初、王建林:《丹青斑驳千秋壮观:克孜尔石窟壁画艺术及分期概述》,载《龟兹佛教文化论集》,第201—228页。以上研究提出了不同的年代序列。对宿白突破性断代的讨论见 Howard, "In Support of a New Chronology for the Kizil Painting," 68–83. Litvinski, *Die Geschichte des Buddhismus in Ostturkestan* (Wiesbaden: Otto Harrassowitz Verlag, 1999), 55, 书中列举了数名学者关于龟兹佛教起源的看法,年代范围在公元前250年与初转法轮的公元250年之间。

[2] Zürcher, "Han Buddhism and the Western Regions," 158-182; 1993年许理和提出更激进的观点,他认为新疆仅是一处中转地,以与"新疆巨大真空"之间偶然的、间歇的连接为基础作传输,参见 Zürcher, "Buddhism across Boundaries: The Foreign Input," in *Collection of Essays 1993: Buddhism Across Boundaries: Chinese Buddhism and the Western Regions*, eds. Erik Zürcher and Lore Sander (Taibei: Fo Guang Shan Foundation for Buddhist & Culture Education, 1999), 13-14; 刘茂才(Liu Mau-Tsai)基于西汉至唐代的汉文史料复原了龟兹佛教历史、文化与传播状况,参见 Liu Mau-Tsai, *Kutscha und seine Beziehungen zu China vom 2. Jh. v. bis zum 6. Jh. N. Chr.*, 2 vols., Asiatische Forschungen 27 (Wiesbaden: Otto Harrassowitz, 1969); 此书的第21页,刘氏认为龟兹佛教的存在早在公元1世纪之前。最近有学者根据伯希和探险所得文献探索龟兹古代历史和经济,参见 Trombert, (with the collaboration of Ikeda On and Zhang Guangda), *Le manuscrits chinois de Koutcha. Fonds Pelliot de la Bibliotèque Nationale de France* (Paris: Institut des Hautes Études Chinoises du Collège de France, 2000)。

[3] Yang Lu, "Narrative and Historicity in the Buddhist Biographies of Early Medieval China: The Case of Kumarajiva," *Asia Major* 17 no. 2 (2004): 1-43.

不净观：龟兹壁画中与僧侣持戒有关的禅修

佛教创立之初，僧侣除每日乞食外，还要念诵经文，禅定冥想[1]。根据龟兹壁画中常见的僧侣禅修场景，如克孜尔第77窟窟顶（图105）推测，在龟兹禅定观想是一项甚为严肃的活动。即便观者对佛教不甚了解，壁画中坐禅僧侣形象的频繁出现也可以传递出禅修在龟兹僧团实践中的突出地位。禅修是一种重要的修习实践，远比仅仅坐在一处安静之地集中心神更为复杂，其效果相当多样且彼此差别显著。这些差异事实上在龟兹洞窟壁画中是可以辨识的。修行和成果在佛经与戒律中有各式描述，其差异程度取决于僧侣处于佛教修习的哪一阶段以及是否属于小乘或晚期大乘佛教阶段。此处重点讨论前大乘佛教的践行活动。

图105 克孜尔第77窟左甬道顶部所绘坐禅僧侣和苦行者。采自新疆维吾尔自治区文物管理委员会、拜城县克孜尔千佛洞文物保管所、北京大学考古学系编：《中国石窟·克孜尔石窟》，第2卷，图17。

---

[1] Schopen, "The Bones of a Buddha and the Business of a Monk: Conservative Monastic Values in an Early Mahayana Polemical Tract," in *Figments and Fragments of Mahayana Buddhism in India*, Gregory Schopen (Honolulu: University of Hawai Press, 2005), 63–107.

禅修的视觉语言

在前大乘佛教传统中，龟兹壁画展现了禅修实践所能达到的不同精神效果。笔者首先介绍几幅展示禅定观想如何可以净化僧侣不净思想的壁画以展开对这种普遍存在的修行活动的讨论。自印度佛教初期，僧侣就被要求将其心神集中于观想死亡、身体衰朽等场景以断绝心中的爱欲贪淫。因此，在克孜尔部分壁画窟中见有僧侣面对着腐烂的尸体、骷髅以及被肢解的动物躯体观想的场景。这些"观想死亡"的不净画面，主要绘于方形窟中，含有摒除贪欲之意，但此类图像并非笔者关注的重点。尽管皆源自禅定修行，但"观想死亡"的画面不同于即将引入的笔者的研究核心：绘于中心柱窟内的神变和幻景图像。

最精美的死亡观想画面见于克孜尔谷内第六区段的方形窟第116窟，绘于窟门内右侧壁上部的半圆形区域内。尽管被烟熏黑的壁面上仅可观察到画面的轮廓，但仍然能辨识出其内容（图106）。一排排堆叠的小山丘构成了这一阴森可怖场面的背景，中央有一具骷髅，从半圆形的顶部向下延伸，将画面分成两部分。左半部分（面向画面）绘一位坐禅僧侣颔首面对一具正被鸟兽啄食的尸体。右半部分绘这位僧侣的尸体，可能裹着长袍，正被豺狼或秃鹫噬咬，内脏流出体外。画面以数只不祥的秃鹫为主，其中部分在搜寻猎物，部分可能在饱腹后踱步消食。

同样题材也见于克孜尔第220窟的正壁上，该窟亦是方形窟，属于一组由方形窟和僧房窟构成的洞窟组合，位于后山第七区段。窟内壁画曾被一层白色颜料覆盖，可

图106 克孜尔第116窟所绘死亡场景，僧侣观想腐烂的尸体。郭峰绘。

能意在遮蔽，被覆盖的画面随着白色颜料的脱落重新露出，现在基本可以被辨识。格伦威德尔曾手绘一幅简洁的草图，而在我们绘制的复原图中，有两具尸体，其一头足颠倒，被鸟兽噬咬裸露的肉身[1]（图107）。头骨和其他骨头四散分离，暗示出天上和地上的动物都在分食尸体。或许曾有更多"观想死亡"画面作为禅观死亡实践的组成部分大量出现于龟兹壁画中，禅观死亡被认为能够有效地断除僧侣的不净念想。无疑，这种视觉化的表现方式形象化了文本教义，如公元5世纪觉音尊者撰写的前大乘佛教经典《清净道论》（*Visuddhimagga*）所言：

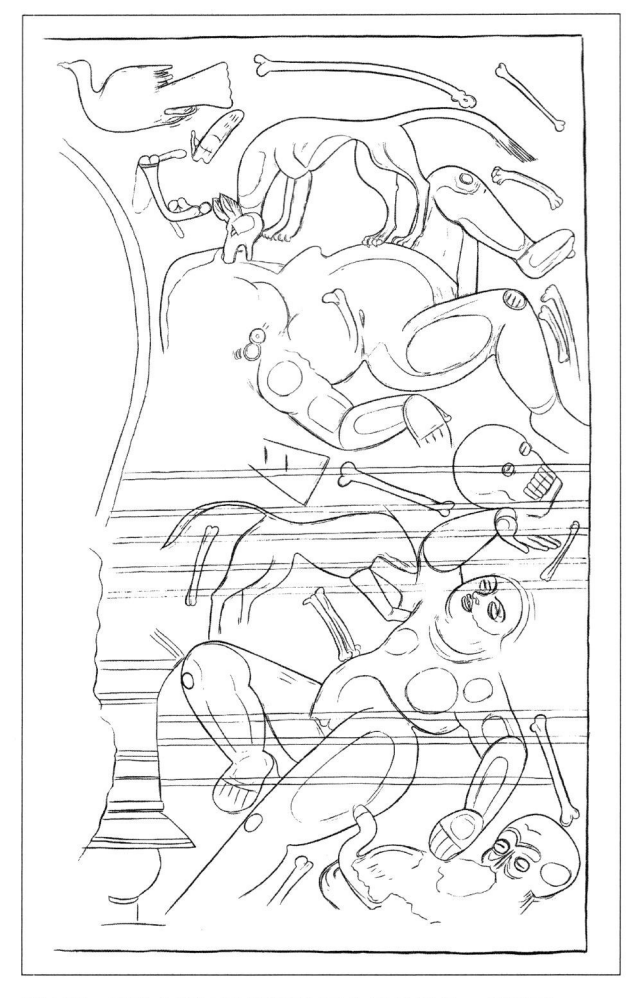

图107 克孜尔第220窟所绘死亡场景残块。郭峰绘。

> 如果看见抛弃在坟墓附近有血肉而结以筋及骨节连锁着的尸体，没有肉而有血污的骨节，结以筋而无血肉的骨骼，四处散弃的枯骨、手骨、脚骨、小腿骨、大腿骨……[2]

据上文分析推断，源于印度的不净观亦曾由中亚僧侣特别是龟兹僧侣修持。

---

[1] Grünwedel, *Altbuddhistische Kultstätten in Chinesisch-Turkistan*, 181.

[2] 山部能宜曾有讨论，参见Yamabe Nobuyoshi, "The Paths of Shravakas and Bodhisattvas in Meditative Practices," *Acta Asiatica: Bulletin of the Institute of Eastern Culture* 96 (2009): 47–75。Warren, ed., *Visuddhimagga of Buddhaghosacariya* (Delhi: Motilal Banarsidass, 1989, reprint), 192–193。此段亦被其他学者讨论过，参见 Schmithausen, "Versenkungpraxis und Erlösende Erfahrung in der Sravakabhumi," in *Epiphanie des Heils: zur Heils gegenwart in indischer und christlicher Religion*, ed. Gerhard Obehammer (Wien: Institut für Indologie der Universität Wien, 1982), 63。

另一种描绘僧侣禅观死后身体的某一部分，特别是骷髅头的画面同时见于方形窟和中心柱窟。此观想的对象较之上文所举更为严格、简化，但宗旨无二。如克孜尔方形窟第110窟券顶两端故事画的最底部菱形格内一位僧侣正对着骷髅头禅观（图108）。再如克孜尔第92窟的窟顶绘一位僧侣作禅定状，精力集中于骷髅头。克孜尔第212窟内身形庞大的僧侣打坐在骷髅头附近的场景较为罕见，现藏于德国柏林亚洲艺术博物馆。克孜尔第212窟是一座改建而成的非典型长条形窟。窟内侧壁的装饰带上重

图108 克孜尔方形窟第110窟窟顶所绘僧侣观想骷髅头。郭峰绘。

复出现骷髅头，即卷草纹饰带中有规律地镶嵌着侧向骷髅头[1]。饰带下方原有一排四边形边框，相邻边框间绘一位坐禅僧侣，部分僧侣凝视旁边的骷髅头，亦即观想的对象，如图100、109所示。魏正中在本书第二章中指出第212窟为禅定窟，证实了笔者对这些"观想死亡"画面的解读[2]。上文述及的例子共同阐明了禅定的一个功效，下文将禅修视为图像体系有机整体的首要表现对象，在此基础上研究仅绘于中心柱窟内的禅修成果——神变和幻景图像。

中心柱窟装饰的新程序：禅修的无声之语

在将中心柱窟的图像程序视为整体的研究中，学者们已经肯定窟内装饰阐释了释迦牟尼佛的故事，但普遍忽略了源自禅修的证悟后的场景。我们已经认识到一个显而易见的纪念历史上的佛陀释迦牟尼的图像程序，却没有注意到一个内在的、不甚明显的

---

[1] Grünwedel, *Altbuddhistische Kultstätten in Chinesisch-Turkistan*, 147.
[2] 见上文，第129—130页。

龟兹寻幽：考古重建与视觉再现

图 109 克孜尔第212[2]窟所绘观想骷髅头的坐禅僧侣。照片版权归德国柏林亚洲艺术博物馆所有，Jurgen Liepe摄。

禅修图像的存在，事实上正是由此衍生出相当数量的阐释图像。笔者认为这种强有力的内在机制运作于中心柱窟的图像程序中。这一认识得益于三方面因素：其一魏正中对龟兹不同石窟寺院遗址中禅定窟的发现、记录和研究；其二施林洛甫（D. Schlingloff）1964年首次出版《梵文禅定修习法要》（Yogalehrbuch）之后学界对发现于中亚的禅修文献的兴趣重新被燃起；其三近年发现的犍陀罗残卷将笔者的注意力转移到禅修，也为解读与释迦牟尼有关的图像即笔者所称的"特殊图像"提供了线索。

若笔者的假设正确，那么龟兹中心柱窟的装饰就采用了两种程序，而非目前辨识出的一种。龟兹中心柱窟中这种一致、系统的复杂图像表明布莱特菲尔德（S. Bretfeld）所说的"消失的传统"的存在[1]。由德国学者从龟兹获得的残卷可知，这一源于龟兹本土的传统扎根于当地的禅修文化。简言之，龟兹地区独有的禅修方式以及对其进行规范的中亚文献，是笔者尝试为中心柱窟的装饰模式提出新解的关键因素。禅修是连接特殊图像和整个图像程序的核心，亦是理解龟兹佛教特质的基石。

---

[1] Bretfeld, "Visuelle Repräsentation im sogenannten 'buddhistischen Yogalehrbuch' aus Qïzil," in *Indien und Zentralasien: Sprach- und Kulturkontakt. Vorträge des Göttinger Symposions vom 7. bis 10. Mai 2001*, eds. Sven Bretdeld und Jens Wilkens (Wiesbaden: Otto Harrassowitz Verlag, 2003), 167-205.

禅修的视觉语言

禅定，或称定、三昧、三摩地（samadhi），其地点、时间、频次、单独或团体进行皆由经典规定[1]。这些经典记录律则并描述禅修成果。如前所述，僧团将禅修视为一种持戒手段以断绝贪欲，但禅定却能带来其他的颇为戏剧性的不同结果，尤其是禅定更精进阶段的神变或不可思议的行为与幻景。在图像表现上，它们与舍卫城神变的第一阶段和第二阶段相伴出现。大像窟中泥塑的宇宙佛（Cosmological Buddha）及其神通化现都是幻景。所有神变、获得幻景和神力等图像都是龟兹中心柱窟独见的"特殊图像"，构成一种与众不同、尚未被探索的图像程序。

这一图像程序的教义来源曾经是而且仍然是小乘或传统佛教，表明大多数龟兹僧侣属于最早的佛教传统。换言之，洞窟装饰中的每一个元素几乎都产生自前大乘佛教，如同僧侣教义心智的形成。此外，虽然可能受到犍陀罗的影响，龟兹僧侣仍创造了自己独特新颖的视觉语言，主要用于装饰中心柱窟。这些视觉图像萌芽于早期佛教，但它们的部分特征可能兆示出即将到来的大乘佛教。事实上，由于僧侣基本是较早传统的追随者，而且可能已经对下一阶段的信仰产生意识或备感兴趣，因此前大乘佛教与大乘佛教两个阶段的分界线并非刀割斧切般明朗[2]。然而至为重要的是，这些图像是龟兹僧团内部宗教信仰发展的独有产物。

前已述及，这种产生自禅修的新颖图像和视觉程序存在于中心柱窟，而且在其中和已经辨识出的聚焦释迦牟尼佛的图像程序结合。中心柱装饰中禅定画面占据重要地位，是衔接紧密的视觉单元的开端。禅修践行者将历史上的佛陀释迦牟尼像作为起点绘于洞窟内的礼拜核心——中心柱正壁上。此处还描绘有多部经典中提到的帝释天拜谒在摩揭陀国毗陀山中修行的佛陀的故事[3]。巴利文经藏《长部》（Digha Nikaya）中，帝释天与五髻乾闼婆及其他天神结伴拜访佛陀，帝释天让五髻乾闼婆先行以吸引佛陀的注意，意将他从禅定中唤醒。于是，五髻乾闼婆弹奏琉璃琴吟唱了一曲情歌。当被问及这首歌的缘起时，五髻乾闼婆答道是他为一位心爱的姑娘创作。此时，帝释天带头提问

---

[1] "禅修"在佛教中有多种含义：当用"三昧"时，是用其集中心神之意；当用"瑜伽"时，是指思想集中并参与到某一物体中；当用"禅定"（dhyana）一词时，指代三昧的冥想状态。根据精神状态集中的程度不同，禅定分四个阶段：1. 对外部世界的寻（vitarka）和伺（vicara）；2. 从第二阶段开始，对外部世界的感知被切断；3. 从第一至第三阶段，禅修者体验的仍是身体上的愉悦；4. 最后阶段，禅修者完全意识不到身体，精神得到净化，换言之，止（samatha）和观（vipasyana）达到平衡。Hirakawa, *A History of Indian Buddhism: From Sākyamuni to Early Mahāyāna*, trans. & ed. Paul Groner (Honolulu: University Press, 1990), 217。

[2] Rhi Juhyung, "Early Mahayana and Gandharan Buddhism. An Assessment of the Visual Evidence," *The Eastern Buddhist* 35 nos. 1-2 (2003): 152-190.

[3] 对帝释天拜访及其文本的讨论，参见 Soper, "Aspects of Light Symbolism in Gandharan Sculpture," *Artibus Asiae* 3 (1949): 252-283; 4 (1949): 314-330; 1-2 (1950): 63-85; 李崇峰：《中印佛教石窟寺比较研究——以塔庙窟为中心》，觉风佛教艺术文化基金会，2002年，第132—210页。

为何虔诚的女性信徒瞿毗耶逝世后可转生为忉利天的天神，而三位与她相似的比丘却在同一天宫中成为地位稍低的乾闼婆？为何瞿毗耶能够超越比丘？当帝释天问到是什么束缚了有情众生，使他们尽管希望生活在平静之中，不憎恨或伤害别人，但仍在仇恨里挣扎，佛陀和帝释天的谈话以更理论化的方式深入。佛陀答曰，是嫉妒和贪婪造成了敌对，嫉妒和贪婪从喜欢和憎恶中产生，喜欢和憎恶依赖于思想中生发的欲望，而思想取决于差异。佛陀最后告诉帝释天只有那些没有欲望，没有羁绊，专心于修行生活的人才能获得智慧与解脱。此次对话以帝释天皈依佛教，即获得无垢法眼（Dhamma-Eye）结束[1]。

此则故事亦见载于瓦尔德施密特收集到的《释提桓因问经》（Sakraprasnasutra）；该经典发现于龟兹地区，似乎可以表明帝释天拜访佛陀的故事曾得到当地僧众的共识，这对占主流的说一切有部（Sarvastivadin）教派意义重大，同时也使其成为中心柱窟装饰的重要内容[2]。笔者推测巴利文《长部》记述帝释天及其同伴抵达洞窟时，被眼前景象震撼——洞窟及周围被佛陀创造的大火吞噬，而佛陀独自一人静坐在洞窟内"享受禅定获得的喜悦及孤寂"。汉译本中将之描述为"世尊入于火焰三昧"，更生动地表现出整个洞窟被火焰包围的场景[3]。

格伦威德尔首次辨识出帝释天拜访佛陀的图像。对环境及事件表现内容的识别归功于近百年前他研究洞窟时对窟内保存壁画的翔实记录，准确的描述通常配有绘图，使我们今日仍可体会到图像完整时的丰富与创造性。犍陀罗雕刻亦是富有启发的参考材料，将在第四章重点阐述。格伦威德尔的辨识从未受到质疑，这是由于洞窟中坐禅佛陀两侧或绘或塑的帝释天与五髻乾闼婆的清晰存在。龟兹洞窟中常见按菱格排列的泥块用木芯插在中心柱正壁以象征山峦（见图75），其上通常还有动物和植物造型，少见如克孜尔第175、99窟般将山景直接绘于中心柱正壁上的。龟兹中心柱上基本不见保存完整的泥塑山峦，至多是数个泥块以及安插木芯的孔洞[4]。

---

[1] Walshe, *The Long Discourses of the Buddha: A Translation of the Digha Nikaya* (Boston: Wisdom Publications, 1995, reprint), 321-335.

[2] Waldschmidt, *Bruchstücke Buddhistischer Sūtras aus dem zentralasiatischen Sanskritkanon*, 258 ff.

[3] Walshe, *The Long Discourses*, 322；此经即是公元413年（后秦十五年）中国高僧佛陀耶舍和竺佛念共译的《长阿含经》。

[4] 格伦威德尔根据中心柱主龛周边保存的凿孔和木芯认为此故事画曾绘于克孜尔第38窟中，参见Grünwedel, *Altbuddhistische Kultstätten in Chinesisch-Turkistan*, 63；同书第44页提及的第4窟，主龛下方曾有一身坐佛像，现仍保存有菱格纹，表征帝释天拜访中常见的天神、苦行者所在的山地山峦；第50页提及的第8窟、第80页提及的第63窟中，坐佛所在的主龛两侧绘五髻乾闼婆和帝释天形象，上方的半圆形区域内绘频毗娑罗王的宫殿和六位婆罗门；第98页提到第80窟中亦绘有频毗娑罗王和婆罗门，此外还提及山的形状以及五髻乾闼婆、帝释天及天妃因陀拉尼；第101页提及的第92窟最细致地描绘了帝释天拜访场景；第112页提及的第114窟中主龛上方的半圆形区域内绘山地、树木和水；第143页提及的第219窟中保存有安插泥塑山峦的凿孔，及帝释天拜访的部分场景；第150页提及的第207窟中亦有帝释天拜访场景以及许多说法场景，（转下页）

为阐明中心柱窟中与禅修有关的图像程序，笔者以克孜尔第171窟为关键例证，尽管窟内帝释天拜访的画面破损严重，但整体仍然保存较好。窟内青金石蓝与水晶绿的绚丽色彩折射出第171窟最初的华美。令人遗憾的是，格伦威德尔没有留下任何关于此窟的记录。然而，由于帝释天拜访画面的程式化特征，可以根据格伦威德尔对第92窟类似画面的生动描述进行复原[1]。第92窟虽是一座方形窟，但正壁上绘有中心柱窟典型的装饰——帝释天拜访，现已严重损毁。作为背景的山林里，满是飞鸟、走兽、凡人、天神，他们围绕在一座洞窟周围。佛陀坐在山岩间，右侧五髻乾闼婆弹奏琉璃琴，身后站立一位皮肤黝黑的天神，茅草屋内坐着一位婆罗门。佛陀左侧站着帝释天及天妃因陀罗尼。这一田园式神奇地景中还有其他形象：上身发出火焰的禅定阿罗汉、肩负一只小猴的猴子、鸭、雉、鹿、一对天神、数位凡人、一位坐禅辟支佛及一对恋人。格伦威德尔也提到还有两位婆罗门正全神贯注地交谈，枝叶茂密的树丛中有坐禅天神以及野山羊、孔雀、老虎。此类图像及形象亦见于第92窟顶部，其中有作为本书封面的禅修僧侣。

我们可以将格伦威德尔生动的描述投映到第171窟中心柱正壁上以及空无一物的主龛内，此龛内曾安放一尊禅定佛像，现已不存，但壁面上彩绘的头光和背光仍可辨识，也暗示着佛像的尺寸。因原始资料阙如，无法确认此尊佛像是否施禅定印，称之为禅定佛仅是一种推测。主龛周围仍有数个象征山峦的菱形泥块以及大量原用于安插木芯的孔洞。基于前文提及的格伦威德尔的记录，可以想象曾有彩绘的飞鸟走兽、凡人天神使这一虚构景观变得生动鲜活。同样，也可以想象绘于佛陀两侧的两位主角——帝释天与抚琴的五髻乾闼婆，这两位人物较少以塑像形式表现，亦无保存至今者。中心柱下方，立体的动物形象，如熊、狮子、鹿等被描绘成正从巢穴中走出。这种糅合塑像和壁画的生动场景能够有效地唤起对故事的识别。

魏正中也注意到部分洞窟的中心柱上部涂有蓝色颜料，似乎象征着与立体地景相对应的天空。两种元素汇聚一起：蓝天和菱格。中心柱顶部象征天的部分的功用类似券顶上代表天的中脊；同样，中心柱正壁上的立体山丘也与券顶中脊两侧壁面所绘菱格一致。天空和菱格由此引导观者的目光从中心柱表面转移到洞窟券顶，从帝释天拜访到券顶图像。

（接上页）其中佛陀身上发出火焰；第158页提及的第206窟中绘有帝释天及天妃和五髻乾闼婆，其头部有四个发髻而非五个；第174页提及的第224窟中，格伦威德尔根据原浮塑菱格山峦的洞窟辨识出帝释天拜访场景。格伦威德尔在第22、24页中指出帝释天拜访场景亦见于库木吐喇、克日西，以及森木塞姆的紧那罗窟（Kinnari Cave），第191页，和两座密教洞窟，第184页。

[1] Grünwedel, *Altbuddhistische Kultstätten in Chinesisch-Turkistan*, 101.

龟兹寻幽：考古重建与视觉再现

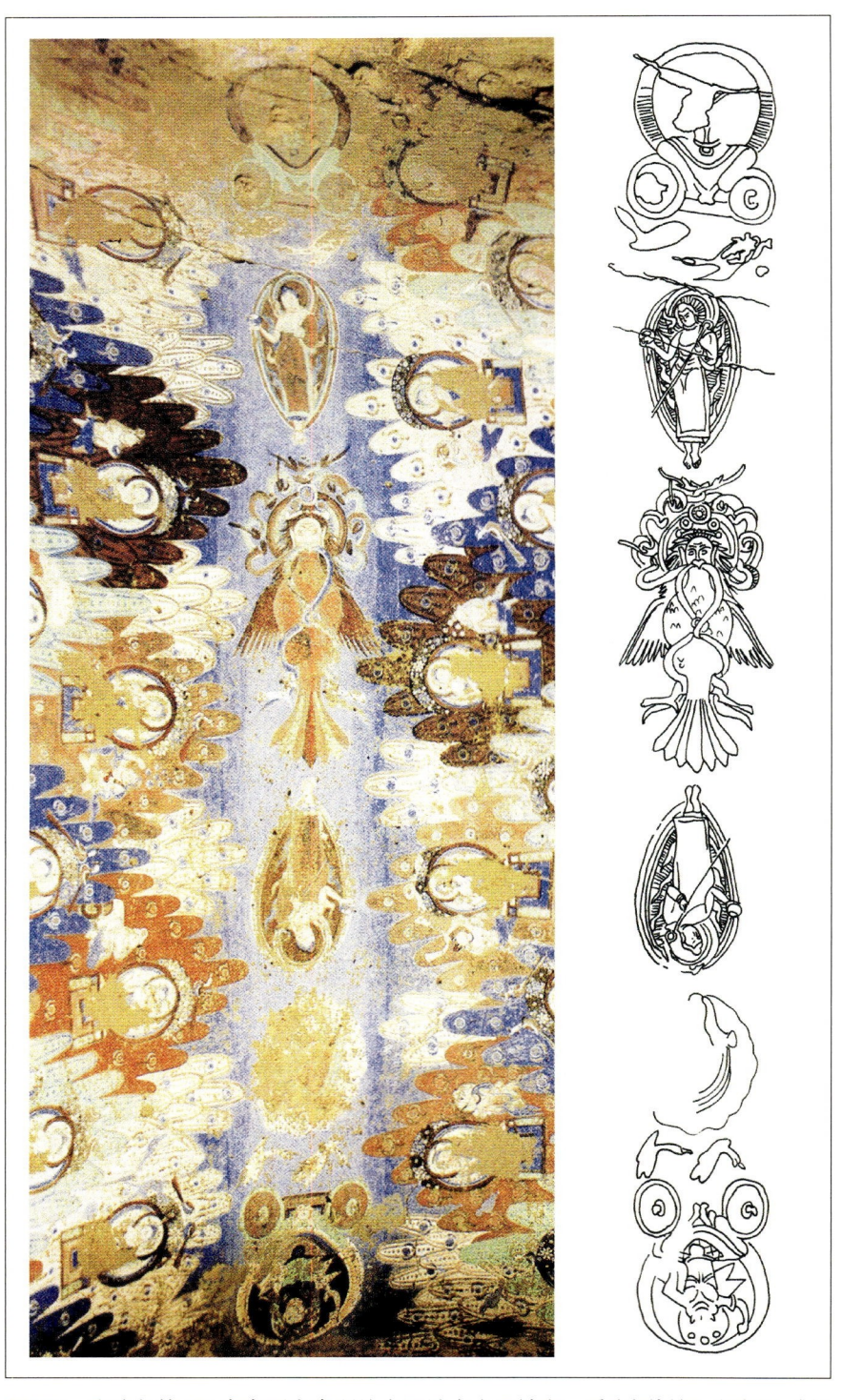

图110 克孜尔第171窟窟顶中脊所绘舍卫城水火双神变。采自谭树桐、安春阳：《新疆の壁画·キジル千仏洞》（下），图79。线图刘韬绘。

这两种空间及其上的图像都来源于禅定修行。尤其是禅修能够解释窟顶中脊装饰（将在后文谈论）以及部分菱格图案，菱格内偶尔绘有居士、婆罗门以及僧侣，如中心柱主龛禅定佛般在丛林、禽鸟中打坐禅修。确切而言，券顶上的菱形格内大多绘本生故事或譬喻故事。事实上，中心柱窟中禅定佛正是窟顶所绘禅修及由此而得的超自然神力的发端。

仔细观察窟顶中脊壁画就会发现，恰是佛陀禅定凝聚的心神产生了这一见于所有中心柱窟的图像程序。这里笔者必须强调这种图像程序在中心柱窟装饰中的重复性。禅定或三昧能够赋予修行者特殊神力，这种神力在不同经典中有所不同，从六种到十种不等，但至少都包括施展超越常人能力范围的神通[1]。佛陀不仅在涅槃前施演六种或十种必不可少的神通，而且在证悟后通过禅修获得的能力还可以拥有其他超凡本领，如驯化那伽（naga）蛇、与其父净饭王会见时飞行在空中。

但在诸多神通中最著名的，亦是佛陀涅槃前需要完成的最重要一项任务，即是舍卫城神变，这是龟兹中心柱窟装饰中尤为突出的图像。当然，作为神奇力量来源的禅修产生自古代印度。然而，历史上的佛陀自身及佛教寺院对施展神通的态度是模棱两可的。一方面，佛陀不鼓励其弟子将施展神通作为吸引潜在信众的手段，警告弟子不能炫耀他们的超自然神力，而是要集中心力袪除自己的罪孽，"要扬善弃恶"[2]。弟子们被教导施展神通等同于用谎言欺骗信众。另一方面，施展神通又被视为禅修之成果及意在裨益众生而被接受，"为帮助有情众生，受到佑护之人应该利用他的力量，施展超越常人的神通"[3]。这种二元性体现在智慧第一的舍利弗和神通第一的目犍连身上。对超自然神力双重的、模糊的态度，即施展神通既遭反对，但在禅定有助于他人时又被接受，表明对超能力的信奉是原始佛教（Ur-Buddhism）的一部分，是高等寺院不愿公开承认的潜在力量。从洞窟壁画中常见的神通场景推测，龟兹僧侣必定高度重视禅修带来的神力。强调禅定获得的神通，表明此项修习及成果被视为要务，可能是说一切有部教义传统的组

---

[1] Lamotte, *Histoire du bouddhisme indien*, 2 vols. (Louvain: Institut Orientaliste, 1958), 47, 引用《长部》列举了六种超自然神力（abhijna），其中五种与此现象有关，一种与超自然顺序有关：神奇力量、可看穿事物的神眼、进入他人思想的能力、非凡的听力、对前世存在的记忆力、对所有杂质的破坏力。如《天譬喻经》中多个故事所叙，进入涅槃之前佛陀需要展示十种类似的神迹；笔者选用《舍卫城大神变经》（*Pratiharya sutra*），其中讲述了佛陀涅槃前演示的十大神通：预言未来佛、等待出现一人决心达至无上觉悟、度化佛陀希望教化的所有人、过完四分之三的生命、在善恶之间划出清晰的界线、任命两位弟子、从忉利天下生、在阿耨达池说法、为父母讲四真谛以及最后的施展舍卫城神变，参见 Cowell and Neil, *The Divyāvadāna. A Collection of Early Buddhist Legends* (Delhi: Indological Book House, 1987, reprint).

[2] Rotman, *Divine Stories Divyavadana,* part 1, 263.

[3] 同上。

成部分[1]。

龟兹僧侣作为早期佛教的追随者，无疑对佛陀具有的超常神力及施展神通的本领表现出异常兴致。佛陀所有神通中，知名度和流行性皆无可与舍卫城两阶段神变相提并论者。舍卫城神变在巴利文和梵文文献中被大加渲染，这些文献彼此有分歧，李柱亨（Rhi Juhyung）和施林洛甫对其进行过详尽梳理[2]。笔者在此处参考梵文说一切有部，是基于笔者认为龟兹僧团主要信奉此学说。说一切有部和根本说一切有部的梵文经典较巴利文经典数量庞大，通常被划入前大乘佛教阶段；说一切有部在犍陀罗地区相当流行，并从此处传播至中亚，沿丝路北道进入龟兹[3]。犍陀罗地区对舍卫城第一阶段双神变的刻画似乎早于第二阶段幻化佛众，但龟兹地区不存在先后序列。两个阶段神变只同见于后文讨论的玛扎伯哈第8窟。

《天譬喻经》（Divyavadana）记述了舍卫城第一阶段神变或水火双神变之前的主要事迹：六位非佛教徒的苦行者（六师外道，tirthika），由富兰那迦叶带领，希望能够利用一场超自然力量的竞赛在潜在追随者中重新获得声望。六人请求摩揭陀国国王频毗娑罗资助此次竞赛，但遭到拒绝，并被告发给了佛陀。然而佛陀却决定与其弟子一起到访舍卫城。六人亦来到舍卫城邀请国王波斯匿王主持并监督这场对决。佛陀被国王告知后，宣称他本不赞同施演神通，如同他教导弟子那般宁可禅定观想，持戒修己；然而当受到逼迫时，佛陀决意参加七天之后的竞赛，而且佛陀承认在涅槃之前必须完成的十项任务中的最后一项即是在舍卫城施展神通。

在竞赛之前，祇园建起一间宏伟的厅堂，举国民众受邀参加；佛陀还施展神通，帮助波斯匿王之兄卡拉王子修复了在一次不公平惩罚中被砍掉的手、足。第七天，即比赛当天，佛陀进入舍卫城，手托钵四处走动，之后当王公贵族及其随从都被召集去见证神通比赛时，他则退隐到寺院。在施展神通之前，佛陀已拥有一系列超自然技能：达到至高的禅定或三昧状态，所以生发的火焰能够充满厅堂但不会将之烧毁。接着，金色的光

---

[1] 为何尤其在唐代舍卫城神变较另一神力竞赛，即流行于敦煌地区的劳度差—舍利弗，更受欢迎？此问题因其亦见于《根本说一切有部毗奈耶》中变得更加迷惑；因此龟兹僧侣可能更易于看到。此外，竞赛以舍卫城神变结束，即佛陀升入空中，与舍卫城第一阶段神变相似，身上发出水和火。

[2] Rhi Juhyung, "*Gandhāran Images of the "Śrāvastī miracle." An Iconographic Reassessment*" (PhD diss., University of California Berkeley, 1991)，文中考察了数种文本和犍陀罗雕刻之间的关系；施林洛甫对此研究最多，参见 Schlingloff, *Ajanta–Handbuch der Malereien*. 3 vols. (Wiesbaden: Otto Harrassowitz Verlag, 2000), vol. 2, 488–514.《法句经》为巴利文经典，英译本见 Burlingame, *Buddhist Legends*, 3 vols. (Cambridge: Harvard University Press, 1921).

[3] 说一切有部（Sarvastivadins）与根本说一切有部（Mulasarvastivadins），何处何时出现，彼此如何关联的问题仍有待解决。不少学者参与到此问题的讨论中，若干肯定性观点参见 Schmidthausen, "Beiträge zur Schulzugehörigkeit und Textgeschichte kanonischer und postkanonischer buddhistischer Materialien," in *Zur Schulzugehörigkeit von Werken der Hinayana-Literature. Teil 2*, ed. Heinz Bechert (Göttingen: Wendenhoeck und Ruprecht, 1987), 377–380。

芒从他的身体射出,大地震动,五百智者飞向舍卫城,并立刻受到任命。然而,异教徒却没有辨认出神通,亦不愿通过展示自己的神力做出回应。此时,佛陀的数名弟子,尤其是目犍连主动请求当众表演神通,佛陀没有许可,而是自己入于禅定,亲自展示超自然神力。因此开始了一场"变幻"的戏剧性表演[1]。佛陀离开座位飘浮在东边上空,现行、住、坐、卧四威仪;他还跳入火中,身上光芒四射;神通接连不断,如上身发出火焰,下身流出清水。佛陀在四个方向展演四种不同的神通,以喷火流水作为结束。佛陀向国王宣称此次神变(或称水火双神变)可以被所有僧侣或聆听法音的众人掌握。《天譬喻经》继续描述第二阶段事件(后文讨论);最后以六师外道的全然溃败及其领导者富兰那迦叶的自杀结束。

在龟兹,表现舍卫城水火双神变的场景无疑是窟顶装饰中最受喜爱的题材之一,这类题材在中心柱窟极其常见[2]。视觉图像的再现颇为片段化,省略文本中的大量细节以突出强调富有意义的时刻——佛陀飞于空中,在光亮的背景中身上喷发出水火。笔者再次从众多例子中选择克孜尔第171窟为例(见图75)。洞窟券顶中脊上水火双神变通过一系列固定图像表现:自中心柱正壁至主室入口,可依次识别出部分残损的太阳神乘坐双轮战车,旁有两只源自婆罗门神话的亘娑(hamsa,类似天鹅的神鸟);手托钵、带有头光和身光、喷射水火的佛陀;中脊保存完好的中心画面是缠绕在一起的迦楼罗(garuda)和那伽;另一位佛陀与前者相似;被膨胀布袋包裹的风神以及末尾处的月神战车则损坏严重。佛陀为何飞行在太阳、月亮、那伽和迦楼罗以及风神之间呢?这些形象可能表明佛陀在天空中施演神通[3]。

克孜尔第38窟亦是中心柱窟,窟内绘制的舍卫城双神变稍有不同,是龟兹地区此类题材保存最好的壁画之一(图111)。从主室入口至中心柱正壁,顺次可观察到象征太阳的圆盘及其周围的四只亘娑;而后是代表风神的女性人像(性别并不确切)被一只巨大的膨胀布袋包裹;其后是一位飞行的佛陀,手持钵,肩部和腰下放射出火焰;双头迦楼罗与两只那伽蛇搏斗;另一位风神类似前者;另一位飞行的佛陀与前者相同;最后是银色的月亮被星辰和四只亘娑包围。

---

[1] 笔者引用梅维恒的说法,参见 Mair, *T'ang Transformation Texts: A Study of the Buddhist Contribution to the Rise of Vernacular Fiction and Drama in China* (Cambridge, Mass.: Harvard University Press, 1989), 57。

[2] 大多学者将中脊解释为宇宙的象征,与舍卫城双神变无关;参见 Zhu Tianshu, "The Sun God and the Wind God at Kizil," in *Ērān ud Anērān, Transoxiana Webfestschrift Series I, Webfestschrift Marshak*, eds. Matteo Compareti, Paola Raffetta and Gianroberto Scarcia, (2003), http://www.transoxiana.org/Eran/: 681–718; Miao Lihui, "The Ceiling Murals of Qizil as a Symbol of the Buddhist Universe," in *Kizil on the Silk Road, Crossroads of Commerce and Meeting of Minds*, ed. Rajeswari Ghose (Mumbai: Marg Publications, 2008), 85–93。

[3] 在佛教中亘娑飞行代表着脱离轮回,因此常见于佛陀圆寂场景中,如图16所示。

龟兹寻幽：考古重建与视觉再现

图 111 克孜尔第 38 窟窟顶中脊所绘舍卫城水火双神变。采自新疆维吾尔自治区文物管理委员会、拜城县克孜尔千佛洞文物保管所、北京大学考古学系编：《中国石窟·克孜尔石窟》，第 1 卷，图 112。线图刘韬绘。

窟顶中脊两侧绘本生故事和譬喻故事。就本生故事而言，它们可能与禅定有关。禅定的诸多功效中包括能使践行者看到造成当下之业（karmic）的前生事迹。因此，与帝释天拜访场景相关的另一层含义或许是，禅定能够赋予修行者体验前世业行的能力。这与帝释天拜访及中脊装饰表达的核心信仰密切相关。了解前世业行有助于禅修者竭力避免来世重蹈覆辙的修习，而佛陀前世功业的确有助于其获得最终解脱。

在龟兹石窟数个世纪的发展中，舍卫城双神变的表现形式经历了多次改变。这些变化包括出现拟人化的太阳神和月亮神；风神的性别转换；佛像或自然元素风等构成部分的重复以及用飞行的僧侣代替佛陀。这些僧侣通常手持钵与杖，或其他物件。部分画面中佛陀可能同时喷射水火或身体完全被火焰包围。以下试举例阐明上述变化：例如风神在克孜尔第38窟中被表现为女性，而在大像窟第77窟中则为男性；太阳神和月亮神在库木吐喇第23窟中被描绘成披甲战士驾驶着战车（图112）。同一窟中，迦楼罗变成强悍勇猛的大鸟展翅高飞，利爪抓住细长的那伽蛇。森木塞姆中心柱窟第26窟是仅见的主室和后室窟顶中脊全部绘制舍卫城双神变图像的洞窟：主室中脊壁画虽已残损，但仍可识别出主要图像是打座或站立着喷出水与火的僧侣或佛陀，不寻常的是中脊两侧斜坡上描绘多排禅修的僧侣或苦行者（图113）。中脊的部分构图元素有时成对出现，如克孜尔尕哈第11、6（图114）、46窟。由此，我们不禁会问为何部分洞窟偏爱重复表现同一图像？肩生火焰的飞行佛陀亦成对出现于森木塞姆第11窟中，窟内左甬道券顶绘双佛、双雨神和风神。以上只是大量中脊装饰变化中的少数几例。同一题材在表现时所反映出的差异性可能与不同的赞助施主有关，而重复表现同一题材则可能暗示着意欲强化超自然神力。龟兹壁画中这种重复表现同一题材的倾向也会影响下文将要讨论的舍卫城第二阶段神变中的佛陀和宇宙佛的表现形式。

尽管存留至今的例子不多，但在中心柱窟中描绘舍卫城双神变发生之前的对峙场景并不罕见。王宫贵族和婆罗门聚众去见证施演神通的画面见于数个中心柱上部的半圆形区域内。克孜尔第80窟中心柱半圆形区内，舍卫城波斯匿王及其宫廷绘于佛陀右侧，情绪激动的六位异教徒在佛陀左侧或站或坐[1]（图115）。此场景的出现是基于其作为窟顶描绘的舍卫城双神变情节不可或缺的部分，即拉开序幕的前奏。皇室贵族和六师外道的场景是克孜尔第80窟独见的，但并不突兀，而且反映出洞窟装饰的不同场景紧密交织在一起。它与其他场景相协调：如帝释天拜访时释迦牟尼的等待；舍卫城双神变中波斯匿王、宫廷大臣及六师外道一并出现以及窟顶菱格内的禅定者。洞窟装饰必然不是对故事的随意表现，如克孜尔第97窟中相似的皇室场景却以不同的风格描绘。

---

[1] Huo Xuchu, "Legendary, Historical, and Canonical Personae in the Murals of Qizil," in *Kizil on the Silk Road, Crossroads of Commerce and Meeting of Minds*, ed. Rajeswari Ghose (Mumbai: Marg Publications, 2008), 106−115.

龟兹寻幽：考古重建与视觉再现

图 112　库木吐喇第23窟窟顶中脊所绘太阳神。采自新疆龟兹石窟研究所：《库木吐喇石窟内容总录》，图21。线图刘韬绘。

图113 森木塞姆第26窟窟顶中脊前部。郭峰绘。

接下来笔者将探讨常见于中心柱后部表现涅槃及前后事件的场景是否可能与禅定有关；若相关，那么它们就与前文论及的场景相连。所有场景都是相互关联的吗？帝释天拜访、舍卫城双神变以及涅槃是否被同一条线索贯穿？李崇峰等学者认为涅槃主题与释迦牟尼最后游行及涅槃后的事件是洞窟装饰的主要程序；换言之，他重点强调洞窟内室的装饰，而且没有将之与主室中的舍卫城双神变或帝释天拜访关联起来[1]。但如果禅定的某些方面亦是涅槃的源头，那么洞窟的装饰程序就不存在断裂或

---

[1] 李崇峰：《克孜尔中心柱窟主室正壁画塑题材及有关问题》，载巫鸿编：《汉唐之间的宗教艺术与考古》，第209—234页；李崇峰：《克孜尔中心柱窟与〈长阿含经〉等经典》，载《徐苹芳先生纪念文集》，上海古籍出版社，2012年，第419—465页；Li Chongfeng, "Representation of Buddha's Parinirvana in Chetiyaghara at Kizil, Kucha," in *Proceedings of the Buddhist Narrative in Asia and Beyond held in Honor of HRH Princess Maha Chakri Sirindhorn on her 55th Birthday* (Bangkok: Chulalongkorn University, 2010), 411-472。李崇峰从克孜尔第4、8、13、17、34、38、63、92、98、99、101、104、114、171、172、178、196、198、199、206、207、219、224窟中辨识出此图像。

图 114 克孜尔尕哈第16窟窟顶中脊所绘对称图案。采自新疆龟兹石窟研究所：《克孜尔尕哈石窟内容总录》，图3。线图刘韬绘。

禅修的视觉语言

图115 克孜尔第80窟所绘舍卫城双神变之前波斯匿王及其宫廷与六位婆罗门。采自谭树桐、安春阳:《新疆の壁画・キジル千仏洞》(下),图174。

轻重,如同主室与内室一般构成一个难以分割的整体。最后解脱是否可能意味着入于禅定? 若是,那么涅槃就与洞窟中整体发展的主要题材——禅定功效相连。为支持这一推测性解读,笔者此处引用罗宾生(R. H. Robinson)和詹森(W. L. Johnson)关于涅槃的研究:

> 世尊以专注禅定入无余涅盘。先入初禅,且逐级进入第四禅,进而由第四禅入空处、识处、无所有处以及入非想非非想处,最后第九入灭尽定;世尊出灭尽定后次第回返入初禅,再由初禅顺次入第四禅,如此逆顺入超禅,最后由第四禅进入无余涅盘,此状态等同于世尊证悟的状态。世尊在禅定中入灭,一如他证得的生命之道。[1]

禅定修行和最后解脱两者关系的研究还可进一步完善。进入涅槃可能类似于寂灭(nirodha),即"所有心智和大多数身体活动止息的状态"[2]。在这种状态中,业力相续的进程中断,禅定者可以体验涅槃,但也可以自由自愿地退回;然而佛陀选择生命的终止而非返回。这种进入涅槃或彻底终止轮回的确看似与禅定相关。笔者注意到现藏于德

---

[1] Robinson and Johnson, *The Buddhist Religion* (Belmont: Wadsworth Publishing Company, 1997), 48–49. 此段译文得到北京大学外国语学院南亚学系萨尔吉副教授的指正,谨此致谢。
[2] Strong, *The Experience of Buddhism* (Belmont: Wadsworth Publishing Company, 2002), 126; 他的描述依据觉音尊者的《清净道论》。

龟兹寻幽：考古重建与视觉再现

图 116 克孜尔第171窟（Höhle über der Kassettenhöhle）所绘涅槃佛像。采自 Le Coq, *Buddhistische Spatantike in Mittelasien*, vol.6, fig.11。

国柏林亚洲艺术博物馆的克孜尔第171窟涅槃场景壁画残片中有一个耐人寻味的细节：倚躺着的佛陀上身发出火焰，似乎暗示其进入了禅定状态（图116）。事实上，这一细节是涅槃图像的常见特征。

当禅定成为帝释天拜访、舍卫城双神变及涅槃的重要源头时，禅定是否也引发了绘于中心柱窟侧壁上的说法场景？这些说法图可能与帝释天向佛陀提出的问题相关吗？若是，那么这些问题是龟兹僧侣特别关注的吗？然而《天譬喻经》中记述的拜访故事并不支持所有图像与文本之间的关系。前文提及的这些问题的业力特质本身妨碍了在帝释天提问与侧壁说法图之间构建关联，即文本的教义性而非叙述性决定其无法被描绘。此外壁画保存状况较差，有时甚至被完全破坏，使理解这一问题难上加难。

为释读说法图可能的含义，笔者主要参考格伦威德尔的记录，特别是其绘制的第207窟的线图（图117），也包括洞窟侧壁上残存的说法图，如克孜尔第17窟[1]（图118）。说法图数量多且彼此差异大，难以与帝释天拜访构建关联，亦即它们似乎与帝释天的问题全然无关。除指出壁画破损严重为图像界定带来巨大难题外，茨茵（M. Zin）特别以第80窟为例说明佛陀被无数敬仰者，诸如贵妇、仕女、飞天、天神、僧侣、雷神、三头神

---

[1] 第207窟侧壁说法图的准确线图对于认识到它们不产生于佛陀和帝释天之间的讨论特别重要，参见 Grünwedel, *Altbuddhistische Kultstätten in Chinesisch-Turkistan,* 150 ff。

禅修的视觉语言

图117 克孜尔第207窟（Maler Höhle）主室右侧壁说法场景线图。采自 Grünwedel, *Alt-Kutscha*: II, 18, fig. 23。

龟兹寻幽：考古重建与视觉再现

图118 克孜尔第17窟主室西壁说法场景。采自新疆维吾尔自治区文物管理委员会、拜城县克孜尔千佛洞文物保管所、北京大学考古学系编：《中国石窟·克孜尔石窟》，第1卷，图59。

以及龙王包围的图像重复出现是为了宣扬佛陀的荣耀，将其奉为说法者。事实上在某些情况下，初转法轮画面可根据宝座上的鹿辨识出来，这也的确是佛陀讲法的典型标志[1]。滨田瑞美也同意部分说法图表现的是对世俗凡人的启蒙，旨在树立榜样，吸引更多潜在信徒，同时也提醒僧侣们为何他们已经成为信徒[2]。

侧壁场景无疑在于强调佛陀广布正法，但笔者相信这些场景亦属于笔者描述的与禅修相关的整个图像程序。换言之，由禅修生发出的神通仅是更大背景下的一个内在方面，尤其是佛陀施展超自然神通，却以向听众讲法及使其皈依作为结束。《天譬喻经》中对舍卫城双神变成果的描述做出了清晰阐释：

> 世尊观察所化有情根性差别随眠各异，了知大众生起信心，说四谛法，为无量百千万众生作依怙。[3]

---

[1] Zin, "The Identification of Kizil Painting IV," *Indo-Asiatische Zeitschrift* 14 (2010): 22-30.
[2] 濱田瑞美：《キジル中心柱窟の仏説法図について》，日本歴史文化学会編：《風土と文化》第4卷，2003年，第21—34页。
[3] Rotman, *Divine Stories Divyavadana*, 186。此系列故事在早期文献中颇为常见，其中笔者可提供若干例证：佛陀将四方王贡献的四只钵合而为一；见证此行为后，提谓（Trapusa）和波利（Bhallika）两位商人皈依佛法；同样在见证了佛陀施展的数通神迹后，拜火教首领优楼频螺迦叶及其徒众皈依佛教。

亦即，众人被说服，神通使他们接受了佛陀讲授的正法。若将这一成果扩展至中心柱窟装饰的背后机制，扩展至笔者所称的内在，那么禅修和说法就是壁画绘制的根源，很可能是负有这两项任务的说一切有部僧侣提出的要求。因此，神通及超人类技能并非炫耀行为而是引领众人皈依佛教的工具。最后施演神通实现了指引通向证悟之路的功能[1]。根据戈麦斯（L. O. Gomez）的研究，神通是洞窟装饰的表现核心，但无法遮掩证悟或解脱作为内在的最终存在形式[2]。

笔者提出中心柱窟的图像展示出两种程序，以历史上的佛陀及其前世与最后一世的所有活动作为共同主线联系在一起。其中一种程序是纪念释迦牟尼不同世的功德，特别是最后作为说法者；另一种程序是禅修获得的超自然神力。前者如同外壳包裹着后者，目前后者尚未受到关注，尤其是佛陀自身的禅修实践。如前所论，禅修始于中心柱正壁主龛图像，因为这是观者进入洞窟第一眼看到的场景。注视陷入禅定的佛陀，被帝释天的拜访打断。自这一情节起，观者的目光转移到表现禅修功效的舍卫城双神变在窟顶中脊展开。当绕行中心柱时，观者思考到禅定的第三个功效——涅槃，其完整的故事情节绘于后甬道的壁面上。由此，可推测禅修是洞窟图像程序中两个外显部分与一个内隐部分的粘合剂。由于洞窟壁画中表现的佛陀过去与现在的功德极易被识别，以往研究仅将注意力放在装饰的叙述方面而忽略了内在的禅修。涅槃及侧壁上的说法场景——发生于施展神通之后，可能属于佛陀的生活事件，但实际上根植于禅修，或与之密切相关。

最后还应该考虑中心柱窟主室门道上方内侧半圆形区域内所绘兜率天宫中的菩萨在这一图像程序中扮演的角色。通常半圆形区域内的菩萨被视为弥勒，但不能断然排除其为释迦牟尼的可能性，因为其最后转世之前亦居住在兜率天宫。尽管没有题记表明确为弥勒，但原绘于克孜尔第224窟的壁画被普遍认为是弥勒的"经典形象"（图119）。然而半圆形区域内的菩萨与历史上的佛陀释迦牟尼相关却可得到支持：在数座洞窟中兜率天宫场景被与历史上的佛陀相关的图像代替，如克孜尔第69窟中绘释迦牟尼在鹿野苑初转法轮，森木塞姆第43窟和克孜尔第98窟中绘摩罗羞辱释迦牟尼的场景以及森木塞姆第48窟中绘佛陀从忉利天宫中下生。这些替代图像都只涉及历史上的佛陀，从而增强了半圆形区域内的形象是释迦牟尼而非弥勒推论的可信度。此外，经典中记述的故事内容亦支持其为释迦牟尼而非弥勒菩萨的推测。弥勒形象的辨识主要依据与犍陀罗雕刻中的弥勒像，尤其是手持净瓶类弥勒像的相似性，若无净瓶，表

---

[1] 此种解释已被讨论，参见 Fiordalis, "Miracles in Indian Buddhist narratives and doctrine," *Journal of the International Association of Buddhist Studies* (*JIABS*) 33, nos. 1-2 (2010 and 2011): 381-408。

[2] Gomez, "On Buddhist wonders and wonder-working," *Journal of the International Association of Buddhist Studies* (*JIABS*) 33, nos. 1-2 (2010 and 2011): 513-554.

图119 克孜尔第224窟（Höhle mit der Maya, 3 Anlage）半圆形区域内绘弥勒（？）。照片版权归德国柏林亚洲艺术博物馆所有，Jurgen Liepe摄。

现的亦可能是释迦牟尼。事实上，第224窟中半圆形区域内的形象尽管通常被认为是弥勒像，但未持净瓶。也可能壁画不幸恰好在此处损毁，或较早的修复遗漏了净瓶（如果存在的话），无论如何这都不是可靠的佳例。克孜尔第38窟中菩萨未持净瓶，但在克孜尔第17窟中却有。我们也不能否认犍陀罗图像中忉利天宫弥勒像具有的若干婆罗门特点，即净瓶，菩萨装束——下衣、披肩，圣线以及发饰，器具和配饰都是典型的婆罗门装扮，明显意指佛陀来世转生于种姓社会。此外，听众的相貌打扮表明他们都是来自婆罗门阶层[1]。大体而言，仍无法对半圆形区域内的形象作出明确界定，因各有资料支持相应推测。如在源于说一切有部的《普曜经》（*Lalitavistara*）中，离开兜率天宫即将成佛的释迦牟尼宣布弥勒作为其继承者，因此弥勒此后就居住在兜率天宫[2]。若

---

[1] 繁杂的定名问题在犍陀罗艺术中并未被解决，学者曾对此有详细讨论，参见 Luczanits, "The Bodhisattva with the Flask in Gandharan Narrative Scenes. In memoriam Maurizio Taddei," *East and West* 55 nos. 1–4 (2005): 163–188。Jaini, "Stages in the Bodhisattva Career of the Tathagata Maitreya," in *Maitreya, the Future Buddha*, eds. Alan Sponberg and Helen Hardacre (Cambridge: Cambridge University Press, 1988), 54–90。Yaldiz, "Maitreya in Literature and in the Art of Xinjiang," in *Kizil on the Silk Road. Crossroads of Commerce and Meeting of Minds*, ed. Rajeswari Ghose (Mumbai: Marg Publications, 2008), 67–83，其中更多关注了汉地弥勒图像而非龟兹弥勒像；Li Chongfeng, "Maitreya in the Chētiyagharas at Kizil, Kucha" (Paper presented at the Gandharan Cultural Heritage Conference, Islamabad, December 1–3, 2010)。作者强调犍陀罗艺术对龟兹弥勒像的影响，以及法藏部文献的教义影响。

[2] Luczanits, "Prior to Birth. The Tuṣita Episodes in Indian Buddhist Literature and Art," in *The Birth of the Buddha. Proceedings of a Seminar Held in Lumbini, Nepal, October 2004*, eds. Christoph Cüppers, Max Deeg and Hubert Durt (Lumbini: Lumbini International Research Institute, 2010), LIRI Seminar Proceedings Series, 3, 41–91, 387–392.

半圆形区域内的菩萨像是笔者推测的最后转世之前的释迦牟尼,那么这就作为一个时刻——尽管是其无数世中的最后一世——进入图像程序。但即使半圆形区域内表现的是释迦牟尼的精神继承者弥勒,依然不会挑战历史上的佛陀释迦牟尼作为洞窟图像核心角色的地位。

那么,两种共同存在的图像程序,即通过描绘佛陀前世及最后一世故事以宣扬说法和禅修两大核心修习实践的内涵是什么?笔者认为其重点阐明了规范龟兹寺院宗教生活的基本律则。僧侣将其自身视为佛陀教义和典范的守护者,他们因佛陀而存在。就此层面而言,他们追随小乘佛教的指导。当按照佛陀的步伐来引导自己的生活时,龟兹僧侣也进行着释迦牟尼曾实践的禅修,而禅修正是他们的目标,也是吸引新的信众必不可少的途径。事实上,僧侣也完成了讲法的要求,如侧壁上绘制的佛陀集会场景。达到有效说法的关键因素是施展神通,因此另一图像程序就强调产生于禅定的神通场景。总之,两种程序对应着佛陀众多功德中的两大构成:通过语言和行动表达的宣经讲法以及使其超越凡人的禅定修行。涅槃场景中众多僧侣围绕着斜躺的佛陀,象征着他们发誓致力于肩负起佛陀在世间作为讲法者和禅定者的使命。图像中将佛陀表现成说法者即其常见形象,是为强调将其教义或说法传达给芸芸听众,如侧壁的说法图;而将其表现为禅定者,则是为突出禅定修行带来的神通和幻景,禅定虽是佛陀的个人实践,但由此而生的神通却是当众展演。在龟兹,佛陀的修习基本是独自禅定,但阐释教义或说法则是盛大的众人集会。这种二元性融入了中心柱窟的全部装饰中。装饰的整体性使得帝释天拜访和涅槃场景无法跳脱出来成为礼拜的焦点。

舍卫城双神变的图像变化:从叙事到符号

虽然图像的演变会引起或促使内涵发生转变,而又可被视作年代发展的标志之一,但洞窟及其壁画的年代并非笔者讨论的重点。舍卫城双神变的施演者喷发出的水与火的特征,从具象叙事到成为超自然神力的抽象符号的转变过程的确暗含年代发展。格伦威德尔讨论库木吐喇第23窟(在格伦威德尔的编号体系中为第19窟)侧壁焰肩佛说法图时指出:

> 龟兹和木头沟壁画中的焰肩形状不同,颜色各异,表明圣德和预流果($srotapanna$,通过预流果进入纯洁生命之流,不再于罪恶的命运中轮回)的程度不同。金黄的火焰是阿罗汉和佛陀的特征,表征其具有的超自然能力,如在空中飞

翔等。[1]

之后瓦尔德施密特在1930年识别出这些特征从叙事到符号的转变，并列举克孜尔石窟的数个例证，尤其是位于第七区段现已严重破损的第207窟[2]。

从龟兹若干洞窟壁画中可明显看出水与火已变成象征符号，僧侣在空中喷发水和火，同时忙于其他特殊任务或在空中朝特定方向飞行。同样端坐的佛陀在说法的同时发出火焰。如克孜尔第47窟中一组最初有五位僧侣，现在只剩下三位，正赶往佛陀涅槃地（图120）；托乎拉克艾肯第15窟中，另一组身发火与水的僧侣、怀抱一捆木柴赶赴佛陀的荼毗，此处水与火罕见地融汇在一起，并以朱红、浅绿两种颜色表示（图121）；克

图120 克孜尔第47窟后室左壁所绘飞向荼毗现场的僧侣，发射出水和火。采自谭树桐、安春阳：《新疆の壁画·キジル千仏洞》（上），图133。

---

[1] Grünwedel, *Altbuddhistische Kultstätten in Chinesisch-Turkistan*, 22 note 1.
[2] Waldschmidt, "Wundertätige Mönche in der ostturkestanischen Hinayana Kunst," *Ostasiatische Zeitschrift* 16 (1930): 2–9.

禅修的视觉语言

图 121 托乎拉克艾肯第15窟左甬道顶部所绘发出水和火的僧侣肩抗木柴飞向佛陀的茶毗。采自新疆维吾尔自治区博物馆、新疆人民出版社编：《库车库木吐喇石窟》，图231。

克孜尔第178、205窟中，左甬道外侧壁上至少有三位发出火焰的僧侣飞在半空中与其他信徒一起参加第一次结集。原绘于克孜尔第224窟右甬道外侧壁上的第一次结集场景中有两位弟子被水和火推促着赶往现场，其残片现藏于德国柏林亚洲艺术博物馆[1]（图122）。克孜尔第189窟中出现了变化，该窟由僧房窟改建成方形窟，洞窟前壁上佛陀从水池中升起，上身发出火焰（图123），相同的图像亦见于库木吐喇第23窟前壁两侧。原属于克孜尔第219窟，现藏于德国柏林亚洲艺术博物馆的壁画残片上绘有两位肩生火焰的禅定僧侣形象（图124）。

　　洞窟侧壁的说法图中常见到焰肩坐佛像。这一曾在龟兹普遍流行的图像现存无几，可见者如克孜尔方形窟第92窟、前文提及的第207窟（见图117）及第114窟——此窟破损严重。格伦威德尔曾对克孜尔第114窟内绘制的焰肩佛像做了大量记录并临摹线图。窟门内侧上方半圆形区域内绘有一尊焰肩坐佛像；其下有一排七身焰肩佛像。前壁两侧的壁龛中亦绘有焰肩的禅定佛或僧侣像。侧壁说法场景中也有身发火焰的佛像，每侧各有两排，每排六位，共二十四位。格伦威德尔的线图提供了此类曾绘于侧壁上的图像的大量实例。克孜尔第69窟门道上方半圆形区域内绘有龟兹贵族礼拜焰肩佛像的画面。库木吐喇第23窟侧壁上仍可见到成排的说法佛陀身上发出

---

[1] Grünwedel, *Altbuddhistische Kultstätten in Chinesisch-Turkistan*, 112–114.

图122 克孜尔第224窟（Höhle mit der Maya, 3 Anlage）所绘飞向初转法轮的僧侣。采自Le Coq, *Buddhistische Spatantike in Mittelasien,* vol.6, fig.14。

火焰，库木吐喇第63窟窟顶譬喻故事画中所有佛陀身上都发出火焰，此类例子不胜枚举。

飞于空中的技能也与舍卫城双神变脱离，被用于须摩提故事的神通中，梵文《须摩提女经》（*Sumagadhavadana*）中记载须摩提乃舍卫城中富裕的施主给孤独长者之女[1]。龟兹石窟中常见的飞行僧侣，与此故事中描绘的僧侣密切相关，因为飞行能力皆来自禅修。须摩提嫁入居住在满富城的耆那教家庭，远离自己的故乡。家庭成员的赤身裸体——经文中将之描述为裸体、肮脏、恶臭——令她感到局促困窘，这位年轻女子热切

---

[1] 小乘佛教早期经典《须摩提女经》中亦记录了此故事。在汉译本《观佛三昧海经》中可发现数个与神奇飞行有关的相似情节。笔者参考了山部能宜的研究，参见Yamabe Nobuyoshi, *The Sutra on the Ocean-Like Samadhi of the Visualization of the Buddha: The Interfusion of the Chinese and Indian Cultures in Central Asia as Reflected in a Fifth-Century Apocryphal Sutra* (PhD diss., Yale University 1999), 479–483。此则故事后来又被山部能宜讨论，参见Yamabe Nobuyoshi, "The Paths of Shravakas and Bodhisattvas in Meditative Practices," 72–73。作者指涉的图像皆是吐峪沟第20窟。

渴望向其姻亲展示她所信奉的佛教的高贵优越。于是她向舍卫城的佛陀传达讯息，恳请佛陀施展神通教化他们。为满足其心愿，佛陀飞行在空中，伴随着数名阿罗汉，其中部分阿罗汉身发火焰，每人乘坐一只神鸟或神兽。在龟兹佛教艺术中，这一故事不如舍卫城神变流行，甚至无法与后者相提并论，因此只见于中心柱窟窟顶中脊上。之所以能够被绘于窟顶，是因为其神通与舍卫城双神变类似，都源自禅修。克孜尔现存状况最佳的须摩提故事见于第224窟，此外克孜尔第198、206窟也有壁画残块，皆绘于中心柱窟窟顶中脊。此则故事与更常见的舍卫城双神变通常一起表现，两者可以在犍陀罗雕刻中找到源头，将于第四章展开讨论。

图123 克孜尔第189窟所绘佛陀散发着火焰从水池中升起。采自 Tan and An, *Shinkyo no hekiga: Kijru Senbutsudo,* vol. 2, fig. 131。

　　用象征符号表示神祇存在或神性特征的做法是源自印度的悠久传统：无偶像阶段，通过各种实物暗示佛陀的存在，诸如足印，或象征其权威的工具，如华盖；窣堵波、法轮、菩提树分别代表觉者佛陀的不同时刻。这种隐喻性的、非直接的语言似与禅修尤为相关，例如施林洛甫对阿旃陀最早壁画的评论："这些极易使人联想到佛陀禅定的象征被早期艺术家广泛采用并使之成为描绘佛陀故事的焦点。"[1]但火焰如何与禅定相关？施塔赫·魏泽（A. Stache-Weise）指出可从早期经典和艺术中寻找答案[2]。《那先比丘经》

---

[1] Schlingloff, *Studies in The Ajanta Paintings: Identification and Interpretation* (New Delhi: Ajanta Publications, 1987), 3.
[2] Stache-Weiske, "Das Buddhistische Feuersymbol," *Wiener Zeitschrift für die Kunde Südasiens und Archiv für Indische Philosophie* 34 (1990): 107–122. 与梭柏（A. C. Soper）等学者的观点不同，作者不赞同佛教艺术中火的象征来自吠陀或伊朗。

图124 克孜尔第219窟（Ajatasatru Höhle）窟内所绘散发水和火的禅定僧侣。照片版权归德国柏林亚洲艺术博物馆所有，Jurgen Liepe摄。

（*Milindapanha*）中，那先比丘提及瑜伽修行者在智慧的光芒下克服无知的黑暗，类似大火焚烧野草、树枝和落叶。巴哈特（Bharhut）和菩提伽耶（Bodhgaya）的早期雕刻表现的悉达多在阎浮树下的第一次禅定场景中，印度工匠就在台座上增刻农夫与火焰的画面以暗示其入于禅定状态。因此，艺术表现中的火焰被推测来自第一次禅定，亦是禅定成效的标志，与舍卫城双神变无异，边飞行边发出火焰成为禅定力量的象征。

舍卫城大神变的"特殊图像"：其在洞窟中的表现、布局及从佛

此部分讨论的"特殊图像"有若干显著特点。它们仍产生自禅定，伴有众多从佛（Auxiliary Buddhas），或绘或塑的从佛成为此类图像的组成部分。从佛的数量从数个到数十个，直至无法计数。此类新颖的图像较为多元，如诸多元素同时表现、特定图像的

图125 克孜尔第224窟窟顶正中所绘须摩提故事。采自谭树桐、安春阳：《新疆の壁画・キジル千仏洞》（下），图181。

互换、创造一处此类非凡事件发生的神奇地景等。

严格来说，舍卫城第一阶段神变即水火双神变之前的场景亦是特殊图像，但笔者所称的"特殊图像"专门用于阐释舍卫城第二阶段神变，或称大神变、无上大神变，其视觉复杂性表明它在龟兹寺院中的重要地位。如《天譬喻经》中继续讲述的，大神变生动地施演出来：难陀和邬波难陀两位那伽龙王，变化出千朵巨型莲花，莲茎由黄金和宝石构成，佛陀结跏趺坐于莲花上，其正念创造出无数身坐于莲花上的自身，现行、住、坐、卧四威仪。众佛弥漫天宇，直达阿迦贰咤天（Akanishta）。因此，舍卫城大神变在视觉图像上表现为幻化出的无数佛众（Buddhapindi）各自演示大神变影像，成为世尊舍卫城神变的有机组成。近一个世纪以前，富歇（A. Foucher）开始深入研究特殊图像，后辈学者传续至今，其中施林洛甫的成果最为突出[1]。笔者认为幻化出佛众是小乘佛教（与大乘佛教强调毗卢遮那佛或卢舍那佛［Vairocana Buddha］的威力不同）背景中禅定所引致的令人叹服的神力。

产生自禅定的特殊图像可以分成两类：一类与舍卫城大神变相关，另一类是修习者在禅定中见到的幻景。后者超越了施展神通，成为一种幻象，通过更精深的入定赋予禅修者——宇宙佛。在这些幻象场景中佛陀通常为站立状，罕见结跏趺坐。无论是舍卫城大神变，还是幻象，两类场景中都见有众多佛像，从双佛到多佛（常见十六位）不等，装饰于洞窟内主佛的周围。这些立佛像是从属性的，不会与受僧侣和天神敬拜的主佛混淆。

舍卫城双神变的图像易见且流行，然而舍卫城大神变及佛陀（即笔者上文所称的宇宙佛）幻景两类图像却相当少见，这或许与佛教寺院赋予其的重要性有关，同时也不能排除因龟兹石窟历经损毁而导致的数量稀少的可能性。与第一阶段双神变图像相同，第二阶段大神变图像亦分布于中心柱窟中。

克孜尔第123窟绘有一铺典型的大神变图像，该窟所在区段较之其他更为偏僻，可能用于禅定修习。谷内区禅定窟的布局和位置相当复杂，与其他非禅定功能的洞窟聚集在一起。正如魏正中指出的，数座禅定窟融入由居住和礼拜空间组成的大型组合内，该组合由层高不同、方向各异的第112～115窟构成，开凿于岩体内的梯道可登临此组合。其内的禅定窟第112A、112B、113A窟位于第二层，或为延长禅定时间而设计。另外，更高处还有一座较小的禅定窟，现在已无法抵达，暂时编号为112C[2]（见图98）。魏正中将此类禅定空间视为广阔范围内的微小实体，沉寂而孤立，确保禅修僧侣不受干扰。僧侣在窟内面朝西坐禅，视线被陡峭的山峰阻断，如编号为109B的一排四座禅定

---

［1］ Rotman, *Divine Stories Divyavadana,* 279; Foucher, "Le 'Grand Miracle' du Buddha à Shravasti," *Journal Asiatique* 10th series, vol. XIII (January-February 1909): 5-77；数种文献之一是Schlingloff, *Ajanta — Handbuch der Malereien.* 3 vols. (Wiesbaden: Otto Harrassowitz Verlag, 2000), vol. 1: 488-515; vol. 2: 100-195。
［2］ 见上文，第128—129页。

窟[1]（见图96）。第123窟壁画中描绘的禅定窟构成了特殊图像的背景，后文讨论的第17窟中的宇宙佛也位于禅定窟附近。

第123窟属于最精美独特的洞窟之列，不仅仅是因为其新颖的图像，色彩、装饰及其整体绘制都卓绝出色，主室的穹窿顶亦是不见于他处的建筑特征[2]。然而至为遗憾的是，这座非凡的洞窟恰因其富丽的壁画和独创的图像遭到德国探险者无情而贪婪地割掠。第123窟壁画的主要创新之处无疑是表现舍卫城第二阶段神变，即大神变，其展示出比飞行更复杂的、只有佛陀才能施展的神通。此窟门道两侧被大于真人的释迦牟尼像占据，两者相对，皆凝视着入口。可以想见其最初创造时的效果必定撼动人心。主室右侧壁的佛像仍保存在壁面上（图126），左侧壁的佛像则被揭取，现藏于德国柏林亚洲

图126 克孜尔第123窟（Höhle mit den ringtragenden Tauben）主室右侧壁所绘舍卫城大神变。采自谭树桐、安春阳：《新疆の壁画・キジル千仏洞》（下），图50。

---

[1] 见上文，第126页。
[2] 此窟被德国柏林亚洲艺术博物馆复原重建。复原和修复的过程最近亦被学者探讨，参见 Palitza and Haussmann, "Restaurierung und Rekonstruktion 'Höhle mit den ringtragenden Tauben,'" in *Auf Grünwedels Spuren, Restaurierung und Forschung an Zentralasiatischen Wandmalereien,* ed. Gabsch, Toralf (Leipzig: Koeler & Amelang, 2012), 56-73。

图 127 克孜尔第 123 窟（Höhle mit den ringtragenden Tauben）主室左侧壁所绘舍卫城大神变。照片版权归德国柏林亚洲艺术博物馆所有，Jurgen Liepe 摄。

艺术博物馆（图 127）。尽管画面破损严重，且部分在场形象已经不见，但正在施演大神变的佛陀仍赫然存在。两尊大佛像都被佛众包围而且位于彩虹式的身光内，以变化的色彩暗示出神变持续进行。

此场景接续前文《天譬喻经》中描述的情节：坐在难陀和邬波难陀两位那伽龙王奉献的七宝莲花上的佛陀，深入禅定，由此在瞬息之间幻化出无数莲花，所有莲花的莲茎缠结在一起，枝蔓相连，每朵莲花上各有一身坐佛。这种记述亦见于巴利文和梵文不同部派的经典中，其中尤以说一切有部和根本说一切有部最为突出，这些记载启发了犍陀罗的雕刻家和阿旃陀的画师创作出多种图像。在龟兹，尤其是克孜尔壁画中的大神变图像经历了剧烈变革，但释迦牟尼幻化出无数坐于莲花上的佛众这一场景仍保持着印度和犍陀罗的某些特征。

克孜尔第 123 窟两身大型释迦牟尼佛周围的形象（至少是画面中的现存者）至今仍然可以辨识，但已经失去原貌，而且壁面下方佛陀足部附近的形象在格伦威德尔目见之时已经不存在。保存在洞窟内右侧壁的佛像受损严重，面部被毁，佛衣上的贴金也被刮走。佛陀右手举起，左手握胸前袈裟，下部已不存。在其周围聚集的众人中，左侧除三位顶角处的人物——两位皮肤较白，一位较黑——残存外，其他基本不见。三位人物绘于黑地饰蓝色莲花的背景之上。右侧有五位人物（最初或许有七位）错落排列。自下向上来看，最下方是一位年轻的婆罗门，好像正从券顶洞窟中走出，其内还可看到两只陶罐。他似穿条纹短衣，手臂伸向佛陀。其上是两位看似年轻的人物——一人皮肤黝黑手持供盘，另一位肤色较浅，双手合十，转身与前者交谈；再上方是金刚手菩萨，手持金刚杵（*vajra*）或拂尘（*chauri*），以及一位双手合十的礼拜者。右侧的五位人像尚在，左侧原有七位僧侣，如前文所述现仅有三位可见。

格伦威德尔的记述或许可以作为补充。从佛陀右侧最下方开始：

> 一位婆罗门苦行者［向佛陀］供奉一束鲜花；其后有一位穿着打扮类似苦行者（婆罗门）的年轻信徒，以及一位深色皮肤的礼拜者，身穿蓝色长袖服，手托装满花卉的托盘。最后是手持金刚杵和拂子的金刚手菩萨以及一位白皮肤敬拜者（婆罗门）。佛陀的背后有七位僧侣，靠前的一位头上有肉髻（*ushnisha*），但无头光，身光位于佛陀身光内。[1]

格伦威德尔提到的向佛陀献花的婆罗门苦行者只有部分存在，最初表现的是一种供奉场景。

原绘于第123窟主室左侧壁，现藏于德国柏林亚洲艺术博物馆的壁画保存状况稍好，但是也不完整，最底部已经丢失，佛衣上的贴金也已不见（图127），同样没有保存全部人像。此铺画面中佛陀如同右壁上的佛陀一般也被若干人物围绕，但人物组合并非与之镜像对称。佛陀左侧共有七人，由下而上可识别出一位年轻的苦行者，手中的花篮由一位看似更年轻、深色皮肤的人托举；其上有两位佩戴珠宝的人物，其中一人肤色较深，二人的姿态无法辨清；最上方的两位人物中，一人手持金刚杵和拂子。佛陀右侧有七位肤色深浅不一的僧侣以及一位苦行者，举止、姿态生动，彼此在交谈；上方人物突出于黑地饰蓝色莲花的背景。格伦威德尔记述道：

> 前面（实为佛陀的左下方）站立一位年轻的苦行者手举花篮，一位深色皮肤的魔鬼正在摘取花朵；其后有两位肤色较深的天神和一位女神，头戴怪异的宝冠。最后面是金刚手菩萨，白皮肤，手持拂尘和金刚杵。佛陀后面（实为右侧）可看到七

---

[1] "Ein Brahmanaasket überreicht ihm Blumenbuschel; hinter him ein junger betender Mann in Asketentracht (Brahmanaschuler) und ein dunkelfärbiger in hellblauen Armelgewand, der eine Schüssel mit Blumenbouquetten halt. Im Hintergrund Vajrapani mit Wedel und Vajra und ein Weisser betender Gott (Brahma). Hinter dem Buddha noch sieben Monch. Der vorderste hat ein Ushnisha, wie Buddha, jedoch keine Aureole und eine kleine Vesica, in der grossen Vesica hinter dem grossen Buddha, ist leer." Grünwedel, *Altbuddhistische Kultstätten in Chinesisch-Turkistan*, 122.

位僧侣和一位苦行者,蓝色的仙女花(莲花)花瓣撒向他们。[1]

两铺壁画都于佛陀两侧各绘制七位人物,细微差别在于下部的两位人物:左侧是年轻的婆罗门走出券顶洞窟朝佛陀伸展手臂,而右侧则是向佛陀献花。两铺壁画保存状况较差,而且底部已经丢失,目前尚无法进行具体详细的复原,但无疑都表现的是舍卫城大神变。

两铺壁画中佛陀幻化出的佛众都立于莲花上。部分身穿袈裟,或为袒肩,或为通肩,部分正面站立而另一些则为侧面,但都立于椭圆环(背光)内,其外有一圈锯齿状纹样。仅有少数椭圆环空无一物,见于主室右侧壁佛陀伸展的右臂附近。

两尊大于真人的佛陀站姿屈曲,手势不同:右侧壁佛陀的左手握胸前袈裟,右手伸于一侧似乎指向佛众;而左侧佛陀的右手举至胸前,掌心向上,左手沿身体一侧垂下,或是握住衣角。左侧壁佛陀手掌成蹼状(举于胸前的右手)的细节清晰可见。值得注意的是这两尊极其相似的佛陀,其头发原被绘成青金石蓝色。青金石蓝色的头发并不特殊,原因在于此一特征在克孜尔被广泛用于表现佛陀及其部分弟子;亦不表示佛陀不是释迦牟尼,因为同样的蓝色头发也见于涅槃图像。龟兹数个壁画窟中出现蓝色头发的涅槃佛消除了将第123窟中的佛陀视作释迦牟尼的疑虑。然而,对佛陀头顶肉髻的特殊表现却是罕见的特征。肉髻底部的金色宝石表面被刮揭,原来的金粉已经不存在。宝石仍由环绕肉髻的金线固定在原位;或许可以描述成佛陀肉髻底部有一环带,肉髻正下方的前额中部有一颗闪亮的方形摩尼宝珠。值得探讨的是这一饰宝珠肉髻——舍卫城大神变的主角释迦牟尼佛的显著特征——的内涵。下文讨论台台尔第16窟时将会重新分析佛陀这种重要瑞相的异常表现形式。

现在笔者探讨的是在禅修中幻化出的佛众。由主佛自我幻化出的佛众从两位增加到多位,直至不可胜数,这一行为象征着从有限转向无穷。最初幻化出两身佛像可能是为了契合文本,也可能是对僧侣团体而言具有特殊的重要性。如前所述,克孜尔第123窟主室两侧壁两位几乎相同的佛像正在施演舍卫城大神变,即从自身幻化出无数身。或许是因为这是神通的最高表现,拥有无上殊荣,所以被两次表现出来绘于相对壁面上加以强调。事实上,据笔者所知,在同一神圣空间内出现两幅相同图像至为罕见,目前

---

[1] "Vor ihm ein stehender, jugendlicher Asket, welcher aus einem grossen Blumenkorbe, den ein dunkelfarbiger Diener (Dämon) hochhalt, nach ruckweise greifend Blumen fast, dahinter zwei dunkelfarbige Götter und eine Göttin, mit grotesken Kronen. Hinten Vajrapani, weiss mit Camari und Vajra. Hinter Buddha sieht man sieben Mönche und einen Asketen. Über ihnen fällt Blumenregen (blaue Nymphaen)." Grünwedel, *Altbuddhistische Kultstätten in Chinesisch-Turkistan*, 122.

仅见于龟兹[1]。

那么其来源是什么？《天譬喻经》引用《舍卫城大神变经》(Pratiharya sutra)中称舍卫城神变以佛陀向众人讲法作结：

> 此时，佛陀作化佛，化佛身具三十二相，剃除须发着僧伽胝。依诸佛常理，佛陀与化佛对话并作诸决定。佛陀问化佛，（化）佛对答。这是诸佛常理。[2]

这一解释与舍卫城大神变的表现相吻合，此外，如前文所论，宣讲正法和施展神通之间不存在任何矛盾。

大神变图像的非凡特征并非仅表现为两尊佛像，而是又描绘了其他若干佛像，他们尽管不如两位施展大神变的佛像巨大，但依然醒目突出[3]。这些佛像有真人大小，近1.6米高，绘于第123窟甬道的内外侧壁以及前壁两侧。遗憾的是，除左甬道外侧壁上残存的两身佛像（图128）以及现藏德国柏林亚洲艺术博物馆原绘于前壁两侧的两身完整佛像外，其他均已消失不存。接下来笔者提出的推测性复原基于格伦威德尔的记录以及壁面上残存的模糊迹象。除前面提到的藏于柏林亚洲艺术博物馆的两身完整佛像，据格伦威德

---

[1] 克孜尔中心柱窟第69窟，通常被视为建造于7世纪早期，展现了丰富的双佛图像和从佛形象。第69窟现存的装饰包括两身相似的佛像，位于甬道的入口和出口处，与第123窟宇宙佛的位置相似；还有一排从佛塑像，现已不见，原来共有五尊，沿外侧壁排列，通向前文提及的两身佛像。从魏正中的考古调查中可知壁画中的两身佛像是晚期增加。即在壁面重新涂抹草泥和白灰浆，绘出现在所见的壁画。此外，侧壁上原初绘制的壁画被移除，并以一排立姿泥塑佛像取代。而且，两尊佛像身上发射光芒形成巨大的光轮，而非发出佛众。贴金已被全部揭走。两尊佛像是否为如出一辙的彼此复制已是无法解决的问题，因为绘制在右甬道入口处的佛像残损严重，左侧保存较好的佛像可能是燃灯佛。此假设是基于佛像上方飘飞的蓝色莲花，撒莲花的形象可能是善财童子，弯着身子背对佛像立于佛陀足部。显然两身佛像周边的人物不同。参见新疆维吾尔自治区文物管理委员会、拜城县克孜尔千佛洞文物管理所、北京大学考古学系：《中国石窟·克孜尔石窟》，卷2，第3—6页。

[2] Rotman, *Divine Stories Divyavadana,* 285-286；李柱亨博士论文收集的舍卫城神变文献中，《法藏部》中包含图像复制，见Rhi Juhyung, "*Gandhāran Images of the 'Śrāvastī miracle': An Iconographic Reassessment,*" 222，"由于世尊在众人之中看到只有他自己可以问自己问题，他施展出他的超自然神力并创造出另一个自己，另一自己问他问题，世尊进行了答复"。梅维恒指出："在小乘佛教中佛陀已被认为具有变化出自身的超自然神力，当佛陀行乞时，变幻出自身形象（nimitta-buddha）四处说法。"同页中梅维恒引用觉音尊者的《清净道论》，列举了从禅修中获得超自然神力，最后两种是"神奇的变形和创造有思考力的形体的能力"，见 Mair, *T'ang Transformation Text,* 68。此段译文得到慕尼黑大学佛教研究项目的博士生王芳女士的指正，谨此致谢。

[3] 在研究第123窟非同寻常的图像时，雅尔荻茨指出从佛表现的是辟支佛，参见Yaldiz, "One of Xinjiang's mysteries: Cave 123 at Kizil, the Cave with the Ring-bearing Doves," in *Silk Road Art and Archaeology, Papers in honor of Francine Tissot*, ed. Elizabeth Errington and Osmund Bopearachchi (Kamakura: Institute of Silk Road Studies, 1999/2000), 245-252。

尔记述左右甬道外侧壁各有三身、左右甬道内侧壁各有一身、后甬道内侧壁有两身相似者[1]。涅槃图像通常所在的后甬道外侧壁上可能绘有四身相似的佛像，格伦威德尔没有提到残存佛像的身光，不能完全肯定后甬道外侧壁上绘四或三身佛像，可用空间是决定性因素。因此，第123窟的侧壁上就绘有十五或十六身从佛像，周围还曾有许多持金刚杵者和天神。每身佛像的头光和背光内绘满坐佛或立佛，最外层边界处有鸟衔环装饰。从洞窟内和博物馆残存的图像判断，这些佛像一般手持钵——象征佛陀已放弃尘世财富乞食而生，与小乘佛教的律则关系清晰。另外，两身现存佛像之一，身上喷出火焰，与禅定状态有关，或是超自然神力生发于禅定的标志。笔者推测这十五或十六身从佛像的图像表现当颇为近似。

图128 克孜尔第123窟左甬道外侧壁上所绘从佛像残片。采自新疆维吾尔自治区文物管理委员会、拜城县克孜尔千佛洞文物保管所、北京大学考古学系编：《中国石窟·克孜尔石窟》，第2卷，图158。

装饰特殊图像的洞窟内也有其他不寻常的图像。克孜尔第123窟中除两位表演舍卫城大神变的佛像和十五或十六身从佛像外，后甬道顶部绘有罕见的七宝法轮，门道内侧上方有释迦牟尼像，其下是证悟后的三个情节，即乞钵神迹、请佛讲法，以及鹿野苑初转法轮。就第123窟的建筑形制而言，前室的穹窿顶也不同于常见的券顶。

这些从佛像身发火焰，幻化佛众，常被绘于中心柱窟内，数量因空间大小而稍有不同，在龟兹的几处石窟寺院中都有发现，但不必像克孜尔第123窟那样与主佛联系在一起。如何解释出现在中心柱窟中或补充舍卫城大神变，或独立存在的从佛像呢？他们是目前尚未确定神格的立佛图像的发展吗？或者是前文提及的同一现象的结果？类似于从舍卫城双神变中衍生出来并成为一种超自然神力之象征符号的火焰？换言之，是这些从佛拓展了舍卫城大神变佛陀的内涵，因此成为根植于禅定的超自然神力的象征？笔者相信如此。更特别的是，作为衍生物，绘于头光和背光内的佛众没有超越或独

---

[1] 对此窟的描述参见 Grünwedel, *Altbuddhistische Kultstätten in Chinesisch-Turkistan*, 119–124。

立于主佛。此点极为关键，他们不能被认为是独立图像。同样，从佛并不脱离洞窟内的禅定主题，因为施演舍卫城大神变佛陀幻化出的众多自身与其入定状态密不可分。

从佛的数量是否为十六看来并不紧要，数量不是固定要求，而是如前文所述取决于壁面上的可用空间。克孜尔第100窟中十六位从佛绘于甬道的内外侧壁上；第163窟中六位持钵佛像和若干敬拜者形象残存于甬道外侧壁；第176窟中十位佛像绘于甬道壁面上[1]。库木吐喇此类立佛像见于第23窟，其中左右甬道内侧壁各绘三位佛像，身上发出火与水，前壁两侧各有一身佛像，共八位。第58窟情况类似，只是前壁两侧不见佛像。克孜尔尕哈第45窟中甬道内外侧壁上现存十二位佛像。森木塞姆也见有数例：因存在独立中心柱而显得极为特殊的第26窟中，两侧壁（包括主室侧壁和左右甬道外侧壁）上各有三身立佛像，另外有五身绘于后甬道外侧壁，共有十一身佛像。第40窟有九身佛像，第41窟中一组十身佛像中现存五身，第44、45窟中只有四身保存，分成两组绘于甬道内侧壁上。此类佛像集中存在于森木塞姆的数座洞窟内，尤其是编号第40～48窟。

森木塞姆中心柱窟第48窟是十六位从佛像独立于舍卫城大神变的显著例子。十六幅图像沿主室侧壁和甬道外侧壁排列。第48窟是遗址中最引人注目的洞窟之一，与第49窟方形讲堂窟构成组合，窟内图像并不常见，而且保存状况相当完好。两窟开凿于崖壁较高处，因建于1949年之后的梯道已被破坏，现在进入窟内极其困难。在魏正中的复原中，当时僧侣可通过凿于岩体内的梯道轻易抵达，内部梯道的痕迹依然可辨。两窟前曾共用同一木栈道，现已完全塌毁。魏正中详细介绍了两窟的布局（见图20），并推测两窟不同寻常的形制及第48窟中尚存的精美壁画可能表明两窟用于某种特殊的礼拜仪式[2]。第49窟是一座较为宽敞的讲堂窟，通过一扇明窗采光，内有一座壁炉，沿四壁有一周石凿长凳，其结构暗示出窟内空间的多用途属性，诸如用于僧侣听法，或光顶仪式、忏悔仪式等[3]。魏正中推测其亦可能曾是僧侣禅修的场所。

第48窟内壁面装饰与其中心柱上的装饰布局一致，同时亦有明显的革新之处，可能表明该窟在石窟寺院中占有突出地位。该窟不像克孜尔第123窟般有两尊主佛像。

---

[1] 本文不讨论克孜尔第188窟，该窟内原有12尊佛像，之后经历了大规模的改造；此外，该窟为方形窟，笔者关注的是中心柱窟中的此类图像。

[2] 见上文，第26页。

[3] 笔者参考的是 Litvinski, *Die Geschichte des Buddhismus in Ostturkestan*, 75-87。作者讨论了部分寺院戒规，使用的经本是《羯磨仪轨》(*Karmavacana*)，依据的译本是 Härtel, *Karmavacana Formuläre für den Gebrauch im buddhistischen Gemeindeleben aus ostturkestanischen Sanskrit-Handschriften.* (*Sanskrittexte aus den Turfanfunden III*) (Berlin: Deutsche Akademie der Wissenschaften zu Berlin, Institut für Orientforschung, 1956)。受具足 (*upasampada*) 既可在台地上也可在人工建造的室内，如洞窟或自然环境中进行，至少有十名僧侣参加，受具足在每月的14或15号开展，僧侣和俗人都可参加，但在满月或新月时只有僧侣可以参加，此外，受具足是生活在寺院中的僧侣必须接受的义务，至少有四名僧侣必须念诵《十诵律比丘戒本》(*Pratimoksa*) 并忏悔自己的过错。

禅修的视觉语言

窟内中心柱正壁上有一个不甚常见的小龛，从龛内壁面上残存的头光和背光迹象推测原有一尊可移动的佛像，背光用短条纹表示，内有装饰性的曲线图案，或是程式化的火焰纹；上方绘一华盖，小龛一侧的画面中仍可辨识出一条蛇（那伽？）从水中露出（图129）。供奉在中心柱正壁小龛内的佛像可以被移动，与《根本说一切有部毗奈耶》中记载的特殊节日时行像习俗吻合[1]。佛陀是帝释天拜访场景的中心，帝释天与抚琴的五髻乾闼婆形象仍然可见。中心柱上部半圆形区域内绘制了不可胜数的飞行天神，其中部分弹奏乐器，部分礼拜致敬，其中手持一串佛珠者因其优雅的姿态而引人注目。门道

图129 森木塞姆第48窟主室内中心柱正壁。采自新疆维吾尔自治区博物馆、新疆人民出版社编：《库车库木吐喇石窟》，图175。

---

[1] Schopen, "Taking the Bodhisattva into Town," 299-312.

龟兹寻幽：考古重建与视觉再现

图 130　森木塞姆第 48 窟主室右侧壁所绘一排佛像。郭峰绘。

内侧上方的半圆形区域内绘佛陀从忉利天宫下生的场景，佛陀在施展舍卫城神变后上升入忉利天宫为其母亲宣讲佛法；半圆形区域下方前壁两侧绘龙王和乾闼婆。主室侧壁上绘一排五身佛像，着袒右肩袈裟，手持钵，身体侧部发出火焰。立佛像之间有身形较小的龟兹供养人，穿戴民族服饰，跪拜礼佛；坐佛像绘于主佛肩膀处（图 130）。立佛像沿甬道外侧壁排列，每壁有三身。此窟中立佛像共十六身，每一位都从身体侧部发出火焰，与前文笔者述及的禅定图像相似。后甬道外侧壁绘涅槃场景，其内有阿难和迦叶，内侧壁是荼毗画面，甬道顶部绘满莲花。保存完好的前室券顶是创造的杰作：绘满菱形格，其内是简化的佛陀说法场景，外部的突起代表长有树木的山峦。尽管无叙述背景，但通常被解读成譬喻故事。佛像的辨识可通过其手势即是否持钵；穿衣方式即袒肩或通肩；身姿即正面或侧面、盘腿而坐或交腿而坐来实现。然而有两个例外：窟顶左侧下方，一位带有背光的苦行者身上只有一件缠腰布和裹在手臂的巾带，坐于城门上（图 131）。瓦尔德施密特推测其为本生故事中的阿喻迦岁，放弃富贵荣华与

图 131　森木塞姆第 48 窟主室顶部左下方所绘阿喻迦岁本生故事。采自新疆维吾尔自治区博物馆、新疆人民出版社编：《库车库木吐喇石窟》，图 186。

悉达多太子出家[1]。此情节加入佛陀壁画中的原因尚不清楚；同样难以解答的是另一则不常见的本生故事，描绘一位站姿高雅的形象，或许是一位曼妙舞蹈的女性天神。笔者目前尚不能做出判定。

中脊亦展示出令人瞩目的新颖之处，包括圆圈代表的月亮，手持钵、身发火焰的飞行佛陀，一只迦楼罗，一位罕见的禅定僧，身上发出火焰，骑一只昂首阔步的神鸟——与须摩提故事中的图像相似，以及太阳中的白兔（图132）。总之，森木塞姆第48窟中奇异的图像包括保存完好的十六身立佛像、忉利天宫下生、窟顶的两则本生故事画与多排佛像以及中脊上独特的形象。

台台尔中心柱窟第16窟中绘有数身立佛像，但没有类似于舍卫城大神变中的主佛，是特殊而重要的例子。最初或有十五身立佛像，其中部分虽破损严重，但仍可辨识。2006年仅可见十一身（图133）。此窟与本文的相关性主要基于以下两点：立佛像及其头顶变化的肉髻，这是克孜尔第123窟两位主佛之一头顶肉髻的最完善形式。接下来对洞窟形制和图像的描述根据笔者2006年的调查笔记和最近的考古资料[2]。第16窟与相邻的第15窟构成一个组合，第15窟是典型的

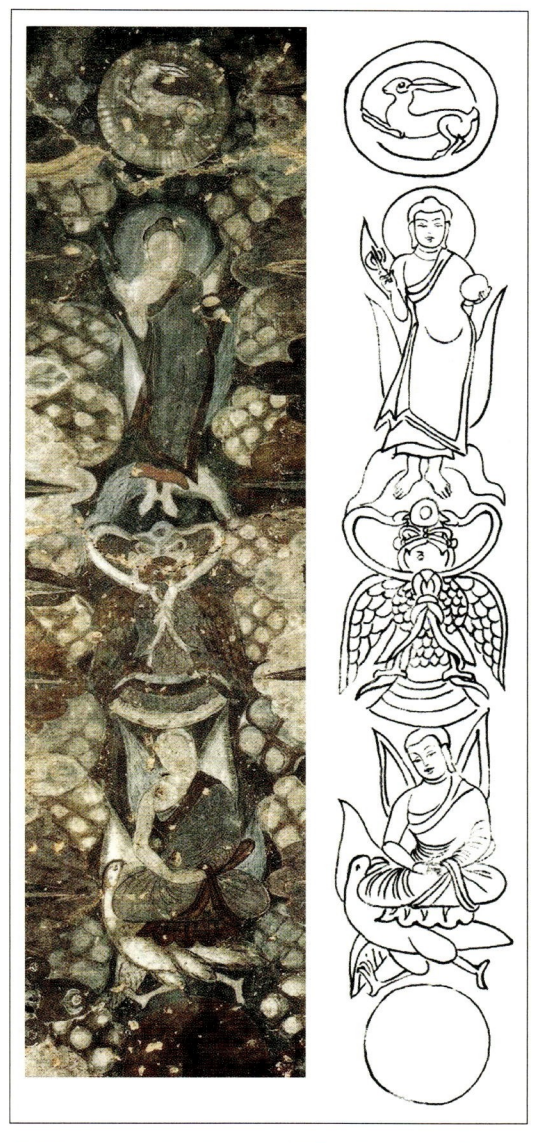

图132 森木塞姆第48窟窟顶中脊细部。采自新疆维吾尔自治区博物馆、新疆人民出版社编：《库车库木吐喇石窟》，图188、189。刘韬绘。

---

[1] Le Coq and Waldschmidt, *Die buddhistische Spätantike in Mittelasien*, vol. 7, 47; Cowell, *The Jataka*, 6 vols. (Delhi: Motilal Banarsidass Publishers, 2008, reprint), vols. 3-4, 304-309. 阿喻迦岁曾是佛陀前世化身之一。他是自出生起就被囚禁在铁墙城堡中的王子，以防被妖精捉走，这已发生在他的两位哥哥身上。十六岁时，他的父亲决定将王位让给他，但阿喻迦岁拒绝了，如同悉达多般甘做一名比丘。

[2] 新疆龟兹研究院：《台台尔石窟调查简报》，第6—20页，继承了早年许宛音的大多数成果，见许宛音：《台台尔石窟踏查记》，第223—235页，记载了此窟中现存的18尊立佛像。

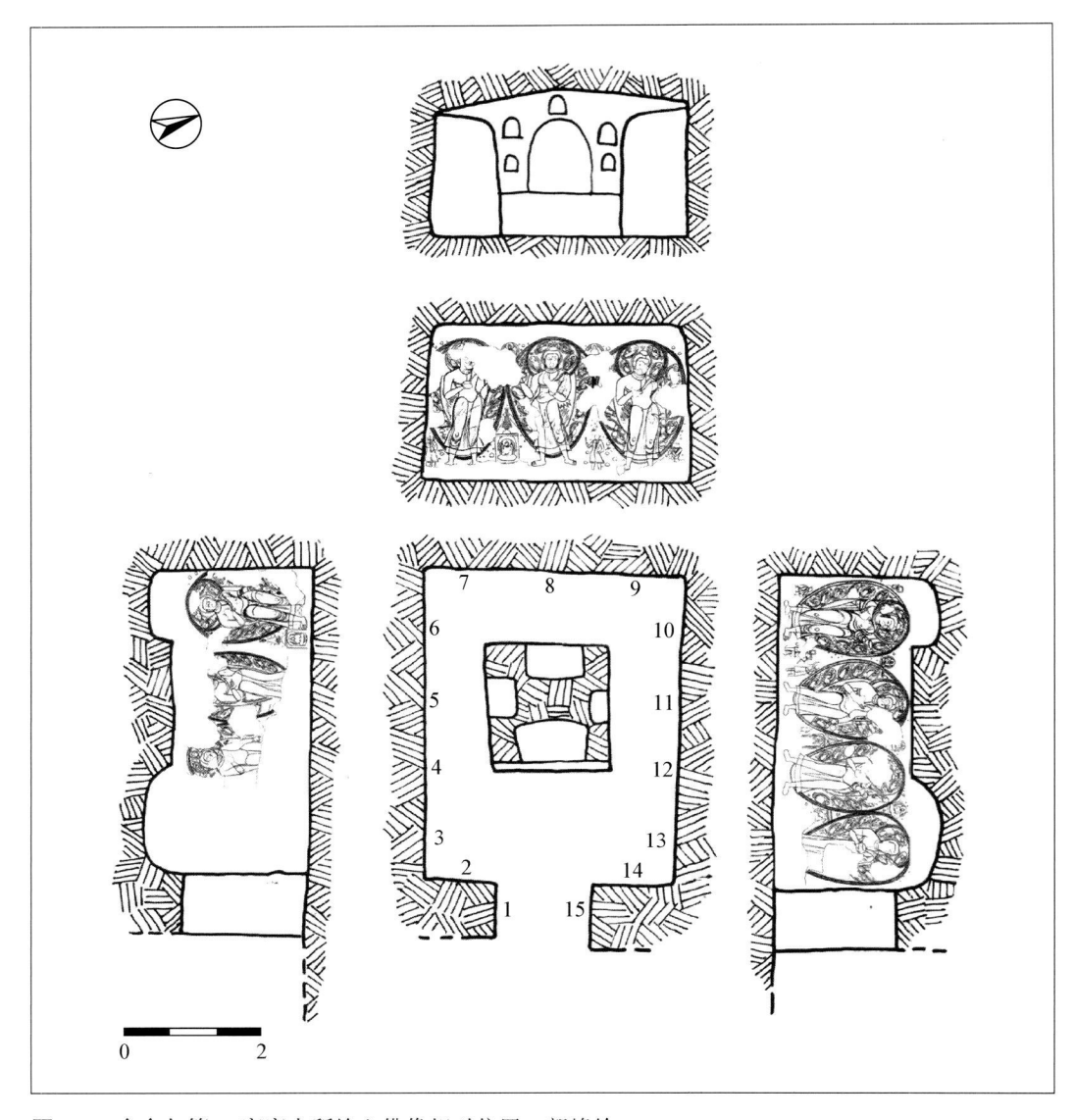

图133 台台尔第16窟窟内所绘立佛像相对位置。郭峰绘。

带壁炉僧房窟（见图55）。第16窟内的中心柱形制特殊，正壁中央开凿一个大龛，周围有五个小龛，其他三壁均开龛。中心柱前壁和后壁中央主龛被五个小龛环绕，两侧壁各开一龛，每龛内可能曾供奉不同尺寸的泥塑佛像。此外，除中心柱正壁外，其他三壁主龛下方均绘涅槃图，十分罕见，目前只有中心柱后壁的涅槃图尚可辨识。此处笔者还可观察到无忧树下一位僧侣跪拜在佛陀脚下，上方绘三身佛像及散布的宝珠与莲花。后部窟顶上满绘程式化的莲花纹饰带。无疑，多个壁龛是一种结构创新，另一创新是用丰富的塑像平衡大量的平面壁画。

龛内的所有塑像都已不存,且大部分壁画也已消失。目前仍然存在的是破损严重但依然非常引人注目的十一位真人大小甚至更大(约1.8~2米高)的蓝头发立佛像,原来可能有十五身。它们绘于窟内四壁:门道两侧各有一身、前壁两侧各有一身、侧壁(包括左、右甬道外侧壁)各有四身、后甬道外侧壁三身。其中部分保存状况较其他完好,事实上大多已完全消失,仅存不甚明显的痕迹(图134~138)。佛像的绘制是先在壁面上浅刻出线条轮廓,而后填色,最常用红、白、蓝三色。佛衣上原来的贴金现已不存。佛陀的脚旁有龟兹供养人,穿戴民族服饰——长至腿部的紧身大衣,尖靴,腰间佩一把短剑,其中可能有几位龟兹女施主。佛像被绘于精美的窣堵波内,小型禅定佛像绘于大型佛像肩膀处,佛像头光上方(壁面上部)还见有白色莲花和摩尼宝珠。

现存十一尊佛像均赤足,臀部侧提,或正面或侧面而立,身着袒胸露肩长袍。部分佛像的蹼状手掌(瑞相)中托钵(法器),皆是与早期小乘佛教相关的象征。多数佛像的身体两侧发出火焰,表明其从禅定中汲取的非凡力量。他们的头光和身光内皆有佛众,大部分是站立姿势,少数为坐姿,部分也持有钵。其中如臀部侧提、持钵、蓝发等程式化特征,与克孜尔第123窟中舍卫城大神变施演者佛陀类似。这些相似的特征表明台台尔佛像由克孜尔佛像发展而来,两处石窟寺院内中心柱窟中的图像通过共有的核心题材——禅定联系起来。从经典中衍生而来的佛陀图像、主要的特殊图像、新见的程式化体貌特征等的发展可能暗示出年代先后序列。

图134 台台尔第16窟右侧壁编号为4、5、6的立佛像线图。郭峰绘。

龟兹寻幽：考古重建与视觉再现

图 135 台台尔第 16 窟后甬道外侧壁编号为 7、8、9 的立佛像线图。郭峰绘。

图 136 台台尔第 16 窟编号为 10 的立佛像细部，线图与照片。郭峰绘。

禅修的视觉语言

图137 台台尔第16窟左侧壁编号为11、12、13的立佛像线图。郭峰绘。

除仅存的残破涅槃图及中心柱后壁上部的三位禅定佛像外，残留的十一身破损佛像是洞窟中仅存的壁画。不见有与舍卫城神变或帝释天拜访相关的图像遗存，壁龛中亦无泥塑佛像。这十一身佛像是根植于禅定的超自然力量之体现，原因在于除身发火焰的佛像外，其他部分佛像皆有特殊标识，尤其是头顶上象征着其瑜伽能量的肉髻。青金石蓝色的肉髻从青金石蓝色的头顶突出，肉髻上方还有一颗长方形宝珠发射着三角形火焰。这种表现形式较克孜尔第123窟中表演舍卫城大神变的佛陀更为完善，现存至少三例：保存最好的是后甬道外侧壁与左甬道外侧壁连接处的一身佛像，线图编号10（图136、139）。佛像头部左倾，左手持钵。头顶肉髻上

图138 台台尔第16窟前壁编号为14的立佛像线图。郭峰绘。

197

龟兹寻幽：考古重建与视觉再现

图 139　台台尔第16窟编号为10的立佛像肉髻细部照片。郭峰绘。

光芒四射的宝珠暗示出一种内在力量，或许是火焰，承托并包围着宝珠。换言之，一股非凡力量穿过肉髻托起发光的宝珠。此佛像的头光中有四身战立的佛众；身光内有十位佛众，部分持钵，佛陀右侧最底部的佛众为罕见的坐姿。

佛头顶肉髻中的孔洞，暗示出此种瑞相亦是禅修而得[1]。1991年塔代伊（M. Taddei）和克林伯格·塞尔（D. Klimburg-Salter）特别注意到一系列犍陀罗雕刻中处于苦行期间的释迦牟尼佛头顶肉髻上有孔洞[2]。他们将之解释为佛陀作为瑜伽修行者的

---

[1] 早在1936年就有学者指出瑜伽禅修与此身体特征转变之间的关系，参见Kramrisch, "Note on Usnisha," *Journal of the Indian Society of Oriental Art* 4 no. 1 (1936): 79–83。文中所引文献参见Verardi, "Tematiche indiane di alcune iconografie Gandhariche. Il Buddha, Agni, i lakshana, il Miracolo di Shravasti e altri problemi connessi," in *Orientalia Iosephi Tucci Memoriae dicata*, 3 vols., eds. Gerardo Gnoli and Lionello Lanciotti (Roma: Istituto Italiano per il Medio ed Estremo Oriente, 1988), 1533–1549。

[2] Taddei and Klimburg-Salter, "The Ushnîsha and the Brahmarandhra. An Aspect of Light Symbolism in Gandharan Buddha Images," in *Maurizio Taddei on Gandhara, Collected Articles*, eds. Giovanni Verardi and Anna Filigenzi (Napoli: Università degli Studi di Napoli "L'Orientale," 2003), 307–328.

超凡神力的重要标志。中空的梵孔（brahmarandhra）类似于通道，释放出由禅修而获得的内在能量。2003年施林洛甫对这种特殊的肉髻给出不同的解释[1]。他认为顶穴是murdhaccidra，或细小的孔径，从中释放出由禅修得到的超自然神力中幻化出的佛众。其雄辩的论证基于对《梵文禅定修习法要》的重新整理，其中幻象以超自然的形式从身体上的孔洞（禅定者头顶孔洞即是其一）中发出。以上两种见解事实上都与舍卫城大神变密切相关。罕见的肉髻通过不同的方式指示出一种瑜伽的内涵，再次强调禅定在龟兹石窟寺院中的重要角色。以上讨论的见于克孜尔第123窟、森木塞姆第48窟和台台尔第6窟的不同寻常的特征，或许象征着这些洞窟所具有的独特地位，即它们是各自所在的石窟寺院中特殊的礼拜空间。

大像窟中化佛是否为舍卫城大神变的另一种解释

本书中魏正中以克孜尔尕哈作为介绍龟兹石窟寺院的开端，他认为此处石窟因最临近首都而在诸石窟寺院中占有特殊地位，而且应该对大佛像给予特别关注。第23窟中有一尊巨大的释迦牟尼像，该窟在整处寺院中占据的关键位置表明此尊佛像或许与龟兹国都及统治者有着隐喻性关联。因此，魏正中推测此洞窟、窟内大佛像及洞窟位置具有特殊的重要性和内涵。基于收集到的资料，他的观点被这类洞窟的其他特征，特别是布局和宏大规模及被安排的位置等重复出现而证实。尽管保存状况不佳，魏正中仍然识别出28座历遭破坏的大像窟。它们主要位于龟兹境内的重要石窟寺院，如克孜尔、克孜尔尕哈、森木塞姆、台台尔和库木吐喇，数量之多暗示出它们是龟兹佛教的独有特征。

典型的大像窟通常由三部分构成——大型前室（现只残存遗迹）、主室以及供奉涅槃大佛像的内室。接下来的分析基于大像窟这种典型形制而非后来发展出的大立佛像取代中心柱类大像窟。由三部分构成的宽敞空间表明大像窟是大型聚会的场所，窟内可能举行某一特定仪式，仪式的核心是礼拜主室的大立佛像和内室的涅槃佛像。此外，主室和内室内还有数量众多的塑像，规模远超出壁画。从前室可进入主室，其内

---

[1] Schlingloff, "Mūrdhacchidra." *Hōrin, vergleichende Studien zur japanischen Kultur, Comparative Studies in Japanese Culture* 10 (2003): 109–124; Rhi Juhyung, "Images, Relics, and Jewels. The Assimilation of Images in the Buddhist Relic Cult of Gandhara–or Vice Versa," *Artibus Asiae* 65 no. 2 (2005): 169–211，增加了他的解释，但与禅修无关。李柱亨将此处解释为存放舍利之地，而舍利可能是用宝珠象征性的表示。闪闪发光的宝石放置在肉髻处既可增强光亮，又可将佛陀超自然神力视觉化。

有一尊高大的立佛像，背倚中心柱正壁。立佛像两侧各有一甬道可进入安放涅槃大佛像的后室。这种布局可被理解成信徒在礼拜涅槃佛之前先敬拜立佛。因此，右绕礼拜变成对佛陀两种状态的礼拜：证悟者，超越凡人的神性存在；以及历史的创造者，超越生死轮回。两类图像的不同特质表明一种不见于其他佛教王国的仪式。即便不考虑洞窟的结构和塑像的巨大规模，两个礼拜核心同时存在也应该是教义自身重要发展的结果。

笔者曾认为大像窟是中心柱窟的扩大版，但事实上将之脱离于中心柱窟考虑更合适，特别是考虑到大像窟主室和内室显著的礼拜形式创新[1]。尽管形制独特，但大像窟的装饰仍是龟兹僧侣普遍信仰的禅定的产物。即使不声明克孜尔第123窟与大像窟之间的关系，笔者仍认为大像窟布局的起源与克孜尔第123窟舍卫城大神变幻化出佛众的禅修过程一致。大像窟主室内装饰的大量泥塑佛像支持两者共同源自禅修的推测。侧壁上安置的众多泥塑佛像，相当于克孜尔第123窟舍卫城大神变壁画中的佛众。笔者依据魏正中对克孜尔第47窟的论述及其绘制的复原图（见图85～89）来阐释这一论点[2]。第47窟中有一尊大型泥塑佛像，高约15米，立于主室中心柱正壁前的覆莲座上，右手施无畏印，左手握衣角。此尊佛像没有被奉放于龛中。主室两侧壁上有众多泥塑立佛像，由多排木架支撑，占据从地坪到窟顶的整个壁面。两侧壁上共五层木架七十尊塑像，由此可见主室内塑像之多。一窟之内出现如此之多相似的立体佛像，是龟兹的独创，与克孜尔第123窟壁画中的大量平面佛像相对应。

两侧壁泥塑佛像与正壁大立佛像的关系无疑十分关键。不可否认，两侧壁泥塑佛像与舍卫城大神变壁画中由两位施展神通的佛陀幻化出的佛众的内涵相同。笔者认为大像窟主室中大立佛像同样通过禅修获得超自然神力，从而幻化出佛众，只是佛众用泥塑的立体形象表现。大像窟与克孜尔第123窟在装饰和内涵上的相似性还在于前者内部或塑或绘的从佛像同样位于通向后室的甬道两侧壁上，如克孜尔大像窟第77窟中原有七尊泥塑立佛像（现已不见）沿两甬道外侧壁布列[3]。

森木塞姆大像窟第11窟（见图17、18）采用了相同的布局和塑像排列方式。大佛像几乎与克孜尔第47窟的大立佛同高，立于至今仍可见的半圆形像台上，高耸于主室内；其尺寸可通过中心柱正壁上保存的固定佛像的凿孔判断。主室的两侧壁，即大立佛像的两侧至少四排由木架支撑的小型佛像。原初布局因后来的重修而被改变，小型

---

[1] Howard, "Miracles and Visions among the Monastic Communities of Kuča, Xinjiang," *Journal of Inner Asian Art and Archaeology* 2 (2007): 77–88.
[2] 见第109—116页。
[3] Grünwedel, *Altbuddhistische Kultstätten in Chinesisch-Turkistan*, 94, fig. 212. 甬道外侧壁上的塑像现已不存，因此以绘图形式记录的此则材料十分重要。

佛像原应安插在左、右、后甬道的外侧壁上。巨大的涅槃场景伴随着众多泥塑像，其中部分是常见的随从，其他则不属于惯例。总之，大像窟中的大量立体塑像似乎仅是用夸张、隐喻的形式表达由禅修幻化出的不可胜数的佛众。

在判断中心柱窟和大像窟的关系时，两者的仪式功能显然是不同的：后者有两个装饰核心。但另一方面，大像窟中出现的创新实际上类似于中心柱窟的壁画程序，即舍卫城大神变的主角幻化出佛众。无论泥塑或绘制，这些佛众都是禅定的产物。大立佛像超凡的规模——象征着超越凡人的佛陀具备的一种新的、超自然特质——事实上与克孜尔第123窟壁画中的大佛像并无差别。上述对比并不表明年代关系，而是突出大像窟亦表现幻化佛众，其装饰在于强调数量众多以及佛的盛德。壁画中佛陀幻化出佛众与泥塑大立佛生发出佛众之间的关系也是基于它们相似但不完全相同的手印和姿态（见图126、127）。在魏正中对克孜尔第47窟大立佛的复原中，其右臂举至肩膀处，手掌展开施无畏印，左臂和左手沿体侧垂下握住衣尾。壁画中的佛像亦举起一只手，施无畏印，但更朝向胸前，而左手的姿势与泥塑佛像相似。无论如何，两种手印都与早期佛像有关。如果壁画中的佛像与泥塑佛像之间存在差别，那么应是大像窟中佛像的巨大尺寸，甚至超过了舍卫城大神变中两位施展神通的大佛像。

与教义发展有关的新型大佛像，可能向西影响到中亚地区的佛教寺院，向东影响到中国中原地区的佛教寺院。年代是解决这一问题的关键，特别是龟兹地区早在何时开始建造大像。玄奘曾提及龟兹（魏正中亦引用此则材料）："大城西门外路左右各有立佛像，高九十余尺。于此像前建五年一大会处。"[1]在笔者看来，大像并非7世纪，即玄奘到访龟兹时的创新，而是早已出现并固定下来的传统。除提到佛像的巨大外，玄奘还指出了大像前宽敞空间的功用。由这一细节可联想到克孜尔尕哈大像窟的宽大前室当有类似用途。

龟兹是否首创了具有超人类内涵的大佛像并传播到周邻佛国，这一问题解决的关键在于年代。若为龟兹首创，那么它可能向西影响了巴米扬大佛像的创作；若接受桑山正进为这些大像建立的相对年代，即公元6世纪末7世纪初[2]，此推测或许可信。基于对公元3～6世纪西行求法僧人行记的研究，桑山氏注意到此时期通往西域（包括今巴基斯坦的若干地区）的道路发生了变化。最早的道路穿过哈拉和林（Karakorum）通向钵露罗（Bolor）、达丽罗（Darel）和乌仗那（Uddiyana），不经过巴米扬（Bamiyan）。通

---

[1] 笔者参考玛丽琳·丽艾的《大唐西域记》英译本，但做了适当改动，参见 Rhie, *Early Buddhist Art of China and Central Asia*. 2 vols. (Leiden, Boston, Köln: Brill, 2002), 596-597。
[2] Kuwayama Shoshin, "Literary Evidence for Dating the Colossi of Bamiyan," in *Orientalia Iosephi Tucci Memoriae Dicata*, 3 vols., eds. Gherardo Gnoli and Lionello Lanciotti, Serie Orientale Roma, 56, vol. 2 (Roma: Istituto Italiano per il Medio ed Estremo Oriente, 1987), 703-727; Klimburg-Salter, "Bamiyan: An Obituary and a Glance towards the Future," *Oriental Art* 49 no. 1 (2003): 2-12.

向巴米扬的道路是后来穿越兴都库什山路线的一部分。受益于此路,约从公元600年开始,佛教在巴米扬地区一直繁荣兴旺。因东西方贸易的发展,此地成为沙漠商旅的重要停宿地。两尊巨大的佛像可能修建于此时期,而龟兹的大像提供了参照。至于甘肃河西走廊公元4世纪晚期和云冈公元5世纪中期建造的大佛像,由于龟兹佛教石窟寺院的年代并不具体准确,这一传播问题更难解决。若要东向传播,那么龟兹的部分大像创建年代至少不能晚于4世纪早期。

从施演神通到视觉力量:宇宙佛

宇宙佛,是释迦牟尼的别称,作为证得圣果的图像出现,表明禅修在龟兹佛教占据的首要和关键地位[1]。上文已经论述了舍卫城第一阶段和第二阶段神变产生自禅修;同样,宇宙佛也源于禅定。入定后的心神凝聚状态是生发所有这些图像的母体,但宇宙佛是更高阶段禅定(超越施展神通)的产物。同一洞窟内舍卫城神变和宇宙佛图像互相补充。作为另一种"特殊图像",某些情况下宇宙佛遵循了其他图像的惯例,即使用从佛,笔者将在介绍玛扎伯哈第8窟时讨论。

1986年笔者发表了关于宇宙佛乃释迦牟尼的一种特殊图像的研究[2],主要依据一系列公元6世纪的中国文物、壁画和造像,亦包括龟兹在内的若干西域例证,但其与中国相差甚远的宗教和历史背景当时却没有给予充分探索。笔者对这一图像的命名参考

---

[1] 笔者亦曾撰文讨论,参见 Howard, "Rethinking the Cosmological Buddha," in *From Turfan to Ajanta. Festschrift for Dieter Schlingloff on the Occasion of his Eightieth Birthday*, 2 vols., eds. Eli Franco and Monika Zin (Lumbini: Lumbini International Research Institute, 2010), vol. 1, 399–412。在此十分感谢受到允许使用早期的出版物作为此文的研究基础之一。

[2] 笔者的观点与方拉·贝札尔和莫尼克·玛雅尔不同,二人将宇宙佛视为密教中的卢舍那佛,忽视了龟兹存在并流行的前大乘教义,而且不可能在完全讲述释迦牟尼前世、现世和最后住世生活的洞窟装饰中插入卢舍那佛,参见 Jera-Bezard and Maillard, "Remarks on Early Esoteric Buddhist Painting in Central Asia," in *Investigating Indian Art. Proceedings of a Symposium on the Development of Early Buddhist and Hindu Iconography, held at the Museum of Indian Art Berlin in May 1986*, eds. Marianne Yaldiz and Wibke Lobo (Berlin: Museum für Indische Kunst, 1987), 147–158。另外支持卢舍那佛的观点见 Banerjee, "Vairocana Buddha from Central Asia," *Oriental Art* 18 no. 2 (1972): 166–170。赖鹏举认为克孜尔的图像是禅修的结果,但他的思考理论与笔者不同。赖鹏举:《丝路佛教的图像与禅法》,圆光佛学研究所,2002年,第76—102页。他将宇宙佛辨识作卢舍那佛。书中作者仅依据汉文译经,追索了禅法的发展及其从印度到中国的影响:最初禅修集中于小乘经典中的三十二种色身(Rupakaya),而后禅修集中在七佛、十方佛和过去、现在、未来三世佛,如毗奈耶所记。就龟兹禅修实践而言,赖鹏举认为是完全基于《华严经》特别是十阶段部分,他认为此部分包括鸠摩罗什的译文,也是被学者忽视的部分。他总结到宇宙佛的形象是基于前述十阶段禅修的结果。进入第十阶段,或法云地(Dharma Cloud stage),将会看到,诸多世界和海量宝珠被描绘在卢舍那佛的法身上。在此感谢于春芳教授帮助笔者理解赖鹏举的复杂解读。

图 140、141　克孜尔第17窟左甬道外侧壁所绘宇宙佛像。照片采自谭树桐、安春阳:《新疆の壁画·キジル千仏洞》(上),图71。线图刘韬绘。

图 142、143　克孜尔第17窟(Höhle der Ringtragende Tauben)右甬道外侧壁所绘宇宙佛像。现藏德国柏林亚洲艺术博物馆。照片版权归德国柏林亚洲艺术博物馆所有,Jurgen Liepe摄。线图刘韬绘。

了佛陀身上描绘的佛教宇宙元素；笔者不赞同学界曾经且仍在使用的"法界佛"称谓，这实际上是指代卢舍那佛，是将其视为大乘佛教的发展。佛教的宇宙由汪洋大海中的四洲形成；南赡部洲是我们的居住之地。此处，须弥山从海中高耸而出，支撑着高峻多层天宫的最底层。这种概念地理由业力严格控制，根据业力不同，芸芸众生将会在地狱道、饿鬼道、畜生道、人间道、阿修罗道和天道等六道中轮回。六道中的部分内容被描绘在龟兹的宇宙佛身上。

瑜伽幻象的产物——"典型"的宇宙佛图像见于克孜尔第17窟，一身位于甬道入口右侧外壁（现藏于德国柏林亚洲艺术博物馆），一身位于甬道出口左侧外壁（图140～143），两身宇宙佛像相对而立，面向彼此。此处再次出现了两身相同的佛像，这一现象前文已有讨论，即根据《天譬喻经》推断的克孜尔第123窟中舍卫城大神变的两位佛陀。但是两身宇宙佛像的表现应当基于另一经典，可能与禅修相关，其是否源于修习法要还需深入研究。笔者引用鸠摩罗什翻译的《坐禅三昧经》作为可能相关的经典，其中描述了坐禅者出现的幻象："佛身如是，感发无量。专心念佛，不令外念；外念诸缘，摄之令还。如是不乱，是时便得见一佛、二佛乃至十方无量世界诸佛色身。以心想故皆得见之。"[1]然而，笔者注意到幻象的最终状态与更早的小乘佛教中对两身佛陀的描述不同。尽管如此，两身佛像分别位于甬道的入口与出口处，贯穿礼拜涅槃佛的全过程，或许表示这种表现形式的确是在刻画释迦牟尼（作为宇宙佛），其与舍卫城大神变中的佛陀在其他洞窟所绘位置几乎相同。如大神变佛陀般，宇宙佛的罕见可能是因其在教义中的崇高意义，抑或是因为保存至今的图像稀少。

克孜尔仅存的宇宙佛像见于大像窟第48窟和中心柱窟第160窟，两窟的壁画规模差别显著[2]。作为连接点的绘制于玛扎伯哈第8窟中的两身宇宙佛图像将在下文详细

---

[1] Yamabe Nobuyoshi and Fumihiko Sueki, *The Sutra on the Concentration of Sitting Meditation* (Berkeley: Numata Center for Buddhist Translation and Research, 2009), 38. I。感谢山部的引用将笔者的注意力引向此文献。

[2] 新疆龟兹石窟研究所：《森木塞姆石窟内容总录》，第30页提到在甬道外侧壁上保存一尊损毁严重的形象，此尊形象被推测为发出火焰的立佛像，其背光内绘满佛众。此类形象通常被称为卢舍那佛，而笔者认为当是宇宙佛释迦牟尼。还有另外两例宇宙佛释迦牟尼的形象，但严格说来并不属于同一范畴。库木吐喇窟群区中心柱窟第9窟中所绘的宇宙佛像显然汉式形象，讨论见马世长：《库木吐喇的汉风洞窟》，第213—214页。马世长将此尊宇宙佛像视为与敦煌第428窟所见的宇宙佛像等同，尽管后者属于北周时期，而前者则为唐代。笔者认为宇宙佛像在龟兹地区十分流行，其深入根植于小乘佛教的教义和禅修实践中；然而传入中原后，可能是在公元5世纪晚期至6世纪早期，宇宙佛像经历了风格和教义的变化。其身份是否是出自《华严经》中的卢舍那佛的问题仍未解决。龟兹地区的另一宇宙佛形象见于阿艾石窟，此处遗址内尚未发现其他佛教遗存或洞窟。阿艾宇宙佛像是龟兹和中国仅见的一例，因其独特性亦成为难以解决的问题。阿艾洞窟内全部装饰的风格和教义内容包括正壁上的阿弥陀净土和侧壁上的数名菩萨，与唐代或晚唐风格相去甚远。另外，宇宙佛像可能还见于森木塞姆中心柱窟第1窟。

讨论。克孜尔第48窟中的宇宙佛体量较小，位于右甬道内侧壁的下部转角处。此身佛像破损严重，2006年时几乎难以辨别，从数层壁画中露出，不能将之归入"典型"的宇宙佛图像之列。中国考古学者编写的报告中甚至没有提及此身佛像。克孜尔第160窟中残存有大型的头光和背光痕迹，其内绘满佛众（图144），属于曾经存在的一尊大型塑像——笔者推测为宇宙佛的遗迹。这是一身相当高大的立像（高约2.3米），曾位于中心柱正壁，是洞窟的核心。此身立像和即将讨论的玛扎伯哈第8窟绘于壁面上的宇宙佛像都在洞窟中占据显要位置。第160窟大佛像的周围可能也有从佛，但壁画的严重脱落使得难以得出定论。中国学者倾向于将之定为卢舍那佛，是忽略文本或教义因素后对此类图像的固定解读。事实上从背光中的佛众来看，第160窟的这些壁画残片可被推测为类似于克孜尔第123窟舍卫城大神变中的佛陀。第160、123窟的相似性还表现在主室皆为穹窿顶。但佛陀神格尚无令人信服的定论。森木塞姆第45窟中心柱正壁小龛内的佛像以佛众为背景，可能暗示其为宇宙佛，与克孜尔第160窟相似[1]。

　　瓦尔德施密特是首位描述从克孜尔带至柏林的壁画残块中宇宙佛图像的学者[2]（图142）。当时他指出壁画已经破损且叹惜表面的贴金也被刮走。与之相似的保留在克孜尔第17窟中的图像在20世纪频遭破坏，甚至比藏于德国柏林亚洲艺术博物馆中者更为剧烈，后者虽经过数次修复，但无详细记录。保存在第17窟中的图像损毁脱落相当严重，而且正如瓦尔德施密特提到的，装饰佛陀袈裟上部及头光和背光中的佛众的贴金也已经被揭走。佛陀头发和所戴项链的青金石蓝色已经不见。最重要的是，壁画被大面积涂污及人为的强力破坏致使解读图像变得极为困难。因此笔者的讨论主要依据瓦尔德施密特的原始记录及笔者对保存在洞窟内和柏林馆藏的两幅图像的细致考察，柏林馆藏者保存状况较好，图像更完整。考虑到两幅图像基本相同，接下来的讨论兼用两者，尽管笔者承认它们之间确实有细微差别，但这些差别并不影响将之定为宇宙佛。

　　这些立佛像稍微右倾，直视跪在其脚旁礼拜的僧侣。柏林馆藏壁画中还可以看到袈裟上的纹样。僧侣手中持香炉，与馆藏的另一幅残损的供养人手中所持香炉相似（图145）。第17窟残存壁画中的僧侣也持有类似器物，跪在一个大供盘旁，该供盘不见于柏林馆藏壁画。佛像臀部侧提的身姿相当突出，背光由两个同心椭圆环组成，内环素净无装饰，外环内原绘有八身带头光、坐于莲花上的小型佛像。所有佛像被一条S形波浪线连接，身上发出放射状物，可能代表三昧真火。据柏林馆藏壁画中仍可见大量亮绿色推

---

[1] 新疆龟兹石窟研究所：《森木塞姆石窟内容总录》，第86页。
[2] Le Coq and Waldschmidt, *Die Buddhistische Spätantike in Mittelasien*, vol. 6, 70–71, fig. 70.

图 144 克孜尔第160窟中心柱正壁上现存的佛像身光。郭峰绘。

测,S形波浪线如藤蔓般将佛像所坐的莲花连在一起。佛像头光亦由两个同心圆环构成,内绘对称分布的坐佛,跟背光中的坐佛一样被曲线连在一起。然而柏林馆藏壁画中的佛陀头光与之相比,右侧只有一重圆环。所有佛众都象征主佛从禅定中获得的超自然力量。主佛的头部曾被涂成青金石蓝色,肉髻上装饰一枚被珍珠带固定的宝珠,颈部佩戴一条珍珠项链。柏林馆藏壁画(见图142)中可以见到项链,洞窟壁画中仅见头部的蓝色。

  柏林馆藏壁画中的宇宙佛从颈部到双脚被规整的线条划分成不同区域,每一区内绘不同人物,且每一层之间用贴金带(现已不存)分隔。在解释这些各异的图像时,为突出其显著的程式化特征,我们不采用叙述方式。最上部区域内(自上而下第一层)有五位坐佛;其下(第二层)是四位带头光的人像,其中一人所坐位置较他人高,此人右侧有一人,左侧有两人。第17窟残存的壁画中相对位置处(第二层)可能只有三人,第四位被绘于宇宙佛上臂内。瓦尔德施密特记录他们似乎位于一座小型建筑前,但这座小型建筑的存在值得怀疑。第17窟中第二层旁边宇宙佛右侧有一位带头光的人像坐于椭圆环内,双手举起,似乎托举着一个圆盘,此人或许是一名阿修罗,但不见于柏林馆藏壁画中。第三层最宽:四位带头光的人物坐于凳上,坐姿随意,两位穿长袍,另外两位穿短袍。瓦尔德施密特曾记述了他们的服饰和姿态,但现在已无法辨识;他还记录四人右侧有一深色曲面,现已完全不见。其他椭圆环包裹的人物位于宇宙佛上臂

禅修的视觉语言

和前臂，现也无法辨识。柏林馆藏壁画中，宇宙佛左臂和躯干之间有一身较大的佛像绘于椭圆环内，这在洞窟壁画中并不明显。两幅壁画的显著差别表现在腰部以下图像，柏林馆藏壁画中宇宙佛腰下有一清晰可辨的深色、水平稍弯的形状，被认为是一座城堡，中心的开口可能是城门，这一建筑结构不见于洞窟壁画[1]。显然，就此而言，两身宇宙佛并不完全相同：第17窟壁画中佛陀腰部有一条双线——或为腰带，缠绕在臀部，可能是缠腰布，但极差的保存状况使得无法对之做出准确解读。两幅壁画中，遮挡宇宙佛下身的缠腰布均打成结垂在双腿间，如柏林馆藏壁画所见。覆盖在大腿上部的缠腰布上原有倾斜排列的椭圆环包裹象征符号纹样，现已严重褪色。

柏林馆藏壁画中，宇宙佛膝盖处轮状图案的上方，各有一位绘于椭圆环内的人物：（面向图像）左侧一位呈侧向跪拜，右侧一位交腿而立；两者皆有头光，肩部或有披帛。而第17窟壁画中佛陀膝盖上方各有两位绘于椭圆环内的人物，靠上的两位站立，靠下的两位呈坐姿。两幅壁画的佛陀膝盖下方都各有一位椭圆环包裹人物图像，只是洞窟壁画中为站立状，而柏林馆藏壁画中为坐姿。佛陀膝盖上方图像数量的不同可能缘于腰部装饰的差异：表现城门所需的空间比腰带大，因此洞窟壁画中佛陀膝盖上方

图145 克孜尔未编号洞窟内所绘手持香炉的供养人。照片版权归德国柏林亚洲艺术博物馆所有，Jurgen Liepe摄。

---

[1] 由于第17窟的宇宙佛像十分残破，应当参考瓦尔德施密特早年的记录以避免对图像的错误解读。此问题就存在于新疆龟兹研究院最近出版的论著中。在绘制克孜尔第17窟的宇宙佛像时，研究者没有意识到两尊佛像表现出的变化，如腰部下方所谓的城门，且没有准确地解读椭圆形区域内形象的不同姿势——坐或跪；忽略了若干细节，如没有解释佛陀足部的礼拜僧侣手持香炉。此绘图可被错误解读为藏传佛教中常见的转经筒，参见Peng Jie, "The Great Controversy: Vairochana in a Predominently Hinayana Context," in *Kizil on the Silk Road, Crossroads of Commerce and Meeting of Minds*, ed. Rajeswari Ghose (Mumbai: Marg Publications 2008), 117–127。

207

有较多空间,可绘制两组图像。轮状护膝看似金属质地的圆形突起,因此瓦尔德施密特认为宇宙佛穿着铁甲或盔甲类的特殊服装。然而在柏林馆藏壁画中依然可看到绿色衣缘——佛陀似乎是穿袈裟的,这就对瓦尔德施密特的假设提出了挑战。护膝的用途并不清楚,其形状使人易于想到法轮,但功能和象征是什么[1]?柏林馆藏壁画中,佛陀两腿之间衣服最下部,两位系缠腰布的较高人物似乎正匆忙走过,姿势夸张,这一画面不见于洞窟壁画。如果不是注定下地狱的罪恶灵魂,那么他们很可能就是饿鬼。第17窟壁画中宇宙佛双腿间增绘的、或许为象征符号的图案,依稀可辨,但无法解释。两幅壁画中,宇宙佛都立于中心呈黑色的椭圆形基座上。手印几乎无法识别:柏林馆藏壁画中宇宙佛左手沿身侧垂下,手掌张开,右手举至肩部,中指和食指相捏;洞窟壁画中的佛陀手势已漫漶不清。环绕着宇宙佛的宝石、发光的摩尼宝珠、莲花及彩带,与常见于后甬道顶部涅槃场景中的元素相同。尽管差异并非主要,但两身宇宙佛为何不完全相同的问题仍引人深思,克孜尔第123窟舍卫城大神变中,差异并不表现于两身佛陀,而是崇拜者。两身宇宙佛的差别或许可以解释为同一名画工的不同选择,或者是由两名不同画工绘制。但问题仍未解决,为何采用椭圆环包裹佛众,同样令人困惑。

芸芸众生轮回于佛陀宇宙的构成要素——地狱、饿鬼、畜生、人间、阿修罗、天道等五道或六道的业力过程如何被安排?上述所谓的城门之上者可能代表天道或天界的最底层;而其下方者可能代表人间道,最底层者似乎是地狱中的恶鬼或罪人。如果对佛陀上部躯体的阿修罗(见于第17窟壁画中)解读正确的话,那么阿修罗道也包括在内。然而畜生道显然不存在,且瓦尔德施密特亦没有记录。根据经本,所有佛众包括幻化者宇宙佛本身都是禅定的产物;换言之,他们是瑜伽修行者获得的幻象(笔者将在下文阐释)。由于舍卫城神变佛陀和宇宙佛都源自禅定,因此二者不可避免的共享某些特征,如各自皆有两身,头光和背光中以及体内有众多小型佛众。但在即将讨论的玛扎伯哈第8窟中,侧壁上绘有罕见的真人大小的从佛。这些从佛像不见于克孜尔第17窟。

将这一特殊形象称为"宇宙佛"并非源自经典或其他佛教文献,而是根据其上所绘统治现象世界的业力法则的描述性命名。使用这一名称,笔者意在撇开常用于指代大乘卢舍那佛的"法身"或法界概念。松元荣一最早研究了卢舍那佛[2]。与前辈学者不

---

[1] 克孜尔发现的一段或为塑像胳膊的木桩上也有相似的圆轮或圆环,最初将形象包裹在内。德国学者将之视作太阳神苏利耶(Surya)。太阳神,信奉者和动物,参见 Le Coq and Waldschmidt, *Die Buddhistische Spätantike in Mittelasien*, vol. 6, 71。

[2] 松元榮一:《西域華厳経美術の東漸》,《國華》,548号,1936年,第195-200页;549号,1936年,第243-248页;551号,1936年,第278-284页。

同，笔者特别强调"宇宙佛"即是历史上的佛陀释迦牟尼，是其在小乘佛教中的至高形态。笔者较早的研究主要集中于《莲华经》，但当重新思考这一问题时，笔者开始意识到存在一个更复杂的教义架构[1]。

现在笔者仍坚持龟兹宇宙佛乃释迦牟尼，且这一形象在龟兹达到成熟，亦是在龟兹发现了判定其身份的确凿证据。因此，欲准确解读这一图像必须考察中亚背景，更重要的是，宇宙佛必须与前已述及的"特殊图像"一并研究，原因在于两者皆缘于禅定。宫治昭已指出宇宙佛图像可能源于犍陀罗艺术，并称之为"宇宙主释迦佛"[2]。宫治昭将其源头追溯至笈多时代，此时印度艺术热衷于将佛陀视为礼拜对象，而非佛传故事，作为礼拜核心的佛陀凡身被置换成高大天神的过程逐渐展开。宫治昭准确地指出舍卫城大神变是此过程的第一阶段，笔者认同此观点。此外还需注意的是，其在龟兹经历的图像演变历程，因为它正是在龟兹发展至成熟。

遗憾的是，20世纪70年代晚期西方学者不被允许在中亚开展田野工作，因此我们持有一种不易改变的错误观点。随着中亚逐渐向西方开放，现在可研究的新材料已超出笔者之前所见。笔者目前得到的新认识来自对龟兹第一手资料的研究，亦从施林洛甫开创性的洞见——宇宙佛图像源自瑜伽实践——中获得了有益启发。施林洛甫的真知灼见来自格伦威德尔1906年发现于克孜尔的残卷《梵文禅定修习法要》，他进行了精彩的复原、编辑和翻译工作[3]。通过这一文献，施林洛甫将我们的注意力引向禅修在中亚所扮演的重要角色。他的观点不仅是笔者此项研究的关键动因，而且激发了山部能宜等佛学家进一步探索禅修源头，以确定中亚是滋生此类文献的沃土，如此又引起全新

---

[1] 笔者最初认为《莲华经》是宇宙佛图像的文本来源，参见 Howard, *The Imagery of the Cosmological Buddha*, 1986。《莲华经》中记述了两件不同的神迹。第一件见于此经的序言中，佛陀说法之前的宇宙论述：从他的白毫相中发射出一束光柱照亮了佛教宇宙中的六道。第二件神迹见于十九品中，此处，相信者因朗读、背诵、讲解此经便可看到、闻到、听到业报轮回中发生的所有。修行者获得的最高级别精神力量是在自己的身体上实现所有的轮回。《莲华经》中描述的神迹暗示出身体内、外可出现业报世界。然而这种超凡的神迹却不仅仅见于《莲华经》，其他经典中也有记述，如《报恩经》。可见此段记述成为一种范式，可在不同经典中切换，跨越教义的界限。因此它们不能被视作宇宙佛图像的文本根源。
[2] 宫治昭（著），贺小萍（译）：《宇宙主释迦佛——从印度到中亚、中国》，《敦煌研究》，2003年第1期，第25—32页。
[3] Schlingloff, *Ein buddhistisches Yogalehrbuch* (Berlin: Akademie-Verlag, 1964)。该书目前尚未有中译本。本书采纳慕尼黑大学佛教研究项目的博士生王芳女士的建议，将之译作《梵文禅定修习法要》，书中相关段落的译文也都有幸得到了她的指正和润色，王芳女士正计划将这本梵文经典译成中文，衷心感谢她在百忙之中给予我的帮助，同时希望她的这部重要译著早日面世。施林洛甫也深入讨论了宇宙佛与《梵文禅定修习法要》之间的关系，参见 Schlingloff, "Das Mahapratiharya in der Zentralasiatischen Hinayana-Kunst," *Indologica Taurinensia* XXIII-XXIV (1997-1998): 175-194。

的、开创性的图像解读[1]。此文献的教义内容将在第四章讨论。

禅修是宇宙佛产生的基础。瑜伽修行者见到的世界被图绘于佛陀袈裟上。如施林洛甫指出的,《梵文禅定修习法要》中描述了修行者乐见的不同景象（禅定结束后再次进入修行者的视线）。五道或六道轮回再生的佛教宇宙展示出如下图景：宇宙的中心是人间,向上是诸天,向下是饿鬼道和地狱道。金、水、风、空构成人间的边界,铁围山脉环绕着人间。从瑜伽修行者身上散发的光线穿透、照亮了有形生灵：地下的饿鬼、地表的人和动物以及地上的天神。蓝、红、黄和白等特定颜色伴随着图景变化过程。《梵文禅定修习法要》中写道:

> 行者观八大地狱,各有十六眷属之处,为冰冷地狱。复遥观（中佚）畜生、饿鬼及人道……［缺失］见（行者）坐须弥山周围平台上。须弥山之上有欲界六天及色界四禅天的部众。[2]

关于宇宙的另一条材料是一位瑜伽修行者入定中的经历:

> 从行者白毫流出乳河,穿透地轮消除地狱众生的苦痛。乳河复又穿透风轮,重新进入行者脐部且从头顶（穿过肉髻？）流出抵达色究竟天,周流欲界诸天并色界、无色界天后回到头顶（穿过肉髻？）处。[3]

此外,修习法要中也记载有主要和次要的地狱的组成[4]。

玛扎伯哈中心柱窟第8窟壁画同时表现了舍卫城大神变佛陀和宇宙佛,证明了龟

---

[1] Yamabe Nobuyoshi, *The Sutra on the Ocean-Like Samadhi,* 1999.
[2] "Dann sieht [der Yogin] die acht grossen Höllen mit ihrem grossen Gefolge von [jeweils] sechzehn Nebenkammern samt den kalten Höllen; [sieht] die Tiere, Gespenster und Menschen mit entfernten… und [sieht] die Gestalten (*von Yogins*) auf den Rundstufen [um den Berg Meru] sitzen; über diesen die [Wesen] der sechs Götterklassen der Sinnenwelt und die [Wesen] der Götterklassen der Formenwelt, die in den vier Versenkungssphären wiederentstanden sind…" Schlingloff, *Ein buddhistisches Yogalehrbuch,* 129; a summary of Buddhist cosmology is on pp. 31-33.
[3] "Dann geht von der vertieften Stelle unter (dem Mittelpunkt [zwischen seinen] Brauen) ein Milchström aus, durchbricht den Erdkreis, verschafft den in schlechte Lebesräume geratenen Wesen das Erloschen allen Leides, (durchbricht [diese Raume] bis zum Windkreis, kehrt zuruck, tritt in den Nabel ein, geht) durch das Haupt (aus), geht (bis zu) Aghanishtha-Göttern], kehrt zurück und tritt, umgeben von den [Wesen der] Götterklassen der Sinnenwelt der Formenwelt und der Welt der Formlösigkeit, durch [sein] Haupt ein." Schlingloff, *Ein buddhistisches Yogalehrbuch,*132.
[4] Schlingloff, *Ein buddhistisches Yogalehrbuch,* 138-139.

兹僧侣将这两种都源自禅修的图像视为等同。此窟的简报由新疆龟兹研究院编写、发表于2010年，但其中没有提及笔者下文讨论的图像[1]。如第一章所述，第8窟的石凿前室只有部分留存。主室的面阔大于进深，由此形成横券顶；其中脊内绘舍卫城水火双神变场景。中心柱正壁有一大龛，高约1.6米，甬道相当狭窄[2]。龛内佛像已遗失，但壁面上残存的身光以及其内两圈佛众仍然可见（图146）。由此可推测龛内原

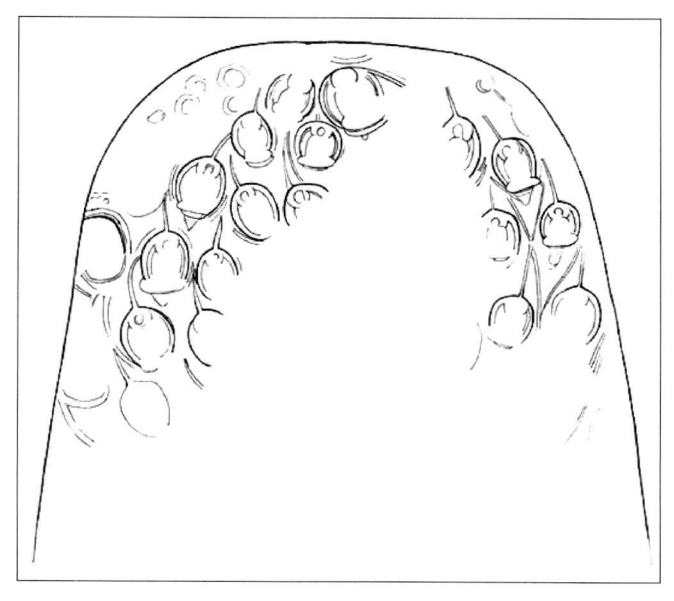

图146 玛扎伯哈第8窟中心柱主龛内残存壁画线图。郭峰绘。

来的佛像可能是舍卫城大神变佛陀，只是表现为罕见的坐姿。新疆龟兹研究院的描述更为具体：中心佛的两侧各有两身佛像，其头光和背光部分残存；壁龛的拱腹处有天神和枝叶纹痕迹。舍卫城双神变绘于前文提及的主室横券顶中脊，损毁严重，依稀可见太阳，迦楼罗，风神，一位身发火焰的佛陀罕见地坐在带华盖的车上，两位身发火焰的僧侣以及月亮。中脊两侧是残破的譬喻故事画。

两身破损相当严重的宇宙佛，高约2.5米，绘于主室两侧壁，相对而立。身姿弯曲，两圈身光中绘满站立的佛众。虽然玛扎伯哈宇宙佛身光中佛众的数量更多，但仍与克孜尔第17窟有着惊人的相似之处。玛扎伯哈第8窟主室右壁的宇宙佛像已经褪色至无法识别，上方的部分佛众仅存轮廓。左壁上的宇宙佛虽然破损严重但仍然可以辨识（图147），2006年笔者考察该窟时尚能看到蓝、绿色块。

十二身站立的从佛——笔者将之视为特殊图像，特别是如克孜尔第123窟中舍卫城大神变佛陀的补充，绘于甬道外侧壁：三身绘于右甬道，六身绘于后甬道，原有三身绘于左甬道，其中一身已不存。这些从佛周围皆有护法神和供养天（图148）。此外，左右甬道内侧壁上各绘一身发出火焰的说法坐佛，周围有天神，此类图像除右甬道内侧壁保存者尚可辨识外，其他大多已损毁。罕见的是中心柱后壁绘一幅佛陀说法图。从佛中的部分手持钵，多数上身发出火焰——首见于舍卫城双神

---

[1] 新疆龟兹研究院：《库车玛扎伯哈石窟调查简报》，第21—36页。
[2] 见上文，第33—34页。

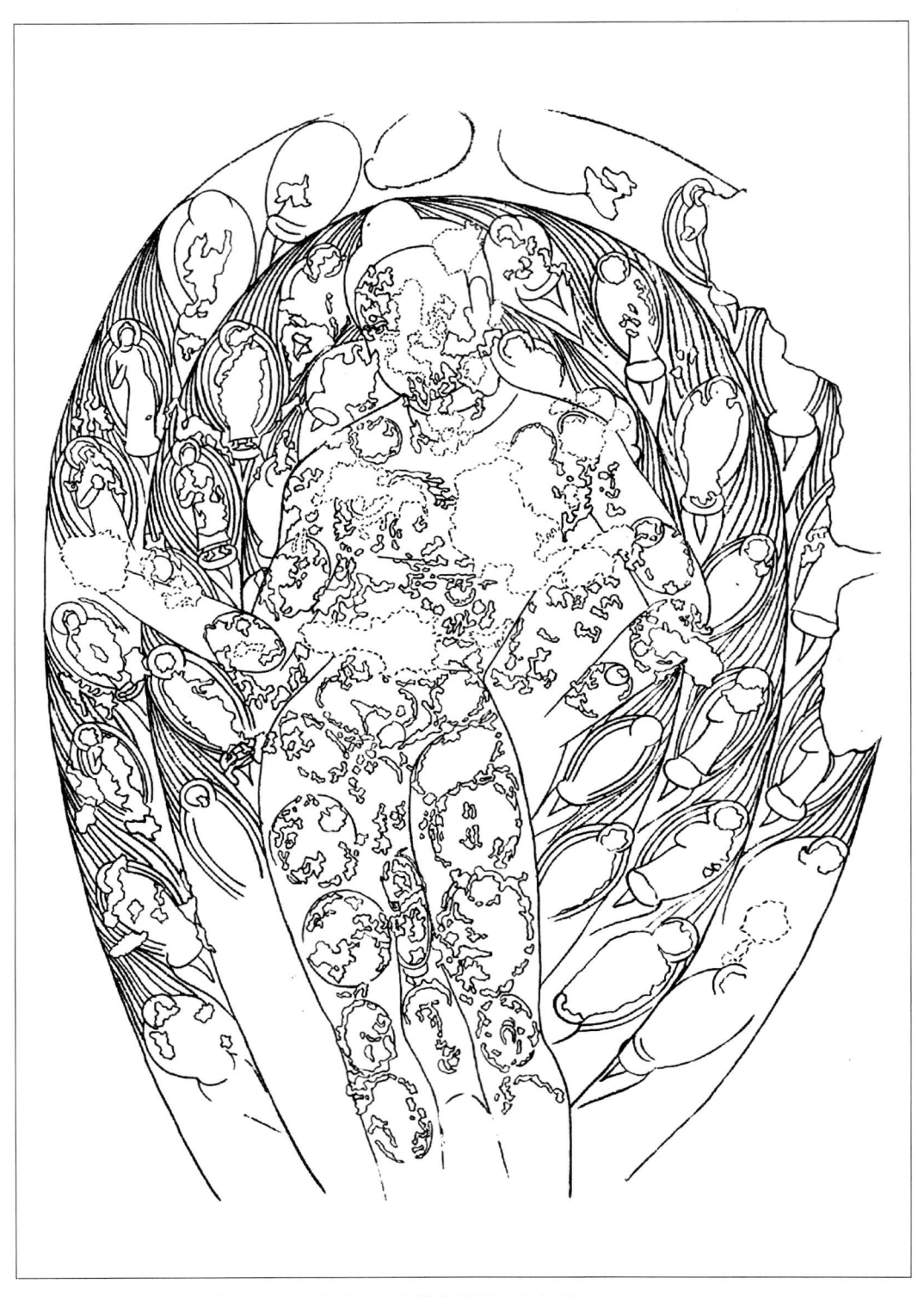

图 147 玛扎伯哈第 8 窟主室左侧壁残存宇宙佛像线图。郭峰绘。

禅修的视觉语言

变,后演变成三昧真火的标志。从佛的衣服上例外地装饰着联珠纹(图149)。

玛扎伯哈第8窟的独特之处在于汇聚了在龟兹备受重视的所有重要图像:如横券顶中脊上的舍卫城第一阶段神变,或水火双神变;中心柱正壁上的舍卫城第二阶段神变,或大神变;主室侧壁上的两身宇宙佛像以及甬道外侧壁的从佛。所有图像都是对源自禅修的超自然神力的表现。事实上,魏正中已经指出玛扎伯哈是一处专门选作禅修的石窟寺院,因其内大多数洞窟为禅定窟,极少壁画窟。因此虽然第8窟是例外,但其内装饰恰好集合了所有源自禅修的重要图像。

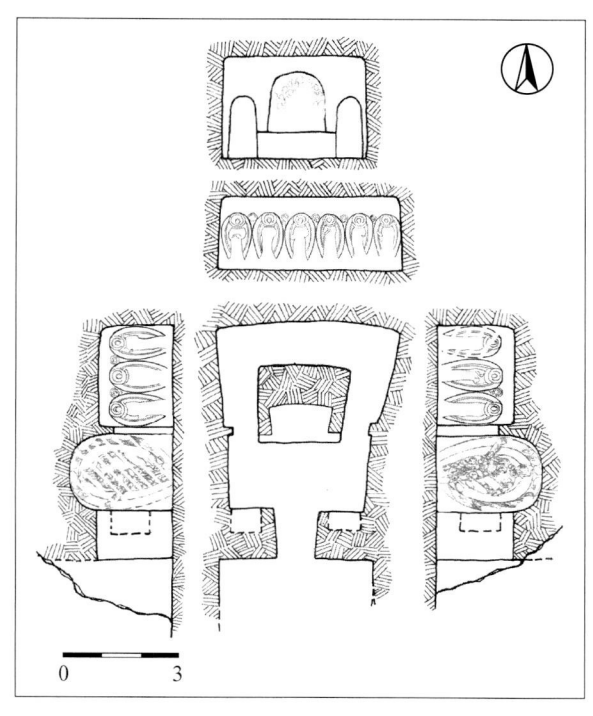

图148 玛扎伯哈第8窟窟内所绘立佛像相对位置。现存从佛像。郭峰绘。

克孜尔第175窟的佛陀是宇宙佛的另一种表现还是同源的另一形象

第175窟位于克孜尔谷东区。此处崖壁下方有一片相当宽敞的区域,或曾有地面建筑。此推测可由该区内无僧房窟,仅有数座中心柱窟证实,中心柱窟第175窟属于包括此窟在内的五座规模和装饰不同的洞窟构成的组合。确认这五座洞窟(第175、176、178、179、180窟)的全部装饰是否是与佛陀生平相关的所有图像的集合超出了本书的研究范围,但其可能性耐

图149 玛扎伯哈第8窟从佛像及其僧袍线图。郭峰绘。

213

龟兹寻幽：考古重建与视觉再现

人寻味。第175窟壁画的奇特之处是左甬道内侧壁上有包裹在数层同心圆环内的坐佛，或为宇宙佛的变体，而其他所有图像，例如绘于窟顶者，皆类似模型：即以示意的方式表现，身体的组成部分是片断式的，红线勾边，呈几何状。这种画法不仅见于第175窟，还出现在不同石窟寺院的数座洞窟中，可能形成了宇宙佛像图示化的表现形式。

第175窟主室装饰遵循既定传统（图150）：现已残损的帝释天拜访画面占据中心柱正壁中央（1）；其上是频毗娑罗王的宫廷聚会——贵族、天神、婆罗门、金刚王和苦行者（2）。释迦牟尼施展神通绘于主室窟顶中脊的舍卫城双神变中。魔罗羞辱绘于门道内侧上方的半圆形区域内（10）。内室除涅槃（3）、荼毗和分舍利画面（4）外，还有数个小龛：两侧甬道外侧壁各开一对（8、9），后甬道两端各开一个（6、7）。左、右、后甬道内外侧壁的装饰重心是释迦牟尼最后的住世生活，此一程序可能与笔者下文探讨的罕见图像的性质相关。图像程序的核心是太子降生、七步生莲及游四门所见，绘于后甬道两端壁龛上方的半圆形区域内。右甬道外侧壁两龛内绘佛陀在优楼频螺调伏凶残的那伽毒蛇及相关故事，以及僧侣们持罐从池中取水以浇灭大火（8、9）。右甬道内侧壁绘八位僧侣行列。由于破坏严重，左甬道

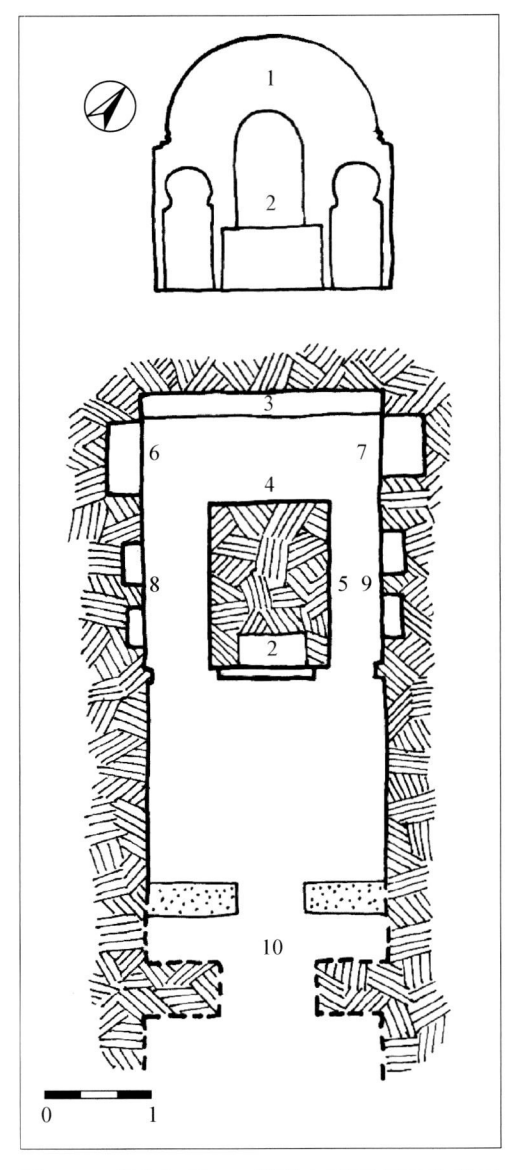

图150 克孜尔第175窟窟内壁画相对位置示意图。

外侧壁画面难以辨识。

释迦牟尼交腿而坐，包裹在三层同心圆环内，被不同空间单元内的众人环绕，构成其背光，此图像显然是洞窟的核心（图151），亦是目前龟兹地区的孤例。这一图像在第175窟中是唯一的。颇为奇怪的是，格伦威德尔在其关于克孜尔洞窟百科全书式的讨论中根本没有提及此幅图像。这一复杂、大型的图像，铺满左甬道内侧壁整个壁面，其主体是中心交腿坐于垫子上的释迦牟尼佛，右臂举至肩处，手掌伸出，食指和拇

214

指相捏，与第17窟中的宇宙佛手势相同（见图140）；左手放在腿部握住长袍。佛陀着袒右袈裟，可能是龟兹地区的流行样式。佛陀袈裟上原有贴金，现已不见。佛陀右手侧壁画保存相当完好，而左手侧画面将近一半已消失。右手侧下方两位人物因破损严重，其身份难以辨别；左手侧的相对位置处或亦有两位，惜已不见。整幅画面被象征太阳和月亮的圆环笼罩。根据复原线图（图152），笔者对此图像的解读将从内环向外进行，每一环内从上至下、自右向左。笔者对所有图案提出的复原基于壁画尚未破坏至今日状况时拍摄的照片以及笔者早年的调查笔记和绘图[1]。中心主佛上方内环以内，上部为天界，最底层是音乐神（1a）和舞蹈神（1b），其上是坐于亭阁内的诸神（1A、1B）。另一种可能的解读是将内环最上层场景视为过去六佛和中间高大的现世佛释迦牟尼，这可被克孜尔第114窟绘于门道内侧上方半圆形区域内的相似场景支持。椭圆环内的佛像被排列在主佛发射出的虚拟切线上，且被置于三层同心圆环的特定间隔处。这些佛像大多为站立状，少数为坐姿，而且每位都用手臂指向其下方描绘的情节。他们由中心主佛幻化而来的可能性，因其作为业力结果的指示者或揭示者而变弱。内环最上部的三位为仅见的坐姿，其中中轴线最顶端者领导天界诸神（1A、1B），而另外两位则指向音乐神（1a）和舞蹈神（1b）。接下来主佛右侧内环场景为数人抬着一具躺在简陋小床上的尸体（2a）；主佛左侧内环有三位无法辨识身份的坐姿人物（2b）。第二层圆环内，主佛右侧上部描绘农夫牵牛耕作场景（3a）；其下是陶工制器（4a）；最下可能是宰杀动物场景（5a），画面褪色严重难以确认。主佛左侧上部是两位农夫锄地场景（3b），其下仅存一位裹缠腰布的男性（4b）。外环内，主佛右侧的最上部共有七位躁动不安、赤身裸体的形象，可能是饿鬼（6a），其中一位姿态野蛮，正在逃离大火或被大火威胁；主佛左侧，最上部描绘佛陀（？）交腿而坐，手指向一位半裸人物（6b）。主佛右侧饿鬼下方绘数只动物：两只孔雀、一头正在进食猎物的猫科动物，还有一头大象（7a）。其下由不甚清晰的被火加热的圆形大锅，推测可能表现的是地狱惩罚场景（8a）。

马世长认为此图像表现的是五道轮回，与轮回图像有关。而太史文（S. F. Teiser）将之视作宇宙佛的变体[2]。笔者亦将这些不同场景视为五道轮回，但将之纳入一种不同的

---

[1] 马世长：《克孜尔中心柱窟主室券顶与后室的壁画》，载《中国石窟·克孜尔石窟》，卷2，第217—219页。最清晰的图片见谭树桐、安春阳：《新疆の壁画：キジル千仏洞》（下），图88—94。
[2] 马世长：《库木吐喇的汉风洞窟》，第218页。克孜尔石窟报告的开篇也提到了轮回中的五道：新疆龟兹石窟研究所：《克孜尔石窟内容总录》，第195—197页。太史文在讨论库木吐喇第75窟的图像时，相信对车轮的描绘与僧侣禅定有关；就第175窟的表现方式而言，他将之视为"将释迦牟尼表现为何恩之所认为的宇宙佛的曼陀罗形式"，参见 Teiser, *Reinventing the Wheel. Paintings of Rebirth in Medieval Buddhist Temples* (Seattle and London: University of Washington Press, 2006), 249–252。

龟兹寻幽：考古重建与视觉再现

图151 克孜尔第175窟左甬道内侧壁所绘宇宙佛像细部。采自谭树桐、安春阳：《新疆の壁画・キジル千仏洞》（下），图88。

禅修的视觉语言

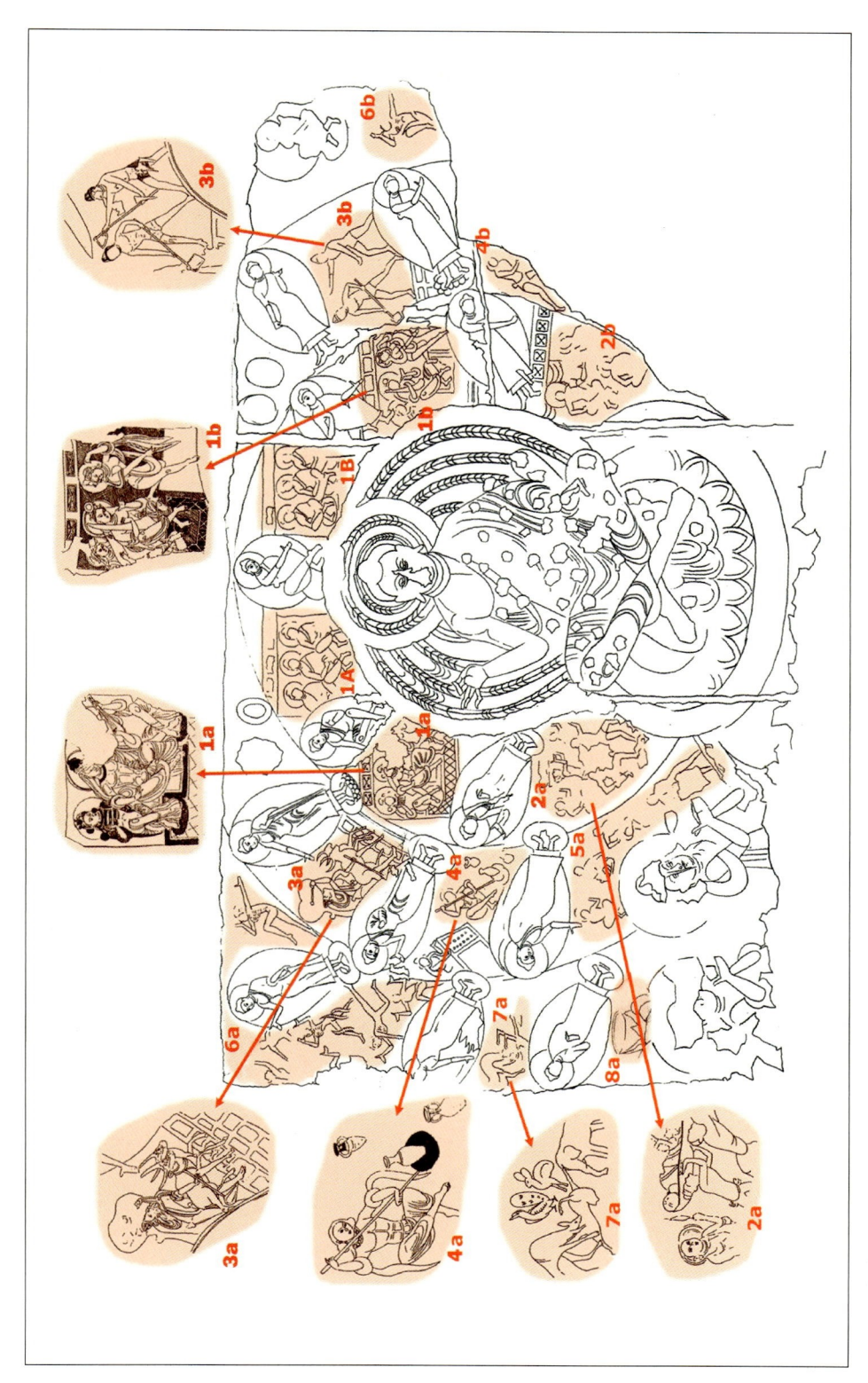

图152 克孜尔第175窟左甬道内侧壁所绘宇宙佛像线图。王征绘。周围画面采自马世长所绘线图。采自新疆维吾尔自治区文物管理委员会、拜城县克孜尔千佛洞文物保管所、北京大学考古学系编：《中国石窟·克孜尔石窟》第2卷，第218、219页。

217

背景中进行阐释，因为笔者特别考量了其起源问题。基于现存的零散证据，外环内表现的是饿鬼道：转生为畜生或饿鬼（左上，正在逃跑的长相凶恶的裸身男性），或在地狱中终结，此场景现已不存，但可由烹煮罪人的大锅推测。人间道表现在第二层圆环内，由若干人类活动场景表征：耕种、锄地、制陶、宰杀家畜等。此外，人间道也见于内环，即简陋小床上的尸体和宰杀动物的场景。天神道占据着内环最上部的显要位置，诸神汇聚及华丽的亭阁代表着佛教宇宙的最底层，即"天"。整幅图像通过简化的叙述表现转世或轮回的不同阶段。笔者注意到位于三层圆环内、分布在特定间隔处的椭圆环内佛像最初可能有十六位，恰好与通常和特殊图像（此身中心主佛显然亦属特殊图像）一同出现的从佛数量吻合。此外，用椭圆环包裹五道轮回场景正与第17窟宇宙佛图像中的表现形式相同，并非巧合。此处我们可看到已构建成型的解释特殊教义的方式。

由于此幅图像中的形象体现的是五道（地狱、饿鬼、畜生、人间和天神道），那么他们与克孜尔第17窟宇宙佛的关系问题就不可避免，虽然两者所在位置不同，但表现了相同的五道轮回。第17窟宇宙佛图像中大量人物被描绘在佛陀躯干上的不同区域内，手臂上的人物被绘于椭圆环内；第175窟佛陀图像中，他们被包裹在环绕中心主佛（法轮的核心）的三层圆环内。尽管后者的布局易于使人联想到法轮，但忽略了部分重要组成元素：十二因缘和贪、嗔、痴三毒[1]。中心主佛上方诸神汇聚的场景与第17窟宇宙佛上身第一层场景的相似性可能并非巧合。但目前的问题绝不是存在两种不同佛像，即第17窟的宇宙佛与第175窟的轮回佛，而是两身佛像密切相关，因之都源自禅修。两幅图像都是心神凝聚状态产生的视觉幻象，唯一的显著区别是第175窟中幻象——佛教宇宙的基本组成轮回——被投射到佛陀之外，而不是出现在其身体或袈裟上。更为重要的是，两幅图像都是龟兹佛教的独创。禅修确为两幅图像的连接纽带。龟兹的僧侣笃信禅定是精神不断升华以至证得圣果的重要途径，因此他们创造了罕见的特殊图像——宇宙佛的变体，这些仍是同一行为的产物。克孜尔第175窟中的佛陀是禅观轮回的视觉幻象。《修习法要》第十章《舍心观》中如此描述这一过程：

> 如何以舍心对治缘起？a）行者谛观因缘根本面貌，十二因缘在光轮中显现，形成连绵不断之轮回（心念），结业与诸漏，横跨三世，回转不绝。行者观此，而生

---

[1] Zin and Schlingloff, *Samsaracakra: Das Rad der Wiedergeburten in der Indischen Überlieferung* (Düsseldorf: EKŌ—Haus der Japanischen Kultur, 2007).

厌离……[1]

基于业力过程，无论五道是出现在身体上还是投射到身体外，第17窟的两身宇宙佛及第175窟中的唯一主佛可被视为同一类图像，都是通过禅修获得的视觉幻象。

禅修产生的神奇地景

最后笔者探讨僧侣禅定所处的与龟兹实地完全相反的神奇地景。神奇地景是由禅修获得的不同视觉幻景的最后一类，主要见于方形窟中。前文笔者关注的核心是中心柱窟内的特定装饰，但部分情况下，源于禅修的图像亦存在于方形窟中。然而，笔者并不将方形窟中的这些图像等同于已讨论的"特殊图像"，但它们仍与笔者探讨的主题一致，因之再次突出禅修在龟兹石窟寺院中的首要地位。

保存最完好的神奇地景见于克孜尔方形窟第118窟和大像窟第77窟。此类景象亦绘于中心柱窟第69窟窟顶（现损毁严重）以及方形窟第92窟和中心柱窟第114窟。禅定者身处神奇地景的图像也见于森木塞姆中心柱窟第26窟（见图113）。以上仅列举了部分此类图像。此外，侧壁说法图下方也绘有神奇地景，如克孜尔中心柱窟第207窟是数例仅可通过格伦威德尔及考察队绘制的线图了解其原貌的洞窟之一（图153）。第207窟中，图像的位置和主题发生了彻底变化，是否意味着出现了如同舍卫城神变中原用于佛陀后扩展至僧侣的火与水图案的适应或变化进程？

第118窟券顶所绘是此类图像中最精美者，展示出对禅修神效的精湛综合，描绘了禅定者想象的貌似天然的景象（图154）。此幅用独特色彩表现的神话故事般的地景内有僧侣、苦行者、恩爱夫妻、天神等，其间填充亦真亦幻的动物、树木、花卉、水池。勒柯克称之为"繁忙的山地景观"（*belebte Berglandschaf*），凸显出此地的生机勃勃，他还指出这一景象不同于窟顶上本生和譬喻故事画的背景。观察这一神奇地景，与轮回画面中人物和背景的正常比例相较，不由会惊讶于人物的异常高大[2]。然而此幅图像中，仍是成排的圆凸山丘排列，构成如帝释天拜访场景以及中心柱窟窟顶包裹本生故

---

[1] "Was ist Gleichmut gegenüber den Gliedern des Werdens? a) (Betrachtet [der Yogin] (das Entstehen) in Abhängigkeit, kommt ihm das zwölfgliedrige des Entstehens in Abhängigkeit zu Gesicht; eine ununterbrochene Fortsetzung (der gestaltungkräfte) verursachend, weltlich, umwunden von den Tatbeflechung sich drehend. Indem er dies sieht, (entsteht) bei him Widerwille…" Schlingloff, *Ein buddhistisches Yogalehrbuch*, 163-164。笔者采用并调整了山部能宜的译文，参见Yamabe Nobuyoshi, *The Sutra on the Ocean-Like Samadhi*, 347。

[2] Le Coq and Waldschmidt, *Die Buddhistische Spätantike in Mittelasien*, 7 vols. (Berlin: Dietrich Reimer, 1922-1933), vol. 6, 35.

龟兹寻幽：考古重建与视觉再现

图153 克孜尔第207窟（Maler Höhle）佛陀说法线图，宝座下方为神奇地景。照片版权归德国柏林亚洲艺术博物馆所有，Jurgen Liepe摄。

图154 克孜尔第118窟（Hippokampen Höhle）窟顶所绘飞行僧侣、星辰和神奇地景。采自谭树桐、安春阳：《新疆の壁画・キジル千仏洞》（下），图47。

220

事、譬喻故事画的菱形格。相似图案的使用或可表明此处表现的亦是禅修成果。第118窟纵券顶的中脊上保留有此窟仅存的壁画。中脊壁画虽在某种程度上背离传统风格,但表现的仍是舍卫城双神变。面对图像从右至左,可依次观察到一弯弦月周围有十二颗星辰,一位僧侣手持杖和滤水网——罕见的器物,仍属僧侣所持法器之列[1]。此位僧侣足部发出水,上身喷出火。程式化的云朵聚在一起,内有四条象征雨的蛇。其后是一只鹰,它的两爪抓一只猴,置换了迦楼罗与那伽组合。之后又有一位僧侣发出水与火,手持杖和钵,朝向中脊的最后图像——太阳飞行。此外还有一位罕见的僧侣,不与前两位同列,飞在云朵下方。

第118窟券顶壁画曾遭破坏,中脊两侧壁画被割取并带至德国柏林。北侧部分绘有七排堆叠的山丘,作为人和动物活动的地景,未知种类的花草树木赋予了其蓬勃生气。除飞在空中的僧侣外,还有音乐神与舞蹈神、打猎的贵族、一对爱侣和三位禅定者(两位僧人和一位婆罗门苦行者)、禽鸟、各种动物,以及由漏斗形池塘清澈透明之水浇灌的奇花异木(图155)。这一神奇地景也罕见地大量使用与保存在窟顶的中脊壁画相同的冷色调:白、灰、松石绿及红褐色,共同营造出一片迷人之地。南侧部分与北侧相似:一位

图155 克孜尔第118窟窟顶北部。采自 Grünwedel, *Altbuddhistische Kultstatten in Chinesisch-Turkistan*, fig. 237。

---

[1] 僧侣被允许拥有的六种财产包括三套衣服、一只钵、一件坐垫、一件滤水网,参见 Hirakawa, *A History of Indian Buddhism from Sākyamuni to Early Mahāyāna*, 68。同样绘有手持滤水网的僧侣形象见于克孜尔第114窟中脊。

图156 克孜尔第118窟窟顶南部。采自Grünwedel, *Altbuddhistische Kultstatten in Chinesisch-Turkistan*, fig. 238。

跪地猎人拉弓正准备射向一头白象，一位发出火与光的僧侣和一位苦行者正在坐禅，另一位僧人飞在鸟巢上方，惊飞一只鸟。此画面中亦有三位禅定者，还有两位天神，一位正弹奏弦乐器，而另一位似乎在喂鸟（图156）。在表现多种和平共处于这一欢乐愉悦之地的走兽、禽鸟时，画工采用了十分生动有趣的手法。

这种奇妙、神秘的地景并非是第118窟独有的。在建筑和绘塑装饰都堪称宏伟的大像窟第77窟中，神奇地景被绘于两侧甬道的纵券顶上，两甬道通向大涅槃佛所在的后室[1]。其中左甬道纵券顶上的神奇地景因保存较完好备受学界关注。甬道纵券顶上因空间有限而无中脊，对见于第118窟顶的图案进行了压缩整合，大多相似，仅有少许变化。程式化堆叠的山地间不仅有凡人和天神，还有飞鸟、动物，以及清透之水滋养的奇花异草。第118窟壁画使用的冷色调原本也用于第77窟，但后来遭到涂改。如前所述，第77窟甬道顶部不同于第118窟窟顶，没有中脊，因此选用常见于中心柱窟中脊装饰中的若干关键图像。这些图像与舍卫城双神变或第一阶段神变关系极为密切，如甬道顶部左端或

---

[1] 格伦威德尔已注意到这种相似性，参见Grünwedel, *Altbuddhistische Kultstätten in Chinesisch-Turkistan*, 93，他将这种景象与兜率天宫，即与弥勒佛联系起来。宫治昭持有相似观点，参见宫治昭：《"キジル第一様式のヴォールト天井窟壁画（下）：禅定僧・山岳構図・弥勒の図像構成》，《佛教艺术》183号，1989年，第45—55页。

西端的雨神、风神。雨神由密布的云朵象征，风神用手持膨胀布袋的人物表示[1]。这种对应并不偶然，亦非画工复制流行图像。笔者认为画工使用的是带有特定宗教含义的惯例符号。由于中脊图像描绘的是禅定的视觉幻象，此处用意亦相同，即指示出神奇地景亦由入定的心神凝聚状态产生（图157）。

克孜尔第118、77窟所绘神奇地景极为特殊，因为两者似乎折射出一种从真实到虚幻或从虚幻到真实的变化过程。施林洛甫在《梵文禅定修习法要》第四章《五阴观（色、受、想、行、识）》中的一段话恰当地描述了禅定的阶段，同时亦吻合这一神奇地景：

> 色如泡沫，受如泡沫，想如蜃景，行如蕉叶，识如幻境。[2]

神奇地景中的美妙图案不单是悦目的审美元素，更是禅定成效的图示或象征。事实上地景中的禅定者——僧人、婆罗门和苦行者，也恰好佐证了这一假设。多次出现的禅定僧人和苦行者凸显出其周围景物都是入定的幻象。甚至可认为，由禅定产生的神奇地景，恰切地补充了第118窟窟顶集中表现舍卫城双神变的中脊装饰。

此类神奇地景的壁画残片亦见于克孜尔方形窟第92窟的窟顶。神奇景象残存的一角内绘满了动物：一只顽皮的猴子背一只小猴、呢喃的飞鸟、优雅的野鸡在奇形怪状的水池边踱步、一只孔雀旁边甚至站着一头老虎。还有跳舞的夫妇（可能是天神），他们的表情与举止和深入禅定的僧人与苦行者形成鲜明对比，部分禅定者的肩部散发出火与水（图158）。现在只能通过格伦威德尔详细的文字描述来想象壁画最初的风姿，他没有忽视此幅景象和第118窟神奇地景的相似性[3]。克孜尔中心柱窟第114窟的券顶上亦绘有一幅离奇景象，其题材而非风格使人易于联想到第118窟，然而第114窟中的神奇地景主要作为本生故事画的背景。因无法确知的缘由，神奇地景更常见于方形窟，在中心柱窟中零散而稀少。同样令人疑惑的是部分精美的神奇地景发现于克孜尔谷内区的洞窟内。

将禅修者绘于神奇地景中，并置于象征洞窟的菱格内，不仅不符合龟兹的自然景观，而且有悖于已被证明的事实，即龟兹僧侣单独或集体在面朝荒漠的简素洞窟或开凿于山崖深处的幽暗石室内进行禅定修习。那么虚幻与真实地景之间的天壤之别如何作解？神奇地景模拟自当地真实景观的可能性微乎其微，笔者推测其应是深入禅定者看到的幻景。

---

[1] 宫治昭：《涅盘と弥勒の図像学：インドから中央アジアへ》，東京：吉川弘文館，1992，第415页。
[2] Schlingloff, *Ein Buddhistisches Yogalehrbuch*, 96.
[3] Grünwedel, *Altbuddhistische Kultstätten in Chinesisch-Turkistan,* 100-101.

龟兹寻幽：考古重建与视觉再现

图157 克孜尔第77窟阿绘所绘神奇地景细部：左甬道券顶上绘风和雨。采自新疆维吾尔自治区文物管理委员会、拜城县克孜尔千佛洞文物保管所、北京大学考古学系编：《中国石窟·克孜尔石窟》，第2卷，图25、26。

224

图158 克孜尔第92窟所绘神奇地景内的禅定僧侣，身上发出火和水。采自新疆维吾尔自治区文物管理委员会、拜城县克孜尔千佛洞文物保管所、北京大学考古学系编：《中国石窟·克孜尔石窟》，第2卷，图77。

视觉语言的起源

视觉语言的起源

奥秘文本与图像表现

中亚禅定文献研究热情的重新点燃始于1964年施林洛甫（D. Schlingloff）出版其整理并翻译的写于桦树皮之上的经文残卷。这些残卷即是1905~1907年间德国第三次探险活动时从克孜尔带至柏林的知名的《梵文禅定修习法要》（*Yogalehrbuch*），因原名已佚失，此乃施林洛甫的临时定名。继19世纪90年代早期霍恩勒（A. F. R. Hoernle）翻译"鲍威尔写本"（Bower Manuscript）激起的中亚研究兴趣之后，施林洛甫的著作引发了学术界的又一次轰动。与塔里木盆地发现的其他六件经文残卷类似，《梵文禅定修习法要》亦是用婆罗谜文字母写成的北吐火罗A语，曾由龟兹人根据流通于印度西北地区的经书改编而成[1]。尽管残卷的保存状况颇差，施林洛甫仍成功地复原出百分之四十二的内容。尤其值得注意的是，这一残破经文及其相关残卷的出土，恰好与佛教寺院遗址包括地面寺院和石窟寺院的发现同时，似乎表明两者之间存在着某种关系，暗示出龟兹僧侣及宗教艺术可能依托于此部经文，或深受其滋养。

《梵文禅定修习法要》中包含的佛教虔诚信仰的新形式，即将深入禅定视为通向证悟解脱的工具，亦是本章研究的原动力和出发点。笔者远非是为声明文本与图像之间若合符节般的对应，但认为由于按照经文所定的方式进行禅定修习对龟兹僧侣而言是一项极为严肃庄重的任务，因此无疑会在崖壁上留下难以磨灭的印迹，例如大量禅定窟的开凿，启发洞窟内部某些特殊图像的绘塑等。文本和装饰之间或许并不完全契合，但至少存在着绝非偶然的对应关系。

然而，这一传统因汉文译本的阙如而长期被忽视。如笔者已提及，布莱特菲尔德（S. Bretfeld）曾恰当地用"被遗忘的传统"来强调在中亚特别是龟兹地区，禅定修习很可能源自说一切有部的信仰，但在其悄然消失前亦具有龟兹本土特征[2]。山部能宜在博

---

[1] 感谢罗拉·桑德尔（Lore Sander）告知此则材料。
[2] Bretfeld, "Visuelle Repräsentation im sogenannten 'buddhistischen Yogalehrbuch' aus Qïzil," 167, 169.

士论文中探讨了他认为源于中亚地区、内容所涉主题与《梵文禅定修习法要》相似的其他禅定经文,最后总结道:此类文本流行于塔里木盆地,其中至少大多数保持着本土特征,未被译成汉文或藏文。数世纪之后,在蒙古密宗佛教典籍中发现记述有与经文类似的禅定修行,这种相似性已被施林洛甫注意到[1]。2006年哈特曼(J.-U. Hartmann)和山部能宜于再版的《梵文禅定修习法要》中增加了其他与之出处相同且属于同类禅定修习的经文残卷的翻译,诸如巴黎伯希和藏品中的残卷,由此证实了禅修的流行性,并将研究向更深广的领域拓展[2]。

除赞同出自克孜尔的《梵文禅定修习法要》乃由龟兹本土创作外,多数学者同意其为前大乘佛教时期的作品;它虽不是经典的律则,但确为禅定修习的教导工具,亦是龟兹僧侣普遍信奉的说一切有部教派的创造。施林洛甫未指出《梵文禅定修习法要》的具体年代。我们或可根据罗拉·桑德尔(L. Sander)推测的出自龟兹地区的经卷年代(其中桑德尔未特别提及《梵文禅定修习法要》),将其初步定在公元5世纪左右[3]。

在龟兹地区,说一切有部的影响之广泛是无可争辩的事实,然亦有信奉法藏部(Dharmaguptaka)者,虽影响力不及前者,但或如笔者将要讨论的,法藏部信徒的活跃甚至可能早于说一切有部信众。我们对说一切有部占据重要地位的评估是基于目前所见的反映说一切有部教义的大量经本,表明自贵霜统治以来,即公元1~7世纪,丝路北道西端的诸多绿洲一直是说一切有部的领地,而龟兹是其最正统的中心。当公元671年高僧义净到访龟兹时,举国之内仅有少数法藏部僧侣;法藏部重要性的减弱从近五十年前玄奘行记中只字未被提及便可窥知[4]。此外,龟兹部派佛教的流行主要依靠大乘佛教的

---

[1] Schlingloff, *Ein Buddhistisches Yogalehrbuch*, 第34页注释9、第36页注释2和4。施林洛甫指出存有一部蒙古文禅定修习法要,苏联学者曾有研究,其内描述的禅定幻象类似《梵文禅定修习法要》中的描述,参见 Pozdnejev, *Dhyāna und Samādhi im Mongolischen Lamaismus*, trans. Wilhelm Alexander Unkrig (Hannover: Orient-Buchhandlung Heinz Lafaire, 1927)。亦见 Pozdnejev, *Religion and Ritual in Society: Lamaist Buddhism in Late 19th Century Mongolia*, trans. Wilhelm Alexander Raun (Bloomington: The Mongolia Society, 1978), 278–309。

[2] Schlingloff, *Ein buddhistisches Yogalehrbuch: Unveränderter Nachdruck der Ausgabe von 1964 unter Beigabe Aller Seither Bekannt Gewordenen Fragmente*, eds. Jens-Uwe Hartmann und Hermann-Josef Röllicke (Düsseldorf: EKŌ—Haus der Japanischen Kultur, 2006)。当1964年首次出版时,有学者曾写过书评,参见 Ruegg, "On a Yoga Treatise in Sanskrit from Qïzïl," *Journal of the American Oriental Society* 87 (1967): 157–165。

[3] Sander, "The earliest manuscripts from Central Asia and the Sarvastivada Mission," in *Corolla Iranica, Papers in Honour of Prof. Dr. David Neil MacKenzie*, eds. Ronald Eric Emmerick and Dieter Weber (Frankfurt am Main: Peter Lang, 1991), 135.

[4] Lamotte, *Histoire du Bouddhisme Indien*, vol. 2, 596.

典籍，但这些典籍在龟兹地区却无一发现，当然不能排除其后来在当地的部派或尼柯耶僧团中流传的可能性[1]。

说一切有部从化地部（Mahasasakas）和大众部（Mahasangikas）发展而来。源自第二次大集结之后的秣陀罗（Mathura）地区，之后逐步向犍陀罗（Gandhara）、罽宾（Kashmir）以及中亚和中国传播。公元前3世纪阿育王统治时期，遣末阐提领众僧赴罽宾布教，而以优婆毱多为首的传法者则被派往秣陀罗。两位高僧皆是阿难的弟子。传入罽宾的一支后来发展成根本说一切有部，以更保守传统的方式修持戒律。而秣陀罗的一支衍生出说一切有部，被传布到犍陀罗，并由此进入中亚地区。由于萌发和成长的整个过程都完成于中亚地区，说一切有部的信众坚守纯粹的部派佛教的教义，即重视奉守道德戒（sila）和定，他们自始至终恪守要求，最终目标是修成阿罗汉果，少数是辟支佛果，没有欲得佛陀果位者[2]。

说一切有部对禅定的重视表现在神通方面，而对奉行波罗蜜多（paramita）的强调则导致采用本生故事或譬喻故事来弘传佛法。说一切有部的信徒最初将佛陀构想成真实人物，但夸大其成就和能力，逐步将之设立为超人类的存在。这一发展在笔者看来亦反映于龟兹石窟壁画中，其中我们首先看到大量佛本生故事画和譬喻故事画，而后是佛陀同时作为说法者和禅定者（施展神通者）的重要场景，最后是大像窟中的超人类存在形式。关于说一切有部如何影响中心柱窟的装饰，桑德尔持有不同看法。她的观点基于说一切有部将佛陀在世的故事写于契经部分，而非戒律部分，旨在强调引向开悟的佛陀的道德说教；因此龟兹石窟壁画包括说法图（侧壁）、譬喻故事画和本生故事画（窟顶）以及后部的涅槃场景[3]。但桑德尔的解读忽略了释迦牟尼作为禅定者和施展神通者的角色。

施林洛甫指出《梵文禅定修习法要》与说一切有部教义一致，因其除遵循说一切有

---

[1] 桑德尔对龟兹说一切有部的研究不多却十分重要。特别是 Sander, "Early Prakrit and Sanskrit Manuscripts from Xinjiang (second to fifth/sixth centuries C.E.): Paleography, Literary Evidence, and their Relation to Buddhist Schools," in *Collection of Essays 1993: Buddhism Across Boundaries: Chinese Buddhism and the Western Regions*, eds. Erik Zürcher and Lore Sander (Taipei: Fo Guang Shan Foundation for Buddhist & Culture Education, 1999), 61-106. Sander, "The earliest manuscripts from Central Asia and the Sarvastivada Mission," 133-150. 龟兹地区发现的说一切有部经典残卷之多可由正在编写的词典证实：《吐鲁番出土佛教文献梵语词典》(*Sanskritwörterbuch der buddhistischen Texte aus den Turfan-Funden*)。此部词典由瓦尔德施密特构想提议，贝歇特（Heinz Bechert）将之纳入哥廷根科学院的项目。1968年开始编纂，1975年完成第一册，瓦尔德施密特是全五卷的总编。感谢桑德尔告知。

[2] Dutt, *Buddhist Sects in India* (Calcutta: Firma K.L. Mukhopadhyay, 1970); Charles Willemen, Bart Dessein, and Collett Cox, *Sarvastivada Buddhist Scholasticism* (Leiden, New York, Köln: Brill, 1990).

[3] Sander, "Early Prakrit and Sanskrit Manuscripts from Xinjiang," 88 note 63.

部的宇宙观外,还采纳了相同的教条和传说[1]。此外就禅修而言,《梵文禅定修习法要》采用说一切有部的结构,依照如下序列:

1. 不净观
2. 数息观
3. 四界观
4. 五阴观(色、受、想、行、识)
5. 六入观
6. 因缘观
7. 慈心观
8. 悲心观
9. 喜心观
10. 舍心观
11. 五念处(佛、法、僧、戒、天)[2]

在探讨《梵文禅定修习法要》对龟兹石窟壁画可能产生的影响之前,笔者首先指出龟兹地区至少还发现一部教规文本,亦属于说一切有部,由此可证明该派别对龟兹僧侣的影响之深巨。说一切有部《长阿含经》的构成《六经品》(Satsutrakanipata),在龟兹地区颇为流行,目前已在此地发现了若干经文残卷[3]。六经中的三经义理性较强,其他三经则讲述佛陀现世或前世故事。由于此三经显著的叙述性内容,故而很可能成为艺术创作的灵感之源。三经分别为《大本经》(Mahaavadana)、《涅槃经》(Mahaparinirvana sutra)和《四众经》(Catusparisat sutra)[4]。《大本经》记述了释

---

[1] Schlingloff, *Ein buddhistisches Yogalehrbuch*, 10, 26, 31, 129。施林洛甫亦认识到存在着初期大乘的特点,如同文本所叙,禅修以涅槃体验结束。有学者讨论了说一切有部的宇宙观,参见 Dietz, "Die Kosmologie nach den buddhistischen Sanskrit-Texten aus Zentralasien," in *Indien und Zentralasien Sprach und Kulturkontakt, Vorträge des Göttinger Symposions vom 7. Bis 10. Mai 2001*, eds. Sven Bretdeld and Jens Wilkens (Wiesbaden: Otto Harrassowitz Verlag, 2003), 207-225。

[2] 笔者采用山部能宜基于施林洛甫的整理对十一种禅修过程的翻译,参见 Schlingloff, *Ein buddhistisches Yogalehrbuch: Unveränderter Nachdruck der Ausgabe von 1964*, 325-326。

[3] Hartmann, "Buddhist Sanskrit Texts from Northern Turkestan and their relation to the Chinese Tripitaka," in *Collection of Essays 1993: Buddhism Across Boundaries: Chinese Buddhism and the Western Regions*, eds. Erik Zürcher and Lore Sander (Taipei: Fo Guang Shan Foundation for Buddhist Culture & Education, 1999), 127-129。

[4] 桑德尔亦强调丝路北道尤其是龟兹地区发现这三部残卷的重要性。在此基础上她增加了《阿吒那智经》(Atanatika sutra),笔者将在后文进行深入讨论,此经亦属于5世纪左右的说一切有部。参见 Sander, "The earliest manuscripts from Central Asia and the Sarvastivada mission," 133-150。

迦牟尼之前六位佛陀的传记,而《涅槃经》是释尊将入灭前所说的一部经。勒柯克在龟兹的一次探险活动中获得的《四众经》中包括"四众阶序"(比丘、比丘尼、优婆塞、优婆夷)的建立,以及从菩萨开悟到舍利弗和目犍连的皈依等系列事件[1]。其中讲述了使菩萨证得觉悟的禅定修行,佛陀的布道与讲法引起的遵奉和皈依,包括摩揭陀国频婆娑罗王改信佛法。《四众经》中佛陀连续施展神通,计有二十四种产生自"火焰三昧"的不同神通,每种都旨在化度以优楼频螺迦叶为首的婆罗门苦行者。其中部分神通与舍卫城双神变极为近似,如在空中行走,发出火和水。因此,说一切有部的《四众经》很可能是图像表现的重要文本来源之一,而且其内容证实了"禅定—神通"的二元一体性。上述这些对龟兹僧侣意义重大的经典无一流传至中国中原地区。文本的流通状况与艺术风格的差异一致,中亚艺术样式亦没有影响至包括敦煌在内的河西走廊地区的石窟装饰。正是由于重视源自不同经典的不同部派,龟兹和中原地区才产生出不同的装饰主题。因而佛教在两地并行发展时应该遵循着相异的教义和艺术轨迹。

现在笔者将探索为龟兹禅定者提供文本依据的《梵文禅定修习法要》。如已论述,该修习法要是龟兹僧侣决定性的精神动力之一,接下来笔者更深入剖析修习法要中的某些段落,它们可能是装点着洞窟的特定图像的文本来源。施林洛甫将瑜伽定义为"召唤幻景的方法",由此,记述瑜伽修行成效的奥秘文本不可避免地应被转译成具体图像,否则将难以理解亦无法深入。在描述禅定过程时,克罗彭博格(R. Kloppenborg)反复强调赋予禅定者一个可视物体的绝对必要性:

> 行瑜伽者不是纯粹地思维谛观教义的真理和功效,而是将之形象化为产生于自己内心的人物和形状,并投射于自己的眼前。亦即禅定者自己的身体就是幻景的根本。[2]

《梵文禅定修习法要》中描述的禅定每一阶段各对应一个完全独立于其他的幻景;所有综合起来构成通向开悟的完整过程。禅定每一阶段各有自己的历程和结构:幻景源自瑜伽修行者的身体——从其头顶、前额、两眼间或肚脐等,而他则是完全被动和沉默的。禅定者于是观察到一系列不间断的幻景,在一阶段禅定结束时,这些幻景于发出的同一点再次进入他的身体。引用修习法要中的典型表述即是"最后从发出点重新进入,万物

---

[1] Kloppenborg, trans., *The Sutra on the Foundation of the Buddhist Order* (*Catusparisatsutra*): *Relating the Events from the Bodhisattva's Enlightenment up to the Conversion of Upatisya* (*Sariputra*) *and Kolita* (*Maudgalyayana*), (Leiden: Brill, 1973).
[2] Kloppenborg and Poelmeyer, "Visualization in Buddhist Meditation," in *Effigies Dei Essays on the History of Religions*, ed. Dirk van der Plas (Leiden: Brill, 1987), 85.

皆消失不见"[1]。修行者不依靠任何外在因素或禅定帮助，独自产生完全出于内心的非理性幻景。就此而言，修习法要中提倡的修习与其他基于外在诱因而进行的禅定修行差别显著，在后一种情况下，禅定者必须首先将心神集中到一幅或绘或塑的图像上。

《梵文禅定修习法要》中反复出现"身体的概念"颇为奇特，原因在于其表明行瑜伽者自身带有幻景，只是通过化现的形式将它们展示出来；因此行瑜伽者的身体同时含纳并释放他自己产生的幻景。笔者相信这种双重能力会同时反映在文本和部分洞窟壁画中。一方面，涌现幻景通过无数化身来表现，而无数化身又能使人想到其最初的本体或创造者，恰如舍卫城大神变中的佛陀幻化出无数身佛，不与本体分离，而是与之相伴。这一特点与禅定结束时重新返回修行者体内的幻景流极其类似。另一方面，身体作为幻景的接收器通过创造出的宇宙佛来表现，如《梵文禅定修习法要》所述，宇宙佛的身体包含佛教整个宇宙。

为进一步阐明这一双重机制，笔者拟引用《梵文禅定修习法要》中的特定段落，笔者相信这些段落即便没有激发，也定然与龟兹僧侣珍视的舍卫城神变和宇宙佛两种奇特图像相关。无可否认的是，两种图像中的幻景皆是禅定的功效。行瑜伽者产生出佛陀无数身的幻景流，可在《六入观》之后的段落中找到最恰当地记述：

> 佛身毛孔一毛孔中有一化像、辟支佛及比丘像，皆坐莲花上，相好具足，充满上下十方，一一说"无常、无常"，然后进入行者身体。[2]

第七章《慈心观》中，禅定者视像化的宇宙如下：

> 行者观八大地狱，各有十六眷属之处，为冰冷地狱。复遥观（中佚）畜生、饿鬼及人道……[缺失]见（行者）坐须弥山周围平台上。须弥山之上有欲界六天及色界四禅天的部众。[3]

---

[1] "Am Ende wird alles im Nabel zum Verschwinden gebracht," 例证之一见 Schlingloff, *Ein buddhistisches Yogalehrbuch*, 89。

[2] "Dann [kommen] aus allen [seinen] Köperöffnungen auf Lotosblumen sitzende Buddhas, Pratyekabuddhas und [Buddha]yünger [hervor], die mit den oben erwähnten [Buddha] malen und Bereichen besetzt sind [und] durchdringen alle Richtungen und Zwischenrichtungen, aufwärts und abwärts. Am Ende treten sie, das Wort 'unbeständig, unbeständig' ausstossend in seine Gestalt ein." Schlingloff, *Ein buddhistisches Yogalehrbuch*, 110。梵文文献中清楚指明三类皆坐于莲花上，身上有相（*lakshanas*）以及处（*ayatana*），处是每一感知相应的处所（类似根、识、境等等）。感谢 Lucanits 检查并修正笔者的翻译。

[3] Schlingloff, *Ein buddhistisches Yogalehrbuch*, 129.

前引第一段描述了行瑜伽者禅定时产生的无数化现，由此引发出诸多与禅定者相关或完全依赖禅定者的幻景，最终它们又都返回至禅定者体内。换言之，多元的化现与发起者的单一并无差别。第二段仍使用创造——化现出具有修习法要中描述的，而且符合说一切有部宇宙特征的幻景，并明确将之投射到身体上，这与壁画中宇宙佛像的相似性是不容否认的。

这些例证表明《梵文禅定修习法要》建立于更早的传统上，但也超越了它们。印度的瑜伽技能被视作悉地（siddhi），即大神通成就，具有诸如幻化无数自身、精准的听力和视力、参与他人的思维过程、回想起前世等神力。说一切有部信徒对这些超自然能力给予极大关注，其中备受重视的是幻化出无数自身的能力，其能从单一生发出多元而后又回到单一，与前文已提及的行瑜伽者类似[1]。对我们而言，所有悉地中，幻化出无数身再回到本一的神力具有特别的重要性，对众多的强调，亦是其表现方式，符合并支持笔者之前有关众多从佛的观点。

为进一步强化壁画图像中的色彩和《梵文禅定修习法要》中描述的禅定修习两者之间的可能关联，笔者注意到特定颜色，如金、蓝、黄、红、白在禅定中扮演的角色。用多彩描绘化现创造出的奇幻效果："蓝、黄、红和白（光束）现，护行者形体"。白色和蓝色又与数息观相联："行者吸气，现蓝色丝绸……呼气，现白色丝绸。"另外，《梵文禅定修习法要》中《慈心观》部分，将代表四类元素的四种常见颜色与莲花和佛陀结合起来："彼时流出四色水流，四色莲花……一一莲花有一坐佛，佛身着四色袈裟，光芒遍满世间。"[2]

另有一段落将色彩展示与行瑜伽者身体的特定孔窍结合起来：

> 一一佛陀坐金刚座，肉髻逐渐显明。既而肉髻放蓝色光芒，白毫放白色光芒，阴部放金色光芒，指甲放红宝石色光芒，一一光明遍照世间。[3]

肉髻作为颜色出入的孔道与禅定加强有关，笔者前已揭示出克孜尔第123窟（见图126、127）及台台尔第16窟（见图136、139）壁画中佛陀身上的这种瑞相已被更改。《梵文禅定修习法要》中提到的色彩是否影响了画工对颜色的选用？答案是可能的：这种神奇效果的极佳例证是克孜尔第123、160窟（见图144）壁画中主佛身上化现出的无数佛。图像的绘制的确使用了蓝、白、金和红色。除在装饰中占突出地位的绿松石青绿色外，许多洞窟壁画的绘制与之相似。如果画工是熟悉色彩象征的僧侣，那么

---

[1] Kloetzli, *Buddhist Cosmology. From Single World System to Pure Land: Science and Theology in the Images of Motion and Light* (Delhi: Motilal Banarsiddass, 1983), 64-65.
[2] Schlingloff, *Ein buddhistisches Yogalehrbuch*, 31.
[3] 同上，第41、80、125页。

《梵文禅定修习法要》文本和石窟壁画之间存有关系的假设就是可信的。众所周知,除誊抄经文,僧人画师亦活跃于寺院中。假若某段时间寺院内无僧人画师,寺院外的普通画工就会被雇用[1]。

施林洛甫注意到修习法要中的部分段落能使人联想到田园般赏心悦目的图景,但他亦明知对佛教信徒而言,艺术和诗意并非为审美愉悦,而是帮助理解深奥的宗教义理[2]。因此这些奇特的幻象不是目的,而是领会抽象理论的手段,其功能相当于教学工具。行瑜伽者产生的幻景与教义和道德观念有关,幻景的构成皆是象征符号:蛇象征四种元素,猴子象征意识,女人象征爱欲,大象象征佛陀的力量,四只狮子象征四念住(*smrtyupasthanas*)或四种正念,水晶山象征定静。施林洛甫称这些图像为相(*nimitta*):即指明禅定的符号或标志[3]。

布莱特菲尔德亦持相同看法并进行了更深入阐发,他指出修习法要中另外一种独特的机制在起作用,其将真实与抽象、可理解的图像与幻景符号巧妙融合起来,亦即《梵文禅定修习法要》的作者通过将抽象符号具体化为有形图像来传达艰深义理。因此在《梵文禅定修习法要》中读到的图像是基于真实的,但实际上它们对应着抽象[4]。同样,某些特定图像表现的看似叙事,实乃幻景与义理内容。

例如部分洞窟内绘制的颇富想象力的海景画面,其内涵虽至今尚未受到质疑,但可能是形象化地表现深奥的教义。海景图绘于侧壁上端与窟顶交界处的狭长条带内,即叠涩底面。画面的长条形带状易于使人联想到绘有舍卫城双神变的券顶中脊。更重要的是,独特的海景图通常绘制于此处,或许表明其不属于现象领域,而是感知以外的范畴之开端。最显著且最知名的海景图见于克孜尔第7、13、38、118窟;不过这种奇特的装饰可能亦见于龟兹其他石窟寺院的洞窟内,笔者不排除海景图在这些洞窟内的分布位置或有不同的可能性。在笔者看来,所有这些可见的例证似乎都对应着《梵文禅定修习法要》的特定段落。这些海景图各不相同,但均使用一组有趣的生物图像,且都被表示成浸没在水中,水显然是它们固有的生存环境。然而其中少数生物并不生活于水中。

柏林亚洲艺术博物馆收藏的两幅海景图壁画(图159),根据格伦威德尔的记录可

---

[1] 寺院曾支付一位俗人画师80枚钱币绘制有龙凤图案的旗帜或锦绣华盖用于游行,参见 Chavannes, *Les documents chinois decouverts par Aurel Stein dans les Sables du Turkestan Orientale* (Oxford: Oxford University Press, 1913), 212–214。尽管可能与汉地寺院有关,笔者仍选用此则材料。

[2] Schlingloff, *Ein buddhistisches Yogalehrbuch*, 45.

[3] 同上,第47—52页。

[4] Bretfeld, "Visuelle Repräsentation im sogenannten "buddhistischen Yogalehrbuch" aus Qïzil," 175.

视觉语言的起源

图159 克孜尔第13窟所绘海景图细部。照片版权归德国柏林亚洲艺术博物馆所有,Jurgen Liepe 摄。

图160 克孜尔第38窟所绘海景图。采自新疆维吾尔自治区文物管理委员会等:《中国石窟·克孜尔石窟》,第1卷,图126。

图161 克孜尔第118窟南壁和北壁上所绘海景图。采自 Grünwedel, *Altbuddhistische Kultstatten in Chinesisch-Turkistan*, figs. 237b, 238b。

237

知它们原属于克孜尔第7窟[1],他如此描述:"一群鱼环游在周边,海中漂浮着蓝、白及其他颜色的形似圆锥山丘的物体,其上似乎有人在攀爬,而另外一些浮于海中,一些位于岛上;还有一位菩萨飞在空中。水中也可看见蜗牛、蚂蚁和莲蕾。"[2] 此段描述如同画面本身令人迷惑不解。

第38窟海景图带保存状况最完好(图160)。图带以象征水波的浅绿为背景色;其内浮游一群奇形怪状的想象物以及动物和植物,部分是水中生物,如鸭、散布的莲花或莲蕾;部分则不然,如传统造型的宝珠、发射火焰的摩尼宝珠,后者与常绘于窟顶的宝珠类似。除此之外,还有蜿蜒滑行的动物,或许是象征四种元素的四条蛇;还有一种假想生物,乍看似一条体型庞大的蠕虫,结合了想象的和爬虫动物的特征:似人的头部与虫状身体连接在一起,可能被蓝、白条纹带包裹。如即将讨论的,即使文本和图像的完全对应关系暂不可考,但这些稀奇古怪、异乎寻常的构图元素可能与《梵文禅定修习法要》中象征性的深奥文字相匹配。

原绘于克孜尔第118窟的海景图带曾被带至德国柏林,可惜现已丢失。它们被绘于前已述及的两幅神奇地景画面的下端。第118窟的海景图较之第7、38窟海景图而言,细节最富变化,更为复杂,图像更丰富生动。由于目前只能通过线图来研究,笔者亦参考了一百年前格伦威德尔亲自参观洞窟和柏林馆藏壁画后留下的精准描述[3]。海景图带高37厘米,周有一圈深绿色边框,框内一组水生和非水生的生物排成一行(图161)。北壁上的图带以一只有翼海马为起始,其后依次是一尾游泳状的人首红棕色鱼身怪物、一只蜗牛和一朵莲蕾。接下来是一只白色无头四足生物,背上有两个隆起物,形似骆驼;但为何会将这种动物绘于水中? 一位年轻的天神从池中升起,腰部以上露出水面,被绘成浅棕色,有头光,戴一条波浪状披帛。图带上继续绘一组游在莲花中的群鸭。之后是一只杀死四头蛇的迦楼罗,其周围还有莲蕾;接着是一位令人惧怖的年轻男子从水中浮出,他佩戴珠宝,带有头光和身光,站在一条那伽蛇旁边[4]。此组图像之后有鸭、莲花、熊和鱼群,或许还有一条托着三头蛇的那伽蛇,可能是与之前相关的场景。队列最后是一只腾跃的海马和一朵莲花以及一只喙中噙着三头蛇的迦楼罗。南壁上的图带亦

---

[1] 相似的海景图亦见于克孜尔中心柱窟第13窟,详见新疆维吾尔自治区文物管理委员会、拜城县克孜尔千佛洞文物保管所、北京大学考古学系编:《中国石窟·克孜尔石窟》,第1卷,图39。

[2] "Fische swimmen umher, im Meere stehen blaue, weisse und andersfarbige kegelförmige Berge, an denen menschliche Gestalten hochklettern, während andere im Meere schwimmen, wieder andere sitzen auf Inseln; zu einem derselben kommt ein Bodhisattva durch die Luft geflogen. Sonst sieht man noch Schnecken, Enten (Anas casarca) und Lotus-blumenknospen im Wasser." Grünwedel, Altbuddhistische Kultstätten in Chinesisch-Turkistan, 49.

[3] Grünwedel, *Altbuddhistische Kultstätten in Chinesisch-Turkistan*, 106-107 and 110.

[4] 格伦威德尔将三个形象解释为表现了神话故事迦楼罗杀死那伽,那伽从人形转变成蛇,见 Grünwedel, *Altbuddhistische Kultstätten in Chinesisch-Turkistan*, 109。

始于一只有翼海马,飞在一朵莲蕾之上,似在追赶前方的一头巴克特里亚地区(Bactria)的白色双峰骆驼,头上还有奇特的凸起物;而骆驼则朝向前方的一只鱼身双头或三头怪物行进,怪物的上方漂浮一朵莲蕾。格伦威德尔指出怪物的多头中其一似猴,另一像猪。图带的中央是一名拉弓射箭的年轻人正从水中浮出;箭头朝向一只飞行的有翼海马,背景绘制了多朵莲蕾。海马之后有一头海龟,以及杀死多头那伽蛇的迦楼罗,此组图像之前是一位飞行的年轻人,佩戴珠宝,有头光和背光,与前述北壁图带上的年轻男子相似。残余部分破损严重的图带上到处飘散着莲蕾。

第118窟的两条海景图带不完全相同,而且似乎包含着某种叙事,其上亦有第38窟海景图的构成元素。桧山智美最近发表了对克孜尔第118窟图像的解读研究,其中涉及对两条海景图带含义的讨论[1]。她将两个半圆形区域内的壁画和正壁上的壁画解释为表现的是满达达汗国王的故事,其因违抗帝释天而失去生命,此故事见于包括《天譬喻经》在内的多种《阿含经》文本,因此属于说一切有部传统。笔者赞同桧山智美对大幅壁画的突破性解读,但认为其关于券顶装饰和海景图带的解释有商榷之处。她将绘于洞窟券顶上的图像——苦行者、僧侣、凡人和婆罗门,视作阿含经和阿毗达磨中讲述的说一切有部神话的反映,因此窟顶场景表现的是如何因为变得更加贪淫而失去超自然神力的故事,而海景图带中的图像可能具有宇宙观的意涵。在桧山智美的阐释体系中,将券顶中脊与两侧部分的内容混同一体,忽视了与舍卫城双神变的相关性。

这些看似作为装饰的图带,其内涵仍有广阔的探讨余地。格伦威德尔认为它们无特殊意义,仅是晚期基于古老原型发展出的装饰元素[2]。但这种奇怪的、甚至是荒谬的将水中生物和神怪异兽(其中部分是复合动物)排在一起展示,可能亦源自禅定,如修习法要中所述:

复而行者观胎中六界,即有蛇,颜色如(四)界[3]。其间行者见蚌贝,为空界

---

[1] 檜山智美:《キジル石窟第一一八窟(海馬窟)の壁画主題—マーンダートリ王説話を手掛かりに》,《美術史》168号,2010年,第358–372页; Hiyama Satomi. "The Wall Paintings of Kizil Cave 118—The Story of King Mandhatar and the Early Buddhism of Kuča." In *Journal of the Turfan Studies-The Origins and Migration of Eurasian Nomadic Peoples*, edited by Tulufanxue yanjiu, 893–901. Shanghai: Shanghai Guji chubanshe, 2010.

[2] "Der Wasserfries hier ganz sinnlos und nur ein später hereingebrachtes dekoratives Element, allerdings alten Erbgutes," Grünwedel, *Altbuddhistische Kultstätten in Chinesisch-Turkistan*, 64,描述了第38窟内相似的海景图。

[3] 使用数字六可能是指说一切有部教义,修习法要中在原来标准的四种元素——地、水、风、火——增加了两项内容,即空(Raum)和识(Bewußsstsein)。

之象征，随之见童子面容，其为识界象征。[1]

　　修习法要中的其他段落证实四条蛇象征性地指代四种元素，而萤火虫是意识的微弱表征。其他幻景表现为摩羯或海兽，当行瑜伽者将注意力集中到他的脚掌拇趾和食趾之间时就会出现。第五种元素"空"通过眼眶来表示，而"识"则通过猴子或年轻男子或跳跃羚羊或一把火炬来表示。因此如意识般，同一元素有时会有不同的象征物来指代。图带中反复出现的莲花亦是《梵文禅定修习法要》的主题之一。海景图中莲花出现在年轻人周围，而修习法要中恰有与之相关的描述："莲花池中央……行者见一男子沉入莲池，深陷入定带来的欢喜之中。"[2]就此而言，文本和图带有着直接关联，皆描绘年轻男子、水池和莲花。

　　《梵文禅定修习法要》中主要采用现象体验的象征图像或譬喻来比对观念的、抽象的义理。这种二元性是修习法要的核心机制，因之能促使行瑜伽者指导自己的禅修。尽管文本残缺，我们仍能注意到象征物混合构成的多种组合：象征禅定不同阶段的颜色被用来描绘行瑜伽者化现出的佛陀，或被用来描绘莲花，或为奇特的动物形体注入生机等。当然它们都是行瑜伽者产生的神奇幻景，当禅定结束时都返回到行瑜伽者体内。这些即便不是全然荒诞亦可谓异乎寻常的生动形象的精神投射物可能已经萦绕在禅定者的记忆中。同样，经文中特别引人注目的段落也被烙印在脑海中，后被引用出来；对禅定时产生的奇妙幻景的回想可能也被"引用"到洞窟壁画中。因此，它们作为深植于禅修的本土原创艺术表现形式，成为龟兹洞窟幻景装饰的组成部分。

　　尽管笔者赞同上述阐释，但仍需指出海景图带内容的另一种可能含义。前述三例海景图带中均作为背景元素的水，使我们联想到用于解释轮回往生的布道佛教徒的形象。除使用永恒转动的水轮意象外，经文中亦采用海洋的同义词轮回海，内有图带中展示的所有无穷或无限的轮回现象或形式，跟其他象征相比，无法逃避的轮回过程的物象更有效、显明[3]。

　　如果仍对禅定在龟兹的重要性有任何怀疑，那么笔者将再次提及魏正中在前章已经确证龟兹地区几乎所有石窟寺院中都有大量禅定窟这一规律；他还指出禅定窟的不同类型取决于是供个人抑或集体使用，位置选在可远眺荒漠之处，抑或深入山体的幽暗之中。我们认为暴露在外的禅定窟内无任何装饰，但位于佛教重镇苏巴什的禅定

---

〔1〕 "Weiterhin sieht [der Yogin] die Sechszahl der elemente im [Embryonal] zustand Kalala. Dabei [erscheinen] Schlangen in der Farbe der (vier) Elemente, inmitten von diesen sieht er eine Muschel als Symbol des Elementes Äther und in diese eingegangen das Antlitz eines jungen Knaben als Symbol des Elementes Bewußtsein." Schlingloff, *Ein buddhistisches Yogalehrbuch*, 47.
〔2〕 同上，第71页。
〔3〕 感谢莫妮卡·茨因提醒笔者注意到此种可能性，参见Zin and Schlingloff, *Samsaracakra*, 4。

窟——即深入岩体内部形成十字交叉式布局的禅定窟和长条形窟内则见有零星装饰。苏巴什西寺和东寺的禅定窟的券顶和侧壁上偶尔绘有坐禅僧侣形象。这些壁画早已受到前辈学者的关注，但所得结论与笔者不同。

事实上，伯希和早年已将掩埋于苏巴什地下的洞窟判定为禅定窟："开凿于山体上的这些洞窟，远离庄严雄伟的宗教中心（苏巴什），想必曾是僧侣禅定修习的场所。"[1]

黄文弼曾记录西区北部地

图162 苏巴什西寺第5窟内所绘坐禅僧侣。

图163 苏巴什东寺未编号洞窟内所绘树下坐禅僧侣。

---

[1] "Ces grottes retirées dans la montagne, à l'écart de la grande cité religieuse, ont du servir de lieu de meditation pour les moines." Hallade, Gaulier and Courtois, eds., *Douldour-Aqour et Soubachi*, 57.

下洞窟（后被中国学者编号为第1、3、5窟）的形制为长条形甬道侧壁开有众多小室。黄氏同样认为它们乃是禅定窟，亦注意到其中部分被转用作瘗窟，但很可能是晚期的改建[1]。关于这类分布广泛的洞窟，近期山部能宜考察苏巴什西寺后推定，在某些情况下，例如位于此区的第5窟，壁画中的禅定僧侣证实其曾被用作禅修之所（图162）。然而同样位于西寺的第3窟，尽管其内亦绘有禅定者，但过于狭小，山部能宜怀疑此类小而浅的洞窟可能具有仪式功能，特别是当邻近的大型洞窟中奉放有佛像时[2]。2006年清理东寺大窣堵波东北区（此区禅定窟较少，但尚未得到充分调查）时，发现一座与中心柱窟相连的长条形窟，内被堆积物填塞（见图101、163）。我们推测此座洞窟曾是一处禅定场所，尤其考虑到窟内绘有清晰可辨的树下禅定僧侣。禅定窟和中心柱窟构成组合符合魏正中已讨论的类似情况，表明禅修开始之前与结束以后可能在中心柱窟中举行某种仪式活动[3]。此外，僧侣在树下深入禅定的画面有力支持了此窟的确曾用于禅定修习的推测。在禅定窟中发现禅定者形象，无疑证实了笔者的观点，即禅定是龟兹僧侣修习的核心，同时亦强化了笔者关于禅定功效尤其常见于中心柱窟装饰的认识。

龟兹艺术是否为犍陀罗文本与图像的再现

由于龟兹石窟装饰的某些方面，特别是风格，使人易于想到犍陀罗艺术，因此笔者接下来讨论两种可能性，即龟兹的艺术主题衍生自犍陀罗，还是两大文化都受吸引或感兴趣于相同或相似主题，而龟兹独自发展出自己的艺术以作响应[4]。就地理范围而言，犍陀罗地区相当于今巴基斯坦西北部，其中心是白沙瓦河谷，而大犍陀罗地区则从喀布尔拓展至伊斯兰堡，亦将斯瓦特河谷包括在内；就年代而言，犍陀罗跨越的时代从公元纪年之初至5世纪，与龟兹佛教义理和艺术的发展时代并行[5]。犍陀罗佛教的

---

[1] 黄文弼：《塔里木盆地考古》，第28—30页。
[2] 山部能宜：《再探石窟用途》，载新疆吐鲁番学研究院编：《吐鲁番学研究：第三届吐鲁番学暨欧亚游牧民族的起源与迁徙国际学术研讨会论文集》，2010年，第784—806页。我们不赞同这一解读。山部能宜亦讨论了吐峪沟绘有禅定者的禅定窟，参见 Yamabe Nobuyoshi, "Practice of Visualization and the *Visualization sutra*: An Examination of Mural Paintings of Visualizing Monks in Toyok, Turfan," *Pacific World: Journal of the Institute of Buddhist Studies* 4 (2002): 123-152。
[3] 见上文，第132—133页。
[4] 尽管于阗发现了曾装饰寺院的泥塑佛众像残段，但笔者认为于阗并未启发龟兹图像的创造。原因在于于阗地区流行大乘佛教且属于较晚期的发展，不可能对龟兹产生影响。
[5] Luczanits, "Gandhara und seine Kunst," in *Gandhara. Das buddhistische Erbe Pakistans. Legenden, Klöster und Paradiese*, eds. Christian Luczanits and Michael Jansen (Mainz: Verlag Philipp Von Zabern, 2008), 16.

巩固强化与贵霜帝国的势盛力强一致,特别是在公元2世纪早期即位的迦腻色迦统治时期[1]。

犍陀罗和龟兹对相同主题,特别是释迦牟尼佛的神通及其修道成佛之经历的共同兴趣,很可能缘于两地的说一切有部教义都占据显要地位。至迦腻色迦时代,说一切有部即便不是主流派别,亦是相当突出的存在,可由若干题刻证实,其中一则见于白沙瓦附近迦腻色迦执政第一年建造的沙吉奇德里塔(Shahji-ki Dheri)[2]。随着贵霜帝国的扩张,其势力范围波及中亚地区,因此说一切有部很可能从犍陀罗传布到了龟兹。

事实上,如笔者前文提及的法藏部可能亦将其学说弘传至龟兹,年代甚至早于贵霜时期。1994年发现的用佉卢文写成且与法藏部明确相关的经文残卷揭示出法藏部在早于贵霜的印度—斯基泰统治者塞人时期已是占主流的佛教部派[3]。但在贵霜王迦腻色迦时代,说一切有部的兴起使法藏部失去其主导地位。从印度西北地区到龟兹,佛教部派的变化或交流主要发生于法藏部和说一切有部之间,其中说一切有部显然具有更普遍、广泛的影响。

因法藏部的弘法而将佛教引入龟兹地区的可能性,或许暗示出佛教在龟兹王国的初兴时代需向前追溯数个世纪。法藏部在龟兹佛教中扮演的角色及可能留下的轨迹,也许可以通过研究洞窟形制、组合及其内的装饰来探索。魏正中已提出龟兹地区的方形窟和僧房窟出现最早,而且窟内无装饰;方形窟或许早于绘有壁画的中心柱窟[4]。这些早期洞窟的开凿可能是为迎合法藏部僧侣的需求,但这一有趣的猜想仍待深入研究。无论如何,晚期中心柱窟与说一切有部可能相关的推测能得到壁画装饰主题的佐证,而这些主题无疑源自说一切有部经典与核心信仰,围绕着作为说法者和禅定者的释迦牟尼佛展开。

在龟兹佛教形成过程中,说一切有部对其教义的影响,尤其是对禅定修行的重视已在第三章论及,因此笔者此处的主要兴趣在于区分说一切有部经典中记载的主题和共同兴趣分别在犍陀罗和龟兹艺术中的表现形式。说一切有部和根本说一切有部毗奈耶皆有的《天譬喻经》中记述的帝释天拜访佛陀和舍卫城神变,即是两种此类主题。两者在犍陀罗窣堵波和龟兹洞窟装饰中都占有主导地位。下文将分析这两大主题如何被犍

---

[1] 有学者认为公元127或128年是迦腻色伽统治的开始,参见Falk, "Zeitrechnung in Gandhara," in *Gandhara, Das Buddhistische Erbe Pakistans. Legenden, Klöster und Paradiese*, eds. Christian Luczanits and Michael Jansen (Mainz: Verlag Philipp Von Zabern, 2009), 71。
[2] 所有相关残卷见Willemen, Dessein and Cox, *Sarvastivada Buddhist Scholasticism*, 115-116。
[3] Salomon, "New Manuscript Sources for the Study of Gandharan Buddhism," in *Gandharan Buddhism: Archaeology, Art, And Texts*, eds. Pia Brancaccio and Kurt Behrendt (Vancouver and Toronto: University of British Columbia Press, 2006), 135-147.
[4] 见上文,第52—53页;附录。

图164 玛玛尼德里（Mamane Dheri）出土的帝释天拜访造像碑，公元216或316年，灰色片岩，白沙瓦博物馆藏。照片由Hameed Muhammad提供。

陀罗雕刻诠释及其与龟兹的相似与差别。

表现帝释天拜访和舍卫城神变的片岩浮雕主要见于巴基斯坦的白沙瓦河谷，它们在此处似乎尤为流行。最精美的帝释天拜访的灰色片岩浮雕发现于玛玛尼德里（Mamane Dheri），现藏于白沙瓦博物馆，其上刻有89年铭文，可能是迦腻色迦时代，根据题刻内容相当于公元216年，不过部分学者倾向于认为是公元316年（图164）。场景雕刻于三角形区域内，即中间刻一佛陀坐于洞窟内，周边凸起，其上雕刻各式各样的人物和动物，一派山间活动景象。此故事的主角不仅有佛陀，还有刻于左侧（面向观者）最下部的琴师五髻乾闼婆，与之对称位置是帝释天，即浮雕基座右侧可见的骑象者。

另一件刻画帝释天拜访的灰色片岩浮雕，发现于白沙瓦河谷的洛里央唐盖（Loriyan Tangai），现藏于加尔各答博物馆，年代尚不清楚（图165）。此件浮雕表现手法与前者不同，当出自不同作坊，其工艺更简洁，但佛陀的身形依旧大于其他在场人物，重要的是洞窟周围还刻出火焰纹，以表明当拜访者抵达时佛陀正深入火焰三昧。两件浮雕中，佛陀的中心位置和庞大身形是主要创新之处，背离了犍陀罗早期表现佛陀最后生和前生故事的浮雕中将佛陀刻画为与其他在场人物体型相当的传统。两件浮雕皆将佛陀表现为于洞窟中深入禅定，证实了在这两处遗址以及龟兹，在崖壁上开凿洞窟并在洞窟中进行禅修的传统都颇为盛行。龟兹对这一故事的表现，如克孜尔第171窟（图75），与两件浮雕的相似性不容置疑，或许是由于龟兹工匠相当熟悉犍陀罗艺术对帝释天拜访故事的表现手法。

还有一件可能表现备受龟兹僧侣重视的禅定修习的浮雕出自穆哈麦德纳里（Mohammed Nari），现藏于巴基斯坦拉合尔博物馆，年代在公元3~4世纪间（图166）。就其意义及对本研究的重要性而言，可谓一件不可思议的作品，刻画的或是产生自禅定的幻象体验；尽管龟兹是以平面壁画和独创样式对幻象进行表达再现，但此件浮雕仍可能揭示出犍陀罗与龟兹共享的教义之发展。若此假设成立，那么我们就会看到犍陀罗与龟兹对同一教义的两种不同表现形式。这些精美复杂的浮雕，特别是出自穆哈麦德纳里者，跟我们的讨论尤为相关，传统上它被解读成舍卫城大神变，近一个世纪前已被富歇证明。尽管目前这一观点已经重新检视，但包括施林洛甫在内少数学者仍持支持态度[1]。

一种新的、尚有争议的解读是将这一众人汇聚在说法佛周围的浮雕视作是佛国净土的早期表现，部分学者认定其为阿弥陀佛的西方极乐世界（Sukhavati）[2]。哈里森（P. Harrison）和罗扎尼茨（C. Luczanits）最近的研究在某种程度上增强了这种解读的可能性，亦提示出其不可能被确证。

图165 洛里央唐盖（Loriyan Tangai）出土的帝释天拜访造像碑，灰色片岩，加尔各答博物馆藏。采自I. Kurita, *Gandharan Art*, vol. 1, fig. 334。

此外他们不否认围聚的众人也可能象征东方阿比罗提妙喜世界，即阿閦佛（Akshobya Buddha）净土，笔者将在下文探讨此种推测[3]。为复原西方极乐净土的情形，哈里森和罗扎尼茨参考了汉代西域高僧支娄迦谶（活跃于公元170~190年左右）翻译的《道行般若经》，这是现存般若经译本之中译出时代最早者。他们认为此译本最接近原经文，比目前易见且通用的梵文译本时代更早。两位学者发现阿弥陀佛净土或阿閦佛净土，

---

[1] Schlingloff, *Ajanta–Handbuch der Malereien*. 3 vols (Wiesbaden: Otto Harrassowitz Verlag, 2000), vol. 1, 488–515.

[2] Huntington, "A Gandharan Image of Amitayus' Sukhavati," *Annali dell'Istituto Orientale di Napoli* 40 (1980): 652–672.

[3] Harrison and Luczanits, "New Light on (and from) the Muhammad Nari Stele," *BARC, Research Center for Buddhist Culture in Asia*, International Symposium series 1 (Kyoto: Otani University, 2011), 69–128 (text), 197–210 (illustrations)。感谢Luczanits提醒笔者注意到此研究，使笔者能够先于残卷整理出版之前阅读。

图166 净土或想象的景象？穆哈麦德纳里（Mohammed Nari）出土的造像碑，公元4世纪，浅灰色片岩，拉合尔博物馆藏。照片由Christian Luczanits提供。

常与佛土（Buddha fields）伴随出现，两者可能相关，且在同一时段内流行于犍陀罗地区。他们推断制作于公元3～4世纪间、犍陀罗时代晚期的穆哈麦德纳里浮雕，表现出的艺术内涵是历经演进的多种传统样式融合的结果，而非专涉净土。因此，甚至是舍卫城大神变的元素，如佛陀坐于那伽龙托举的莲花上以及浮雕上部角端一对佛陀正在化现佛众，亦被吸纳入此幅新奇场景中，其或是西方极乐净土或是东方妙喜净土。

穆哈麦德纳里浮雕表现的是阿閦佛之妙喜净土阿比罗提的可能性，在新发现的二十九件写于桦树皮上的经文残卷中可以找到有力的、令人信服的证据，这些残卷涉及二十三部经文，其中一部被命名为《阿閦佛国经》（Akshobyavyuha），描述了阿閦佛净土[1]。经文是用佉卢文字母写成的犍陀罗语，约在公元50～150年间，无疑是犍陀罗佛教的经本。这些残卷构成了知名的"巴焦尔藏经"（Bajaur Collection），命名据其出土地巴基斯坦西北边境的巴焦尔地区。这部根据内容定名的《阿閦佛国经》残卷，是目前首次发现。该经内容相当可观，文字书写于桦树皮的正反两面，共计六百行。在这之前，阿閦佛净土只能通过公元2世纪西域高僧支娄迦谶的汉文译本才能得知，因为没有发现梵文本，此汉文译本被认为是直接译自犍陀罗原典。这一残破但信息丰富

---

[1] Strauch, "More Missing Pieces of Early Pure Land Buddhism: New Evidence for Aksobhya and Abhirati in an Early Mahayana Sutra from Gandhara," *The Eastern Buddhist* 41.1 (2010): 23–66; Ingo Strauch, "The Bajaur collection: A new collection of Kharosthi manuscripts—A preliminary catalogue and survey:" 1–79, accessed August 2008, http://www.geschkult.fu-berlin.de/e/indologie/bajaur/publication/strauch_2007_1_0.pdf.; Strauch, "Buddhistische Handschriften aus Gandhara," in *Gandhara, das Buddhistische Erbe Pakistans. Legenden, Klöster und Paradiese*, eds. Christian Luczanits and Michael Jansen Kuratoren (Mainz: Verlag Philipp Von Zabern, 2008), 263–265.

的经文揭示出犍陀罗晚期有接受包括净土在内的大乘佛教教义的趋向。截至目前我们尚未辨识出表现阿閦佛净土的图像,假若对穆哈麦德纳里浮雕的解读不误,那么它可能是最早的实例之一。

此件浮雕表现的题材极富挑战性,而且构图颇为新颖,不同于犍陀罗其他任何雕刻。它不是纪念佛陀最后生中的某一特定时刻,而是如前所述将佛陀表现为说法者,而且在说法的同时坐于两条那伽龙托举的莲花上——亦是舍卫城大神变的核心图像。佛陀体形高大,远大于在场的众多听众,这些听众数量有四十余位,包括佛陀化现出的较小的自身。佛陀的中心位置和突出身形表明其已超越凡人变成天神[1]。值得注意的是优雅的表演者,姿势各异,或坐或立,神态高雅,与其他人物毗邻或孤立,位于小龛内或在其外。他们是处在证悟不同阶段的菩萨?抑或是渴求修成阿罗汉或辟支佛(《阿閦佛国经》中所述包括前两个果位)而非仅仅是菩萨的僧众?阿罗汉和辟支佛属于此经所说的聆听佛陀布道的众多听众之列吗?

穆哈麦德纳里浮雕与龟兹石窟装饰具有相似性,最显著者为左、右上部角端,两尊禅定的坐佛周围化现出佛众,使人易于想到舍卫城大神变的核心——化现佛众。佛陀两侧的人物基本对称的特点,亦见于龟兹壁画,但两者不完全相同。非对称性是浮雕中自上而下第二排颇为值得注意之处:从左向右(面向观者)人物各不相同,差异甚大:一位侧面表现的坐姿俗人;一对天神,或是王公贵族;坐于宝座上的弥勒;两位贵族(一坐一立);以及坐于山间的佛陀正与一位弟子交谈。如若浮雕的确描绘阿閦佛净土,那么最后一组图像或可被解释为释迦牟尼佛将弟子舍利弗的注意力导向中央的阿閦佛。但令笔者深感困惑的是浮雕底座上的图像题材——水中浮游者和莲花,极易使人想到前文提及的克孜尔洞窟中的海景图。

新发现的犍陀罗语佛教经文的内涵显示出大乘佛教的早期萌芽阶段,可支持这些复杂的浮雕处于其艺术表现最初阶段的假设。这是否对龟兹产生了影响?鉴于它们共享的艺术主题,答案是可能的。如果接受从犍陀罗向龟兹传播教义或图像的可能性,那么我们就能更进一步理解犍陀罗佛教可能在多大程度上影响了龟兹佛教——当然是在两大文化并行发展的前提下。为支持将这些复杂浮雕,尤其是穆哈麦德纳里浮雕解读成表现一处佛土或佛刹(Buddhakshetra)的观点,需判定中央主尊佛像是阿閦佛抑或阿弥陀佛。根据新发现的佉卢文字母写成的犍陀罗语经文残卷,其为阿比罗提净土中的阿閦佛的可能性似乎更大,由代表阿罗汉和辟支佛的人物之显著在场可以证实,因为这两种身份被视作通向证悟的必经阶段,而阿弥陀经典只涉及菩萨道。总之,

---

[1] 当然佛陀总是神圣的,但最早的拟人化表现可能强调了其作为人或其道德状况,后来他的体量和姿态可能转变成更符合神性的比例与面貌。

这些复杂的浮雕代表的是从部派佛教转向大乘佛法的过渡时期，刻满众人的表现形式亦属初级阶段[1]。

与阿閦佛相关的犍陀罗语经文残卷中提供了犍陀罗和龟兹共持相同信仰的另一佐证。经文中"唤起觉醒意识"（引导走向菩萨道的时刻）部分引入了法忍（dharmakshanti），或称"感知存在因素而产生的容忍"，以及授记（vyakarana），即未来成佛的预言[2]。释迦牟尼的前世，无论是转生为王子或僧人，或其他身份的个体，都预言其终将修成佛果，相关故事在森木塞姆洞窟壁画中皆有表现。这些壁画在格伦威德尔第三次吐鲁番探险（1905～1907年）时被发现，绘于中心柱窟第40窟中，窟内预言性场景成排绘于侧壁上，因旁侧写有当地吐火罗B语榜题，可确知表现的是授记[3]（图167）。

然而，复杂的穆哈麦德纳里浮雕或许还有一层内涵，即可能表现的是深入禅定的体验，其上众多的表演者象征禅定者看到的神奇幻景。李柱亨虽不完全反对将浮雕视为净土的解读，但多次指出其内容与禅定有关或是禅定的产物[4]。若确实如此，那么犍陀罗和龟兹就对禅定修习表现出共同的兴趣。若穆哈麦德纳里浮雕以视觉图像的形式表现禅定过程，那么其本文典据虽不必是《梵文禅定修习法要》，但应该与中亚地区的其他禅修文本相关。然而，不可否认的是，前面所引的《梵文禅定修习法要》段落中关于《六入观》部分，与浮雕表现的内容场景颇为契合：

> 佛身毛孔一毛孔中有一化像、辟支佛及比丘像，皆坐莲花上，相好具足，充满上下十方，一一说"无常、无常"，然后进入行者身体。[5]

---

[1] 在那体慧（Jan Nattier）2000年有关阿閦佛净土的开创性研究中指出，"阿閦佛净土的观念已在印度，至少是在大乘佛教圈内流行"，参见 Nattier, "The realm of Akshobya. A Missing Piece in the History of Pure Land Buddhism," *Journal of the International Association of Buddhist Studies* 23 (2000): 80。

[2] Strauch, "More Missing Pieces of Early Pure Land Buddhism," 40-44.

[3] Konczak, "Pranjdhi Darstellungen an der Nördlichen Seidenstrasse. Das Bildmotiv der Prophezeiung der Buddhaschaft Śākyamunis in den Malereien Xinjiangs" (PhD diss., Ludwig-Maximilians Universität München, 2011).

[4] Rhi Juhyung, "Early Mahayana and Gandharan Buddhism: An Assessment of the Visual Evidence," 152-202. Rhi Juhyung, "Bodhisattvas in Gandharan Art. An Aspect of Mahayana in Gandharan Buddhism," in *Gandharan Buddhism: Archaeology, Art, And Texts*, eds. Pia Brancaccio and Kurt Behrendt (Vancouver and Toronto: University of British Columbia Press, 2006), 151-182. Rhi Juhyung, "Komplexe Stelen: grosses Wunder, Paradies oder göttliche Erscheinung?" in *Gandhara, das Buddhistische Erbe Pakistans. Legenden, Klöster und Paradiese*, eds. Christian Luczanits and Michael Jansen (Mainz: Verlag Philipp Von Zabern, 2008), 254-259.

[5] "Dann [kommen] aus allen [seinen] Körperöffnungen auf Lotosblumen sitzende Buddhas, Pratyekabuddhas und [Buddha] jünger [hervor], die mit den oben erwähnten [Buddha] malen und Bereichen besetzt sind [und] durchdringen alle Richtungen und Zwischenrichtungen, aufwärts und abwärts. Am Ende treten sie, das Wort "unbeständig, unbeständig" ausstoßend, in seine Gestalt ein." Schlingloff, *Ein buddhistisches Yogalehrbuch*, 110.

图 167 森木塞姆第 40 窟（Ritterhöhle）所绘授记故事。照片版权归德国柏林亚洲艺术博物馆所有，Jurgen Liepe 摄。

图像与文本之间的相似性支持了山部能宜的观点，即禅定经典深植于中亚地区，不仅是丝绸之路，特别是北道沿线各地，亦包括犍陀罗[1]。穆哈麦德纳里浮雕和龟兹壁画之间的另一视觉相似性颇令人好奇：浮雕中的立体人物，无论是天神抑或寻求觉悟之人，他们的动作和神态（现基本不可辨识），与克孜尔壁画中宇宙佛身上所绘人物几乎无异，仅举一例如第 17 窟（见图 140、142）。

犍陀罗地区，禅定自然是在寺院中进行，尽管或许不如在龟兹般广泛密集且备受重视。就教义和艺术而言，两地存有清晰的关联。如果曾有传播，接受者应当不是被动的：龟兹重塑了犍陀罗原型，并创造出不见于犍陀罗艺术的新样式。若干实例可阐明两者的差别。尽管在犍陀罗浮雕中，主尊佛像的身形较其他在场人物被显著放大，但从未如龟兹般塑造出宏伟高巨的大佛像。巴米扬大佛也不例外，尽管保留了犍陀罗风格，但雕成于后犍陀罗时代。在犍陀罗，舍卫城神变的两个阶段被合并起来表现成一件浮雕，与之相反，龟兹则将之分别表现，而且偏重对第一阶段双神变进行多元各异的阐释，但第二阶段大神变则始终只有一种表现形式。此外，龟兹壁画中舍卫城第一阶段双神变中佛陀手持钵和杖，甚至是滤水网，如克孜尔第 118、114 窟中所见；此特点不见于犍陀

---

[1] Yamabe Nobuyoshi, *The Sutra on the Ocean-Like Samadhi*, 351.

罗艺术。佛陀在禅定中化现佛众的图像见于龟兹克孜尔第123窟的舍卫城大神变壁画中，《梵文禅定修习法要》中描述的产生自禅定的同一功效可能亦反映于拉合尔的复杂浮雕中。然而，此例中只有超自然神力的来源——定（或三昧），是犍陀罗和龟兹共有的，而各自的艺术表现形式则有天壤之别。

当佛法受到恶魔威胁时，犍陀罗和龟兹的信徒都坚决与之抗争，由此他们受到四大天王的保护。根本说一切有部的教义与说一切有部密切相关，亦相信禅定修行（龟兹佛教的基本构成）能产生足够强大的超自然神力来抵抗邪恶。他们的毗奈耶讲述了佛陀在印度西北地区（即犍陀罗地区）想象的、重要的游化事迹，将此地从邪恶势力，如那伽、仙人（Rsis）以及洞窟、山间和池塘中隐匿的恶夜叉等威胁中解救出来[1]。其中，主要的、重复出现的主题是与战胜和度化邪恶力量有关的一系列超自然事件。佛陀由善夜叉金刚手菩萨陪同，来到被邪恶者占领的各地，通过产生于禅定的神通来调伏他们。见载于另一经文中的颇为知名的情节讲述了由弟子和金刚手菩萨（?）陪同的佛陀如何将那揭罗曷（Nagarahara，约相当于今阿富汗贾拉拉巴德地区）从恶毒的那伽和可怕的食人女妖的控制中解救出来，它们住在洞窟中，无恶不作，贻害无穷，令此地深受饥饿和疫病的荼毒。佛陀通过神力降服它们之后，将其形象留在这些已皈依佛教的邪恶生物曾居住的洞窟中[2]。除强调洞窟环境外，所有这些事件都独见于犍陀罗和龟兹，特别是对佛陀产生自禅修的神通的重视。此外，部分超乎寻常的事件某种程度上类似舍卫城第一阶段双神变，其时佛陀发出光、火和水。因此与龟兹相似，犍陀罗亦是一片上演着壮观奇迹之地。

巴焦尔藏经中的两件残卷进一步证实了，与前文提及的邪恶势力相似的邪恶罗刹在犍陀罗地区的增多。这些记有罗刹的经文可能早于根本说一切有部经典，而且重视曼特拉（mantras）或咒语的力量。特别是其中之一"囊括令人惊叹、近乎全部的早期佛教藏外文献的避邪经文"[3]。彼特·斯奇林（P. Skilling）深入研究了此类经文并得出重要结论：至迟在公元纪年之初咒语就已被用来驱避邪恶威胁[4]。从巴焦尔经文的措辞来看，我们或可推测居住在偏僻隐蔽之地的信众使用保护咒语，经文中对这些地方的描述

---

[1] Przyluski, "Le Nord-Ouest de l'Inde dans le Vinaya des Mula-Sarvastivadin et les textes apparentés," *Journal Asiatique* 4 (1914): 493–567.

[2] Soper, *Literary Evidence for Early Buddhist Art in China* (Ascona: Artibus Asiae Publishers, 1959), 185。书中梭柏根据《观佛三昧海经》讨论了此神迹。山部能宜亦讨论了此情节以证明此经属于禅修文本，而且不是在犍陀罗而是在中亚创作的，参见 Yamabe Nobuyoshi, *The Sutra on the Ocean-Like Samadhi of the Visualization of the Buddha*, 263–292。

[3] Strauch, "The Bajaur collection," 40.

[4] Skilling, "The Raksha literature of the Shravakayana," *Journal of the Pali Text Society* 16 (1992): 168.

亦适用于龟兹僧侣及其周围的自然环境。巴焦尔残卷中写道:"行于路上或不在路上,及独居在外之人。所有这些人都可能受到威胁,需要神奇之术祐护他们。"[1]

避邪咒语类经文亦流行于龟兹地区,这进一步增强了犍陀罗与龟兹两地存在关联的推测。如同印度西北地区的僧侣,龟兹僧侣亦强烈意识到面对并战胜邪恶力量的必要性,这可以被格伦威德尔及其考察团发现于克孜尔的《阿吒那智经》(*Atanatika sutra*)所证实[2]。其中讲述佛陀在舍卫城的祇园受到北方守护天神、夜叉之首领多闻天王毗沙门的拜访。多闻天王称他前来是为提醒佛陀注意幽僻之地(僧侣常选作禅定修习之所)存在的邪恶生灵,为抵抗恶灵攻击,比丘和比丘尼须念诵《阿吒那智经》及其咒语。另外三位天王及各自统率的军队提供其他保护:东方持国天王及领下的乾闼婆,南方增长天王及麾下的鸠盘茶,西方广目天王及统下的那伽龙。经文中最后总结到,倘若僧尼认真透彻地学习此经,其神力就发挥出至高功效,将攻击者的脑袋撕成七块。总之,当遭遇邪恶势力时,不必仅依靠法、天王的威力,亦可相信超自然神力,尤其是念诵咒语带来的神力:此种信念想必是犍陀罗和龟兹僧众共有的。

以上我们主要探讨龟兹的宗教艺术,然而我们意识到有必要追索其产生的可能源头,于是旁及犍陀罗。犍陀罗和龟兹享有共同点:都有极具影响力的教派(可能是法藏部,一切有部则毋庸置疑);都有类似的题材,如帝释天拜访;以及都有类似的神通表现,如舍卫城两大神变,降服邪恶势力并最终使其皈依佛教。犍陀罗所见的宗教艺术与文本原典相分离,龟兹则尚保存有多元各异的结构与壁画,其中笔者已讨论的特殊图像是位于特定区段、指示特殊仪式功能的洞窟组合的构成部分。简言之,龟兹佛教是自成一体的宗教世界,具有自身的独特性,为响应当地的或本土的修行制度而出现。此外,我们亦见识到龟兹画工和雕工的原创性与独立性,他们的艺术表现手法与犍陀罗同行判然不同。

---

[1] Strauch, "The Bajaur collection," 44.
[2] Sander, "Nachträge zu 'Kleinere Sanskrit-Texte, Hefte III-V," in reprint Helmut Hoffman, *Bruchstücke des Āṭānāṭikasūtra aus dem zentralasiatischen Sanskritkanon der Buddhisten. Veröffentlichungen zur indischen Archäologie, Kunst und Philologie*, vol. 3, ed. Herman Härtel (Stuttgart: Franz Steiner Verlag Wiesbaden, 1987), 125–212。此经可能启发了龟兹画师:莫妮卡·茨因在克孜尔第80窟前壁左侧辨识出相应的画面,参见Zin, "The Identification of Kizil Painting IV," 22–30。未来可能还会在龟兹洞窟中辨别出更多此类场景;桑德尔在2011年9月13日的私人聊天中提到克孜尔第207窟的另一幅画面表现的是向恶魔讲法,太阳和月亮等元素与此经的开篇部分完美契合。

结束语

　　本书的主要目的是尝试从整体的视角审视龟兹佛教石窟寺院遗址，脱离当下以单座洞窟特别是以壁画窟为主的研究潮流，原因在于龟兹的壁画窟数量不足洞窟总数的三分之一。我们亦希望能够超越仅以某一石窟寺院遗址为重点，忽视丰富的考古资料以及龟兹众多石窟寺院遗址各不相同之构成的研究取向。我们的研究旨趣并非是系统选取某类洞窟装饰的某一方面，而是探索隐藏在石窟装饰背后的统一理念。通过考察石窟寺院中洞窟、洞窟组合、区段以及彼此之间的互动因素，以获得一种"整体的"方法；这种方法引导我们解码选用特定图像程序的背后动因，其根植于经典文本，特别是龟兹本土部派的修行实践。为实现研究目的，我们结合了考古学、宗教学和艺术史等不同学科。为有助于本书的展开，分别从考古学和艺术史两个角度组织章节，但这种分工并未忽略洞窟的整体性，其内空间和装饰是不可分割的一体。最重要的是，我们将石窟寺院视作具有鲜活生命的综合体，并以曾居住其中的僧侣的眼光来审视它们。

　　以考古学的视角考察龟兹石窟寺院极具挑战性，因为可用的材料并不完整，而且没有一处遗址经过系统、全面的考古发掘。我们缺乏遗址基本结构及构成部分的清晰轮廓，也没有可靠的年代信息，而年代是展开任何后续研究不可或缺的前提基础。这些难题在未来几年可能仍然无法解决，书中呈现的最近数年来收集的对考古学、艺术史和宗教学研究具有启发性的田野考察资料，或许可以抛砖引玉。本书为学者更深入理解龟兹佛教寺院及拓宽研究视野提供了新的解读和跳板。此外，书中的方法对中亚和中国中原地区佛教遗存的研究或许有所裨益。

　　在对龟兹石窟寺院遗址的复原研究中，魏正中的视野超越了崖壁现存的状况和面貌，揭示出遗址数百年的发展、坍塌和重修之前的最初状态。他对龟兹石窟寺院遗址的描述尽管简洁，却是首次以此视角进行考察，而非其内包含的洞窟类型和数量。他将注意力引向石窟寺院最初设计、建造、发展、重修或改造的背后动因。在复原石窟寺院的布局及构成时，魏正中认为石窟寺院建造的首要目的是满足僧侣团体的生活需求，因此，居住、礼拜和禅修空间是为响应这些需求而被设计和建造的。他也充分认识到石窟寺院经历了长期发展，可能跨越数个世纪，在发展和改造过程中有时符合最初规划，但大多数情况下背离原规划以迎合新需求。此外,改变已有结构时不仅需要符合实际需求,最重要的是满足精神需要,后者是改造时特别关注的方面,因其可指示出龟兹佛教的教义创新。

魏正中的研究中具有重要意义的另一方面,是认识到龟兹石窟寺院的分布可能反映出值得探索的当时的社会、经济和政治状况。宗教和商团之间似乎存在着某种关系;此外,由于石窟寺院占据着战略要地,因此可能与龟兹防御体系有关。暂且不论在如此蕞尔小国内是否存在这种全方位的设施,石窟寺院的位置必然是经过深思熟虑以满足社会、经济和战略的不同需求的,除这些与僧团的特殊关联外,此议题本身亦值得未来给予特别关注。

魏正中通过遗址现存的残破状态,突破性地复原了龟兹石窟寺院遗址的最初布局和晚期增建后的拓展。为尽可能实现此目的,他将石窟寺院遗址作为整体进行研究,而非单座洞窟;龟兹洞窟极少单独开凿,通常是洞窟组合和区段等更大单元的构成部分。洞窟组合是作者提出并引起我们关注的最重要问题,不同类型的洞窟组合似可暗示出特定的仪式以及僧侣信奉的不同部派和戒律。此外,他还判识出同类洞窟或洞窟组合构成区段,而且每一区段具有特定功能,这种方法强调了龟兹石窟寺院的运作依靠所有构成单元的和谐互动。

在丰富复杂的石窟寺院综合体中,对具有特定内涵的不同洞窟类型的研究揭示出佛教的本地化表达。讲堂窟是龟兹的重要特征,是不同僧团的聚集之地,他们在这里或进行仪式性的忏悔,抑或探讨教义。大像窟很可能是龟兹的创造,用宏大的空间、巨大的佛像以及多身或绘或塑的形象强调佛陀的神性——取代了其作为人的存在。禅定窟的普遍存在是龟兹石窟寺院遗址研究中呈现出的最引人注目的信息。然而禅定窟因崖壁的塌毁而遭受严重破坏,但它们的数量仍超出了早期研究估计的数量;整个区段用作禅修之所的事实证明了禅修在龟兹僧团中扮演的重要角色。僧侣不仅可以在一处僻静之地单独坐禅,石窟寺院的设计者还特别重视此项修习,规划出专门的区段供僧侣同时集体禅修。崖面上或岩体内开凿的大量禅定窟表明禅修具有不同种类,禅修可能是在不同时段进行的。

为讨论龟兹的佛教寺院,我们尝试将考古学和艺术史的材料放置于佛教教义的背景及其所在的沃土中。何恩之尽可能使用出自龟兹地区的残卷或可获得的巴利文、梵文原典,印度佛经的汉文译本仅在没有其他更接近原典的版本存在时才被使用。她特别强调禅修文献是解读绝大多数中心柱窟和少数方形窟中特殊图像的关键。出自龟兹地区的残卷表明说一切有部的流行,并再次证实龟兹部派佛教的生命力。我们无法肯定公元5世纪的《梵文禅定修习法要》是否是启发龟兹特殊图像的唯一文献,然而由于此文献明显地揭示出禅修需要图像,特别是象征符号,以帮助修行者达至灵性完满的更高境界，因此我们认为壁画图像是极其复杂（即便不晦涩）的精神活动的通俗化表现。洞窟装饰中并存两种语言：教义语言以及图像视觉语言，两者有时处于同一叙事框架内。在装饰性的视觉语言中，我们可识别出通过禅修获得的超自然力量以及宇宙佛的神通，大量奇景怪象可能最初都产生于禅定修行者，当禅定结束后又返回或重新进入他的身体。

这些壁画仅是禅修过程中的系统建构，通过不同的阶段递进，从具象化的叙事直到教义或更抽象的概念。在禅定过程中出现了新符号：佛陀带有特定的表示其瑜伽神力的符号，手持乞食钵——部派佛教的典型标志；佛陀身体上或更具有象征性的僧袍上绘出业报轮回的场景；佛陀幻化出佛众；以及一尊宏伟高巨的佛像立于大像窟中。通过禅修，僧侣可获得、看到此类佛陀幻化的特殊景象：复制、化现出无数自身以及超人类的体量。这些神奇事件可以确认龟兹处于小乘佛教或小乘—大乘佛教的初期。

因此，本书的创新之处在于认识到禅修如果不是主要来源，那么至少是龟兹中心柱窟、大像窟以及少数方形窟装饰的重要来源之一。这些图像除描述禅修阶段外，可能还具有说教功能。通过创造这些神奇景象，龟兹画师不仅彰显佛陀及虔诚僧侣进行禅修所获得的神奇力量，而且鼓励其他人参与到禅定修习中。类似本生故事画，集中心神观摩或许可以启发崇拜和模仿之情[1]。

龟兹僧侣修习的禅定与早期根植于巴利文经典中记载的禅定不同，亦与晚期大乘佛教经文的叙述有异，后者产生的是阿弥陀净土场景。传入龟兹寺院的最重要的禅修是通过叙事和一生二，二生多以至无穷的化身神迹转译而来的特殊视觉语言的兴起。在此过程中空间扩大而导致大像窟的创凿，以容纳数量庞大的塑像。其中部分特征可以在犍陀罗找到迹象——如帝释天拜访和舍卫城神变的两个阶段，但这种禅修的成熟形式以及神奇的图像效力是在龟兹实现的。龟兹特定类型洞窟的装饰是对僧侣修行，特别是禅修的直接对应。这凝结成一种固定模式，在龟兹几乎所有的石窟寺院中持续发展了数百年，直至公元650年左右。这些图像主要来自部派佛教（及前大乘佛教时期）的经典，而且跟特定经文相关，其中至少一部分装饰洞窟的视觉图像可能源自或采纳自犍陀罗传统。

禅修带来神迹的观念可能也使宣讲正法时施展神迹扮演着独特角色，因为神迹会导致更多人皈依佛教。施展神迹是何恩之研究的重点。显然神迹的产生并非孤立事件，而是与禅修紧密交织在一起的，且与另一因素，即说法引向皈依息息相关。就顺序而言，为最终获得佛陀教义的救赎力量，禅修、施展神迹、皈依先后展开。这种机制见于《天譬喻经》中，根据此文本可以讨论舍卫城神变，亦见于《四众经》，其中佛陀施展系列神迹，使

---

[1] 于春芳教授提示了这种可能性，谨此致谢。

得迦叶三兄弟皈依佛门。在众多经本中引用这两部经典,是由于两者皆出自龟兹的说一切有部,因此在当地佛教寺院中颇为流行。在佛教徒看来,通过入火焰三昧而获得的神力是展示神奇的自然过程,"神迹"本身就与诡计相关。然而佛教的神迹与西方宗教的神迹有着天壤之别,更重要的是,对佛教徒而言,最高的神迹是宣讲正法,其本身就是超凡的行为。无论何种部派,禅修作为神迹的来源免除了毗奈耶戒律中施展神迹的罪过,纯粹为欺骗俗众而滥用超人类神力则被严禁。

附　录

<table>
<tr><th colspan="11">克孜尔洞窟组合分期、区段及发展</th></tr>
<tr><th rowspan="3">时期</th><th rowspan="3">区段</th><th colspan="4">第一类组合</th><th rowspan="3">其他</th><th rowspan="3">区段</th><th colspan="4">第二类组合</th><th rowspan="3">其他</th></tr>
<tr><th colspan="3">组　合</th><th colspan="4">组　合</th></tr>
<tr><th>方形窟□</th><th>僧房窟△</th><th>发展</th><th>中心柱窟▣</th><th>方形窟□</th><th>僧房窟△</th><th>发展</th></tr>
<tr><td rowspan="7">I</td><td>1</td><td></td><td></td><td></td><td>90-18□</td><td></td><td></td><td></td><td></td><td></td><td></td></tr>
<tr><td>1</td><td></td><td></td><td></td><td>90-19□</td><td></td><td></td><td></td><td></td><td></td><td></td></tr>
<tr><td>1</td><td></td><td></td><td></td><td>90-20□</td><td></td><td></td><td></td><td></td><td></td><td></td></tr>
<tr><td>1</td><td></td><td></td><td></td><td>90-17△</td><td></td><td></td><td></td><td></td><td></td><td></td></tr>
<tr><td>1</td><td></td><td></td><td></td><td>90-21△</td><td></td><td></td><td></td><td></td><td></td><td></td></tr>
<tr><td>1</td><td></td><td></td><td></td><td>90-23△</td><td></td><td></td><td></td><td></td><td></td><td></td></tr>
<tr><td>1</td><td></td><td></td><td></td><td>90-24△</td><td></td><td></td><td></td><td></td><td></td><td></td></tr>
<tr><td rowspan="7">II</td><td>3</td><td>149A,149</td><td>144</td><td>➔+(143 □)III</td><td></td><td></td><td></td><td></td><td></td><td></td><td></td></tr>
<tr><td>3</td><td>166,167</td><td>169</td><td>➔+(168◇)+(170*)IV</td><td></td><td></td><td></td><td></td><td></td><td></td><td></td></tr>
<tr><td>3</td><td>131, 132</td><td>130,130A</td><td></td><td></td><td></td><td></td><td></td><td></td><td></td><td></td></tr>
<tr><td>3</td><td>133</td><td>135[1]</td><td>➔+(134 □,135[2]□)IV</td><td>76[1]□</td><td></td><td></td><td></td><td></td><td></td><td></td></tr>
<tr><td>3</td><td>165</td><td>164</td><td></td><td></td><td></td><td></td><td></td><td></td><td></td><td></td></tr>
<tr><td>1</td><td>90-15</td><td>90-16</td><td>➔+(90-14□)III</td><td></td><td></td><td></td><td></td><td></td><td></td><td></td></tr>
<tr><td>3</td><td>141</td><td>142</td><td></td><td>90-12△</td><td></td><td></td><td></td><td></td><td></td><td></td></tr>
<tr><td rowspan="17">III</td><td>4</td><td>27[1],28</td><td>29</td><td>⇒(27[2]▣)+(26△,26B△)IV</td><td>76[2]□</td><td>4</td><td>17</td><td>16</td><td>15</td><td>➔+(18△,19△)➔+(14□)IV</td><td>7▣</td></tr>
<tr><td>1</td><td>78</td><td>79,80[1]</td><td>⇒(80[2]▣)III</td><td>116□</td><td>4</td><td>13</td><td>12</td><td>24</td><td></td><td></td></tr>
<tr><td>4</td><td>33</td><td>34[1]</td><td>⇒(34[2]▣,34A□,35△)+(34[2]☆)IV</td><td>117□</td><td>4</td><td>32</td><td>31</td><td>30</td><td></td><td>25Ω</td></tr>
<tr><td>3</td><td>174,174B,173</td><td>174A</td><td></td><td>118□</td><td>1</td><td>80[2]</td><td></td><td></td><td>⇐(78□,79△,80[1]△)</td><td>47○</td></tr>
<tr><td>3</td><td>145,147</td><td>146</td><td></td><td>212[1]□</td><td>5</td><td>159</td><td></td><td>158</td><td></td><td>48○</td></tr>
<tr><td>2</td><td>67</td><td>66,68</td><td></td><td>211□</td><td>5</td><td>178,179</td><td></td><td></td><td>➔+(176▣)+(175□)+(180▣)+(177◇)IV</td><td>77○</td></tr>
<tr><td>2</td><td>124</td><td>125</td><td></td><td>213□</td><td>5</td><td>184,186</td><td></td><td></td><td>➔+(183◇,185◇)+(182◇,187)IV</td><td></td></tr>
<tr><td>5</td><td>188,191*</td><td>189+190[1]</td><td>➔+(189□,190☆)IV</td><td>93□</td><td>4</td><td>4</td><td>3</td><td>2</td><td>➔+(5△,6△)</td><td>60[3]○</td></tr>
<tr><td>2</td><td>新1[1],69[1]</td><td></td><td>⇒(新1[2]▣,69[2]▣)IV</td><td>156□</td><td>5</td><td>163</td><td></td><td>162</td><td></td><td></td></tr>
<tr><td>6</td><td>110</td><td>111*,111A</td><td></td><td>153△</td><td>5</td><td>192,193</td><td></td><td></td><td></td><td></td></tr>
<tr><td>6</td><td>120</td><td>121</td><td></td><td>214□</td><td>5</td><td>171</td><td></td><td>172[1]</td><td>➔+(172[2]▣)+(172[2]☆)IV</td><td>155▣</td></tr>
<tr><td>3</td><td>143</td><td></td><td>⇐(149□,149A□,144△)II</td><td>51+52△</td><td>5</td><td>172[2]</td><td></td><td></td><td>⇐(171□,172[1]△)➔+(172[2]☆)IV</td><td>139▣</td></tr>
<tr><td>3</td><td>194</td><td>194A</td><td></td><td>212[2]□</td><td></td><td></td><td></td><td>5,6</td><td>⇐(2△,3□,4▣)</td><td>154○</td></tr>
<tr><td>1</td><td>90-14</td><td></td><td>⇐(90-15□,90-16△)II</td><td>71A△</td><td></td><td></td><td></td><td>18,19</td><td>(15△,16□,17)➔+(14□)IV</td><td></td></tr>
<tr><td>1</td><td>83,84</td><td>82</td><td>➔+(85◇)IV</td><td>81□</td><td>7</td><td>207</td><td></td><td></td><td>➔+(208▣)IV</td><td></td></tr>
<tr><td rowspan="6">IV</td><td>7</td><td>230</td><td>231</td><td></td><td>65□</td><td>5</td><td>199</td><td></td><td>198[1]</td><td>➔+(198[2]▣)+(195▣,196▣)+(197▣)+(198[2]☆)</td><td></td></tr>
<tr><td>3</td><td>95</td><td>94</td><td></td><td>161□</td><td>4</td><td>34[2]</td><td>34A</td><td>35</td><td>⇐(33□,34[1]△)III+➔(34[2]☆)</td><td>148○</td></tr>
<tr><td>3</td><td>134,135[2]</td><td></td><td>⇐(133□,135[1]△)II</td><td>140△</td><td>4</td><td>38</td><td>39</td><td>40</td><td>➔+(36△,37*)</td><td></td></tr>
<tr><td>7</td><td>222</td><td>223</td><td>➔+(221△)</td><td>223AΩ</td><td>4</td><td>8</td><td>9,9A</td><td>10,11*</td><td></td><td>70○</td></tr>
<tr><td>7</td><td></td><td>221</td><td>⇐(222□,223△)</td><td>225△</td><td>5</td><td>104</td><td>105</td><td>105A</td><td>➔+(101□,102*,103△)+(100▣)+(99▣)+(98[1]△,97▣)+(98[2]▣)+(96□,105B)</td><td></td></tr>
<tr><td>3</td><td>233,235</td><td>232,234</td><td></td><td>226△</td><td>5</td><td>101</td><td></td><td>103,102</td><td>⇐(104▣,105□,105A△)+(100▣)+(99▣)+(97▣,98[1]△)+(98[2]▣)+(96□,105B)</td><td>157○</td></tr>
</table>

续 表

<table>
<tr><th colspan="5">克孜尔洞窟组合分期、区段及发展</th><th colspan="5"></th></tr>
<tr><th rowspan="2">时期</th><th rowspan="2">区段</th><th colspan="3">第一类组合</th><th rowspan="2">其他</th><th rowspan="2">区段</th><th colspan="3">第二类组合</th><th rowspan="2">其他</th></tr>
<tr><th colspan="3">组合</th><th colspan="3">组合</th></tr>
<tr><td></td><td></td><td>方形窟□</td><td>僧房窟△</td><td>发展</td><td></td><td></td><td>中心柱窟◨</td><td>方形窟□</td><td>僧房窟△</td><td>发展</td><td></td></tr>
<tr><td rowspan="20"></td><td>3</td><td>127,129</td><td>128</td><td></td><td>215△</td><td>5</td><td>100</td><td></td><td></td><td>←(104◨,105□,105A△)+(101◨,102*,103△)➔+(99□)+(97◨,98[1]△)+(98[2]◨)+(96□,105B)</td><td></td></tr>
<tr><td>5</td><td>189□,190☆</td><td></td><td>←(188□,189+190[1]△,191*)III</td><td>210◇</td><td>5</td><td>176</td><td></td><td></td><td>←(178◨,179◨)III+(175◨)+(180◨)+(177◇)</td><td></td></tr>
<tr><td>1</td><td>85◇</td><td></td><td>←(82△,83□,84□)III</td><td>209△</td><td>5</td><td>175</td><td></td><td></td><td>←(178◨,179◨)III+(176◨)➔+(180◨)+(177◇)</td><td></td></tr>
<tr><td>3</td><td>168◇,170*</td><td></td><td>←(166□,167□,169△)II</td><td>138◇</td><td>6</td><td>114</td><td></td><td>115</td><td>➔+(113*)</td><td></td></tr>
<tr><td>6</td><td>112A,112B,112C</td><td>112</td><td></td><td>203△</td><td>5</td><td>198[2]</td><td></td><td></td><td>←(198[1]△,199△)➔+(195◨,196◨)+(197◨)+(198[2]☆)</td><td></td></tr>
<tr><td></td><td></td><td></td><td></td><td>228◇</td><td>4</td><td></td><td></td><td>36,37*</td><td>←(38□,39△,40△)</td><td></td></tr>
<tr><td></td><td></td><td></td><td></td><td>204△</td><td>5</td><td>195,196</td><td></td><td></td><td>←(198[2]△,199△)➔+(197◨)+(198[2]☆)</td><td></td></tr>
<tr><td></td><td></td><td></td><td></td><td>229◇</td><td>7</td><td>205,206</td><td></td><td></td><td></td><td></td></tr>
<tr><td></td><td></td><td></td><td></td><td>75△</td><td>7</td><td>208</td><td></td><td></td><td>➔+(207◨)III</td><td></td></tr>
<tr><td></td><td></td><td></td><td></td><td></td><td>2</td><td>新1[2],69[2]</td><td></td><td></td><td>⇦(新1[1]□,69[1]□)III</td><td>224◨</td></tr>
<tr><td></td><td></td><td></td><td></td><td></td><td>7</td><td>219</td><td>217</td><td>218,216</td><td></td><td>216A,B,CΩ</td></tr>
<tr><td></td><td></td><td></td><td></td><td></td><td>4</td><td></td><td>14</td><td></td><td>←(15△,16□,17◨)II+(18△,19△)III</td><td>181◨</td></tr>
<tr><td></td><td></td><td></td><td></td><td></td><td>5</td><td>99</td><td></td><td></td><td>←(104◨,105□,105A△)+(101◨,102*,103△)+(100◨)➔+(97◨,98[1]△)+(98[2]◨)+(96□,105B)</td><td>91◨</td></tr>
<tr><td></td><td></td><td></td><td></td><td></td><td>2</td><td>58</td><td></td><td>57</td><td></td><td></td></tr>
<tr><td></td><td></td><td></td><td></td><td></td><td>5</td><td>87</td><td>88</td><td>86</td><td></td><td></td></tr>
<tr><td></td><td></td><td></td><td></td><td></td><td>2</td><td>63</td><td></td><td>62,64</td><td></td><td>227◨</td></tr>
<tr><td></td><td></td><td></td><td></td><td></td><td>4</td><td>43</td><td></td><td>42</td><td></td><td>123◨</td></tr>
<tr><td></td><td></td><td></td><td></td><td></td><td>5</td><td>97</td><td></td><td>98[1]</td><td>←(104◨,105□,105A△)+(101◨,102*,103△)+(100◨)+(99□)+(98[2]◨)+(96□,105B)</td><td>160◨</td></tr>
<tr><td></td><td></td><td></td><td></td><td></td><td>5</td><td>98[2]</td><td></td><td></td><td>←(104◨,105□,105A△)+(101◨,102*,103△)+(100◨)+(99□)+(97◨,98[1]△)➔+(96□,105B)</td><td>126◨</td></tr>
<tr><td></td><td></td><td></td><td></td><td></td><td>5</td><td>107A</td><td></td><td></td><td>➔+(107B◨)</td><td></td></tr>
<tr><td></td><td></td><td></td><td></td><td></td><td>5</td><td>107B</td><td></td><td>106</td><td>←(107A◨,106△)</td><td></td></tr>
<tr><td></td><td></td><td></td><td></td><td></td><td>5</td><td></td><td>96 105B</td><td></td><td>←(104◨,105□,105A△)+(101◨,102*,103△)+(100◨)+(99□)+(97◨,98[2]◨)</td><td></td></tr>
<tr><td></td><td></td><td></td><td></td><td></td><td>4</td><td>27[2]</td><td></td><td>26,26B</td><td>←(27[1]□,28□,29△)III</td><td></td></tr>
<tr><td></td><td></td><td></td><td></td><td></td><td>4</td><td></td><td>34[2]☆</td><td></td><td>⇦(33□,34[1]△)III+➔(34[2]◨,34A□,35△)</td><td></td></tr>
<tr><td></td><td></td><td></td><td></td><td></td><td>5</td><td>180</td><td></td><td></td><td>←(178◨,179◨)III+(176◨)+(175◨)➔+(177◇)</td><td></td></tr>
<tr><td></td><td></td><td></td><td></td><td></td><td>5</td><td></td><td>177◇</td><td></td><td>←(178◨,179◨)III+(176◨)+(175◨)+(180◨)</td><td></td></tr>
<tr><td></td><td></td><td></td><td></td><td></td><td></td><td></td><td>183◇ 185◇</td><td></td><td>←(184◨,186◨)II➔+(182◇,187◇)</td><td></td></tr>
<tr><td></td><td></td><td></td><td></td><td></td><td></td><td></td><td>182◇ 187◇</td><td></td><td>←(184◨,186◨)II+(183◇,185◇)</td><td></td></tr>
<tr><td></td><td></td><td></td><td></td><td></td><td>5</td><td></td><td>198[2]☆</td><td></td><td>←(198[1]△,199◨)+(198[2])+(195◨,196◨)+(197◨)</td><td></td></tr>
<tr><td></td><td></td><td></td><td></td><td></td><td>5</td><td></td><td>172[2]☆</td><td></td><td>←(171◨,172[2]◨)III</td><td></td></tr>
<tr><td></td><td></td><td></td><td></td><td></td><td>5</td><td>197</td><td></td><td></td><td>←(198[2]◨,199◨)+(195◨,196◨)+(198[2]☆)</td><td></td></tr>
<tr><td></td><td></td><td></td><td></td><td></td><td>4</td><td>20A</td><td></td><td>20</td><td></td><td>201◨</td></tr>
<tr><td></td><td></td><td></td><td></td><td></td><td>4</td><td>23</td><td></td><td>22</td><td></td><td>136◨</td></tr>
</table>

注：◨、中心柱窟；□、方形窟；△、僧房窟；○、大像窟；Ω、樺定窟；◇、小型方形窟；☆、被改造僧房窟的甬道增饰彩绘而形成的礼拜窟；*、类型不明。
⇦、第一类组合演变为第二类组合；⇨、原为第一类组合；←、原有组合；➔、组合后续发展

259

附图说明

图1 古龟兹境内主要石窟寺院遗址分布图。根据"天地图"（www.tainditu.cn）绘制。 ……… 2

图2 克孜尔尕哈遗址平面图：洞窟和区段分布图。值得注意的是大像窟第23窟的相对位置；右下角照片中从第23窟前室向南远眺，地平线处是龟兹绿洲。根据新疆龟兹石窟研究所编：《克孜尔尕哈石窟内容总录》第18页绘制。 ……… 8

图3 克孜尔尕哈大像窟第23窟平面图、剖面图、主室正壁图（和照片）。照片展现了带有宽大前室的第23窟所在的崖面中央区域。 ……… 9

图4 克孜尔尕哈大像窟第23窟前室、主室、右甬道、后室右侧壁。主室右侧壁上塑像的尺寸和数量基于壁面上的遗迹复原；右甬道外侧壁上绘壁画，后室侧壁上装饰大小不一的塑像；大型塑像立于壁前地坪上的预留岩体石像台上，小型塑像则放置在壁面的木托架上。 ……… 10

图5 克孜尔尕哈第11～16窟联合平面图、立面图和近期照片。洞窟外立面上保存的安装木结构的遗迹标示在立面图中。 ……… 11

图6 克孜尔尕哈中心柱窟第13窟（左）和第14窟（右）平面图，两窟正壁和侧壁壁画布局示意图。 ……… 12

图7 克孜尔尕哈第27～32窟联合平面图。第27+28窟其实是一座讲堂窟，虚线表示原来的甬道。 ……… 13

图8 克孜尔尕哈僧房窟第5窟。尤其重要的是带有前室。 ……… 14

图9 克孜尔僧房窟第2窟。照片中主室的主要特征清晰可辨。左侧是壁炉和保存门扉安装痕迹的门道；右侧预留岩体的石床上铺有与活动面上相似的石膏层。左下角可以清楚看到地坪由多层涂层制成：较厚的铺垫层以及最上层较薄的石膏层。照片版权归德国柏林亚洲艺术博物馆所有。 ……… 15

图10 左：清理中的克孜尔僧房窟第62窟。右：克孜尔僧房窟第24窟窗框安装遗迹清晰可辨。照片版权归德国柏林亚洲艺术博物馆所有。 ……… 16

图11 克孜尔尕哈西区段禅定窟第38、38A、38B窟。 ……… 16

图12 上：克孜尔尕哈中心柱窟第14窟右甬道内侧壁上所绘大地女神托举带头光的供

养人，郭峰绘。下：克孜尔方形窟第67窟内所绘僧侣、皇室、天神礼佛行列，采自 Grünwedel, *Altbuddhistische Kultstätten in Chinesisch-Turkistan*, p.85。 ……… 17

图13　森木塞姆北区第39~43窟全视图。值得注意的是，不同岩质的崖壁以及崖壁上最近修筑的保护设施。 ……………………………………………………… 20

图14　森木塞姆遗址中央的窣堵波遗迹。 ……………………………………………… 20

图15　森木塞姆遗址平面图：洞窟和区段分布图。根据新疆龟兹石窟研究所编：《森木塞姆石窟内容总录》第45页绘制。 ……………………………………………… 21

图16　森木塞姆南区第2~16窟联合平面图、立面照片。第11窟前室宽度根据第9和12窟的相对位置复原，深度根据第6、7、10窟的相对位置复原。第6、7窟现已大部分坍塌，其最初规模根据森木塞姆同类洞窟的平均规模复原。 ……………… 22

图17　森木塞姆第11窟平面图、剖面图和主室正壁。正壁和侧壁上保存大量固定塑像木骨架的遗迹，虚线表示后室扩建前的最初规模。 …………………………… 23

图18　森木塞姆第11窟。照片中主室左侧壁上的横凹槽原用于安插承托塑像的木托架。右下角展示塑像是如何被固定在墙壁上的：立于木托架上，每尊塑像的脑后部通过木钉固定在壁面上。 ………………………………………………… 24

图19　森木塞姆第15窟窟顶细部。 ……………………………………………………… 25

图20　森木塞姆第48~49窟组合布局及在崖壁上的相对位置。这一组合通过开凿于岩体内的梯道抵达，照片右侧所示的三窟曾由一段木栈道相连，现已坍塌。需要注意的是，由小石块铺砌的外部梯道是现在的修复。 ………………………… 26

图21　森木塞姆第26窟。下：平面图。上：正壁立面图。 …………………………… 27

图22　玛扎伯哈遗址中区禅定区平面图。根据新疆龟兹研究院：《库车玛扎伯哈石窟调查简报》第23页绘制。 …………………………………………………… 29

图23　玛扎伯哈僧房窟第10窟。左：正壁和右侧壁构成的墙角。需要注意的是，用于加固开凿于角砾岩的壁面下部和开凿于泥岩的窟顶的大型土坯砖块。右：左侧壁立面图，同样用土坯砖块加固门道两侧。 …………………………………… 30

图24　玛扎伯哈中区第1~11窟布局示意图。采自朱英荣、韩翔：《龟兹石窟》，图5。 …………………………………………………………………………………… 31

图25　玛扎伯哈第2~3窟及其前室。照片展现出洞窟开凿在泥岩层下的角砾岩层上。从平面图中可以看出前室与洞窟主室的比例不协调。 ……………………… 32

图26　玛扎伯哈中区部分洞窟组合。组合皆由一座僧房窟和一座长条形窟构成，两窟共用同一宽大前室，值得注意的是，同类洞窟组合的多次出现。 ………… 33

图27　克孜尔遗址平面图：洞窟和区段分布图。根据新疆龟兹石窟研究所编：《克孜尔石窟内容总录》内封绘制。 ………………………………………………… 36

261

图 28　克孜尔石窟寺院内七个区段的相对位置。照片版权归德国柏林亚洲艺术博物馆所有。 37

图 29　克孜尔第四区段。上：第1～34窟相对位置。下：第26～40窟联合平面图。照片版权归德国柏林亚洲艺术博物馆所有。 39

图 30　克孜尔第38～40窟组合。第四区段的典型组合，共用同一木栈道，崖壁上可以清楚地看到木栈道的安装遗迹。值得注意的是，上部照片中第38A窟可能是放置立姿塑像的壁龛；照片右侧的小型储藏窟第41窟可能是组合中的晚期增建。照片版权归德国柏林亚洲艺术博物馆所有。 40

图 31　克孜尔第14～19窟组合。上：组合立面照片。中：最初核心组合。下：扩展后的组合。照片版权归德国柏林亚洲艺术博物馆所有。 41

图 32　克孜尔第33～35窟组合。上：组合立面照片。中：最初核心组合，包括方形窟第33窟和僧房窟34[1]窟。下：改造后的洞窟组合。僧房窟第34[1]窟改建成中心柱窟第34[2]窟；组合通过增建第34A、35窟得以扩展。照片版权归德国柏林亚洲艺术博物馆所有。 42

图 33　克孜尔第二区段。此区段内的洞窟最初皆为储藏物资的洞窟；从东侧易于进入，暗示出该区段与第一区段的关系。上：洞窟所在崖壁。下：洞窟联合平面图。目前所见的礼拜窟和僧房窟皆为晚期增建。照片版权归德国柏林亚洲艺术博物馆所有。 43

图 34　克孜尔第一区段立面照片和联合平面图。部分近地面的洞窟为1990年清理，包括当时德国探险队未发现的第90-19～90-24窟。照片中还有开凿在第75窟上方的数座洞窟；现已无法抵达，也无法统计数量。照片版权归德国柏林亚洲艺术博物馆所有。 44

图 35　克孜尔第78～80窟组合。上：组合立面照片。中：最初核心组合。下：改造后的组合，僧房窟第80[1]窟改建成中心柱窟第80[2]窟。照片版权归德国柏林亚洲艺术博物馆所有。 45

图 36　克孜尔第三区段第139～199窟。照片版权归德国柏林亚洲艺术博物馆所有。 45

图 37　克孜尔第三区段第143～153窟。上：立面照片。中：立面图。下：联合平面图。照片版权归德国柏林亚洲艺术博物馆所有。 46

图 38　克孜尔第五区段谷东部分。第五区段占据第三区段上方的崖壁；第三区段由一排方形窟和僧房窟构成。水平线表示两区段之间的界限。照片版权归德国柏林亚洲艺术博物馆所有。 47

图 39　克孜尔第五区段第96～105B窟组合。上：立面照片。中：立面图。下：联合平

附图说明

图40　克孜尔第六区段第112～121窟。上：立面照片。中：立面图。下：联合平面图。照片版权归德国柏林亚洲艺术博物馆所有。 ………………………………………… 49

图41　克孜尔第七区段后山区前部。上：立面照片。下：主要洞窟组合联合平面图。照片版权归德国柏林亚洲艺术博物馆所有。 ………………………………………… 50

图42　克孜尔石窟寺院发展第一期。 ……………………………………………………… 51

图43　克孜尔石窟寺院发展第二期。 ……………………………………………………… 51

图44　克孜尔石窟寺院发展第三期。 ……………………………………………………… 52

图45　克孜尔石窟寺院发展第四期。 ……………………………………………………… 52

图46　托乎拉克艾肯遗址平面图：洞窟和区段分布图。根据新疆龟兹研究院：《托乎拉克艾肯石窟考古勘察简报》第38页绘制。 …………………………………… 55

图47　托乎拉克艾肯中央山丘顶部地面建筑围墙遗迹。左下，崖壁上开凿的通向顶部的梯道细部。 ……………………………………………………………………… 55

图48　托乎拉克艾肯南区僧房窟第5、6、7窟，方形窟第3、4窟。 ………………… 56

图49　托乎拉克艾肯北区。上：金字塔状山丘上的四排禅定窟。下左：另一角度观察这些禅定窟；下右：保存较好的两座禅定窟。四排洞窟正下方是中心柱窟第18窟，该窟是此区段内唯一的礼拜场所，可能供禅修前后的仪式性拜访。 ……… 57

图50　温巴什遗址平面图：洞窟和区段分布图。根据新疆龟兹研究院：《拜城温巴什石窟调查简报》第1页绘制。 ……………………………………………………… 59

图51　温巴什第5+6窟和第7窟两座讲堂窟。两窟皆损毁严重，但仍然能被识别出来，是龟兹最大的两座讲堂窟。 …………………………………………………… 60

图52　台台尔遗址平面图：洞窟和区段分布图。根据新疆龟兹研究院：《台台尔石窟调查简报》第7页绘制。 …………………………………………………………… 62

图53　台台尔大像窟第5窟。尽管相对不高，此窟符合大像窟的所有特点，窟内有一尊高约3米的立像。 …………………………………………………………………… 63

图54　台台尔第11～13窟组合。第13窟是中心柱窟，第11、12窟尽管坍塌，但仍然可辨识为僧房窟。每窟各有独立前室。 ………………………………………… 63

图55　台台尔第15A、15、16窟组合：第16窟是中心柱窟，第15窟是僧房窟，第15A窟类型不明。 …………………………………………………………………… 64

图56　库木吐喇地面寺院遗址和石窟寺院遗址的位置（左：天地图，www.tianditu.cn）。 …………………………………………………………………………………… 66

图57　库木吐喇沟口区遗址平面图：洞窟和区段分布图。根据新疆龟兹石窟研究所：《库木吐喇石窟内容总录》图版73绘制。 …………………………………… 67

263

图58　库木吐喇沟口区第13～15窟。三窟开凿在崖壁同一高度，共用同一前室。第16窟是晚期增建，壁龛用于存放舍利盒。 …………………………………………… 68

图59　库木吐喇沟口区第9窟。此窟凿建于不同阶段并且未完工，窟前有地面建筑的遗迹。 ………………………………………………………………………… 68

图60　库木吐喇沟口区。上：第二区段洞窟分布图。下：方形窟第20～23窟联合平面图。 ………………………………………………………………………… 69

图61　库木吐喇窟群区遗址平面图：洞窟和区段分布图。根据新疆龟兹石窟研究所：《库木吐喇石窟内容总录》图23绘制。 ……………………………………… 72

图62　库木吐喇窟群第2窟。此窟是从沟口区进入窟群区所见的第一座洞窟，最初需通过向上攀登数级台阶进入，如复原图所见。该窟现所处位置较低，前室是大型木结构建筑，自此可望到谷北区的部分洞窟。照片版权归德国柏林亚洲艺术博物馆所有。 ………………………………………………………………… 73

图63　库木吐喇窟群区谷南区第10～33窟所在崖壁的立面照片及洞窟联合平面图。照片版权归德国柏林亚洲艺术博物馆所有。 ………………………………… 74

图64　库木吐喇窟群区第18～24窟。上：立面照片。中：立面图。下：联合平面图。组合的最初核心由讲堂窟第22窟和中心柱窟第23窟构成，是库木吐喇少见的开凿于下排洞窟之上的一排洞窟。 ……………………………………………… 75

图65　库木吐喇窟群区第35～39窟。上：立面照片。中：立面图。下：联合平面图。组合的最初核心由方形窟第37窟和两座大像窟第36、38窟构成，三窟共用同一前室。 ……………………………………………………………………………… 76

图66　库木吐喇窟群区谷北区第52～72窟。上：立面照片。下：联合平面图。照片版权归德国柏林亚洲艺术博物馆所有。 ………………………………………… 77

图67　通向克孜尔第178窟前室的门道。可能是龟兹保存最完整的洞窟崖面。崖面上安装大型彩绘门框的遗迹仍然可以辨识。上排六个椽眼支撑较短的突出檐部。照片版权归德国柏林亚洲艺术博物馆所有。 ………………………………… 85

图68　克孜尔第175～180窟组合。上：立面照片。下：联合平面图。此组合中每窟各有独立前室。第177～180窟的前室保存较好；第176窟前室仅存部分左壁，第175窟前室根据类型复原。照片版权归德国柏林亚洲艺术博物馆所有。 …… 86

图69　克孜尔第221～223A窟组合。上：立面照片。中：立面图。下：联合平面图。此组合的最初核心由方形窟第222窟和僧房窟第223窟构成，共用同一前室，僧房窟第221窟是晚期增建。该组合内的禅定窟第223A窟开凿在上方。右上角：第223A窟平面图、剖面图。 ………………………………………………… 87

图70　库木吐喇窟群区第66～72窟组合。上：立面照片。下：联合平面图。此组合的

最初核心包括中心柱窟第68窟和讲堂窟第69窟，可通过第69窟前的梯道进入。在线图和照片的对应位置处可以看到第69窟窟前的凹槽。此组合后来扩展成五联洞，通过南侧的一条长甬道进入。 …………………………………………… 88

图71　克孜尔第110～111A窟组合。上：立面照片。中：立面图。下：联合平面图。此组合有一大型木栈道，残存大量安装遗迹。崖壁正面已坍塌，暴露出原开凿于岩体内的梯道。照片版权归德国柏林亚洲艺术博物馆所有。 ………………… 89

图72　克孜尔第118窟前室。前室最初完全开凿于岩体，窟顶为盝顶。前室正壁上的大量遗迹表明崖壁正面坍塌后经过修复搭建了木构栈道，使得该窟得以继续使用，盝顶被平顶取代。 ……………………………………………………… 90

图73　克孜尔第13窟原绘于甬道内的壁画。根据内衣的长袖推测表现的可能是比丘尼。照片版权归德国柏林亚洲艺术博物馆所有。 ……………………… 93

图74　克孜尔第189+190窟。上：早期阶段。第189+190窟为僧房窟，带有大型前室；前室左壁上开一较小洞窟第191窟（储藏窟?）。下：僧房窟被改造成方形窟第189窟，窟顶为穹隆顶；甬道内绘壁画，形成狭窄的第190窟。 ……… 94

图75　克孜尔第171窟主室正壁中心的主龛。主龛侧壁上的深棕色是红玄武土；正壁上塑像的头光和身光清晰可辨。主龛上方残存泥塑菱格，曾构成山峦景观；主室正壁上规律分布的凿孔原用于安插泥塑菱格，菱格现已不存。采自新疆维吾尔自治区文物管理委员会、拜城县克孜尔千佛洞文物保管所、北京大学考古学系编：《中国石窟·克孜尔石窟》，第3卷，图2。 …………………… 96

图76　克孜尔第38窟主龛。左：前室；右：剖面图。采自新疆维吾尔自治区文物管理委员会、拜城县克孜尔千佛洞文物保管所、北京大学考古学系编：《中国石窟·克孜尔石窟》，第1卷，图82。 ……………………………………… 97

图77　克孜尔第219窟平面图。主室中央中心柱前部地坪上的虚线表示安插在石膏层上的围栏的规模和位置。此种遗迹常见于中心柱窟。见图100，修复前的洞窟。 …………………………………………………………………………… 98

图78　库木吐喇窟群区第69窟。左上：最初平面图。左下：改造之后的平面图。右：洞窟现状。此座讲堂窟改建时尚未完工即被改造成礼拜窟，窟内仍可看到原沿四壁分布的石凿长凳被凿至活动面后的痕迹。 …………………………… 101

图79　库木吐喇窟群区讲堂窟第22窟。左：最初阶段的讲堂窟带有甬道和典型的主室。右：改造成方形礼拜窟，甬道被封堵，窟顶前部被凿成平顶，主室中央设一座像台，四壁的石凿长凳被凿除。 ………………………………………… 104

图80　克孜尔第119窟。此窟是由两座已有的小型洞窟合并而成的，两窟的规模由虚线表示。前壁上的明窗为晚期增加。 ……………………………… 105

图81　克孜尔第60窟。克孜尔最大的洞窟之一，至少经过四次改造；最后通过建造木骨泥砖的中心柱被改建成大像窟。大立佛像是礼拜的核心，侧壁的像台上放置泥塑像。⋯⋯⋯⋯⋯⋯106

图82　库木吐喇窟群区第5窟。此窟形制独特，包括两室：方室通过开凿在前壁上的门道进入，室内左壁上的门道通向圆室。圆室内凿有一周石长凳、一座壁炉和一扇明窗。线图根据晁华山：《库木吐喇石窟初探》第184页以及笔者的田野测绘图绘制。⋯⋯⋯⋯⋯⋯107

图83　克孜尔尕哈第1+2窟。尽管破损严重，洞窟的主要特征仍可辨识，即由方室和圆室双室构成，通过一段甬道相连。⋯⋯⋯⋯⋯⋯107

图84　克孜尔第47窟所在崖面。第47窟开凿在崖壁高处以使其从远处即可被望见，且赋予其更高的地位。照片中可见到早期的储藏窟，如第45、46窟。照片版权归德国柏林亚洲艺术博物馆所有。⋯⋯⋯⋯⋯⋯110

图85　克孜尔第47窟平面图、剖面图和主室正壁。照片版权归德国柏林亚洲艺术博物馆所有。⋯⋯⋯⋯⋯⋯111

图86　克孜尔第47窟。左：正壁上的固定遗迹。右：根据固定遗迹复原的大立佛像。对大像的复原并非表明其风格，主要是强调大像所施手印。⋯⋯⋯⋯⋯⋯112

图87　克孜尔第47窟主室、右甬道外侧壁及后室右侧壁塑像尺寸和位置复原图。复原是为说明塑像的数量，并不关涉某种艺术风格。⋯⋯⋯⋯⋯⋯114

图88　克孜尔第47窟后室。左：后室正壁涅槃台以及绘制或泥塑的头光和背光遗迹；上排凿孔曾用于安装支撑承托小塑像的木托架，这些小塑像或为天人、四大天王的半身像。右：中心柱后壁上的凿孔显示出塑像的数量和位置。⋯⋯⋯⋯⋯⋯115

图89　克孜尔第47窟。中心柱上所开明窗剖面图。虚线表示主室前部窟顶坍塌后光线才能射入后室。⋯⋯⋯⋯⋯⋯116

图90　克孜尔第70窟的相对位置。联合平面图显示出此区的复杂情况，包括现已部分坍塌的新1窟和第69窟。也见图33。⋯⋯⋯⋯⋯⋯117

图91　克孜尔第70窟平面图、剖面图和主室正壁。值得注意的是，正壁上大量固定遗迹；大像立于像台上，上半身倚靠正壁；可围绕腿部进行右绕礼拜仪式。照片版权归德国柏林亚洲艺术博物馆所有。⋯⋯⋯⋯⋯⋯118

图92　库木吐喇窟群区第63～65窟。立面照片中显示出清晰的坍塌痕迹以及破损严重的第63窟在古代的修复遗迹。照片版权归德国柏林亚洲艺术博物馆所有。⋯⋯⋯⋯⋯⋯119

图93　克孜尔第171窟壁面上所绘窟内坐禅苦行者。画面中洞窟的形制和规模与龟兹禅定窟相似。采自新疆维吾尔自治区文物管理委员会、拜城县克孜尔千佛洞

文物保管所、北京大学考古学系编:《中国石窟·克孜尔石窟》,第3卷,图11。 ……………………………………………………………………………… 125

图94　克孜尔第25、25A、25B、25C窟及将它们与僧房窟第24窟连接起来的隧道。 ……………………………………………………………………………… 126

图95　苏巴什西寺第5窟。左:平面图。右:内景图,值得注意的是,末端皆有坍塌,禅定小室最初的数量应多于现在。 ………………………………………………… 127

图96　克孜尔第109B窟,克孜尔石窟寺院上方的高原;前部的幽深峡谷是谷内区的最内部分。四座禅定窟共用同一编号,即第109B窟;照片中看似四个点,用白色线圈标出。见图27遗址内的相对位置;第109B窟临近第109窟。 ……… 127

图97　克孜尔第12、13、24窟及周围的禅定窟。上:立面照片。下:联合平面图。照片中可清晰看到三座禅定窟:两座临近第12窟,一座临近第24窟。僧房窟第24窟保存部分前室遗迹;第24窟下方是通向第25窟的隧道(也见图94)。组合的最初核心包括方形窟第12窟、中心柱窟第13窟和两窟下方的僧房窟第24窟。此外,有七座禅定窟与此组合相连。照片版权归德国柏林亚洲艺术博物馆所有。 ……………………………………………………………………………… 128

图98　克孜尔第112～115窟组合。上:立面照片。中:立面图。下:联合平面图。这一复杂的组合位于谷内区。组合的最初核心包括中心柱窟第114窟和僧房窟第115窟。开凿在岩体内的梯道第113窟是晚期增建,因此较晚阶段才可以通过此梯道抵达所有洞窟。上方有僧房窟第112窟,以及第112A、112B和113窟三座禅定窟,更高处还有第112C窟。 …………………………………………… 129

图99　克孜尔第216～219窟组合。联合平面图见图41,此组合包括两座僧房窟、一座方形窟、一座中心柱窟以及第216A、216B、216C窟三座禅定窟,在老照片中可清晰看出。照片版权归德国柏林亚洲艺术博物馆所有。 …………………… 130

图100　克孜尔第212[2]窟。最小型的横长方形窟,后来扩展成现在的规模;现存所有壁画都属于晚期。下:侧壁下部壁画布局。上:两边框之间绘坐禅僧侣。图109照片中有一个相似的形象。郭峰绘。照片版权归德国柏林亚洲艺术博物馆所有。 ……………………………………………………………………………… 131

图101　苏巴什东寺两窟外立面。左侧为禅定窟,右侧为中心柱窟。 …………… 132

图102　苏巴什西寺第1窟。上:立面照片。下:平面图。第1窟平面呈U型,禅定小室开凿在正壁上。此外崖壁正面可能是前室正壁,其上也开凿有禅定小室,长逾26米。这一结构清晰地表明禅修在不同环境中进行:光线晦暗、温度恒定的第1窟与崖壁上暴露在太阳下、视野开阔的禅定窟。 ………………………… 134

图103　库木吐喇窟群区第75、76、78窟。遗址内仅见的三座禅定窟,并且都集中在谷

内上区。三窟在形制和规模上十分相似；都面朝北，入口开在左侧。照片版权归德国柏林亚洲艺术博物馆所有。............... 135

图104 中心柱窟主龛形制的发展演变可能与龟兹禅定窟相似。A：克孜尔第219窟主龛平面图和剖面图；虚线表示主龛的最早阶段；晚期改造后拱腹变得扁平。早期主龛弧度更尖，如B克孜尔第17窟；但在晚期变得扁平，如C克孜尔第224窟。同样的趋势亦见于禅定窟，较早的类型D如克孜尔第25窟和晚期类型E如克孜尔尕哈第38窟。采自新疆维吾尔自治区文物管理委员会、拜城县克孜尔千佛洞文物保管所、北京大学考古学系编：《中国石窟·克孜尔石窟》，第1卷，图132。............... 138

图105 克孜尔第77窟左甬道顶部所绘坐禅僧侣和苦行者。采自新疆维吾尔自治区文物管理委员会、拜城县克孜尔千佛洞文物保管所、北京大学考古学系编：《中国石窟·克孜尔石窟》，第2卷，图17。............... 154

图106 克孜尔第116窟所绘死亡场景，僧侣观想腐烂的尸体。郭峰绘。............... 155

图107 克孜尔第220窟所绘死亡场景残块。郭峰绘。............... 156

图108 克孜尔方形窟第110窟窟顶所绘僧侣观想骷髅头。郭峰绘。............... 157

图109 克孜尔第212[2]窟所绘观想骷髅头的坐禅僧侣。照片版权归德国柏林亚洲艺术博物馆所有，Jurgen Liepe摄。............... 158

图110 克孜尔第171窟窟顶中脊所绘舍卫城水火双神变。采自谭树桐、安春阳：《新疆の壁画·キジル千仏洞》（下），图79。线图刘韬绘。............... 162

图111 克孜尔第38窟窟顶中脊所绘舍卫城水火双神变。采自新疆维吾尔自治区文物管理委员会、拜城县克孜尔千佛洞文物保管所、北京大学考古学系编：《中国石窟·克孜尔石窟》，第1卷，图112。线图刘韬绘。............... 166

图112 库木吐喇第23窟窟顶中脊所绘太阳神。采自新疆龟兹石窟研究所：《库木吐喇石窟内容总录》，图21。线图刘韬绘。............... 168

图113 森木塞姆第26窟窟顶中脊前部。郭峰绘。............... 169

图114 克孜尔尕哈第16窟窟顶中脊所绘对称图案。采自新疆龟兹石窟研究所：《克孜尔尕哈石窟内容总录》，图3。线图刘韬绘。............... 170

图115 克孜尔第80窟所绘舍卫城双神变之前波斯匿王及其宫廷与六位婆罗门。采自谭树桐、安春阳：《新疆の壁画·キジル千仏洞》（下），图174。............... 171

图116 克孜尔第171窟（Höhle über der Kassettenhöhle）所绘涅槃佛像。采自Le Coq, *Buddhistische Spätantike in Mittelasien,* vol.6, fig.11。............... 172

图117 克孜尔第207窟（Maler Höhle）主室右侧壁说法场景线图。采自Grünwedel, *Alt-Kustscha:* II, 18, fig. 23。............... 173

图118　克孜尔第17窟主室西壁说法场景。采自新疆维吾尔自治区文物管理委员会、拜城县克孜尔千佛洞文物保管所、北京大学考古学系编：《中国石窟·克孜尔石窟》，第1卷，图59。⋯⋯⋯⋯⋯⋯⋯⋯⋯⋯⋯⋯⋯⋯⋯⋯ 174

图119　克孜尔第224窟（Höhle mit der Maya, 3 Anlage）半圆形区域内绘弥勒（？）。照片版权归德国柏林亚洲艺术博物馆所有，Jurgen Liepe摄。⋯⋯⋯⋯⋯⋯⋯⋯ 176

图120　克孜尔第47窟后室左壁所绘飞向荼毗现场的僧侣，发射出水和火。采自谭树桐、安春阳：《新疆の壁画·キジル千仏洞》（上），图133。⋯⋯⋯⋯⋯⋯⋯ 178

图121　托乎拉克艾肯第15窟左甬道顶部所绘发出水和火的僧侣肩抗木柴飞向佛陀的荼毗。采自新疆维吾尔自治区博物馆、新疆人民出版社编：《库车库木吐喇石窟》，图231。⋯⋯⋯⋯⋯⋯⋯⋯⋯⋯⋯⋯⋯⋯⋯⋯⋯⋯⋯⋯⋯⋯⋯⋯⋯⋯⋯⋯⋯⋯ 179

图122　克孜尔第224窟（Höhle mit der Maya, 3 Anlage）所绘飞向初转法轮的僧侣。采自Le Coq, *Buddhistische Spatantike in Mittelasien*, vol.6, fig.14。⋯⋯⋯⋯⋯ 180

图123　克孜尔第189窟所绘佛陀散发着火焰从水池中升起。采自Tan and An, *Shinkyo no hekiga: Kijru Senbutsudo*, vol. 2, fig. 131。⋯⋯⋯⋯⋯⋯⋯⋯⋯⋯⋯⋯ 181

图124　克孜尔第219窟（Ajatasatru Höhle）窟内所绘散发水和火的禅定僧侣。照片版权归德国柏林亚洲艺术博物馆所有，Jurgen Liepe摄。⋯⋯⋯⋯⋯⋯⋯⋯ 182

图125　克孜尔第224窟窟顶正中所绘须摩提故事。采自谭树桐、安春阳：《新疆の壁画·キジル千仏洞》（下），图181。⋯⋯⋯⋯⋯⋯⋯⋯⋯⋯⋯⋯⋯⋯ 182

图126　克孜尔第123窟（Höhle mit den ringtragenden Tauben）主室右侧壁所绘舍卫城大神变。采自谭树桐、安春阳：《新疆の壁画·キジル千仏洞》（下），图50。⋯⋯⋯⋯⋯⋯⋯⋯⋯⋯⋯⋯⋯⋯⋯⋯⋯⋯⋯⋯⋯⋯⋯⋯⋯⋯⋯⋯⋯⋯⋯⋯⋯ 184

图127　克孜尔第123窟（Höhle mit den ringtragenden Tauben）主室左侧壁所绘舍卫城大神变。照片版权归德国柏林亚洲艺术博物馆所有，Jurgen Liepe摄。⋯⋯⋯⋯ 185

图128　克孜尔第123窟左甬道外侧壁上所绘从佛像残片。采自新疆维吾尔自治区文物管理委员会、拜城县克孜尔千佛洞文物保管所、北京大学考古学系编：《中国石窟·克孜尔石窟》，第2卷，图158。⋯⋯⋯⋯⋯⋯⋯⋯⋯⋯⋯⋯⋯⋯⋯⋯⋯ 189

图129　森木塞姆第48窟主室内中心柱正壁。采自新疆维吾尔自治区博物馆、新疆人民出版社编：《库车库木吐喇石窟》，图175。⋯⋯⋯⋯⋯⋯⋯⋯⋯⋯⋯⋯ 191

图130　森木塞姆第48窟主室右侧壁所绘一排佛像。郭峰绘。⋯⋯⋯⋯⋯⋯⋯⋯ 192

图131　森木塞姆第48窟主室顶部左下方所绘阿喻迦岁本生故事。采自新疆维吾尔自治区博物馆、新疆人民出版社编：《库车库木吐喇石窟》，图186。⋯⋯⋯⋯ 192

图132　森木塞姆第48窟窟顶中脊细部。采自新疆维吾尔自治区博物馆、新疆人民出版社编：《库车库木吐喇石窟》，图188、189。刘韬绘。⋯⋯⋯⋯⋯⋯⋯⋯ 193

图133　台台尔第16窟窟内所绘立佛像相对位置。郭峰绘。⋯⋯⋯⋯⋯⋯⋯⋯⋯ 194

图134　台台尔第16窟右侧壁编号为4、5、6的立佛像线图。郭峰绘。⋯⋯⋯⋯⋯ 195

图135　台台尔第16窟后甬道外侧壁编号为7、8、9的立佛像线图。郭峰绘。⋯⋯ 196

图136　台台尔第16窟编号为10的立佛像细部，线图与照片。郭峰绘。⋯⋯⋯⋯ 196

图137　台台尔第16窟左侧壁编号为11、12、13的立佛像线图。郭峰绘。⋯⋯⋯ 197

图138　台台尔第16窟前壁编号为14的立佛像线图。郭峰绘。⋯⋯⋯⋯⋯⋯⋯ 197

图139　台台尔第16窟编号为10的立佛像肉髻细部照片。郭峰绘。⋯⋯⋯⋯⋯ 198

图140、141　克孜尔第17窟左甬道外侧壁所绘宇宙佛像。照片采自谭树桐、安春阳：《新疆の壁画・キジル千仏洞》（上），图71。线图刘韬绘。⋯⋯⋯⋯⋯⋯ 203

图142、143　克孜尔第17窟（Höhle der Ringtragende Tauben）右甬道外侧壁所绘宇宙佛像。现藏德国柏林亚洲艺术博物馆。照片版权归德国柏林亚洲艺术博物馆所有，Jurgen Liepe摄。线图刘韬绘。⋯⋯⋯⋯⋯⋯⋯⋯⋯⋯⋯⋯ 203

图144　克孜尔第160窟中心柱正壁上现存的佛像身光。郭峰绘。⋯⋯⋯⋯⋯⋯ 206

图145　克孜尔未编号洞窟内所绘手持香炉的供养人。照片版权归德国柏林亚洲艺术博物馆所有，Jurgen Liepe摄。⋯⋯⋯⋯⋯⋯⋯⋯⋯⋯⋯⋯⋯⋯⋯⋯ 207

图146　玛扎伯哈第8窟中心柱主龛内残存壁画线图。郭峰绘。⋯⋯⋯⋯⋯⋯⋯ 211

图147　玛扎伯哈第8窟主室左侧壁残存宇宙佛像线图。郭峰绘。⋯⋯⋯⋯⋯⋯ 212

图148　玛扎伯哈第8窟窟内所绘立佛像相对位置。现存从佛像。郭峰绘。⋯⋯ 213

图149　玛扎伯哈第8窟从佛像及其僧袍线图。郭峰绘。⋯⋯⋯⋯⋯⋯⋯⋯⋯ 213

图150　克孜尔第175窟窟内壁画相对位置示意图。⋯⋯⋯⋯⋯⋯⋯⋯⋯⋯⋯ 214

图151　克孜尔第175窟左甬道内侧壁所绘宇宙佛像细部。采自谭树桐、安春阳：《新疆の壁画・キジル千仏洞》（下），图88。⋯⋯⋯⋯⋯⋯⋯⋯⋯⋯⋯ 216

图152　克孜尔第175窟左甬道内侧壁所绘宇宙佛像线图。王征绘。周围画面采自马世长所绘线图。采自新疆维吾尔自治区文物管理委员会、拜城县克孜尔千佛洞文物保管所、北京大学考古学系编：《中国石窟・克孜尔石窟》，第2卷，第218—219页。⋯⋯⋯⋯⋯⋯⋯⋯⋯⋯⋯⋯⋯⋯⋯⋯⋯⋯⋯⋯⋯⋯ 217

图153　克孜尔第207窟（Maler Höhle）佛陀说法线图，宝座下方为神奇地景。照片版权归德国柏林亚洲艺术博物馆所有，Jurgen Liepe摄。⋯⋯⋯⋯⋯⋯ 220

图154　克孜尔第118窟（Hippokampen Höhle）窟顶所绘飞行僧侣、星辰和神奇地景。采自谭树桐、安春阳：《新疆の壁画・キジル千仏洞》（下），图47。 220

图155　克孜尔第118窟窟顶北部。采自Grünwedel, *Altbuddhistische Kultstatten in Chinesisch-Turkistan*, fig. 237。⋯⋯⋯⋯⋯⋯⋯⋯⋯⋯⋯⋯⋯⋯⋯⋯⋯ 221

图156　克孜尔第118窟窟顶南部。采自Grünwedel, *Altbuddhistische Kultstatten in*

附图说明

    Chinesisch-Turkistan, fig. 238。......222

图157 克孜尔第77窟所绘神奇地景细部：左甬道券顶上绘风和雨。采自新疆维吾尔自治区文物管理委员会、拜城县克孜尔千佛洞文物保管所、北京大学考古学系编：《中国石窟·克孜尔石窟》，第2卷，图25、26。......224

图158 克孜尔第92窟所绘神奇地景内的禅定僧侣，身上发出火和水。采自新疆维吾尔自治区文物管理委员会、拜城县克孜尔千佛洞文物保管所、北京大学考古学系编：《中国石窟·克孜尔石窟》，第2卷，图77。......225

图159 克孜尔第13窟所绘海景图细部。照片版权归德国柏林亚洲艺术博物馆所有，Jurgen Liepe摄。......237

图160 克孜尔第38窟所绘海景图。采自新疆维吾尔自治区文物管理委员会、拜城县克孜尔千佛洞文物保管所、北京大学考古学系编：《中国石窟·克孜尔石窟》，第1卷，图126。......237

图161 克孜尔第118窟（Hippokampen Höhle）南壁和北壁上所绘海景图。采自Grünwedel, *Altbuddhistische Kultstatten in Chinesisch-Turkistan*, figs. 237b, 238b。......237

图162 苏巴什西寺第5窟内所绘坐禅僧侣。......241

图163 苏巴什东寺未编号洞窟内所绘树下坐禅僧侣。......241

图164 玛玛尼德里（Mamane Dheri）出土的帝释天拜访造像碑，公元216或316年，灰色片岩，白沙瓦博物馆藏。照片由Hameed Muhammad提供。......244

图165 洛里央唐盖（Loriyan Tangai）出土的帝释天拜访造像碑，灰色片岩，加尔各答博物馆藏。采自I. Kurita, *Gandharan Art*, vol. 1, fig. 334。......245

图166 净土或想象的景象？穆哈麦德纳里（Mohammed Nari）出土的造像碑，公元4世纪，浅灰色片岩，拉合尔博物馆藏。照片由Christian Luczanits提供。......246

图167 森木塞姆第40窟（Ritterhöhle）所绘授记故事。照片版权归德国柏林亚洲艺术博物馆所有，Jurgen Liepe摄。......249

附表说明

表 1　克孜尔尕哈石窟寺院遗址洞窟类型、洞窟组合与编号 …………………… 18
表 2　森木塞姆石窟寺院洞窟类型、洞窟组合、地面建筑及洞窟编号 …………… 28
表 3　玛扎伯哈石窟寺院洞窟类型、洞窟组合与编号 …………………………… 34
表 4　克孜尔石窟寺院洞窟类型、洞窟组合及编号 ……………………………… 54
表 5　托乎拉克艾肯石窟寺院洞窟类型、洞窟组合及洞窟编号 ………………… 58
表 6　温巴什石窟寺院洞窟类型、洞窟组合及洞窟编号 ………………………… 61
表 7　台台尔石窟寺院洞窟类型、洞窟组合及洞窟编号 ………………………… 65
表 8　库木吐喇沟口区洞窟类型、洞窟组合及洞窟编号 ………………………… 70
表 9　库木吐喇窟群区洞窟类型、洞窟组合及洞窟编号 ………………………… 78
表 10　基于不同分类标准的洞窟类型命名 ……………………………………… 84

参考文献

中 文 文 献

北京大学考古学系、克孜尔千佛洞文物保管所编：《新疆克孜尔石窟考古报告》，北京：文物出版社，1997年。

晁华山：《库木吐喇石窟初探》，载新疆维吾尔自治区文物管理委员会、拜城县克孜尔千佛洞保管所编：《中国石窟·库木吐喇石窟》，北京：文物出版社，1992年，第170—202页。

晁华山：《克孜尔石窟的洞窟分类与石窟寺院的组成》，载新疆龟兹石窟研究所编：《龟兹佛教文化论文集》，乌鲁木齐：新疆美术摄影出版社，1993年，第161—200页。

丁明夷：《记两处典型的龟兹石窟——森木塞姆与克孜尔尕哈石窟》，载新疆龟兹石窟研究所编：《龟兹佛教文化论文集》，乌鲁木齐：新疆美术摄影出版社，1993年，第356—378页。

黄文弼：《塔里木盆地考古记》，北京：科学出版社，1958年。

霍旭初、王建林：《丹青斑驳千秋壮观：克孜尔石窟壁画艺术及分期概述》，载新疆龟兹石窟研究所编：《龟兹佛教文化论文集》，乌鲁木齐：新疆美术摄影出版社，1993年，第201—228页。

赖鹏举：《丝路佛教的图像与禅法》，台湾：圆光佛学研究所，2002年。

李崇峰：《克孜尔中心柱窟主室正壁画塑题材及有关问题》，载巫鸿主编：《汉唐之间的宗教艺术与考古》，北京：文物出版社，2000年，第209—234页。

李崇峰：《中印佛教石窟寺比较研究——以塔庙窟为中心》，新竹：觉风佛教艺术文化基金会，2002年。

李崇峰：《克孜尔中心柱窟与〈长阿含经〉等经典》，载《徐苹芳先生纪念文集》，上海：上海古籍出版社，2012年，第419—465页。

李丽：《新疆龟兹地区中小型石窟调查》，载巫鸿主编：《汉唐之间的宗教艺术与考古》，北京：文物出版社，2000年，第163—182页。

马世长：《克孜尔中心柱窟主室券顶与后室的壁画》，载新疆维吾尔自治区文物管理会、拜城县克孜尔千佛洞文物保管所、北京大学考古学系编：《中国石窟·克孜尔石窟》第2卷，北京：文物出版社，1989—1997年，第217—219页。

马世长：《库木吐喇的汉风洞窟》，载新疆维吾尔自治区文物管理会、拜城县克孜尔千佛洞文物保管所、北京大学考古学系编：《中国石窟·库木吐喇石窟》，北京：文物出版社，1992年，第203—224页。

宫治昭著，贺小萍译：《宇宙主释迦佛——从印度到中亚、中国》，《敦煌研究》，2003年第1期，第25—32页。

荣新江：《关于唐宋时期中原文化对于阗影响的几个问题》，《国学研究》，1993年第1期，第401—424页。

宿白：《克孜尔部分洞窟阶段划分与年代等问题的初步探索》，载新疆维吾尔自治区文物管理会、拜城县克孜尔千佛洞文物保管所、北京大学考古学系编：《中国石窟·克孜尔石窟》第1卷，北京：文物出版社，1989年，第10—23页。

宿白：《中国石窟寺考古》，北京：文物出版社，1996年。

王征：《龟兹佛教石窟美术风格与年代研究》，北京：中国书店，2009年。

新疆龟兹石窟研究所编：《克孜尔石窟内容总录》，乌鲁木齐：新疆美术摄影出版社，2000年。

新疆龟兹石窟研究所编：《库木吐喇石窟内容总录》，北京：文物出版社，2008年。

新疆龟兹石窟研究所编：《森木塞姆石窟内容总录》，北京：文物出版社，2008年。

新疆龟兹石窟研究所编：《克孜尔尕哈石窟内容总录》，北京：文物出版社，2009年。

新疆龟兹研究院：《库车玛扎伯哈石窟调查简报》，《吐鲁番学研究》，2010年第1期，第21—36页。

新疆龟兹研究院：《台台尔石窟调查简报》，《吐鲁番学研究》，2010年第1期，第6—20页。

新疆龟兹研究院：《托乎拉克艾肯石窟考古勘查简报》，《吐鲁番学研究》，2010年第1期，第37—53页。

新疆维吾尔自治区博物馆、新疆人民出版社编：《库车库木吐喇石窟》，上海：上海人民出版社，1997年。

新疆维吾尔自治区文物管理委员会、拜城县克孜尔千佛洞文物保管所、北京大学考古学系编：《中国石窟·库木吐喇石窟》，北京：文物出版社，1992年。

新疆文物考古研究所：《1990年克孜尔石窟窟前清理报告》，《新疆文物》，1992年第3期，第13—61页。

许宛音：《台台尔石窟踏查记》，载新疆维吾尔自治区文物管理委员会、拜城县克孜尔千佛洞文物保管所、北京大学考古学系编：《中国石窟·克孜尔石窟》第1卷，北京：文物出版社，1989年，第223—235页。

山部能宜:《再探石窟用途》,载新疆吐鲁番学研究院编:《吐鲁番学研究:第三届吐鲁番学暨欧亚游牧民族的起源与迁徙国际学术研讨会论文集》,2010年,第784—806页。

阎文儒:《新疆天山以南的石窟》,《文物》,1962年第8—9期,第41—59页。

中国壁画全集编辑委员会编:《中国新疆壁画全集·森木塞姆、克孜尔尕哈》,沈阳:辽宁美术出版社,1995年。

朱英荣、韩翔:《龟兹石窟》,乌鲁木齐:新疆大学出版社,1990年。

<h2 style="text-align:center">日 文 文 献</h2>

濱田瑞美:《キジル中心柱窟の仏説法図について》,日本歴史文化学会編:《風土と文化》,第4巻,2003年,第21—34頁。

檜山智美:《キジル石窟第一一八窟(海馬窟)の壁画主題—マーンダートリ王説話を手掛かりに》,《美術史》168号,2010年,第358—372頁。

松本榮一:《西域華厳経美術の東漸》,《國華》548号,1936年,第195—200頁;549号,1936年,第243—248頁;551号,1936年,第278—284頁。

宮治昭:《キジル第一様式のヴォールト天井窟壁画(下):禅定僧・山岳構図・弥勒の図像構成》,《佛教艺术》183号,1989年,第29—61頁。

宮治昭:《涅槃と弥勒の図像学:インドから中央アジアへ》,東京:吉川弘文館,1992年。

谭树桐,安春阳:《新疆の壁画·キジル千仏洞》上下揃,京都:美乃美出版社,1981年。

<h2 style="text-align:center">英 文 文 献</h2>

Banerjee, Priyatosh. "Vairocana Buddha from Central Asia." *Oriental Art* 18 no. 2 (1972): 166–70.

Beal, Samuel. *Si-yu-ki. Buddhist Records of the Western World. Translated from the Chinese of Hiuen Tsiang (A.D. 629)*. London: K. Paul, Trench, Trubner & Co., 1906. Reprint, San Francisco: Chinese Materials Center, 1976.

Bretfeld, Sven. "Visuelle Repräsentation im sogenannten 'buddhistischen Yogalehrbuch' aus Qïzil." In *Indien und Zentralasien: Sprach- und Kulturkontakt. Vorträge des Göttinger*

Symposions vom 7. bis 10. Mai 2001, edited by Sven Bretdeld und Jens Wilkens, 167–205. Wiesbaden: Otto Harrassowitz Verlag, 2003.

Burlingame, Eugene Watson. *Buddhist Legends*, 3 vols. Cambridge: Harvard University Press, 1921.

Chao Huashan, Simone Gaulier, Monique Maillard and Georges Pinault. *Sites divers de la région de Koutcha. Épigraphie koutchéenne* (Mission Paul Pelliot VIII). Paris: Collège de France, 1987.

Chavannes, Edouard. *Les documents chinois decouverts par Aurel Stein dans les Sables du Turkestan Orientale*. Oxford: Oxford University Press, 1913.

Conze, Edward. *Buddhism: Its Essence and Development*. New York: Harper Torchbooks, 1965.

Cowell, Edward Byles and Robert Alexander Neil. *The Divyāvadāna. A Collection of Early Buddhist Legends*. Delhi: Indological Book House, 1987 (reprint).

Cowell, Edward Byles. *The Jataka: or Stories of the Buddha's Former Births*, 6 vols. Cambridge: Cambridge University Press, 1895–1913. Reprint, Delhi: Motilal Banarsidass Publishers, 2008.

Davids, Thomas William Rhys and Hermann Oldenberg, trans. *Vinaya Texts Translated from the Pāli, Part I, The Mahavagga, V–X, the Kullavagga I–III*. Oxford: Clarendon Press, 1882. Reprint, Delhi: Motilal Banarsidass, 1982.

Davids, Thomas William Rhys and Hermann Oldenberg, trans. *Vinaya Texts Translated from the Pāli, Part III: The Kullavagga, IV–XII*. Oxford: Clarendon Press, 1885. Reprint, Delhi: Motilal Banarsidass, 1984.

Dietz, Siglinde. "Die Kosmologie nach den buddhistischen Sanskrit-Texten aus Zentralasien." In *Indien und Zentralasien Sprach und Kulturkontakt, Vorträge des Göttinger Symposions vom 7. Bis 10. Mai 2001*. Edited by Sven Bretdeld und Jens Wilkens, 207–225. Wiesbaden: Otto Harrassowitz Verlag, 2003.

Dreyer, Caren, Lore Sander and Friederike Weis, eds. *Dokumentation der Verluste, Museum für Indische Kunst*. Berlin: Staatlicher Museen zu Berlin-Preussischer Kulturbesitz, 2002.

Dutt, Nalinaksha. *Buddhist Sects in India*. Calcutta: Firma K.L. Mukhopadhyay, 1970.

Falk, Harry. "Zeitrechnung in Gandhara." In *Gandhara, Das Buddhistische Erbe Pakistans. Legenden, Klöster und Paradiese*, edited by Christian Luczanits and Michael Jansen, 70–71. Mainz: Verlag Philipp Von Zabern, 2009.

Fiordalis, David V. "Miracles in Indian Buddhist narratives and doctrine." *Journal of the International Association of Buddhist Studies* (JIABS) 33, nos. 1–2 (2010 and 2011): 381–408.

Foucher, Alfred. "Le 'Grand Miracle' du Buddha à Shravasti." *Journal Asiatique*, 10th series, vol. XIII (January-February 1909): 5–77.

Gabsch, Toralf. *Auf Grünwedels Spuren. Restaurierung und Forschung an zentralasiatischen Wandmalereien*. Berlin: Koeler & Amelang, 2012.

Gomez, Luis O. "On Buddhist wonders and wonder-working." *Journal of the International Association of Buddhist Studies* (*JIABS*) 33, nos. 1–2 (2010 and 2011): 513–554.

Grünwedel, Albert Von. *Altbuddhistische Kultstätten in Chinesisch-Turkistan*. Berlin: Georg Reimer, 1912.

Hallade Madeleine, Simone Gaulier and Liliane Courtois. *Douldour-Aqour et Soubachi: Texte* (*Mission Paul Pelliot IV*). Paris: Editions Recherche sur les Civilizations, 1982.

Hambis, Louis. *Douldour-Aqour et Soubachi: Planches* (*Mission Paul Pelliot III*). Paris: Librairie A. Maissonneuve, 1967.

Harrison, Paul and Christian Luczanits. "New Light on (and from) the Muhammad Nari Stele." In *BARC, Research Center for Buddhist Culture in Asia*, International Symposium series 1, 69–128 (text), 197–210 (illustrations). Kyoto: Otani University, 2011.

Härtel, Herbert. *Karmavacana Formuläre für den Gebrauch im buddhistischen Gemeindeleben aus ostturkestanischen Sanskrit-Handschriften*. (*Sanskrittexte aus den Turfanfunden III*). Berlin: Deutsche Akademie der Wissenschaften zu Berlin, Institut für Orientforschung, 1956.

Härtel, Herbert. *Along the Ancient Silk Routes. Central Asian Art from the West Berlin State Museums*. New York: The Metropolitan Museum of Art, 1982.

Hartmann, Jens-Uwe. "Buddhist Sanskrit Texts from Northern Turkestan and their relation to the Chinese Tripitaka." In *Collection of Essays 1993: Buddhism Across Boundaries: Chinese Buddhism and the Western Regions*, edited by Erik Zürcher and Lore Sander, 107–136. Taipei: Fo Guang Shan Foundation for Buddhist & Culture Education, 1999.

Hirakawa, Akira. A *History of Indian Buddhism: From Sākyamuni to Early Mahāyāna*. Transated & edited by Paul Groner. Honolulu: University Press, 1990.

Hiyama Satomi. "The Wall Paintings of Kizil Cave 118—The Story of King Mandhatar and the Early Buddhism of Kuča." In *Journal of the Turfan Studies-The Origins and*

Migration of Eurasian Nomadic Peoples, edited by Tulufanxue yanjiu, 893–901. Shanghai: Shanghai Guji chubanshe, 2010.

Howard, Angela Falco. *The Imagery of the Cosmological Buddha*. Leiden: Brill, 1986.

Howard, Angela Falco. "In Support of a New Chronology for the Kizil Mural Paintings." *Archives of Asian Art* 44 (1991): 68–83.

Howard, Angela Falco. "Miracles and Visions among the Monastic Communities of Kuča, Xinjiang." *Journal of Inner Asian Art and Archaeology* 2 (2007): 77–88.

Howard, Angela Falco. "Rethinking the Cosmological Buddha." In *From Turfan to Ajanta. Festschrift for Dieter Schlingloff on the Occasion of his Eightieth Birthday*, 2 vols., edited by Eli Franco and Monika Zin, vol. 1, 399–412. Lumbini: Lumbini International Research Institute, 2010.

Huntington, John C. "A Gandharan Image of Amitayus Sukhavati." *Annali dell'Istituto Orientale di Napoli* 40 (1980): 652–672.

Huo Xuchu. "Legendary, Historical, and Canonical Personae in the Murals of Kizil." In *Kizil on the Silk Road, Crossroads of Commerce and Meeting of Minds*, edited by Rajeswari Ghose, 106–115. Mumbai: Marg Publications, 2008.

Jaini, Padmanabh S. "Stages in the Bodhisattva Career of the Tathagata Maitreya." In *Maitreya, the Future Buddha*, edited by Alan Sponberg and Helen Hardacre, 54–90. Cambridge: Cambridge University Press, 1988.

Jera-Bezard, Robert and Monique Maillard. "Remarks on Early Esoteric Buddhist Painting in Central Asia." In *Investigating Indian Art. Proceedings of a Symposium on the Development of Early Buddhist and Hindu Iconography, held at the Museum of Indian Art Berlin in May 1986*, edited by Marianne Yaldiz and Wibke Lobo, 147–158. Berlin: Museum fur Indische Kunst, 1987.

Klimburg-Salter, Deborah. "Bamiyan: An Obituary and a Glance towards the Future," *Oriental Art* 49 no. 1 (2003): 2–12.

Kloetzli, Walter Randolph. *Buddhist Cosmology. From Single World System to Pure Land: Science and Theology in the Images of Motion and Light*. Delhi: Motilal Banarsiddass, 1983.

Kloppenborg, Ria, trans. *The Sutra on the Foundation of the Buddhist Order* (*Catusparisatsutra*): *Relating the Events from the Bodhisattva's Enlightenment up to the Conversion of Upatisya* (*Sariputra*) *and Kolita* (*Maudgalyayana*). Leiden: E. J. Brill, 1973.

Kloppenborg, Ria and Ronald Poelmeyer. "Visualization in Buddhist Meditation." In

Effigies Dei Essays on the History of Religions, edited by Dirk van der Plas, 83–95. Leiden: Brill, 1987.

Konczak, Ines. *Praṇidhi Darstellungen an der Nördlichen Seidenstrasse. Das Bildmotif der Prophezeiung der Buddhaschaft Śākyamunis in den Malereien Xinjiangs*, PhD diss., Ludwig-Maximilians Universität München, 2011.

Kramrisch, Stella. "Note on Usnisha," *Journal of the Indian Society of Oriental Art* 4 no. 1 (1936): 79–83.

Kurita, Isao. *Gandharan Art*, 2 vols. Tokyo: Nigensha Publishing Company Ltd., 2003.

Kuwayama Shoshin. "Literary Evidence for Dating the Colossi of Bamiyan." In *Orientalia Iosephi Tucci Memoriae Dicata*, 3 vols., edited by Gherardo Gnoli, Lionello Lanciotti, Serie Orientale Roma 56, vol. 2, 703–727. Roma: Istituto Italiano per il Medio ed Estremo Oriente, 1987.

Lalou, Marcelle. "Notes sur la décoration des monastères bouddhiques." *Revue des Arts Asiatiques* 5 (1928): 183–185.

Lamotte, Étienne. *Histoire du bouddhisme indien*, 2 vols. Louvain: Institut Orientaliste, 1958.

Le Coq, Albert von and Ernst Waldschmidt. *Die Buddhistische Spätantike in Mittelasien*, 7 vols. Berlin: Dietrich Reimer (Ernst Vohsen), 1922–1933.

Lesbre, Emmanuelle. "An Attempt to identify and Classify Scenes with a Central Buddha depicted on Ceilings of the Kyzil Caves (Former Kingdom of Kutcha, Central Asia)." *Artibus Asia* 61 no. 2 (2001): 305–351.

Li Chongfeng. "Representation of Buddha's Parinirvana in Chetiyaghara at Kizil, Kucha." In *Proceedings of the Buddhist Narrative in Asia and Beyond held in Honor of HRH Princess Maha Chakri Sirindhorn on her 55th Birthday*. Bangkok: Chulalongkorn University, 2010.

Li Chongfeng. "Maitreya in the Chētiyagharas at Kizil, Kuča." Paper presented at the Gandharan Cultural Heritage Conference, Islamabad, December 1–3, 2010.

Litvinski, Boris Anatolievich. *Die Geschichte des Buddhismus in Ostturkestan*. Wiesbaden: Otto Harrassowitz Verlag, 1999.

Liu Mau-Tsai. *Kutscha und seine Beziehungen zu China vom 2. Jh. v. bis zum 6. Jh. N. Chr.*, 2 vols., Asiatische Forschungen 27. Wiesbaden: Otto Harrassowitz, 1969.

Luczanits, Christian. "The Bodhisattva with the Flask in Gandharan Narrative Scenes. In memoriam Maurizio Taddei." *East and West* 55 nos.1–4 (2005): 163–188.

Luczanits, Christian and Michael Jansen, eds. *Gandhara. Das buddhistische Erbe Pakistans: Legenden, Klöster und Paradiese*. Mainz: Verlag Philipp von Zabern, 2008.

Luczanits, Christian. "Gandhara und seine Kunst." In *Gandhara. Das buddhistische Erbe Pakistans. Legenden, Klöster und Paradiese*, edited by Christian Luczanits and Michael Jansen, 6–26. Mainz: Verlag Philipp Von Zabern, 2008.

Luczanits, Christian. "Prior to Birth. The Tuṣita Episodes in Indian Buddhist Literature and Art." In *The Birth of the Buddha. Proceedings of a Seminar Held in Lumbini, Nepal, October 2004*, edited by Christoph Cüppers, Max Deeg and Hubert Durt, 387–392. Lumbini: Lumbini International Research Institute, 2010.

Mair, Victor H. *T'ang Transformation Texts: A Study of the Buddhist Contribution to the Rise of Vernacular Fiction and Drama in China*. Cambridge, Mass.: Harvard University Press, 1989.

Miao Lihui. "The Ceiling Murals of Qizil as a Symbol of the Buddhist Universe." In *Kizil on the Silk Road, Crossroads of Commerce and Meeting of Minds*, edited by Rajeswari Ghose, 85–93. Mumbai: Marg Publications, 2008.

Nattier, Jan. "The realm of Akshobya. A Missing Piece in the History of Pure Land Buddhism." *Journal of the International Association of Buddhist Studies*, 23 (2000): 71–102.

Oldenburg, Sergey. *Russkaya Turkestankaya Ekspediciya 1909/1910*, St. Petersburg: Imperial Academy of Science, 1914.

Palitza, Ulf and Barbara Haussmann. "Restaurierung und Rekonstruktion 'Höhle mit den ringtragenden Tauben." In *Auf Grünwedels Spuren, Restaurierung und Forschung an Zentralasiatischen Wandmalereien*, edited by Toralf Gabsch, 56–73. Leipzig: Koeler & Amelang, 2012.

Peng Jie. "The Great Controversy: Vairochana in a Predominently Hinayana Context." In *Kizil on the Silk Road, Crossroads of Commerce and Meeting of Minds*, edited by Rajeswari Ghose, 117–127. Mumbai: Marg Publications 2008.

Pozdnejev, Alekseĭ Matveevich. *Dhyāna und Samādhi im Mongolischen Lamaismus*. Translated by Wilhelm Alexander Unkrig. Hannover: Orient-Buchhandlung Heinz Lafaire, 1927.

Pozdnejev, Alekseĭ Matveevich. *Religion and Ritual in Society: Lamaist Buddhism in Late 19th Century Mongolia*. Translated by Wilhelm Alexander Unkrig. Bloomington: The Mongolia Society, 1978.

Przyluski, Jean. "Le Nord-Ouest de l'Inde dans le Vinaya des Mula-Sarvastivadin et les textes apparentés." *Journal Asiatique* 4 (1914): 493–568.

Rhi Juhyung. *Gandhāran Images of the "Śrāvastī miracle." An Iconographic Reassessment.* PhD diss., University of California Berkeley, 1991.

Rhi Juhyung. "Early Mahayana and Gandharan Buddhism. An Assessment of the Visual Evidence." *The Eastern Buddhist* 35, nos. 1–2 (2003): 152–202.

Rhi Juhyung. "Images, Relics, and Jewels. The Assimilation of Images in the Buddhist Relic Cult of Gandhara – or Vice Versa." *Artibus Asiae* 65 no. 2 (2005): 169–211.

Rhi Juhyung. "Bodhisattvas in Gandharan Art. An Aspect of Mahayana in Gandharan Buddhism." In *Gandharan Buddhism: Archaeology, Art, And Texts*, edited by Pia Brancaccio and Kurt Behrendt, 151–182. Vancouver and Toronto: University of British Columbia Press, 2006.

Rhi Juhyung. "Komplexe Stelen: grosses Wunder, Paradies oder göttliche Erscheinung?" In *Gandhara, das Buddhistische Erbe Pakistans. Legenden, Klöster und Paradiese*, edited by Christian Luczanits and Michael Jansen, 254–259. Mainz: Verlag Philipp Von Zabern, 2008.

Rhie, Marylin. *Early Buddhist Art of China and Central Asia.* 2 vols. Leiden, Boston, Köln: Brill, 2002.

Robinson, Richard H. and Willard L. Johnson. *The Buddhist Religion.* Belmont: Wadsworth Publishing Company, 1997.

Rotman, Andy, trans. *Divine Stories Divyavadana*, part 1. Boston: Wisdom Publications, 2008.

Ruegg, David Seyfort. "On a Yoga Treatise in Sanskrit from Kïzïl." *Journal of the American Oriental Society* 87 (1967): 157–165.

Salomon, Richard. "New Manuscript Sources for the Study of Gandharan Buddhism." In *Gandharan Buddhism: Archaeology, Art, And Texts*, edited by Pia Brancaccio and Kurt Behrendt, 135–147. Vancouver and Toronto: University of British Columbia Press, 2006.

Sander, Lore. "Nachträge zu 'Kleinere Sanskrit-Texte, Hefte III–V." In Helmut Hoffman, *Bruchstücke des Āṭānāṭikasūtra aus dem zentralasiatischen Sanskritkanon der Buddhisten.* 1939. Veröffentlichungen zur indischen Archäologie, Kunst und Philologie, edited by Herman Härtel, vol. 3, 125–212. Reprint, Stuttgart: Franz Steiner Verlag Wiesbaden , 1987.

Sander, Lore. "The earliest manuscripts from Central Asia and the Sarvastivada Mission." In *Corolla Iranica, Papers in Honour of Prof. Dr. David Neil MacKenzie*, edited by Ronald Eric Emmerick and Dieter Weber, 133–150. Frankfurt am Main: Peter Lang,

1991.

Sander, Lore. "Early Prakrit and Sanskrit Manuscripts from Xinjiang (second to fifth/sixth centuries C. E.): Paleography, Literary Evidence, and their Relation to Buddhist Schools." In *Collection of Essays 1993: Buddhism Across Boundaries: Chinese Buddhism and the Western Regions*, edited by Erik Zürcher and Lore Sander, 61–106. Taipei: Fo Guang Shan Foundation for Buddhist & Culture Education, 1999.

Schlingloff, Dieter. *Ein buddhistisches Yogalehrbuch*. Berlin: Akademie-Verlag, 1964.

Schlingloff, Dieter. *Studies in The Ajanta Paintings. Identifications and Interpretations*. New Delhi: Ajanta Publications, 1987.

Schlingloff, Dieter. "Das Mahapratiharya in der Zentralasiatischen Hinayana-Kunst." *Indologica Taurinensia* XXIII–XXIV (1997–98): 175–194.

Schlingloff, Dieter. *Ajanta – Handbuch der Malereien*. 3 vols. Wiesbaden: Otto Harrassowitz Verlag, 2000.

Schlingloff, Dieter. "Mūrdhacchidra." *Hōrin, vergleichende Studien zur japanischen Kultur. Comparative Studies in Japanese Culture* 10 (2003): 109–124.

Schlingloff, Dieter. *Ein buddhistisches Yogalehrbuch: Unveränderter Nachdruck der Ausgabe von 1964 unter Beigabe Aller Seither Bekannt Gewordenen Fragmente*. Edited by Jens-Uwe Hartmann und Hermann-Josef Röllicke. Düsseldorf: EKŌ-Haus der Japanischen Kultur, 2006.

Schmithausen, Lambert. "Versenkungpraxis und Erlösende Erfahrung in der Sravakabhumi." In *Epiphanie des Heils: zur Heils gegenwart in indischer und christlicher Religion*, edited by Gerhard Obehammer, 59–85. Vienna: Institut für Indologie der Universität Wien, 1982.

Schmidthausen, Lambert. "Beiträge zur Schulzugehörigkeit und Textgeschighte kanonischer und postkanonischer buddhistischer Materialien." In *Zur Schulzugehörigkeit von Werken der Hinayana-Literatur. Teil 2*, edited by Heinz Bechert, 305–406. Göttingen: Wendenhoeck und Ruprecht, 1987.

Schopen, Gregory. "Taking the Bodhisattva into Town." *East and West* 55 (2005): 299–312.

Schopen, Gregory. "The Bones of a Buddha and the Business of a Monk: Conservative Monastic Values in an Early Mahayana Polemical Tract." In *Figments and Fragments of Mahayana Buddhism in India,* 63–107. Honolulu: University of Hawai Press 2005.

Seiichi Mizuno, ed. *Haibak and Kashmir-Smast: Buddhist Cave Temples in Afghanistan and Pakistan, Surveyed in 1960*. Kyoto: Kyoto University, 1962.

Skilling, Peter. "The Raksha literature of the Shravakayana." *Journal of the Pali Text Society* 16 (1992): 109–182.

Soper, Alexander Coburn. "Aspects of Light Symbolism in Gandharan Sculpture." *Artibus Asiae* 3 (1949): 252–283; 4 (1949): 314–30; 1–2 (1950): 63–85.

Soper, Alexander Coburn. "Early Buddhist Attitudes toward the Art of Painting." *The Art Bulletin* 32 (1950): 147–151.

Soper, Alexander Coburn. *Literary Evidence for Early Buddhist Art in China*. Ascona: Artibus Asiae Publishers, 1959.

Stache-Weiske, Agnes. "Das Buddhistische Feuersymbol." *Wiener Zeitschrift für die Kunde Südasiens und Archiv für Indische Philosophie* 34 (1990): 107–122.

Strauch, Ingo. "The Bajaur collection: A new collection of Kharosthi manuscripts – A preliminary catalogue and survey – Online version 1.0," (August 2008): 1–79. http://www.geschkult.fu-berlin.de/e/indologie/ bajaur/publication/strauch_2007_1_0.pdf.

Strauch, Ingo. "Buddhistische Handschriften aus Gandhara." In *Gandhara, das Buddhistische Erbe Pakistans. Legenden, Klöster und Paradiese*, edited by Christian Luczanits and Michael Jansen Kuratoren, 263–265. Mainz: Verlag Philipp Von Zabern, 2008.

Strauch, Ingo. "More Missing Pieces of Early Pure Land Buddhism: New Evidence for Aksobhya and Abhirati in an Early Mahayana Sutra from Gandhara." *The Eastern Buddhist* 41 no. 1 (2010): 23–66.

Strong, John S. *The Experience of Buddhism*. Belmont: Wadsworth Publishing Company, 2002.

Taddei, Maurizio and Deborah Klimburg-Salter. "The Ushnîsha and the Brahmarandhra. An Aspect of Light Symbolism in Gandharan Buddha Images." In *Maurizio Taddei on Gandhara, Collected Articles*, edited by Giovanni Verardi and Anna Filigenzi, 307–328. Napoli: Università degli Studi di Napoli "L'Orientale," 2003.

Teiser, Stephen F. *Reinventing the Wheel. Paintings of Rebirth in Medieval Buddhist Temples*. Seattle and London: University of Washington Press, 2006.

Trombert, Éric, with the collaboration of Ikeda On and Zhang Guangda. *Le manuscrits chinois de Koutcha. Fonds Pelliot de la Bibliotèque Nationale de France*. Paris: Institut des Hautes Études Chinoises du Collège de France, 2000.

Verardi, Giovanni. "Tematiche indiane di alcune iconografie Gandhariche. Il Buddha, Agni, i lakshana, il Miracolo di Shravasti e altri problemi connessi," In *Orientalia Iosephi Tucci Memoriae dicata,* 3 vols, edited by Gerardo Gnoli and Lionello Lanciotti, 1533–

1549. Roma: Istituto Italiano per il Medio ed Estremo Oriente, 1988.

Verardi, Giovanni and Elio Paparatti. *Buddhist caves of Jāghūrī and Qarabāgh-e Ghaznī, Afghanistan.* Rome: IsIAO, 2004.

Vignato, Giuseppe. "Qizil: Characteristics and Development of the Groups of Caves in Western Gu Xi." *Annali dell'Università degli Studi di Napoli "L'Orientale"* 65 (2005): 121–140.

Vignato, Giuseppe. "Archaeological Survey of Kizil – its Groups of Caves, Districts, Chronology and Buddhist Schools." *East and West* 56 no. 4 (2006): 359–416.

Vignato, Giuseppe. "The Wooden Architecture of the Kizil Caves." *Journal of Inner Asian Art and Archaeology* 1 (2006): 11–27.

Waldschmidt, Ernst. "Wundertätige Mönche in der ostturkestanischen Hinayana Kunst." *Ostasiatische Zeitschrift* 16 (1930): 2–9.

Waldschmidt, Ernst. *Bruchstücke Buddhistischer Sūtras aus dem zentralasiatischen Sanskritkanon.* (Kleinere Sanskrit-Texte, Heft IV). Leipzig: Deutsche Morgenländische Gesellschaft in Kommission bei F.A. Brockhaus, 1932. Reprint, Wiesbaden: Franz Steiner Verlag GmbH, 1979.

Waldschmidt, Ernst. *Sanskritwörterbuch der buddhistischen Texte aus den Turfan-Funden.* Göttingen: Vandenhoeck & Ruprecht, 1972.

Walshe, Maurice. *The Long Discourses of the Buddha: A Translation of the Digha Nikaya.* Boston: Wisdom Publications, 1995.

Warren, Henry Clark, ed. *Visuddhimagga of Buddhaghosacariya*, 1950. Reprint, Delhi: Motilal Banarsidass, 1989.

Willemen, Charles, Bart Dessein and Collett Cox. *Sarvastivada Buddhist Scholasticism.* Leiden, New York, Köln: Brill, 1990.

Yaldiz, Marianne. "One of Xinjiang's mysteries: Cave 123 in Kizil, the Cave with the Ring-bearing Doves." In *Silk Road Art and Archaeology, Papers in honor of Francine Tissot*, edited by Errington Elizabeth and Osmund Bopearachchi, 245–252. Kamakura: Institute of Silk Road Studies, 1999/2000.

Yaldiz, Marianne. "Maitreya in Literature and in the Art of Xinjiang." In *Kizil on the Silk Road. Crossroads of Commerce and Meeting of Minds.* Edited by Rajeswari Ghose, 67–83. Mumbai: Marg Publications, 2008.

Yaldiz, Marianne. "Evaluation of the Chronology of the Murals in Kizil, Kucha Oasis." In *From Turfan to Ajanta, Festschrift for Dieter Schlingloff on the Occasion of his Eightieth Birthday*, 2 vols., edited by Franco Eli and Monika Zin, vol. 2, 1031–1043.

Lumbini: Lumbini International Research Institute, 2010.

Yamabe Nobuyoshi. *The Sutra on the Ocean-Like Samadhi of the Visualization of the Buddha: The Interfusion of the Chinese and Indian Cultures in Central Asia as Reflected in a Fifth-Century Apocryphal Sutra.* PhD diss., Yale University, 1999.

Yamabe Nobuyoshi. "Practice of Visualization and the *Visualization sutra*: An Examination of Mural Paintings of Visualizing Monks in Toyok, Turfan." *Pacific World: Journal of the Institute of Buddhist Studies* 4 (2002): 123–152.

Yamabe Nobuyoshi and Fumihiko Sueki, trans. *The Sutra on the Concentration of Sitting Meditation*. Berkeley: Numata Center for Buddhist Translation and Research, 2009.

Yamabe Nobuyoshi. "The Paths of Shravakas and Bodhisattvas in Meditative Practices." *Acta Asiatica: Bulletin of the Institute of Eastern Culture* 96 (2009): 47–75.

Yang Lu. "Narrative and Historicity in the Buddhist Biographies of Early Medieval China: The Case of Kumarajiva." *Asia Major* 17 no. 2 (2004): 1–43.

Zhu Tianshu. "The Sun God and the Wind God at Qizil." In *Ērān ud Anērān, Transoxiana Webfestschrift Series I, Webfestschrift Marshak*, edited by Matteo Compareti, Paola Raffetta and Gianroberto Scarcia, (2003), http:// www.transoxiana.org/ Eran/.

Zin, Monika and Dieter Schlingloff. *Samsaracakra: Das Rad der Wiedergeburten in der Indischen Überlieferung*. Düsseldorf: EKŌ—Haus der Japanischen Kultur, 2007.

Zin, Monika. "The Identification of Kizil Painting IV." *Indo-Asiatische Zeitschrift* 14 (2010): 22–30.

Zürcher, Erik. "Han Buddhism and the Western Regions." In *Thought and Law in Qin and Han China, Studies Presented to Anthony Hulsevé on the Occasion of His 80th Birthday*, edited by Wilt L. Idema and Erick Zürcher, 158–182. Leiden: Brill, 1990.

Zürcher, Erik. "Buddhist art in Medieval China: the Ecclesiastical View." In *Function and Meaning in Buddhist Art*, edited by K.R. van Kooij and H. van der Veere, 1–20. Groningen: Egbert Forsten, 1995.

Zürcher, Erik. "Buddhism across Boundaries: The Foreign Input." In *Collection of Essays 1993: Buddhism Across Boundaries: Chinese Buddhism and the Western Regions*, edited by Erik Zürcher and Lore Sander, 1–59. Taipei: Fo Guang Shan Foundation for Buddhist & Culture Education, 1999.

再版后记

《龟兹寻幽》的再版,令我不禁追忆起与何恩之教授共撰此书的往昔岁月。彼时,我们主要围绕龟兹石窟寺遗址中那些长期被忽视却频繁出现的禅定窟以及禅修僧侣和苦行者的形象,展开了较为深入的思索和探讨。从考古学和图像学的双重视角出发,我们对龟兹佛教中的禅修实践进行了跨学科的探索。该书最初由博睿(Brill)出版社以英文出版,随后由王倩博士悉心译介为中文,并由上海古籍出版社出版。此次再版,不仅是对既往研究成果的肯定,更是对龟兹佛教研究持续深化的鼓励。尤其是当前正在进行系统性的考古发掘,我们期望基于窟前区域的发掘成果,编撰一部惠及学林的考古报告,并尝试构建更为可靠的年代框架。

自本书初版以来,我的研究未曾停歇。随着时间和认知的积累,我对龟兹石窟寺院的理解亦不断深化。除发表数篇相关论文外,我与桧山智美博士合著的《龟兹早期寺院中的说一切有部遗迹探真》一书亦与此次再版密切相关。与《龟兹寻幽》相同,该书聚焦于唐以前的龟兹佛教。在某种程度上,它可被视为此前提出的"区段与组合"概念的延伸与拓展,通过研究,我们揭示出龟兹石窟寺院的发展历程包括X阶段、A传统、B传统和Y阶段,它们分别与不同的部派密切相关。其中A传统和B传统分别体现在龟兹的方形窟和中心柱窟中,分属第一类与第二类洞窟组合,装饰风格分别为第一和第二种画风,并呈现出两套不同的叙事体系。这些特征与说一切有部的两个连续发展阶段相呼应。附录部分,普尔兹教授通过对龟兹遗址出土的《比丘别解脱经》梵文写本残片的解读,以及谷口阳子教授对壁画颜料的科技分析,进一步佐证了我们的观点,揭示了A传统与B传统之间的承续关系。

《龟兹早期寺院中的说一切有部遗迹探真》一书是对A传统的专题研究,而《龟兹寻幽》的主体内容则可视为对B传统的初步探索。尽管在撰写《龟兹寻幽》时,说一切有部连续发展的概念尚未在我的学术认识中成形,但书中大部分的图像学讨论集中于中心柱窟。基于后续的研究成果,初版中的某些观点可能需要重新审视。换言之,在阅读《龟兹早期寺院中的说一切有部遗迹探真》之后再读此书,读者或许会对龟兹佛教的发展脉络产生新的理解。龟兹佛教遗址展现了复杂的时间发展序列,体现了不同部派的交替与演化,这要求我们对材料进行更为审慎的分析,而非将其视为单一的整体。

再版后记

  与初版相比，新版仅作了少量修改，主要纠正了一些疏漏与错误。在此，我要感谢王倩、戴恬、王凤歌博士在修订中的耐心和付出的努力。此外，为控制出版成本，新版减少了彩色图片的数量，并对排版进行了优化调整，感谢缪丹编辑在此过程中的辛勤付出。愿此书能为龟兹佛教研究领域贡献绵薄之力。

魏正中
2025年2月3日

作者简介

何恩之
美国著名佛教艺术史专家。

魏正中
北京大学考古文博学院教授,主要研究领域为龟兹佛教考古、古罗马考古等。

译者简介

王　倩
考古学博士,毕业于北京大学考古文博学院,现为郑州大学考古与文化遗产学院讲师,主要研究领域为魏晋南北朝考古、佛教考古。

亚欧丛书

◈ 梵天佛地（全八册）
　　［意］图齐 著，魏正中、萨尔吉 主编

◈ 探寻西藏的心灵
　　图齐及其西藏行迹
　　魏正中、萨尔吉 编译

◈ 犍陀罗石刻术语分类汇编
　　以意大利亚非研究院巴基斯坦斯瓦特考古项目所出资料为基础
　　［意］多米尼克·法切那、［意］安娜·菲利真齐 著，魏正中、王姝婧、王倩 译

◈ 犍陀罗艺术探源
　　［意］卡列宁、［意］菲利真齐、［意］奥里威利 编著，魏正中、王倩 编译

◈ 龟兹寻幽
　　考古重建与视觉再现
　　［美］何恩之、［意］魏正中 著，王倩 译

◈ 丝路探险
　　1902～1914年德国考察队吐鲁番行记
　　［德］卡恩·德雷尔 著，陈婷婷 译

◈ 高昌遗珍
　　古代丝绸之路上的木构建筑寻踪
　　［匈］毕丽兰、［德］孔扎克-纳格 主编，刘韬 译，王倩、方笑天 审校

◈ 龟兹早期寺院中的说一切有部遗迹探真
　　［意］魏正中、［日］桧山智美 著 附录［德］基弗尔-普尔兹、［日］谷口阳子，王倩 译

上海古籍出版社